方学智　主编

张正艺　　王琳　副主编

船舶设计原理

（第3版）

清华大学出版社

北京

内 容 简 介

本书阐述了船舶总体设计的原理、过程和方法。全书共分 8 章,内容包括:船舶设计概述、船舶重量与重心、船舶容量、船舶技术性能与法规、船舶经济性与船型论证、船舶主尺度确定、型线设计和总布置设计。

本书可作为高等院校船舶与海洋工程专业及相关专业的教材,也可供从事船舶与海洋工程、航海及航运管理领域的工程技术人员、院校师生阅读和参考。

图书在版编目(CIP)数据

船舶设计原理/方学智主编. —3 版. —北京:清华大学出版社,2022.11
ISBN 978-7-302-61966-6

Ⅰ. ①船… Ⅱ. ①方… Ⅲ. ①船舶设计 Ⅳ. ①U662

中国版本图书馆 CIP 数据核字(2022)第 181620 号

责任编辑:许 龙
封面设计:常雪影
责任校对:赵丽敏
责任印制:沈 露

出版发行:清华大学出版社
   网 址:http://www.tup.com.cn,http://www.wqbook.com
   地 址:北京清华大学学研大厦 A 座 邮 编:100084
   社 总 机:010-83470000 邮 购:010-62786544
   投稿与读者服务:010-62776969,c-service@tup.tsinghua.edu.cn
   质量反馈:010-62772015,zhiliang@tup.tsinghua.edu.cn
印 装 者:三河市龙大印装有限公司
经 销:全国新华书店
开 本:185mm×260mm 印 张:19   字 数:460 千字
版 次:1998 年 2 月第 1 版 2022 年 11 月第 3 版 印 次:2022 年 11 月第 1 次印刷
定 价:59.00 元

产品编号:096246-01

第3版前言

FOREWORD

本书是在 2014 年方学智主编的《船舶设计原理(第 2 版)》基础上,结合编者近几年的教学科研实践进行全面修订而成的。

本书继承了原版教材海河船舶兼顾、内容深入浅出、理论联系实际、注重实船设计应用的编写风格,系统地阐述了船舶总体设计的原理、过程与方法。为便于读者学习与思考,调整与充实了各章的复习思考题。

相对前一版,本书主要作了以下改进:

(1) 对原版教材的内容体系框架作了适当调整。将原版第 9 章"典型船舶设计实例"部分修改后作为"确定船舶主尺度实例"并入第 6 章;将原版第 10 章"节能船型"部分修改后作为"特殊型线"的一部分并入第 7 章,删除原版第 10 章与船舶原理重叠的"节能技术"内容;调整后的新版教材由原来 10 章简化为 8 章,使船舶总体设计的脉络更为清晰。

(2) 进一步强化实船设计应用。本书在重量与重心计算、舱容计算、航速预报、经济性与船型论证、主尺度确定、型线设计与总布置设计中都引入了实船设计计算举例(或图例),对读者学以致用大有裨益。

(3) 型线设计是本教材的重难点,着力进行了打磨:按实船型线设计顺序重新梳理了设计水线、横剖线与中纵剖线内容;将计算机技术融入型线生成方法中;以较大篇幅介绍了国内外船型试验与设计研究的新成果,列于特殊型线一节,简述了新船型的节能机理与设计要点以开拓读者视野、启发创新;增加型线设计实例一节,介绍实船型线设计中常用的母型改造法、系列船型法的具体步骤与方法。

(4) 注意全书内容的更新。在"船舶技术性能与法规"一章中,删除了部分与船舶原理重叠的快速性预报内容,又删除了过时的《绿色船舶规范》、代之以《绿色生态船舶规范》(2020);对全书涉及到规范与法规的内容都按照中国船级社最新文本进行了修订。

本书由方学智、张正艺(华中科技大学)、王琳(文华学院)共同修订完成。具体分工为:张正艺修订第 2、5 章,王琳修订第 3、4 章,其余 4 章由方学智修订;最后,由方学智对全书定稿。

本书的出版得到华中科技大学本科生院、船舶与海洋工程学院的大力支持;刘启国教授审阅了本书的部分章节,提出了很多宝贵意见;本书的修订还参考了许多同行专家的著作和论文;在此一并表示衷心的感谢。

由于编者水平有限,本书的缺点与疏漏之处在所难免,恳望读者批评指正。

编 者

2022 年 6 月

第2版前言
FOREWORD

本书是基于1998年方学智、刘厚森、刘增荣编写的教材《船舶设计原理》，结合编者多年的教学科研实践与经验重新编写和修订的。

本书继承了原版教材的编写思想和内容体系框架。根据本课程任务特点，在理论上着力阐述船舶总体设计的原理与方法，实船则海河船舶兼顾；在内容编排上先铺垫基础、再核心内容、后举例应用，循序渐进，理论联系实际；为了巩固课程学习内容，培养与提高学生分析与解决问题的能力，教材各章都附有复习思考题。

相对前一版教材，本书作了以下改进：

（1）与时俱进，注意创新。采用中国船级社最新规范（如《钢质海船入级规范2012》）和中国海事局最新法规（如《国内航行海船法定检验技术规则2011》），更新原版过时的内容；采用计算机计算与绘图方法，替代原书手工设计方法的描述；顺应节能减排、绿色船舶设计制造的潮流，在国内同名教材中首次引入绿色船舶的概念，并综合给出了绿色船舶设计的举措。

（2）强化船舶设计中遵守相关规范、法规的意识。将原书第4章《船舶性能预报》6节扩展为11节，并更名为"船舶技术性能与法规"，新增加了船舶消防、防止船舶污染、绿色船舶等规范和法规内容。同时将原第3章船舶登记吨位一节也归并集中到第4章。

（3）注重实用性、力求便于学生与初学者自学、学以致用。在第3章中增加了1 500吨集/散两用货船实例，说明船舶详细设计中舱容计算方法和结果表达；在第5章中增加了船舶动态经济计算举例，对原经济性计算实例一节，按目前船运市场实际进行了改写；在第6章中充实了载重型船主尺度确定的统计公式法和优化方法；第7章船舶型线设计是本课程的难点，为此，补充了一些实船设计资料和首尾型线图样，重写了首部及尾部型线一节，充实了系列船型法设绘型线的内容，使学生与初学者易于入门；第8章引入了6 000吨级货船总布置图，反映了实船总布置的全貌，增加了典型船舶总布置特征一节；此外，在重量、容量、经济性计算及主尺度确定各章都增加了相应的计算习题，通过练习以加深学生对课程内容的理解，提高实船设计计算能力。

参加本书编写的有：方学智、孙江龙、罗志明、许小颖、刘增荣。其中，孙江龙编写第5、6章，罗志明编写第2、3章，许小颖编写第8、10章，刘增荣编写第9章，其余3章由方学智编写，并负责全书的修改和定稿。

本书的编写与出版得到了华中科技大学教务处、华中科技大学船舶与海洋工程学院及华中科技大学文华学院等相关领导的关心与支持,在此仅表示衷心感谢。同时,本书参考了兄弟院校相关教材的内容和国内同行的相关设计经验,在此也一并向参考文献的作者们顺致谢忱。

由于编者水平有限,本书疏漏欠妥之处在所难免,恳望使用本教材的师生与读者批评指正。

编　者

2014 年 1 月

第1版前言

FOREWORD

《船舶设计原理》是船舶工程专业的一门重要主干课。本书是遵照该课程教学的基本要求,吸取兄弟院校同名教材之长,根据作者多年来从事教学实践和船舶设计研究工作的经验编写的。

本书的编写贯穿了如下的指导思想:(1)海河船舶兼顾,以拓宽学生知识面;(2)紧扣船舶设计的基本原理与方法,引导学生综合运用船舶原理、结构、使用效能与经济性的知识分析处理船舶总体设计问题;(3)文字力图简练,既注意引进国内外船舶设计的必要资料、反映船型研究与船舶设计的新成果,又注意避免内容资料化。

本书内容的编排与实船设计程序相呼应,循序渐进,共分为三部分:第一部分(第1章~第5章)阐述了船舶总体设计方案构思所必备的基础知识,主要包括:船舶设计过程与方法、船舶重量与容量、船舶航行性能与经济性;第二部分(第6章~第8章)为核心部分,论述船舶主尺度确定、型线设计与总布置设计的原理和方法;第三部分(第9、10章)为应用部分,理论联系实际,介绍典型船舶(货船、客船及拖船)设计实例,并简介了节能船型与节能技术的新成果,以开拓读者在船舶设计中应用科研新成果与新技术的思路。

为便于自学,在论述船舶设计原理与方法的同时,书中提供了一些必备的图表资料,并在每章末给出了复习思考题。

本书是在我校1993年《船舶设计原理》讲义基础上由方学智、刘厚森、刘增荣共同修订完成。方学智编写了第1章(1.4),第2、3、5、6、8章、第9章(9.1,9.4)和第10章;刘厚森编写了第1章(1.1~1.3)、第4、7章和第9章(9.2);刘增荣编写了第9章(9.3)。最后,由方学智对全书定稿。

本书的出版得到校、系各级领导、同行专家及师生的热情支持与帮助,谨此表示由衷的感谢。

由于编者水平有限,本书的缺点与疏漏之处在所难免,恳望读者批评指正。

编　者

1998年2月于华中理工大学

目 录
CONTENTS

第1章 绪论 …………………………………………………………………………… 1

1.1 船舶设计概述 ………………………………………………………………… 1

1.2 设计技术任务书 ……………………………………………………………… 4

1.3 船舶设计阶段划分 …………………………………………………………… 6

1.4 设计工作方法 ………………………………………………………………… 8

1.5 计算机辅助船舶设计简介 …………………………………………………… 9

复习思考题 …………………………………………………………………………… 11

第2章 船舶重量与重心 ……………………………………………………………… 12

2.1 概述 …………………………………………………………………………… 12

2.2 空船重量的分析与估算 ……………………………………………………… 14

2.2.1 空船重量分类 ………………………………………………………… 14

2.2.2 船体钢料重量的分析与估算 ………………………………………… 16

2.2.3 木作舾装重量的分析与估算 ………………………………………… 22

2.2.4 机电设备重量的分析与估算 ………………………………………… 23

2.2.5 固定压载与排水量储备 ……………………………………………… 25

2.3 载重量估算 …………………………………………………………………… 25

2.4 重心估算 ……………………………………………………………………… 27

2.4.1 重心高度 z_g ………………………………………………………… 28

2.4.2 重心纵向位置 x_g …………………………………………………… 29

2.5 350 客位内河客货船重量重心计算 ………………………………………… 30

2.5.1 船体钢料重量重心计算 ……………………………………………… 30

2.5.2 木作舾装重量重心计算 ……………………………………………… 31

2.5.3 机电设备重量重心计算 ……………………………………………… 32

2.5.4 空船重量重心计算 …………………………………………………… 33

2.5.5 典型载况下的重量重心计算 ···················· 34

复习思考题 ···················· 35

第3章 船舶容量 ···················· 36

3.1 货船的容积 ···················· 37

3.1.1 船舶容积的有关概念 ···················· 37

3.1.2 所需船主体型容积的计算 ···················· 38

3.1.3 船主体所能提供的型容积估算 ···················· 40

3.1.4 容量方程式 ···················· 40

3.1.5 容量校核 ···················· 41

3.2 客船的甲板面积 ···················· 42

3.3 容量图与舱容要素曲线 ···················· 44

复习思考题 ···················· 46

第4章 船舶技术性能与法规 ···················· 48

4.1 概述 ···················· 48

4.1.1 船舶技术性能 ···················· 48

4.1.2 船舶规范与法规 ···················· 48

4.2 快速性 ···················· 51

4.2.1 船舶主尺度系数与快速性的联系 ···················· 51

4.2.2 快速性预报 ···················· 53

4.2.3 改善快速性的设计措施 ···················· 56

4.3 稳性 ···················· 57

4.3.1 初稳性 ···················· 57

4.3.2 大倾角稳性 ···················· 60

4.4 分舱及破舱稳性 ···················· 64

4.4.1 主要名词定义 ···················· 65

4.4.2 客船的分舱与破舱稳性检验(确定性方法) ···················· 65

4.4.3 国际航行干货船的破舱稳性检验(概率衡准方法) ···················· 66

4.5 耐波性 ···················· 68

4.5.1 横摇 ···················· 68

4.5.2 纵摇与升沉 ···················· 71

4.5.3 甲板上浪与失速 ···················· 71

4.6 操纵性 ···················· 72

4.7 船舶最小干舷 ···················· 74

4.7.1　规定最小干舷的两点考虑 ························· 75

4.7.2　影响最小干舷的主要因素 ························· 75

4.7.3　最小干舷计算 ································ 76

4.7.4　载重线标志 ································· 81

4.7.5　新船实际干舷的确定 ··························· 82

4.8　船舶登记吨位 ··································· 83

4.8.1　登记吨位的概念与历史沿革 ························ 83

4.8.2　登记吨位计算 ······························· 84

4.9　船舶消防 ···································· 86

4.9.1　船舶消防名词术语 ···························· 86

4.9.2　一般防火措施 ······························· 88

4.9.3　结构防火措施 ······························· 90

4.9.4　船舶消防设备及配备 ··························· 92

4.10　防止船舶污染 ·································· 93

4.11　绿色船舶 ··································· 95

4.11.1　绿色船舶的内涵 ····························· 96

4.11.2　绿色生态船舶规范的主要内容 ······················ 99

4.11.3　绿色生态船舶设计目标与举措 ····················· 105

复习思考题 ····································· 107

第 5 章　船舶经济性与船型论证 ························· 109

5.1　概述 ····································· 109

5.2　基础经济数据计算 ································ 110

5.2.1　年运量 ································· 110

5.2.2　船价 ·································· 111

5.2.3　年营运成本 ······························· 112

5.2.4　年收入与年利润 ····························· 114

5.3　船舶经济指标 ·································· 115

5.3.1　投资不计利息时的静态经济指标 ····················· 115

5.3.2　现代工程经济分析中采用的动态经济指标 ················· 116

5.4　经济性计算实例 ································· 121

5.5　船型对经济性的影响规律 ···························· 123

5.6　船型论证简介 ·································· 127

5.6.1　船型论证的一般步骤 ··························· 127

5.6.2　船型论证举例 ······························ 130

复习思考题 ……………………………………………………………………… 135

第 6 章　船舶主尺度确定 …………………………………………………… 137

6.1　概述 ………………………………………………………………………… 137

6.2　选取主尺度的综合分析 …………………………………………………… 139

6.3　载重型船主尺度的确定 …………………………………………………… 142

　　6.3.1　船舶类型划分 …………………………………………………… 143

　　6.3.2　排水量估算 ……………………………………………………… 143

　　6.3.3　主尺度初选 ……………………………………………………… 145

　　6.3.4　性能校核与主尺度调整 ………………………………………… 146

6.4　布置地位型船主尺度的确定 ……………………………………………… 147

　　6.4.1　按布置要求初选主尺度 ………………………………………… 148

　　6.4.2　排水量估算 ……………………………………………………… 150

　　6.4.3　方形系数 C_b 的确定 …………………………………………… 150

　　6.4.4　性能校核 ………………………………………………………… 151

6.5　主尺度选优 ………………………………………………………………… 151

　　6.5.1　概念 ……………………………………………………………… 151

　　6.5.2　选优衡准 ………………………………………………………… 152

　　6.5.3　选优原理 ………………………………………………………… 153

　　6.5.4　优化方法 ………………………………………………………… 153

　　6.5.5　实例——用变值法求 50 000DWT 油轮的最优主尺度方案 …… 156

6.6　确定船舶主尺度的实例 …………………………………………………… 158

　　6.6.1　17 500t 多用途货船主尺度确定 ………………………………… 158

　　6.6.2　1 200/1 500t 江海直达货船主尺度确定 ………………………… 168

　　6.6.3　平头涡尾 600 客位内河客货轮主尺度确定 …………………… 173

　　6.6.4　3 234kW 海洋救助拖船主尺度确定 …………………………… 178

复习思考题 ……………………………………………………………………… 187

第 7 章　船舶型线设计 ……………………………………………………… 189

7.1　概述 ………………………………………………………………………… 189

7.2　横剖面面积曲线 …………………………………………………………… 190

7.3　设计水线 …………………………………………………………………… 194

7.4　横剖线 ……………………………………………………………………… 196

　　7.4.1　中横剖面线 ……………………………………………………… 196

　　7.4.2　首、尾部横剖线 ………………………………………………… 197

7.5　中纵剖线 …………………………………………………………………… 199

　　7.5.1　首轮廓线 ………………………………………………………… 199

7.5.2 尾轮廓线 ····················· 199

7.5.3 船底线 ························ 201

7.5.4 甲板线 ························ 201

7.6 型线生成 ····························· 202

7.6.1 自行绘制法 ····················· 202

7.6.2 母型改造法 ····················· 204

7.6.3 系列船型法 ····················· 209

7.7 特殊型线 ····························· 211

7.7.1 球鼻首 ························ 211

7.7.2 球尾 ·························· 214

7.7.3 高速方尾 ······················ 216

7.7.4 平头涡尾与不对称尾 ················· 217

7.7.5 双尾鳍 ························ 221

7.7.6 双尾与双球尾 ···················· 227

7.7.7 隧道尾 ························ 230

7.8 型线设计举例——15 000t 级货船 ············· 232

7.8.1 母型船选择 ····················· 232

7.8.2 横剖面面积曲线绘制 ················· 233

7.8.3 绘制新船型线图 ··················· 236

复习思考题 ······························· 239

第 8 章 船舶总布置设计 ······················ 241

8.1 概述 ······························· 241

8.2 总体布局区划 ·························· 242

8.2.1 主船体内的船舱划分 ················· 245

8.2.2 上层建筑的规划 ··················· 250

8.3 典型运输船舶的总布置特征 ················· 253

8.3.1 散货船 ························ 253

8.3.2 集装箱船 ······················ 254

8.3.3 多用途船 ······················ 256

8.3.4 油船 ·························· 258

8.4 浮态计算与纵倾调整 ····················· 261

8.5 舱室及通道的布置 ······················ 266

8.5.1 生活舱室布置 ···················· 266

8.5.2 工作舱室布置 ···················· 276

8.5.3 机舱棚的尺度与布置 ················· 277

8.5.4 通道与扶梯的布置 ·················· 277

8.6 舾装设备的选型与布置 ·· 279

    8.6.1 锚泊设备 ·· 279

    8.6.2 起货设备 ·· 282

    8.6.3 其他设备 ·· 284

复习思考题 ·· 286

参考文献 ·· 287

第 **1** 章

绪 论

　　船舶是一种历史悠久的高效能运输工具。与其他运输方式相比,具有成本最低、单位能耗最省、装载能力最大等特点。服役于海军的各类舰船,在维护国家海洋权益、保卫祖国海疆、维护世界和平等领域发挥着越来越显著的作用。

　　船舶设计原理是在船舶原理、船体结构与强度、造船工艺学、船舶制图等课程的基础上,在长期的船舶设计、建造与营运的实践中总结出来的一门工程设计理论课,它为实船设计做出理论上的准备和指导。

　　本书主要以民用运输船舶作为研究对象,按照实船设计工作的先后次序编排章节内容,具有海河船舶兼顾、理论联系实际、文字简练、高效实用的特点。掌握了本书的基本原理和方法,辅以阅读实船图纸、计算书,也就具备了设计军用舰船、海洋工程船等其他类型船舶的必要基础。

1.1　船舶设计概述

1. 船舶设计的内容与特点

　　船舶设计是一项高度综合性的系统工程。新船设计不仅要考虑单船的技术经济性能,还必须从港、航、船整个系统着眼,使新船设计方案在预定的港口、营运航线上具有实际可行性和良好的系统经济性。

　　船舶设计主要包括船体、轮机、电气三方面的专业设计。为了实现新船的设计目标,需要船、机、电各专业技术人员发扬团队精神,共同协调努力。就船体设计而论,通常又分为总体设计、结构设计与舾装设计三个分支:总体设计主要解决新船的主尺度、外形(型线)、总体布置、航行性能及经济性;结构设计是基于型线和总布置,解决新船从外形到结构的具体实现,并保证新船的整体和局部强度、刚度和稳定性;舾装设计主要进行船上各种舾装设备的设计、选型与布置,以满足新船在航行和营运操作过程中的各种要求。

　　在船体设计的总体、结构与舾装设计三个分支中,总体设计居于先于一切和重于一切的地位。先于一切是指船舶设计最先从总体设计开始,基于总体设计才能开展轮机、电气、结构与舾装设计;重于一切是指总体设计的优劣将在极大程度上决定新船的技术性能和经济性,从而影响新船的竞争力和生命力。

由上可知,船舶设计具有两个鲜明的特点:一是设计内容的复杂性与多专业的合作协调,设计人员要有系统工程思想,抓住主要矛盾,做到局部服从总体、总体兼顾局部;二是设计过程的逐步近似,复杂性决定了船舶设计不能一步到位,需要反复迭代完成,例如初选的主尺度往往需要经过多轮的计算、校验与修正之后才能最终确定下来。

船舶设计原理是研究船舶总体设计基本理论与方法的一门应用科学,它在船舶设计中的重要性显而易见。船舶设计原理的主要研究内容包括:船舶重量重心、船舶容量、技术性能与船舶法规、船舶经济性与船型论证、主尺度确定、型线设计和总布置设计。

民船总体设计的核心工作,是在满足规范、法规的前提下保证新船有良好的航行性能,并努力提高新船的经济性。新船航行性能与船舶原理(船舶静力学、动力学)关系最为密切,但二者的出发点是不同的。在船舶原理课程中,一般是已知船舶主尺度和型线,研究其航行性能;而在本课程中,则主要是从新船使用要求(任务书)出发,综合应用船舶原理、船体结构与制图、造船工艺等各专业课的知识完成新船的总体设计。

2. 船舶设计的指导原则

(1) 贯彻国家的技术政策

设计船舶与其他工作一样,要认真贯彻国家在交通运输方面所制定的有关技术政策和规定。例如能源政策,技术引进政策,国家在造船规划上船型、机型的标准化、系列化、通用化及重大项目要经过技术经济论证等规定。

(2) 遵守国际、国内相关公约、规则、规范和法规

有关船舶设计方面的国际和国内公约、规则、规范和法规,大多数都是基于保证船舶使用和航行安全而制定的,它是人们根据船舶使用的历史经验和不断发展的科学技术水平总结的成果,是带有法令性(技术法令)和强制性的文件,是船舶设计、制造、检验的重要依据。船舶设计工作者必须熟悉和深入理解公约和规范的精神实质,在船舶设计中遵照执行。

船舶营运经验的积累、新技术的发展、对新船型的需求等因素都会导致公约和规范的不断改进和完善。因此,国际海事组织(IMO)和国内船级社(CCS)会隔一段时间,根据发展变化的情况,对公约和规范的内容加以修订。设计者要注意学习和执行其最新版本。

(3) 充分考虑船东的要求

船东作为船舶的所有者和使用者,一般会根据其使用经验及其特定情况对船舶设计提出使用、技术指标、设备、材料等方面的要求。设计者应充分考虑船东的意见,对合理的设计要求应尽量满足。

3. 船舶设计的基本要求

船舶种类多种多样,其使用要求各不相同;即使船种相同,不同的船东、不同的航区,其使用任务和技术要求也不尽相同;此外,对船舶的要求有些可用技术上或经济上的数量指标来衡量,而有些要求则很难量化;因此,要提出一个普遍适用的船舶设计衡准是困难的。但是,对新船设计普遍存在以下的基本要求。

(1) 适用

所谓适用就是新船能够较好地完成任务书中规定的使用任务。这一目标应该是设计中

处理一切技术经济问题的中心。对于民用运输船舶来说，保证和提高运输能力及运输质量是设计的着眼点。例如：在货船设计中，要保证新船载重量和相应的舱容；尽可能提高装卸效率，适应所载货物的理化性质，营运中方便理货；有良好的航行性能；满足航线和港口对新船的主尺度（尤其是吃水）的限制等等。为此，应围绕新船主尺度的确定、型线设计、建筑形式及总布置的考虑、起货设备的配置等方面，进行综合分析，以保证运输能力、提高运输质量。

（2）经济

船舶完成规定任务时，资金的支出和收入标志着船舶的经济性。综观现代运输船舶的发展，新船型的出现，新技术的采用，无一不是受经济性的刺激。经济是技术发展的基础和动力，技术是实现经济目标的手段和工具，两者互相渗透、互相推动。因此，船舶设计者必须充分考量新船的经济性，使设计船具有强大的生命力。

例如，对某一航线的货运进行船型论证时，即使采用常规船型，也可以建立不同的船型方案：载货量大而航速低些的方案，载货量小但航速高些的方案，两种船型方案能完成同样的年货运量。显然，两种船型方案在投资和运输成本上会有所不同。选取哪一种方案更有利，就要从技术及经济角度进行计算分析、全面衡量。

针对设计任务书的某一具体要求，设计中也涉及经济性问题。例如，可采用主尺度小些但较丰满的船型方案，也可采用主尺度大些但较纤瘦的船型方案。显然，前者的造价可能低些，与造价相关的营运开支也会低些；但后者可能在航速上有利（假定用相同主机），因航速提高可使航次时间稍短些，年货运量会稍高些，且每个航次的燃料开支要省些等。究竟哪种方案有利，须从总的经济效果并结合技术性能作综合分析才能决定。在研究采用某项新装备的合理性时，也需从技术上的先进性和经济上的有利性两方面加以综合考虑。

（3）安全

安全性是船舶的一个基本质量指标。为了保证船舶的安全，由国际海事组织、各国船级社颁布了各类规范和技术法规，对船舶建造、载重线、稳性、分舱、消防、救生、起重、信号、通信设备等方面都作了明确的规定，设计人员在船舶设计中必须贯彻执行，保证新船符合各种规范、法规及公约的要求，以保障船舶的安全。

还应指出，船上一些重要设备（如主机）和某些部件（如推进器、舵）的可靠性，对船舶的安全性影响很大，在选定设备和进行局部设计时，也应该充分注意其安全性。

（4）美观

现代船舶设计对造型美也提出了更高要求。船舶造型是船舶建筑美学的一个重要研究方向，它包括船舶外观的造型美和从建筑角度合理又高效地利用船舶舱室空间等。船舶外观造型会给人以深刻的第一印象，是一种创造性的艺术。

上述四个方面，既统一又矛盾，要结合具体情况，认真分析，抓住主要矛盾及矛盾主要方面，妥善处理。

此外，节能环保近年来也受到船舶市场的高度重视，CCS 为此专门颁布了《绿色生态船舶规范》，以限制船舶的能源消耗和 CO_2 排放，这方面的内容详见第 4 章。

1.2　设计技术任务书

设计技术任务书是新船研究设计的文字依据,通常由船东提出。任务书主要给出新船的使用任务、主要技术指标、主要装备以及设计的限制条件等。一般民用运输船的设计技术任务书包括以下基本内容。

1. 航区、航线

给出新船航行的区域或具体航线。中国船级社(CCS)将国际航行海船的航区划分为无限航区和有限航区两大类;将国内航行海船的航区划分为远海、近海、沿海和遮蔽海域四类航区;而将内河船行船舶的航区按照风浪和水流情况划分为 A 级、B 级、C 级航区及 J 级航段。

不固定航线的船舶,通常给出航区;定航线的船舶通常要给出停靠的港口。

2. 用途

明确新船的装载量与性质。

客船、客货船——包括人数(各等级舱的分配数、舱室标准)、载货吨数以及舱容要求。

货船——包括货物的数量及理化性质。就数量来说,任务书中有时给出"载重量",即包括货物、燃油、滑油、淡水、食品、供应品及备品等的总装载量;有时给出"载货量",即纯货物的装载量。货物有多种多样,如液货、散货、杂货、集装箱等。对于一般货物,要给出载重吨数;而对于集装箱船,则要给出标准箱的装箱数。

有时,对新船还会提出某些特殊要求,如装载大件货、重货等。

对于多用途船,要指明各种用途的装载量及舱容要求。

3. 船型

给出船舶的建筑特征,可包括上层建筑、机舱部位、货舱划分、甲板层数、甲板间高等。

4. 船级与船籍

船级是指新船要求取得何种船级标志,从而按照什么规范、哪一级别设计。例如,国内航行船舶的船级通常为 CCS,设计与检验遵照 CCS 规范;而出口船舶的船级一般为 LR(英国劳氏),设计与检验遵照 LR 规范。新船检验合格后由相应船级社颁发船级证书。

船籍是指船舶登记注册的归属国籍,确定新船应遵守船籍国的法定检验技术规则。国际航行货船有很多注册了"第二船籍",如中远集团的远洋船舶很多都挂巴拿马旗(也称"方便旗"),原因是入籍方便、费用低,通过巴拿马运河既快又省钱。

5. 动力装置

指明主机的类型、功率、转速、台数等。

(1) 类型　船用主机有内燃机(柴油机和燃气轮机)、蒸汽轮机、推进电动机及核动力装置等,民用运输船舶的主机绝大多数为柴油机。

(2) 功率　主机在额定转速下,在规定的正常维修周期内按标准环境条件连续运转的最大功率称为最大持续功率(maximum continuous rating,MCR)或额定功率。考虑主机的经济性和维护保养,常将主机功率 MCR 扣除 10% 左右的裕度,扣除裕度后的主机功率为常用功率。在常用功率下的运转工况称为连续运转工况(continuous service rating,CSR)。

(3) 转速　船用柴油机根据转速不同,分为低速机、中速机和高速机,中速机和高速机一般需设置减速齿轮箱,以便使螺旋桨有适宜的转速和直径。通常螺旋桨的转速范围为:

远洋船舶 90～150r/min；沿海船舶 100～200r/min；沿海小型船舶和内河船舶 200～400r/min。

6. 航速、续航力、自持力

（1）航速：民船的航速常分为试航航速与服务航速。拖船一般提出拖带航速、拖力的要求及自由航速的要求。

试航航速 V_t：指主机发出额定功率的新船以满载排水量在静深水中、不超过三级风、二级浪时试航所测得的船速。大型船舶常以压载状态试航，然后再换算至满载状态时的航速。

服务航速 V_s：指新船在一定功率储备下满载航行所能达到的航速。功率储备一般取为主机最大持续功率的一个百分数，通常，低速机取 10%、中速机取 15%。

海船的航速以节（kn）为单位，内河船则以 km/h 为单位，1kn＝1.852km/h。

（2）续航力：在规定的航速和主机功率下，船上所带的燃油可供船连续航行的距离（n mile 或 km），或连续航行的时间（h）。

（3）自持力：指船上所带淡水、食品等能供人员在海上维持的天数，也称自给力，以天（d）计。

7. 船体结构

给出船体结构形式、船体与上层建筑材料、甲板负荷、特殊加强等方面的要求。

8. 设备

给出船上主要设备的形式及能力，如锚和锚机、舵和舵机、起货设备、减摇装置、通风、空调、导航、通信等方面的要求。

9. 性能

提出船舶性能要求，如稳性要求、压载航行状态的浮态要求、分舱及破舱稳性要求、对操纵性及摇摆周期的要求等。

10. 船员定额

给出船上编制人数，包括干部和普通船员，同时也包括对生活设施的具体要求。

11. 尺度限制

（1）船长 L 它受泊位长度、港域宽度、河道曲率以及船闸、船坞等的限制。

（2）吃水 T 它受航道与港口的水深限制。

（3）船宽 B 它主要受运河、船闸、船坞等方面的限制。

（4）船的水上部分高度 主要考虑桥梁高度的限制，如南京长江大桥高出水面 28m、珠江大桥高出水面 8m 等限制。

设计技术任务书是进行船舶设计的依据和基础，关系到新船设计的成败。在设计起始阶段，设计人员要反复阅读、仔细消化任务书，对任务书中的每一项要求都要拟订相应的技术措施予以满足；对一些重要的指标要进行必要的论证分析，如发现指标提得不合理、不匹配或难以达到，就要及时向船东反映，并协商修订任务书。一般来说，任务书中的装载量（如货船的载货量、客船的载客量）和航速要求是新船设计的硬指标，需要引起设计者的特别关注，并在设计过程中采取多种措施保证指标的优质完成。按照国际惯例，设计船的载重量允差为 1%、航速允差为 0.3kn，如果超限就要接受船东的罚款，有的船东甚至会拒绝接船，以致造成严重的经济损失。

1.3 船舶设计阶段划分

　　船舶设计的一般程序是,首先由船东编制设计任务书,作为设计的依据;设计部门设计新船时,一般分阶段进行。目前,我国将新建船舶的设计阶段划分为:报价设计(必要时)、初步设计(含签订造船合同所需技术文件)、详细设计、生产设计、完工设计等阶段。

　　1. 编制设计技术任务书

　　设计技术任务书是船舶设计的依据,它全面地反映了对设计船使用效能及技术性能的要求,并对船的主要技术要素做了具体规定,如船舶类型、用途、吨位、航速、航区、机电设备等。设计技术任务书的各项技术要素不能凭空编造,必须经过充分的调查研究,有时还要辅以必要的技术经济论证,才能确定下来。而这些要素一旦确定后,设计船的技术、经济性能就大体可被确定了。从这个意义上说,任务书的编制也是船舶设计的一个重要组成部分。

　　船舶设计任务书,一般由船东编制提出;或者由船东提出对新船的主要设想,而由设计者形成文字,交船东认可后再正式提出。

　　2. 报价设计

　　报价设计也称投标设计,是根据用船单位提出的技术要求或招标说明书进行的。报价设计的主要内容包括:初步拟定新船的主尺度、选择船型、绘制总布置简图;进行装载量与舱容、航速与稳性的估算,从而编制船的简要说明书(也称主要技术规格书);编制全船主要设备供应厂商表,估算造价。报价设计是商谈造船合同之前的一项设计环节,船东接到报价文件后,如认为满意,即与中标单位进行技术与商务谈判,明确技术细则,同时就船价、付款方式、交船日期等达成协议。

　　通过报价设计,设计单位向船东提交报价文件、力争中标,船东则根据报价文件了解新船概貌及船价,挑选中标单位。

　　3. 初步设计

　　初步设计是依据设计技术任务书(出口船为意向书)完成新船的总体规划或方案设计。这一阶段,总体设计最为关键,同时需要船体结构、舾装、轮机和电气人员的协同设计,通过绘图、计算和试验,必要时进行多方案分析比较,最终确定船舶的基本技术形态,得出一个满足船东要求、指标较为可靠的船舶设计方案。

　　在初步设计阶段,需要完成的主要技术文件有:船体说明书;总布置图;型线图;中横剖面结构图及构件计算书;航速、稳性、干舷、舱容等估算书;机舱布置图;电力负荷估算书;钢料预估单、主要设备规格及厂商表。

　　初步设计为进行造船合同谈判提供必要的技术文件,也为进行详细设计奠定基础。

　　4. 详细设计

　　详细设计是依据造船合同及其技术文件,基于经审查修改后的初步设计方案进行的。这一阶段的设计工作,是在初步设计的基础上对各局部问题进行深入分析,并进行各个项目的详细设计计算和绘图,最终确定新船的全部技术性能,完成船体、轮机和电气的全套送审图纸及技术文件。

　　在详细设计阶段船体方面所完成的主要图样和技术文件有:

（1）船体设计说明书；

（2）详细的总布置图；

（3）正式的型线图；

（4）船舶结构图纸,包括：中剖面结构图、基本结构图、肋骨型线图、外板展开图、全船分段划分图、首部结构图、尾部结构图、机舱结构图、甲板结构图、主横舱壁结构图等；船体构件规范计算书及总强度计算书；

（5）全船舾装布置图、防火控制图、锚泊、起货、救生、舵设备计算书与布置图；

（6）船舶各项性能的详细计算书、说明书和试验报告书；

（7）详细的船舶设备、材料规格明细表等。

详细设计所提交的图纸和技术文件,应能满足验船部门审查、船东认可、造船厂订购原材料和设备的需要,同时也是进行生产设计的依据。

5. 生产设计

在详细设计的基础上,根据承造厂的工艺装备条件、工艺水平、施工区域和组装单元,绘制有工艺要求和生产管理指标的工作图表,为新建船舶提供建造方案、施工要求、施工图纸和生产管理图表。在船体方面主要有分段结构施工图和工艺规程,以及设备、舾装的零件图等。

生产设计的主要特点是：

（1）把船舶设计、生产和生产管理通过设计文件(图、表和其他信息)有机地体现出来,并以此作为组织生产的依据。

（2）把船体、轮机、电气及其他工程的纵向专业系统进行横向融合沟通,构成纵横结合的综合系统,使各专业、各工种、各施工阶段能协调平衡,均衡生产,提高综合生产能力。造船生产设计是促使船舶设计、建造技术、生产管理现代化的有效措施之一。

生产设计在详细设计的基础上进行,从设计开始就把"造什么样的船"同"怎样造船"一起考虑,把船东的要求同承造厂的装备条件结合起来,体现了设计为建造服务的思想。

6. 完工设计（制定完工文件）

船舶在施工建造过程中,往往会对原设计计算作出修改,如材料的代用、设备的变动和替换,以及船舶倾斜试验后获得准确的空船重量和重心高等。因此,原来的设计图纸和技术文件(如浮态与稳性计算书)就与实船不完全相符了。为反映真实情况,在船舶竣工后,应按实际情况修改相应图纸及计算书,为用船部门提供竣工图纸和技术资料,即制定完工文件。

此外,新船竣工后还要进行各项实船试验并给出报告书,也归并到完工文件中。制定完工文件的目的是供船员使用以及作为维修管理的依据,并为以后的船舶设计和研究提供可靠的资料。

上述设计工作的几个阶段,在船舶设计过程中既相对独立,又相互联系。前一阶段是后一阶段设计的依据,后一阶段是前一阶段设计工作的深入和发展。船舶设计阶段的划分,也并不一定如上所述,可以根据产品特点、资料的完整程度、设计人员的经验等具体情况有所不同。如有的单位就把初步设计与详细设计合在一起称为扩大的初步设计；有些小型船舶,把初步设计、详细设计、生产设计合在一起,整个设计一次搞完等。

1.4 设计工作方法

1. 认真调查研究

设计人员从接受设计任务时起,就应着手进行调查研究,通常包括查阅资料和实际调研两方面。广泛搜集与设计船同类型、相近航线的有关实船资料(包括国外实船资料和文献),整理形成母型船要素一览表,对新船设计会大有裨益。实际调研的范围很广,包括征求用船部门及航道、港务、船厂等有关单位的意见和建议,在可能的情况下应到相近的实船上做深入调查和体验,以获得第一手资料,使设计工作从一开始就建立在符合客观实际的基础上。随着设计工作的深入,设计人员有时还需带着设计方案和问题,通过各种形式做深入的调查研究,征求意见,这样就可少走弯路。

2. 母型改造法——在继承与借鉴的基础上创新

现代船舶是人们造船和用船经验的结晶,也是科学技术不断发展的成果。各类船舶都有其独特的发展演变过程,都有由它们的使用任务所决定的共性问题,这就决定了它们必然具有许多相近的技术特征和内在规律。合理地吸取和利用这类经验和规律性,可以减少盲目性,使新船设计有可靠的基础。

在新船设计时,设计者经常采用一种行之有效的方法——母型改造法。所谓母型,通常是与设计船在若干主要方面(如尺度、外形、结构、布置等)相近的同类优秀实船;将母型船各项要素按设计船的要求用适当的方法加以改造变换,即可得到新船的相应要素。这是一种既方便又可靠的新船设计方法,被人们广泛采用。由于有经过实践考验的母型船作为新船设计中的借鉴,因此使新船的设计有了一个具体明晰的参考,设计者通过分析研究能够比较准确地抓住设计船的主要矛盾,确定设计船的改进方向及措施,比较有把握地选取设计船的各项技术参数,因而不但使设计工作大为简化,同时提高设计质量。设计中所选用的母型,可以不限于一条船,在不同局部设计中可选用不同的母型,以取众家之长,更好地满足设计船的需求。

应当指出,母型改造绝不是简单地照抄,而是借鉴母型,继承其精华,结合新船的使用要求与特点,考虑新技术、新设备、新工艺、新材料在新船上的应用,做到有所创新、有所前进。

3. 逐步近似法

如前所述,船舶设计的复杂性决定了设计过程的逐步近似。尤其是,当设计者无法找到一条合适的或资料完整的母型船时,就只能采用逐步近似法进行新船设计。

按逐步近似法进行船舶设计,是把复杂的新船设计工作分为若干轮循环。从船东的设计要求出发,依序进行:主尺度要素选择、总布置、型线、结构设计与性能检验。初次近似时只考虑少数主要因素,而后一次近似则计入更多的因素,后一次近似结果是前一次近似的修正、补充和发展。经过几轮循环后,最终得到符合各项要求的设计方案。逐步近似过程的每一轮循环不是简单的重复,而是螺旋形上升的过程。人们把这个过程用图 1-1 所示的螺旋线来描述,既富有哲理又十分形象。

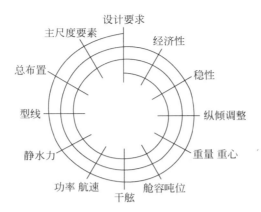

图 1-1 船舶总体设计螺旋线

1.5 计算机辅助船舶设计简介

造船业应用电子计算机进行设计起步较早,20 世纪 50 年代国外就开始应用计算机进行船舶设计计算、数控切割与绘图。20 世纪 60 年代国外船舶 CAD/CAM 有很大的发展,陆续研制出了一批造船集成系统,如挪威的 AUTOKON 系统、西班牙的 FORAN 系统及瑞典的 VIKING 系统等。

我国从 20 世纪 70 年代开始船舶 CAD/CAM 研究,至 80 年代也获得了长足的发展。在此期间,完成了单程序运算—程序系统(程序包)—集成系统的进化。开始时研制的是分离的单一程序,如船舶设计中的静水力计算程序、抗沉性计算程序、下水计算程序等;继而,将若干单个程序按其在船舶设计中的先后次序串联起来形成一条流水线,存放在计算机外存中,需要时逐一调用,并且,前一程序为后续程序的执行准备数据,填写表格,减少了数据输入量,缩短了设计周期。随着计算机技术的发展以及人们在单项程序、程序系统研制与应用中积累了大量的经验,特别是数据库技术的兴起,以数据库为核心,以最少的数据输入和人机交互为特点的船舶 CAD 集成系统诞生了。例如,上海交通大学、上海船舶设计院等单位联合研制的多用途干货船辅助设计系统 MPSDS,上海造船工艺所研制的船体建造集成系统 HCS 等。

20 世纪 90 年代初,国外船舶 CAD/CAM 有了进一步的发展。如瑞典 KCS 公司开发的造船交互设计集成系统,功能极强,覆盖了船舶详细设计和生产设计中大部分内容,包含实用性很强的三维图形系统、船体系统、结构系统、电力系统、报表生成和数据管理等九大系统和 20 多个分类数据库。

20 世纪 90 年代以来,我国造船业先后引进了国外三维 CAD/CAM 系统,最具代表性的有瑞典 KCS 公司的 TRIBON、美国 PTC 公司的 CADDS'5,对提高我国船舶设计效率和设计质量起到了积极作用。但随着应用的深化,也发现一些问题。这些系统仅以解决设计信息为主,不能满足我国造船工艺的要求,特别在 CAM 上还要作大量的二次开发。但一些系统的开发是在国外第三方图形平台基础上进行,难以达到船舶设计各专业的集成和平行设计,更为重要的是这些系统的部分 Licens 版权在国外第三方公司,技术主动权仍不在开发者手中。

沪东中华造船集团积 30 余年 CAD、CAM 开发应用经验,在 Windows 操作系统下,基于 OpenGL 三维图形平台吸收各系统的优点,如 TRIBON 系统的三维船体结构拓扑关系技术,CADDS'5 系统的参数化设计思想,CATIA 系统、CADDS'5 系统的三维交互实体建模实时显示技术等研发了 HDS 造船 CAD/CAM 系统。考虑国内一些用户已使用 TRIBON、CADDS'5、CATIA 等三维设计系统,HDS 开发了与上述设计系统的接口,可把 TRIBON、CATIA 系统建立的船舶、管系、管附件模型导入 HDS,也可把 CADDS'5 船体模型导入 HDS。该系统能满足船体结构、机装、电装、舾装等专业设计的三维全数字化船舶产品建模,通过三维模型对船舶性能、结构强度、工艺合理性和制造可行性进行计算分析,是整个船舶数字化制造集成系统的基础,HDS 在国内数十家船舶企业获得了应用。

计算机应用于船舶工程,使船舶设计方法发生了巨大的变化。

在制定船舶设计任务书前的船型论证中已由单船论证和手工运算发展为系统论证和计算机辅助论证,并相继出现了系统分析法、复合预测与决策技术、仿真技术、不确定性和风险分析等新的科学论证方法。

在船舶主尺度方案分析中,从广泛采用网格法(也称变值法)发展为最优化方法、正交设计法等。对各方案的最终评判与选优,除设计人员凭经验评定外,还可借助计算机采用多目标加权处理、模糊综合评判和多目标分层序列法等进行评定。

船舶型线设计的计算机方法大体有两种:母型改造法和数学船型法。母型改造法,首先要广泛收集优秀母型船资料(如船舶类型、主尺度系数与排水量、航速及型值等)并存储到计算机内建立船型库;然后,设计者按一定的指令输入一组新船设计参数信息,调用船型改造程序,计算机就会自动从船型库中提取相近的母型船并加以改造,直到获得满足设计船性能与使用要求的型线为止。数学船型法,是用数学方程来表达船体曲面的方法。按数学方程类别的不同,又分为曲线法和曲面法。曲线法采用一组按某种规律变化的平行的平面曲线来构造船体曲面;曲面法则采用参数曲面方程来描述船体曲面。有关计算机辅助船体型线设计的详细方法可参阅相关专著、文献。

计算机辅助总布置设计(CAAD),离不开人机交互。交互的含义是指计算机在计算过程中人机间交流信息,程序开始时的数据输入一般不能称为交互。CAAD 中人机交互方式有数据交互和图形交互两种。数据交互比较简单,利用计算机显示屏(CRT)和键盘很容易形成一问一答的交互过程。当需要大量数据交互时,一般是把要修改的数据列成表格编成数据文件显示在荧光屏上进行修改,这样既清晰又不容易搞错。如何用图形交互来完成舱室布置工作呢?首先,把船舶设备(如主机、辅机、泵、甲板机械等)的外形图和舱室设备(门、窗、床、盥洗盆、家具等)的示意图等存入图形库,继而,利用型线设计数据在荧光屏上显示出要布置的甲板空间,然后用光笔将图形库的部件一一调出进行布置。这时可利用计算机的图形处理功能进行图形的局部放大、平移、旋转和镜像处理。

船体结构设计与绘图在船舶设计中工作量大。计算机辅助船舶结构设计,通常以船体建造规范为准则,以中横剖面每米船长结构重量最轻为目标进行中剖面结构优化设计,绘制中横剖面和机舱横剖面图,最后进行船体总纵强度校核和总振动计算。大量结构图的绘制已由计算机和绘图机完成。目前国内造船界许多单位都利用 AUTO CAD 绘图,有的还在其基础上进行二次开发,按照船体结构制图的特点研制了包括图形初始化设计、线型库设计、常用图形、符号和汉字库设计以及 AUTO CAD 扩充功能开发的船体结构 CAD 系统。

近年来,随着计算机软、硬件技术日新月异的飞速发展,船舶 CAD 技术也不断完善和更新。它大大提高了船舶设计的质量,缩短了设计周期,把设计工作推向自动化和智能化,已逐步形成一门富有生命力的新学科。当然,目前我国船舶 CAD 技术还不尽完善,各单位的研究应用水平也很不均衡,与国外发达国家相比尚存在不小的差距,所有这些都有待船舶技术工作者,特别是年轻一代在熟练掌握船舶设计基本原理与方法的基础上勤奋努力,大胆创新去解决,把我国船舶 CAD 技术推向一个新高度,开创我国 21 世纪造船技术的新辉煌。

复习思考题

1. 为什么说船舶设计是一项具有高度综合性的系统工程?
2. 简述船舶总体设计与其他部分设计的联系与差别。
3. 船舶设计的指导原则和基本要求有哪些?
4. 船舶设计任务书通常是怎样制订的? 其主要内容有哪些?
5. 海船的航区是如何划分的? 国际航行船舶有没有航区问题?
6. 名词解释:主机额定功率(MCR)、常用功率(CSR)、试航速度、服务航速、续航力、自持力。
7. 现代船舶设计分为哪几个阶段? 初步设计阶段主要完成哪些工作?
8. 什么是母型改造法? 什么是逐步近似法?
9. 船舶 CAD 使船舶设计工作发生了哪些变化?

第 2 章

船舶重量与重心

2.1　概述

　　船舶设计的基本要求之一是使船舶按预定状态浮在水面上,据《船舶静力学》知识,即要求船舶重量与浮力平衡,重心与浮心在同一铅垂线上;基本要求之二是使设计船满足预定的载重量,而船舶载重量通常是排水量与其自重的差值;基本要求之三是使设计船满足任务书规定的各项航行性能指标,而船舶排水量则往往是船舶性能估算或计算的一个重要基础。因此,船舶重量与重心计算是船舶设计中一项首要的基础工作,实船设计往往从重量估算开始。

1. 重量方程式与浮力方程式

　　船舶在某种装载情况下的总重量,称为重量排水量,它是船舶各部分重量之和(单位为 t),即有重量方程式

$$\Delta = \sum W_i = LW + DW$$
$$= W_h + W_f + W_m + DW \tag{2-1}$$

式中,LW——空船重量(t);

　　　　W_h——船体钢料重量(t);

　　　　W_f——木作舾装重量(t);

　　　　W_m——机电设备重量(t);

　　　　DW——载重量(t),包括货物、船员及其行李、旅客及其行李、燃油、滑油及炉水、食品、淡水、备品及供应品等重量。

　　同时,船舶所受浮力等于船体所排开水的重量 Δ,故有浮力方程式

$$\Delta = \rho \nabla = \rho k LBTC_b \tag{2-2}$$

式中,ρ——水的密度(t/m³),海水密度为 1.025t/m³;淡水密度为 1.0t/m³;

　　　　∇——该装载情况下的型排水体积(m³);

　　　　L、B、T、C_b——船长、型宽、吃水及方形系数(本书中 L 指垂线间长,即 L_{bp});

　　　　k——附体体积系数,通常为 1.004~1.01。因为 ∇ 为型排水体积,不包括外板厚度及

附体(如舵、螺旋桨、轴支架、舭龙骨等)在内,k 值为考虑这些因素而定的系数。在上述统计数值中,通常对小船取大值,大船取小值。

根据浮力和重量相等,可得浮性方程式

$$\Delta = \sum W_i = \rho k L B T C_b \tag{2-3}$$

2. 民船的典型载况及其排水量

船舶在营运及航行过程中,其载重量(货物、旅客及行李、油、水)是变化的。随着载重量变化,船的排水量及其浮心和重心的位置也不同,因而船的各种技术性能也就不同。为了掌握船舶在营运过程中的技术状况,须取若干种典型载况予以研究。

民船通用的典型载况是空载和满载,相应的典型排水量为空船排水量和满载排水量。

1) 空船排水量

空船排水量系指新船竣工交船时的排水量,即空船排水量≈LW。此时,动力装置管系中有可供主机动车的油和水,这部分油水重量包含在机电设备重量内,相应的机电设备重量称为湿重。但不包括航行所需要的燃油、滑油和炉水储备及其他载重。

2) 满载排水量(设计排水量)

船舶装载了预定的全部载重量的载况称为满载,相应的排水量即为满载排水量。如重量估算准确,则满载时船舶吃水等于设计吃水,因此,满载排水量也称为设计排水量。民船通常以满载载况作为设计状态,它是决定船舶主要要素的基础。

对于货船,设计中通常取四种典型载况,即:

满载出港——设计状态;

满载到港——这时的油、水重量,规定为设计状态时油、水储备量的 10%(不含滑油);

空载出港——船上不载运旅客与货物,但油、水储备量为设计状态的 100%;

空载到港——船上不装载旅客与货物,而油、水等为其总储备量的 10%。

对于客货船,除上述载况外,通常还要核算满客无货出港、到港载况,有时还要加算航行中途载况。

在船舶稳性法规中,对各类民船的典型载况都作了具体规定。

3. 重量重心估算的重要性

船舶重量重心估算准确与否将直接影响设计船的航行性能与经济性,因而必须仔细地进行估算,力求提高估算精度。

在设计过程中,如果将船舶重量估算得过轻,则完工船的实际重量值将大于估算值。即重力大于浮力,实际吃水将超过设计吃水,此时可能出现以下情况:①新船不能在预定的航线上航行,或必须减载航行。这是因为:对于沿海和内河船舶,往往是航道水深限制了船舶吃水;对于远洋船舶,则是停靠港的泊位水深限制了船舶吃水。②船舶干舷减小,储备浮力减少,船舶大角稳性与抗沉性恐难以满足,甲板容易上浪,船舶结构强度也可能不满足要求。反之,如果将船舶重量估算得过重,则船舶尺度选择势必偏大,船舶建造所需的原材料与工时消耗增加,显然,船舶经济性降低;同时,由于实际吃水小于设计吃水,螺旋桨可能露出水面而影响推进效率,海上航行时船舶耐波性也可能变差。

类似地,如果船舶重心纵向位置 x_g 估算误差过大,则实船将出现较大纵倾,影响船舶的浮态、快速性与耐波性;船舶重心高 z_g 误差过大,则实船初稳性高将产生较大的减少或增加,从而影响船舶稳性与横摇性能;同时,重心 x_g、z_g 估算误差过大,都可能影响船舶的使用效能。

4. 重量重心计算的特点与方法

船舶重量重心计算特点有二:一是贯穿于整个设计过程的始终;二是逐步近似。所谓贯穿始终,就是在船舶设计的各个阶段都须进行重量估算或计算。一条船的设计,通常是由重量估算开始的,最后还必须经重量计算,确定重力与浮力达到平衡、重心位置适宜以后,再进行下一步工作。所谓逐步近似,就是重量计算不可能一次完成,不可能在设计的最初就估算到准确无误的程度,而是随着设计阶段的不断深入,重量计算也由粗到细,由最初阶段参考母型或统计资料的粗略估算到最后按设计船的施工图纸及施工文件分项精确计算,是一个逐渐深化、逐渐准确、多次循环螺旋式上升的过程。每后一次计算都是对前一次计算的检验和修正,都是认识的进一步深化。因此,企图一次就把重量重心搞得十分准确,而不需再经计算是不可能的。

在不同设计阶段,重量重心计算的方法是不一样的。在详细设计、生产设计及完工计算时,船舶的主要图纸均已具备,船舶的各主要部分均已确定,甚至实船也已造出,因此此时的重量重心计算可以按图纸(或在完工计算中按实船)进行详细的分项计算,然后逐项累计即可。但在设计初期即主尺度及排水量确定阶段,则不具备这些条件,设计船的重量重心只能依据母型或统计资料进行较为粗略的估算。

本章主要介绍初始设计阶段设计船重量重心的估算方法。从船舶重量的分类入手,对各部分重量进行分析、寻求船舶主尺度系数与各部分重量之间的内在规律;进而,介绍船舶重量、重心的估算方法;最后,给出一份实船重量重心计算书——介绍船舶设计中后期、图纸资料比较完备情况下重量重心的计算方法。

2.2 空船重量的分析与估算

通常,空船重量估算的准确度是船舶设计能否成功的关键之一。这是因为空船重量 LW 占了船舶排水量 Δ 的相当部分(见表 2-1),而且其影响因素多,不容易估算准确。

表 2-1　各类船舶的空船重量与满载排水量之比

船舶种类	空船重量与满载排水量之比	船舶种类	空船重量与满载排水量之比
拖船	0.85～0.95	大型油船	0.20～0.35
渔船	0.60～0.70	中、小型客船	0.50～0.70
中、小型货船	0.30～0.43	大型客船	0.45～0.60
大型货船	0.27～0.36	驳船	0.20～0.30
中、小型油船	0.35～0.50		

2.2.1 空船重量分类

构成空船重量的项目是十分繁杂的。为便于船舶设计者准确地计算出空船重量,避免重量项目计算的重复或遗漏,便于船舶建造者进行原材料及设备订货,同时也便于船厂经营部门进行船舶报价,需要将空船重量按一定的原则进行分类。按惯例,空船重量通常分为船体钢料重量 W_h、木作舾装重量 W_f 和机电设备重量 W_m 三大部分,各部分又细分为若干组,各组再分成若干项,如表 2-2 所列。

表 2-2 船舶空船重量分类表

项 目 分 类	细 目
一、船体钢料部分	
1. 首尾柱及轴包架	首柱,尾柱,轴包架,舵踵,其他
2. 船壳板	竖龙骨,底板,旁板,平板龙骨,舭龙骨,船壳板上覆板
3. 底部及舷侧构架	底部纵向构件,底部横向构件,舷部纵向构件,舷部横向构件,首尾尖舱结构,其他
4. 甲板结构	上甲板结构,主甲板结构,平台甲板结构,其他
5. 舱壁及围壁	横向水密壁,纵向水密壁,部分舱壁及舱室围壁,货舱筒及舱口围壁,围板,其他
6. 支柱	各层甲板下支柱,舱面机械及梯口加强支柱,其他
7. 船体钢料杂项	轴隧及推力轴承室,钢质护舷材,船柜内制荡板及顶盖,扶梯平台,污水井,其他
8. 底座	主机底座,主锅炉底座,机炉舱辅机底座,轴承底座,舱面机械底座,其他底座
9. 上层建筑钢料	首楼,桥楼,尾楼,各层甲板室,舷墙及走廊边板,其他
10. 电焊填料	焊料,铆钉头,板缝搭边接头及垫料,其他
二、木作舾装部分	
1. 船体木作	本甲板,舱底板及舱边护条,护舷木,栏杆上木扶手,木质上层建筑,其他
2. 船舶属具(金属)	桅及龙门架柱,栏杆,扶梯,旗杆,外烟囱,钢质舱口装置,天窗,门窗及人孔,特种属具,其他
3. 船舶设备及装置	操舵装置,锚装置,系统装置,救生装置,航行装置,消防设备,推进装置,特种装置和设备,其他
4. 舾装木作	木围壁,天花板,室内地板,木质门窗,家具,木质扶梯及舷梯,木质舱口盖,舾装木作杂项,其他
5. 生活设施及工作用具	厨房及餐室设备,卫生及洗涤设备,各种装饰及宣教文娱设备,小卖部及杂项设备,医疗用具,水手工具及备品,木工工具及备品,其他
6. 水泥及瓷砖	舱底水泥,舱柜水泥,甲板流水沟及舱面机械底座用水泥,起居室水泥及瓷砖,其他
7. 油漆	主船体部分,其他部分
8. 冷藏及通风	自然通风设备,机械通风设备,伙食冷藏库设备,制冷机及其冷藏舱或空调器连接管系,冷藏货舱设备,制冰设备,其他
9. 船舶管系	舱底水系统,压载水系统,消防系统,卫生及日用水系统,暖气设备,测深管及注入管系统,舱面机械系统,航行设备系统,特种机械系统,货油装卸系统,其他系统
三、机电设备部分	
1. 船舶电气	舱面机械电力设备,生活及照明用电,对外通信设备,船舶通信设备,助航设备,机炉舱辅机电力设备,输电电缆、配电板等
2. 轴系	推力轴及轴承,中间轴及轴承,尾轴尾管,隔舱填料涵,轴系附件,轴系备件,其他
3. 主辅机械设备	主机,减速齿轮箱及联轴器,电站发电机组,空气压缩机组,各种热交换器,各种泵,各种容器,各种滤器,锅炉抽风机及鼓风机,其他
4. 动力管系	蒸汽及蒸汽管系,凝结水及泄水管系,燃油及滑油管系,压缩空气及废气管系,冷却水及循环水管系,冷藏或空调用管系,其他
5. 机炉舱杂项	工具,工作台,工具架及柜,工具备品,起吊设备,栏杆,格栅,扶梯及花铁板,各种仪表,供应品及记录台等,烟道,烟箱,锅炉鼓风及抽风管道,手提泡沫灭火机,其他
6. 机炉舱特种设备	遥控装置及联合操纵台,其他
7. 机炉及管系内液体	各种容器内液体,各种热交换器内液体,各项动力管系内液体,各项船舶管系内液体,各项机械内液体,其他

应当指出,国内外民船的重量资料在某些具体项目的归属上往往有些差别,在使用重量资料时应予以注意。

表 2-3 为各类民船的 W_h/LW 和 W_f/LW 的大致范围,可供重量估算时参考。

表 2-3   民用船舶的船体钢料及舾装重量与空船重量之比

船舶类型	W_h/LW	W_f/LW
大型货船	0.61～0.68	0.17～0.23
中、小型货船	0.51～0.59	0.25～0.32
客货船	0.47～0.56	0.26～0.37
大型油船	0.68～0.78	0.08～0.15
中、小型油船	0.54～0.63	0.23～0.35
渔船	0.39～0.46	0.39～0.44
拖船	0.38～0.52	0.23～0.28
内河货船	0.41～0.52	0.26～0.33
内河客货船	0.43～0.51	0.37～0.41
内河拖船	0.30～0.36	0.22～0.36

2.2.2   船体钢料重量的分析与估算

由表 2-3 可知,船体钢料重量 W_h 占空船重量的比重很大。因此,准确估算 W_h 对决定设计船的 LW 和 Δ 有重要意义。

1. 影响船体钢料重量的因素

影响船体钢料重量的因素很多,大致有以下几个方面。

1) 船舶主尺度系数

船舶主尺度系数(即 L、B、D、T、C_b 等)对船体钢料重量的影响程度可以从它们对构件数量和强度条件的影响两个方面来分析。

(1) 船长 L。从构件的几何尺度和数量上看,船体绝大多数构件(如外板、底部结构、甲板、舱壁、舷侧结构等)都与船长有关;从强度方面看,船长 L 越长,其在水中所承受的纵向弯矩 M 越大,对船体结构纵向构件的尺寸要求也大。从钢质海船建造规范的有关规定可以看出,船长如大于 60m,则将直接影响到构件的尺度。因此船长对船体钢料重量影响最大。

(2) 船宽 B。从结构构件数量上看,一些横向构件(如船底与甲板横向构件、横舱壁、平台、甲板等)都与船宽 B 有关。船宽 B 对横向强度影响较大,但对船体纵向强度影响不大。综合起来看,船宽对船体钢料重量的影响次于船长。

(3) 型深 D。从构件几何尺度和数量方面看,型深 D 对舷侧板、肋骨、舱壁、支柱等构件有影响,即型深 D 增加引起它们的重量增大;从强度方面分析,型深 D 增加,则船体梁的剖面模数增大,可使船体纵向构件断面尺寸减小,从而可减小它们的重量。从上述两方面综合考虑,对于大船,型深 D 增加,其船体钢料重量 W_h 不一定增加或增加不多,极端情况下甚至会减少;对于小船,其强度不是主要影响因素(一般能保证),结构构件的尺度主要取决于工艺和建造方面的要求,因此型深增加使船体钢料重量增大。

(4) 吃水 T。吃水 T 不影响结构构件数量,但对总纵强度和局部强度有一定的影响。

吃水 T 增加,使船体所受静水压力增大,故船体梁的剖面模数要增加。从局部强度方面看,船底和舷侧构件尺寸也要加大。所以,吃水增加也会引起船体钢料重量增加,但影响程度相对较小。

（5）方形系数 C_b。C_b 反映船体的丰满程度,C_b 增大,会引起外板、底部结构、舱壁等构件尺度和数量的微小增加。但总体来说,方形系数 C_b 对钢料重量 W_h 影响甚微。

综上所述,可知主尺度系数对 W_h 的影响程度是不同的,其排序为 L、B、D、T、C_b。它们对 W_h 的具体影响程度因船舶类型、建筑及结构特征、主尺度等而异,W_h 与主尺度及方形系数之间的关系可用下式表示：

$$W_h = C_h L^\alpha B^\beta D^\gamma T^\delta C_b^\mu \tag{2-4}$$

式中, α、β、γ、δ、μ——指数,$\alpha \geq 1$,其他指数 <1;

$\quad\quad C_h$——钢料重量系数。

对于大船与小船,主尺度对 W_h 的影响程度也不同。小船强度要求低,主船体的板厚主要是从使用年限、耐腐蚀以及焊接工艺要求等方面考虑,所以小船的船体钢料重量 W_h 取决于其构件总尺度数量（总尺度数量正比于主尺度值的平方）。对于大船,其强度要求高,构件的尺寸正比于船长,由于构件总尺度数量正比于主尺度值的平方,故大船的船体钢料重量 W_h 近似正比于主尺度立方。对巨型油船和散货船,由于船长 L 对 W_h 影响更大,故 W_h 会高于主尺度立方关系变化。从 L 的影响指数 α 看,对于小船,$\alpha \approx 1$;对于大船,$\alpha > 1$。

2）布置特征

船舶布置特征不同,W_h 也就不同,如甲板层数、舱壁数、上层建筑的大小等均对 W_h 有影响。

甲板层数,取决于布置特点与使用要求。

舱壁数,规范有最小数目的规定,实际的舱壁数目还要考虑使用要求。

上层建筑大小,包括长度、宽度、高度、层数等,一般客船比货船要大,小船比大船的影响大些,且不同船型也不同。

3）船级、规范、航区

设计船用哪国规范,入什么船级,都对船体结构要求有差别,因而对 W_h 有影响。同样尺度的船舶,如航行于冰区,船体的某些结构要加强,显然 W_h 值就会加大。

4）结构材料

船体采用普通钢、高强度合金钢,还是铝合金、玻璃钢等,材料不同,显然 W_h 也会有很大差别。

以上对影响 W_h 的几方面因素进行了简单分析,分析讨论的目的是：①有助于对某些近似估算公式的理解;②在利用母型资料估算 W_h 时,可以根据上述影响因素,找出新船与母型的差别,并进行修正,以使结果更加符合实际情况;③将分析出的规律用于船舶设计,以便在满足使用和各种性能要求的前提下,尽量减轻空船重量,节省原材料。

2. 粗略的估算方法

船体钢料重量的估算方法很多,在设计中重要的是要根据收集所得的资料情况,在不同的设计阶段选取合适的估算方法。下面介绍的一些粗略的估算方法可在设计初始阶段使用,也就是说在设计船的 L、B、D、T、C_b 等已初步确定,对船的布置特征已有粗略设想,但其他设计工作还没有深入开展的情况下,用来粗略地估算 W_h 值。

1）百分数法

假定 W_h 正比于 Δ，亦即

$$W_h = C_h \Delta = C_h \rho k L B T C_b \tag{2-5}$$

式中，C_h——可根据母型船选取，$C_h = W_{h0}/\Delta_0$（其中 W_{h0}、Δ_0 分别为母型船的钢料重量和排水量，本书字符凡带下标"0"者一般指母型船数据）。

如果已知 C_h，则可根据 Δ 求出 W_h 值。此估算方法简单方便，缺点是把 L、B、T、C_b 各要素对 W_h 的影响看成同等的，因此较为粗略，通常只适用于油船、散货船等 Δ 较大且特征比较稳定的船舶。

估算船体钢料重量时所参考的母型船，应当是与设计船类型、主体结构形式及船体材料相同、主尺度及船舶上层建筑丰满度相近的实船；其 C_h 应尽量采用多艘实船分析验算后确定。

2）平方模数法

此法假定 W_h 正比于船体结构的总面积，并用 L、B、D 的某种组合表征。最常见的形式为

$$W_h = C_h L(B + D) \tag{2-6}$$

式中，$(B + D)$ 可近似看成是单甲板船从龙骨到甲板中心的周长，所以 $L(B + D)$ 实际上表征了船壳表面积及甲板表面积的一种面积特征数，也称平方模数。

本方法对于总纵强度不突出的船其计算结果比较准确，常用于内河船舶及小型船舶。

3）立方模数法

此法假定 W_h 正比于船舶内部总体积，并以 LBD 作为内部总体积的特征数，简称立方模数，即

$$W_h = C_h L B D \tag{2-7}$$

若设计船的舷弧高度及上层建筑的体积与母型船的相差较大，式(2-7)中的 D 应以相当型深 D_1 替代，以提高计算精度；D_1 用下式计算：

$$D_1 = D + S_M + \frac{\sum l_i h_i}{L} \tag{2-8}$$

式中，S_M——平均舷弧高，一般地，$S_M = A/L$，A 为船舶舷弧升高部分的侧投影面积（m^2），如图 2-1 所示的阴影部分，对于抛物线舷弧，$S_M = (S_F + S_A)/6$，S_F、S_A 分别为船舶首、尾舷弧高；

l_i、h_i——连续甲板以上各层上层建筑的长度和高度。

立方模数法对于大中型船舶适用性较好。其缺点是，仅考虑了尺度 L、B、D 的影响，而未考虑船舶结构形式、布置特点、T 和 C_b 等对 W_h 的影响，也未考虑尺度比（如 L/D）不同时 W_h 的差异，把 L、B 对 W_h 的影响看成是等同的，这显然与实际不符。

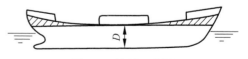

图 2-1　舷弧示意图

为了提高估算精确性，可将式(2-7)改写成

$$W_h = C_h \cdot L B D \cdot \left(\frac{L}{D}\right)^{\frac{1}{2}} \left(1 + \frac{1}{2} C_{bD}\right) \tag{2-9}$$

式中，$\left(\dfrac{L}{D}\right)^{\frac{1}{2}}$——从强度出发，考虑 L、D 对 W_h 的影响的修正；

$\left(1+\dfrac{1}{2}C_{bD}\right)$——考虑船体肥瘦的影响，其中，$C_{bD}$ 为计算型深处的方形系数，可近似

按下式计算：

$$C_{bD} = C_b + (1 - C_b)\frac{D - T}{3T} \tag{2-10}$$

另外，如果设计船与母型船的甲板层数不同，估算时也要对 W_h 值进行修正。通常每增加一层纵通甲板，W_h 值增加 $5\%\sim6\%$。

4）统计公式法

对于一些结构形式相差不大、布置特点比较稳定、有大量相近实船的船型，如大型油船、散货船、集装箱船等，在设计初始阶段用统计公式法估算 W_h 是十分有效的。计算机的应用，使先进的统计方法得以实用，而且统计公式越来越多，用途越来越普遍。如对于散货船的 W_h 有如下的统计公式：

穆瑞公式

$$W_h = C_h L^{1.65}(B + D + T/2)(C_b + 0.8) \tag{2-11}$$

阿德文克公式

$$W_h = C_h L^{1.878} B^{0.695} D^{-0.189} T^{0.158} C_b^{0.197} \tag{2-12}$$

瓦特生-智尔费兰公式

$$\begin{cases} W_h = C_h E^{1.36}(1 + 0.5(C_b' - 0.7)) \\ E = L(B + T) + 0.85L(D - T) + 0.85\sum l_1 h_1 + 0.75\sum l_2 h_2 \\ C_b' = C_b + (1 - C_b)(0.8D - T)/3T \end{cases} \tag{2-13}$$

式中，C_h——钢料系数，根据母型船换算得到；

l_1、h_1——伸展到舷边的上层建筑的长度和高度（m）；

l_2、h_2——甲板室的长度和高度（m）。

上述统计公式中，穆瑞公式适于中型散货船，阿德文克公式适于大型散货船，而瓦特生-智尔费兰公式一般适于较广泛的船类（如散货船、杂货船和集装箱船等）和较宽的尺度范围。

值得注意的是，由于统计样本的不同和统计方法上的差异，即使对于同一种船型，公式的形式和系数也会相差很大。在使用统计公式时，一定要注意公式的使用范围、所用的单位，而且要用实船资料加以检验。

3. 比较精确的估算方法

1）修差法

此法根据设计船与母型船主尺度的差别进行修正来得出新船的 W_h 值，即

$$W_h = W_{h0} + \delta W_h \tag{2-14}$$

式中，δW_h——设计船船体钢料重量的增量。

假定母型船的 W_{h0} 与主尺度的关系式为

$$W_h = C_h L^{1.45} B^{0.945} D^{0.66} \tag{2-15}$$

若设计船与母型船的主尺度差值为 δL、δB、δD，则由于设计船与母型船的主尺度改变

而引起的 W_h 增量

$$\delta W_h = \frac{\partial W_h}{\partial L}\delta L + \frac{\partial W_h}{\partial B}\delta B + \frac{\partial W_h}{\partial D}\delta D$$

$$= 1.45\left(\frac{W_{h0}}{L_0}\right)\delta L + 0.945\left(\frac{W_{h0}}{B_0}\right)\delta B + 0.66\left(\frac{W_{h0}}{D_0}\right)\delta D \quad (2\text{-}16)$$

若设计船与母型船的方形系数不相同,其差值为 δC_b,则 δC_b 的重量修正值取为经主尺度修正后的 W_h 乘以 $0.3\delta C_b$,即

$$W_h = (W_{h0} + \delta W_h)(1 + 0.3\delta C_b) \quad (2\text{-}17)$$

应用上述方法,估算 W_h 时,若能找到合适的母型船则其结果还是相当精确的。如果设计船与母型船在其他方面有差别,如上层建筑大小、甲板层数、舱壁数目、首尾舷弧等不同,则应参考有关资料进行局部修正。

本方法的优点在于,当设计船较母型船只有某些尺度发生改变时,可以较快地算出其重量的变化,并可用来比较各要素的变化对 W_h 的影响程度。

2)每米船长重量法

当设计船和母型船都具备船中横剖面结构图、型线图和总布置图时,可用本方法得出 W_h 值。

本方法假定全船主船体构件的总重量正比于船中部每米长度重量 ω 和船长 L_{bp},并以 $C_b^{1/3}$ 考虑船体丰满度的影响。具体估算步骤如下:

(1)计算单元长度的所有重量 W_0' 和 W'。所谓单元长度,对横骨架式船来说,为一个肋骨间距;对于纵骨架式船则为相邻两个实肋板间的距离。单元长度应计入的重量包括:纵向构件——板、纵桁、纵骨等;横向构件——肋骨、甲板横梁、肋板、肘板等。

(2)计算每米船长重量 ω_0 和 ω。将型船与设计船的单元长度内总重量 W_0' 和 W' 分别除以各自的单元长度 L_0 及 L,得每米船长重量 ω_0 和 ω。

(3)计算新船的钢料重量:

$$W_h = W_{h0} \cdot \frac{\omega}{\omega_0} \cdot \frac{L}{L_0} \cdot \frac{C_b^{1/3}}{C_{b0}^{1/3}} \quad (2\text{-}18)$$

(4)局部修正。因为式(2-18)只反映了船舶中横剖面处的结构特点,故需要分析设计船与母型船主船体构件的差异,如舱口的大小、舷弧及特殊加强等,进行修正;然后,分析设计船与母型船主船体局部构件(如横舱壁、首尾柱、轴支架、机座等)及上层建筑、甲板室等的差异,再加以修正。

本方法因考虑了船的具体结构特点,其结果一般比较精确。

3)分项换算法

如有相近母型船钢料重量的详细分项资料,则按母型船逐项进行换算,可得到较精确的设计船 W_h 值。所用换算式一般可从其几何关系及强度关系两方面来建立。如:

外板正比于 $L(B+2D)t_m$ 或正比于 At_m。其中 t_m 为中横剖面处钢板平均厚度;A 为外板的总表面积,可由型线图量得。

横舱壁正比于 $BDC_{mD}nD^{1/2}$。其中 C_{mD} 为算至型深 D 处的中剖面系数,可从母型船或本船的型线图上量取算出;n 为横舱壁数;$D^{1/2}$ 是考虑型深对横舱壁强度的要求而计入的系数。

内底板正比于 $LC_b^{2/3}F_m$。其中 F_m 为中横剖面内底板剖面积。

船底及内底骨架正比于 LBC_bh_d。其中 h_d 为双层底高度。

船侧骨架正比于 (D_1-h_d) 或 $(D-h_d)$。其中 D_1 为只计入首尾舷弧影响的相当型深，$D_1=D+A/L$。

甲板板架正比于 A_dt_m 或 LB 或正比于 $L^{5/3}B$（适用于大船上甲板）。其中 A_d、t_m 分别为甲板面积及厚度。

上层建筑的钢质围壁及甲板正比于 $l_1b_1h_1$，或正比于 A_1t_m。其中 l_1、b_1、h_1 分别为各层上层建筑的长度、宽度（平均值）及高度；A_1、t_m 分别为围壁或甲板的面积及板厚。

电焊重量，通常取以上钢料重量之和的一个百分数，一般对于中小型船舶取 $2.0\%\sim3.0\%$，对于大型海船取 $1.0\%\sim1.5\%$。

裕度一般取 $(2\%\sim4\%)W_h$。

技术设计和施工设计末期，当全船结构设计图纸绘制完毕后，即可对每张图纸逐项计算其板材、骨材、肘板等零部件的结构重量，然后求和得到诸如表 2-2 中每组钢料的重量，最后汇总得到精确的全船钢料重量。精确计算船体钢料重量 W_h，其计算工作量很大，要特别细心地进行，以免遗漏。

例 2-1 一艘母型船的船长 L_0 为 121m，船宽 B_0 为 16m，吃水 T_0 为 5m，型深 D_0 为 9m，方形系数 C_{b0} 为 0.7，每米船长重量 ω_0 为 12.12t/m，船体钢料重量为 W_{h0}。当设计船的船长 L 为 121.5m，船宽 B 为 16.1m，型深 D 为 9.1m，吃水 T 为 5.2m，方形系数 C_b 为 0.71，每米船长重量 ω 为 12.76t/m 时，根据以下方法估算设计船的船体钢料重量：①百分数法；②平方模数法；③立方模数法；④穆瑞公式；⑤修差法；⑥每米船长重量法。

解 ① 百分数法

$$W_h = C_h\Delta = \frac{W_{h0}}{\rho k_0 L_0 B_0 T_0 C_{b0}}\rho kLBTC_b = \frac{kLBTC_b}{k_0 L_0 B_0 T_0 C_{b0}}\times W_{h0}$$

$$= \frac{121.5\times16.1\times5.2\times0.71}{121\times16\times5\times0.7}\times\frac{k}{k_0}\times W_{h0} = 1.065\,8\times1\times W_{h0} = 1.066W_{h0}$$

② 平方模数法

$$W_h = C_hL(B+D) = \frac{W_{h0}}{L_0(B_0+D_0)}L(B+D) = \frac{L(B+D)}{L_0(B_0+D_0)}\times W_{h0}$$

$$= \frac{121.5\times(16.1+9.1)}{121\times(16+9)}\times W_{h0} = 1.012W_{h0}$$

③ 立方模数法

$$W_h = C_hLBD\left(\frac{L}{D}\right)^{\frac{1}{2}}\left(1+\frac{1}{2}C_{bD}\right) = \frac{W_{h0}}{L_0B_0D_0\left(\frac{L_0}{D_0}\right)^{\frac{1}{2}}\left(1+\frac{1}{2}C_{bD0}\right)}LBD\left(\frac{L}{D}\right)^{\frac{1}{2}}\left(1+\frac{1}{2}C_{bD}\right)$$

其中，

$$C_{bD0} = C_{b0}+(1-C_{b0})\frac{D_0-T_0}{3T_0} = 0.7+(1-0.7)\times\frac{9-5}{3\times5} = 0.7800$$

$$C_{bD} = C_b+(1-C_b)\frac{D-T}{3T} = 0.71+(1-0.71)\times\frac{9.1-5.2}{3\times5.2} = 0.7825$$

因此,

$$W_h = \frac{W_{h0}}{L_0 B_0 D_0 \left(\frac{L_0}{D_0}\right)^{1/2} \left(1 + \frac{1}{2} C_{bD0}\right)} LBD \left(\frac{L}{D}\right)^{1/2} \left(1 + \frac{1}{2} C_{bD}\right)$$

$$= \frac{121.5 \times 16.1 \times 9.1 \times \left(\frac{121.5}{9.1}\right)^{1/2} \times (1 + 0.5 \times 0.7825)}{121 \times 16 \times 9 \times \left(\frac{121}{9}\right)^{1/2} \times (1 + 0.5 \times 0.7800)} \times W_{h0}$$

$$= 1.019 W_{h0}$$

④ 穆瑞公式

$$W_h = C_h L^{1.65}(B + D + T/2)(C_b + 0.8)$$

$$= \frac{W_{h0}}{L_0^{1.65}(B_0 + D_0 + T_0/2)(C_{b0} + 0.8)} L^{1.65}(B + D + T/2)(C_b + 0.8)$$

$$= \frac{121.5^{1.65} \times (16.1 + 9.1 + 5.2/2) \times (0.71 + 0.8)}{121^{1.65} \times (16 + 9 + 5/2) \times (0.7 + 0.8)} \times W_{h0} = 1.025 W_{h0}$$

⑤ 修差法

$$W_h = (W_{h0} + \delta W_h)(1 + 0.3\delta C_b) = \left(W_{h0} + 1.45\left(\frac{W_{h0}}{L_0}\right)\delta L + 0.945\left(\frac{W_{h0}}{B_0}\right)\delta B + \right.$$

$$\left. 0.66\left(\frac{W_{h0}}{D_0}\right)\delta D\right)(1 + 0.3\delta C_b)$$

$$= \left[W_{h0} + 1.45 \times \left(\frac{W_{h0}}{121}\right)(121.5 - 121) + 0.945 \times \left(\frac{W_{h0}}{16}\right)\right.$$

$$\left. (16.1 - 16) + 0.66 \times \left(\frac{W_{h0}}{9}\right) \times (9.1 - 9)\right] \times [1 + 0.3 \times (0.71 - 0.7)]$$

$$= 1.022 W_{h0}$$

⑥ 每米船长重量法

$$W_h = W_{h0} \frac{\omega}{\omega_0} \frac{L}{L_0} \frac{C_b^{1/3}}{C_{b0}^{1/3}} = \frac{12.76}{12.12} \times \frac{121.5}{121} \times \frac{0.71^{1/3}}{0.7^{1/3}} \times W_{h0} = 1.062 W_{h0}$$

2.2.3　木作舾装重量的分析与估算

1. 简要分析

木作舾装重量的特点是:名目繁多(见表 2-2),各自独立,规律性差。即使是同类船舶,由于时代不同,地区要求的标准不同,该项重量往往有很大差别。因此,W_f 按母型船换算的相似性较差,初始设计阶段较难估准。通常,将木作舾装重量分成以下四类来分析其对 W_f 的影响:

(1) 与船舶排水量 Δ 和主尺度相关的重量,如船舶设备与系统,包括锚、系泊设备、消防系统、管系、舵、油漆等。

(2) 与船员和旅客人数、生活设施标准相关的重量,如舱室木作(内围壁、天花板、地板敷料)、家具、卫生设备、救生设备等。

（3）与船的使用特点相关的重量，如货船的起货设备及舱口盖、拖船的拖带设备、救助船的救助设备、渔船的渔捞和加工设备等。这些项目的重量常占同类船的 W_f 的相当部分。

（4）特殊要求的重量，如减摇装置、侧推装置等，按船东要求和船舶技术性能要求而定。

2. 粗略的估算方法

初始设计阶段，与估算 W_h 相类似，可采用下述方法。

1）百分数法

$$W_f = C_f \Delta \tag{2-19}$$

此法仅用于建筑特征较稳定的货物运输船的 W_f 初估，结果较粗略。

2）平方模数法

$$W_f = C_f \Delta^{2/3} \tag{2-20}$$

$$W_f = C_f (LBD)^{2/3} \tag{2-21}$$

$$W_f = C_f LB \tag{2-22}$$

$$W_f = C_f L(B+D) \tag{2-23}$$

式（2-23）、式（2-24）常用于运输船舶的 W_f 估算，其结果较百分数法准确。

3）立方模数法

$$W_f = C_f LBD \tag{2-24}$$

客船、拖船、渔船等的 W_f 常可用此式估算。式（2-21）～式（2-24）中，如用相当型深 D_1 代替 D，则可提高估算的精度。

3. 比较精确的估算方法——分项换算法

类似于 W_h 的分项换算方法，根据已有的母型船 W_f 资料，按照母型船 W_f 项目分组分项，然后采用适当的模数逐项换算，再依据设计船的技术要求与标准加以适当修正求得设计船木作舾装各分项重量，最后汇总得到全船 W_f。

其换算模数，诸如：船体木作（木甲板、木铺板、木围壁及隔壁、货舱木护条等）重量可正比于 $L(B+D)$；舱室木作（内围壁、天花板）重量可正比于 A_s，A_s 为所计算的内围壁、天花板的面积；锚泊及系泊设备，可按舾装数相近的母型船选取；起货设备参考母型船或按产品样本计取；舵设备重量可正比于 LTv_k^2，v_k 为航速；油漆重量可正比于 $(LBD_1)^{2/3}$。

技术设计末期，根据总布置图、舾装布置图、设备属具明细表等设计图纸和文件，查阅有关标准和产品样本逐项计算，最后汇总之，就可精确求得全船的 W_f。

2.2.4 机电设备重量的分析与估算

1. 简要分析

机电设备重量包括主机、辅机、轴系、动力管系与电气设备等，详见表 2-2。机电设备重量的构成情况，大致分为三部分。

（1）已知重量，如主机、锅炉、发电机组等的重量。船舶设计初期，这些设备项目往往是预先选定的，因而可从各自的产品样本中查出相应的重量。

（2）可以计算的重量，如轴系重量，设计初期，根据预定的主机功率和螺旋桨转速可计算轴的扭矩，确定轴径，再按拟定的机舱位置和螺旋桨数目算出轴系的重量。

（3）其他配套设备重量,如其他辅机、泵、管系等。一般来说,当设计船与母型船的主机类型相同、功率相近时,与其配套的辅助设备的组成和重量也大体相近,因而可直接根据母型船的 W_m 资料,结合设计船的不同要求用逐项比较法计算确定。

显然,影响机电设备重量 W_m 的最主要因素是主机的类型与功率。

2. 粗略的估算方法

初始设计阶段,当缺乏可靠的母型船机电设备重量分项资料时,设计船的 $W_m(t)$ 可按主机功率的大小来粗略估算:

$$W_m = C_m P_B \tag{2-25}$$

式中, C_m ——机电设备重量系数,可取自母型船或有关图表资料,如图 2-2 所示的资料;

P_B ——主机额定功率(kW)。

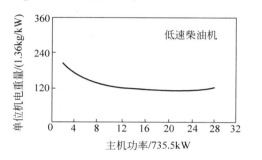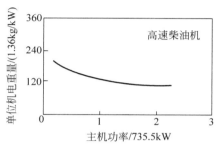

图 2-2　每千瓦机电设备重量

有时也可采用统计公式来估算 W_m ,如

$$W_m = 9.38(P_B/n)^{0.34} + 0.68P_B^{0.7} \tag{2-26}$$

式中, n ——主机转速(r/min)。

使用统计公式时,必须核算几条相近实船的 C_m ,以检验公式计算结果的可信度。

3. 比较精确的估算方法——逐项比较法

选用主机、辅机相近的型船的 W_m 资料时,进行逐项比较,相同的照抄,不同的项目进行修正,没有的项目删去等,这是最常用的方法,也是比较可靠的方法。

技术设计阶段或施工设计末期,根据机舱布置图、轮机设备明细表清点主/辅机、锅炉等设备,算得机械设备重量;按轴系计算书及相关图纸可算得轴系重量;按全船各系统图可算得全船管系重量;再按电气设备布置图和电气设备清册可算得电气设备重量;最后汇总求得精确的全船机电设备重量 W_m 。

以上介绍了构成空船重量 LW 的三大部分重量—— W_h 、 W_f 和 W_m 的估算方法。归结起来, W_h 占 LW 的比例最大,规律性较强, W_m 则比较容易估算准确,如果手头上备有相近母型船的详细重量资料,则 W_h 和 W_m 可以估算得比较精确。相对难于估准的是 W_f 。因为项目繁杂,规律性较差,因此,在估算 W_f 时,一方面要搜集相近母型船的重量资料。另一方面要吃透船东对全船木作舾装的具体要求,根据母型船资料换算成设计船的 W_f ,再针对船东的不同要求逐项修正,最后对求得的 W_f 再给出适当的储备。

在设计过程中 LW 除包括 W_h 、 W_f 和 W_m 三大部分以外,通常还要考虑排水量裕度(也称 Δ 储备),在有些船(如轮渡、客船及拖船等)上还要加固定压载。

2.2.5　固定压载与排水量储备

1. 固定压载

固定压载是固定加在船上的载荷,通常采用生铁块、石头、水泥块和矿渣块等,一般在船下水前后加放在船的底部。固定压载的作用主要在于降低船的重心以提高稳性,增加重量以加大吃水;必要时也可用来调整船的纵倾。

在设计中加固定压载有时是不可避免的,有时则是设计失误所造成的。对于拖船、渔船、调查船、客船、集装箱船,这类船舶的主尺度常取决于布置地位的需要。其尺度相对地较大,载重量占排水量的比例相对地较小,且重心较高,为保证其稳性和良好的浮态,通常在这类船上加一定数量的固定压载,其数值大小要根据使用要求,通过具体计算而定。但对一般货船来说设计有固定压载则是不经济的,也是不合理的。

2. 排水量储备

在船舶设计中,为确保设计船的载重量,避免船舶超重,通常在分部估算 W_h、W_f 及 W_m 的基础上,将 LW 预加一定裕度,称为排水量裕度(或排水量储备)。其原因有三:

(1) 估算误差。因前面介绍的 W_h、W_f、W_m 的估算公式很多是近似的,加之资料不充分或经验不足,误差往往是难免的,而且在多数情况下计算重量偏小,故需加一定的裕度。

(2) 设备增加。船东在船舶设计过程中提出增加某些新设备是常有的事,因此计算重量时要有意识地加一定裕度。

(3) 采用代用设备和材料。建造过程中,由于设备和材料的短缺,以致订货时订不到要求的设备和材料,因此不得不采用代用设备和材料,这样导致重量增加。

重量计算时,储备加多少,取决于设计者的经验、水平和资料具备的情况。一般有下列两种取法。

① 取空船重量 LW 的某一百分数。在初步设计阶段,通常取为(2%～5%)LW(大船,用小的数字)。

② 分项储备,即分别在船体钢料、木作舾装、机电设备各部重量加一裕度,初始设计阶段,一般常取它们各自重量的 2%～4%、4%～8%、2%～5%。

2.3　载重量估算

船舶载重量 DW 包括以下各项:①船员及行李;②货物、旅客及其行李;③燃油、滑油及炉水;④淡水和食品;⑤备品及供应品。

船舶设计任务书有时给出载货量 W_c 或旅客人数,即②项重量为已知重量;有时任务书给出为总载重量 DW,则先计算①③④⑤各项重量后,与 DW 的差值即为载货量 W_c。

通常,在船舶设计初始阶段就要对载重量各组成部分进行估算。估算目的有二:

(1) 算出船舶载重量加上空船重量的估算值获得重量排水量,根据浮性方程相互协调以选择合理的主尺度系数;若利用计算机进行主尺度论证则通过迭代运算来选定。

(2) 算出货物、燃油、淡水等项的装载量,以便进一步考虑相应的舱容要求和舱室布置。

载重量各部分的估算方法如下。

1. 人员及行李、淡水、食品重量估算

1）人员及行李

人员的重量通常按每人平均 65kg 计算，人员所携带的行李应根据航线的具体情况，经调查后确定。一般每人携带行李的重量约为

船员行李 40～65kg；

长途旅客行李 40～65kg；

短途旅客行李 10～35kg。

2）食品及淡水

分别根据人数、自给力天数及有关定量标准按下式计算：

$$总储备量 = 自给力 \times 人员数 \times 定量 \tag{2-27}$$

式中，自给力（d）通常由任务书给定，若未给定，则可按下式计算：

$$自给力 = R/24 v_s \tag{2-28}$$

式中，R——续航力（n mile 或 km）；

v_s——服务航速（kn 或 km/h）。

人员数包括船员与旅客，其中淡水的储量因二者的标准不同，常分别计算。

食品包括粮食、蔬菜及肉类等，通常按每人每天 2.5～4.5kg 计（含包装重量）。对于短途内河船应视航线的具体标准而定。

淡水包括饮用水和洗涤用水，其定量取决于航程、航线的气候条件、舒适性标准。远程船通常只自带一部分淡水（由任务书规定或分析后决定），一般至少需带足自给力 5 天的淡水储备量，不足部分由制淡装置供应。在全部带足的情况下，通常每人每天用水定量为 100～200kg，其中饮用水不少于 20kg。

对于长江大型客船，一般都有江水滤清装置，洗涤用水可只考虑在澄清水舱内有足够 1 天消耗的储备量即可；内河水系小型船舶的淡水定量标准或储量参照该航区的同类型船舶计算决定。

2. 燃油、滑油及炉水重量估算

这部分重量，主要根据设计任务书规定的续航力要求来决定，要保证船舶从离港到下次重新补给期间的需要。

1）燃油

根据主机功率、续航力、航速、油耗率等计算，其公式为

$$W_0 = 0.001 g_0 P_s \frac{R}{v_s} k \tag{2-29}$$

式中，g_0——包括一切用途在内的油耗率（kg/(kW·h)），通常取主机持续服务功率 P_s 时油耗率 g_e 的 1.10～1.15 倍，当主机型号选定后 g_e 可从主机说明书中查得；

P_s——主机持续功率（kW）；

R——续航力（n mile 或 km）；

v_s——服务航速（kn 或 km/h）；

k——考虑风浪影响而引起航行时间增加的储备系数，通常取 1.1～1.20；

W_0——总的燃油储备量（t）。

应该注意的是，对于辅机功率较大的船舶，如油船上用于加热货物油及洗舱、冷藏船用

于制冷、客船用于照明及空调等,则应分别估算各类辅机所需的燃油储备量。

2) 滑油

由于船上润滑油备量较少,故在初始设计阶段,滑油储备量可取为燃油总量的某一百分数,即

$$W_L = \varepsilon W_0 \tag{2-30}$$

式中,ε——比例系数,通常,柴油机船取 $3\% \sim 5\%$;汽轮机船取 $0.8\% \sim 1.0\%$。

3) 炉水

船上的炉水重量包括两部分:其一是锅炉炉体、热水箱及热水和蒸汽管路内正常的循环水量,这部分炉水在船舶出航时已经注满并已计入机电设备重量 W_m 中(即锅炉系统按湿重计算),因此,当不考虑其更换时,船上的炉水储备量可不包括这一部分;其二是炉水的漏失量,炉水储备是用来补充船上蒸汽漏失所需的炉水量,所以,炉水储备量与蒸汽漏失量成正比,即

$$W_{bw} = 0.001\varepsilon Q t \tag{2-31}$$

式中,ε——蒸汽漏失率,柴油机船的锅炉取 $5\% \sim 6\%$,汽轮机船取 $2\% \sim 3\%$;

Q——每小时蒸汽产量(kg/h);

t——续航时间,即续航力/服务航速(h)。

远洋船及大功率船通常都由制淡装置补充淡水,因此只需少量炉水储备作为应急补充之用。

3. 备品及供应品重量估算

备品是指为保证船舶正常航行,用于临时维修,应付紧急事故和特殊情况所储备的备用零部件、设备与装置,包括锚、灯具、管制器材、油漆等。供应品是指零星物品,如床上用品、炊具、信号旗、办公用品、医疗器材、电视机等。

备品、供应品的重量不大,通常取为 $(0.5\% \sim 1.0\%)$LW。这项重量我国习惯放在载重量内,而国外也有计入 LW 中的。

2.4　重心估算

船舶重心坐标用 x_g、y_g、z_g 表示(见图 2-3)。一般来说,由于船舶型线都是左右对称的,总布置设计时也总是使左右舷重量平衡,故 $y_g = 0$。通常船舶重心的估算,主要指重心纵向坐标 x_g 和重心高 z_g,其中,x_g 将决定船舶浮态,影响船舶纵倾;z_g 则影响船舶稳性和横摇性能。因此,船舶重心估算对船舶技术性能和使用效能的影响很大,必须予以高度重视。

图 2-3　船舶重心位置示意图

船舶重心估算,通常采用力矩法在重量计算的同时列表进行。以下简要介绍 x_g、z_g 的估算方法。

2.4.1 重心高度 z_g

1. 空船重心高度 z_g

1)粗估法

通常假定 z_{g1} 正比于型深,即

$$z_{g1} = \xi_1 D \tag{2-32}$$

$$z_{g1} = \xi_{11} D_1 \tag{2-33}$$

式中,D、D_1——型深和相当型深;

ξ_1、ξ_{11}——系数,通常取自于母型船,如果新船与母型船有明显差别,则要进行修正。

此法比较粗略,通常仅用于设计初期。

2)分部分项换算

如果有母型船的分部重量重心资料,则可以用分部换算法估算设计船钢料、舾装、机电各部分的重心高,然后用力矩法求取空船重心高。通常,船体钢料与木作舾装的重心高 z_{gh}、z_{gf} 正比于型深或相当型深,机电设备重心高 z_{gm} 正比于舱深$(D-h_d)$,于是空船重心高 z_{g1} 为

$$z_{g1} = \frac{W_h z_{gh} + W_f z_{gf} + W_m z_{gm}}{W_h + W_f + W_m} \tag{2-34}$$

如果掌握有母型船详细的重心分项资料,则可以分部分项换算各自重心,然后合成求得更准确的 z_{g1},现说明如下:

(1)船体钢料部分的重心高度。外板正比于 $D_1^2/(B+2D_1)$;内底板、船底及内底骨架正比于双层底高度 h_d;船侧骨架正比于 D_1;甲板板架正比于 D 或 D_1;各平台甲板正比于平台高度。主横舱壁、纵舱壁首尾尖舱结构正比于舱深。各上层建筑的围壁及甲板重心距甲板的高度正比于层高 h_i。铸锻件(首柱、尾柱、轴支架等)正比于吃水。各层机炉舱棚取所在甲板高度的一半处。主机座正比于 D 或 T。电焊与铆钉取在钢料重量的总重心处。其他结构可根据具体位置参考母型船确定。

(2)舾装部分的重心高度。对于船体木作(木围壁及木隔壁、木铺板、木甲板、货舱木护条等),根据总布置图,可近似地取其重心在其面积的形心处或板厚中心处。

舱盖根据总图分层计算。起货设备参考相近实船资料确定。舵、锚及系泊设备正比于 D。舱室内的舾装本作(如天花板、细木作等)重心距舱室甲板的高度正比于层高 h_i,油漆正比于 D_1。其他可根据新船的布置等情况及母型船资料确定。

(3)机电设备部分的重心高度。主机可按不同机型进行选取。其中:对于柴油机,常取在轴线以上$(0.3\sim0.45)h$,h 为机器在轴线以上部分的高度;对于汽轮机,常在其轴线上。

轴系及螺旋桨可取在其轴线处;锅炉及其他设备可按总布置图与母型船比较后确定。

3)精确计算

在技术设计末期,船、机、电各部分设计人员根据各自图纸资料,分别计算设计船各部分

的重量重心,然后交总体设计人员汇总,编制重量重心计算书,精确计算设计船的空船重量及其重心高。

应当指出,在设计的初始阶段,为确保船舶稳性,往往将整个空船(包括储备排水量)的重心提高 $0.05 \sim 0.15\text{m}$,作为新船重心高度的储备。也可以根据 W_h、W_f 及 W_m 重心估算的准确性,分别取各自的重心储备。

2. 载重量的重心高度 z_gd

通常,载重量各项的重心高可按其在船上的位置根据总布置图进行估算。如人员的重心高度一般可取为所在甲板以上 1m;双层底内的油水的重心高度可取为双层底高度 h_d 的 $2/3$ 左右;货物的重心高度取为舱容的形心高度,按型线图近似估算得到。

技术设计末期,总体设计人员应精确计算 DW 各项的重量及其重心高。货物、燃油、淡水、压载水等的重心高按舱容计算结果计取;滑油、食品等的重心高则按总布置图计算之。

2.4.2 重心纵向位置 x_g

1. 空船重心纵向位置 x_g

1) 粗估法

粗略地估算 x_g,常采用正比于船长 L,即

$$x_\text{g1} = \lambda L \tag{2-35}$$

式中,λ——比例系数,取自母型船。

式(2-35)的应用条件是设计船与母型船沿船长的重量分布相似(如机舱部位相近),否则应先针对设计船的重量分布特点将母型船加以修改,使之与设计船相似,然后利用母型重量资料算得一个新系数 λ,再用于估算设计船的 x_g1。

2) 分项换算

如果有母型船分部重量重心资料,可类似于估算 z_g1 那样,用分项换算法求得 x_g1。通常,船体钢料、木作舾装的重心纵向位置 x_gh、x_gf 正比于船长 L,而机电设备可按其重心距机舱后壁的距离正比于机舱长度 l_m 的方法换算,即

$$x'_\text{gm} = x'_\text{gm0} \frac{l_\text{m}}{l_\text{m0}} \tag{2-36}$$

$$x_\text{gm} = x'_\text{gm} - x_\text{m} \tag{2-37}$$

式中,x'_gm、x'_gm0——设计船、母型船机电设备重心距机舱后壁的距离;

x_m——设计船机舱后壁距船中之距离。

于是,空船重心纵向位置:

$$x_\text{g1} = \frac{w_\text{h} x_\text{gh} + w_\text{f} x_\text{gf} + w_\text{m} x_\text{gm}}{LW} \tag{2-38}$$

随着设计的深入,在技术设计末期,可根据图纸资料分项精确计算空船重心。

2. 载重量重心的纵向位置 x_gd

设计初期,x_gd 可根据总布置图上各载重量项所处的位置进行估算;设计末期,x_gd 可根据总布置图、容量图精确计算。

2.5　350客位内河客货船重量重心计算

在船舶技术设计后期,获得了空船各部分的重量、重心详细资料后,可以精确计算出新船的空船重量及重心。结合不同装载工况下载重量的重量及重心分布,可以计算船舶在典型载况下的全船重量及重心。本节给出350客位内河客货船的重量重心计算书,具体说明实船设计中重量重心的计算方法。

当船体、轮机、电气各部分的设计图纸基本完成时,船、机、电设计人员分别对各自的设计图纸逐一计算重量重心,然后汇总求得设计船重量重心。例如,船体结构设计人员负责计算并统计船体钢料的重量重心,舾装设计人员计算、统计木作舾装重量重心,轮机与电气设计人员计算、统计机电设备重量重心;然后交由总体设计人员(一般是负责稳性计算者)进行汇总并适当增加重量、重心储备,以避免新船建造超重,并保证稳性,生成新船重量重心计算书。这份基于设计图纸和设备选型逐一计算、汇总得到的重量重心计算书是相当精准的,对于后续同类新船设计中的排水量估算有重要参考价值。

需要指出的是,为了避免发生初始横倾,船上的各项重量通常左右对称分布,即重心横向坐标为0;在计算中,重心在舯前为正,在舯后为负。

2.5.1　船体钢料重量重心计算

对350客位内河客货船的船体钢料重量、重心列表进行计算,示于表2-4。在计入3%的重量储备和0.1m的重心高度储备后,船体钢料的重量为138.337t,重心距基线3.494m,重心纵向坐标−1.942m(舯后)。

表2-4　350客位内河客货船的船体钢料重量重心计算

编号	项　目	重量 W_{hi}/t	垂向		纵向			
			距基线		舯前(＋)		舯后(－)	
			重心高度 z_{ghi}/m	垂向矩 $M_{zhi}/(t \cdot m)$	重心距舯 x_{ghi}/m	纵向矩 $M_{xhi}/(t \cdot m)$	重心距舯 x_{ghi}/m	纵向矩 $M_{xhi}/(t \cdot m)$
			$M_{zhi}=W_{hi} \times z_{ghi}$		$M_{xhi}=W_{hi} \times x_{ghi}$			
1	外板	27.793	1.255	34.880			2.164	60.144
2	主甲板	19.432	2.596	50.445			1.708	33.19
3	上甲板	14.385	4.796	68.99			2.297	33.042
4	驾驶甲板	13.557	6.896	93.489			2.18	29.554
5	顶篷甲板	5.992	9.01	53.988	2.956	17.712		
6	主-上围壁	8.456	3.636	30.746			3.18	26.89
7	上-驾围壁	7.472	5.786	43.233			5.19	38.78
8	驾-顶围壁	4.631	7.886	36.520	6.293	29.143		
9	舷侧骨架	2.297	1.50	3.446	0.381	0.875		
10	底舱肋板	9.663	0.629	6.078			5.584	53.958

续表

编号	项目	重量 W_{hi}/t	垂向		纵向			
			距基线		舯前（＋）		舯后（－）	
			重心高度 z_{ghi}/m	垂向矩 $M_{zhi}/(t\cdot m)$	重心距舯 x_{ghi}/m	纵向矩 $M_{xhi}/(t\cdot m)$	重心距舯 x_{ghi}/m	纵向矩 $M_{xhi}/(t\cdot m)$
			$M_{zhi}=W_{hi}\times z_{ghi}$		$M_{xhi}=W_{hi}\times x_{ghi}$			
11	龙骨	5.451	0.611	3.331			4.813	26.236
12	舱壁	6.667	1.571	10.474			0.977	6.514
13	支柱	1.44	1.538	2.215	3.24	4.666		
14	舷墙斜撑	1.396	3.103	4.332			2.785	3.888
15	护舷材	1.050	2.6	2.730			3.90	4.095
16	焊料	3.50	2.6	9.10			2.018	7.063
17	其他	1.126	1.605	1.807	8.95	10.078		
18	总计	W_h/t	z_{gh}/m	$M_{zh}/(t\cdot m)$	x_{gh}/m	$M_{xh}/(t\cdot m)$	x_{gh}/m	$M_{xh}/(t\cdot m)$
		$W_h=\sum W_{hi}$	$M_{zh}=\sum M_{zhi}$, $z_{gh}=M_{zh}/W_h$		$M_{xh}=\sum M_{xhi}$, $x_{gh}=M_{xh}/W_h$			
		134.308	3.394	455.804			1.942	260.88
19	取储备后	W_{h1}/t	z_{gh1}/m	$M_{zh1}/(t\cdot m)$	x_{gh1}/m	$M_{xh1}/(t\cdot m)$	x_{gh1}/m	$M_{xh1}/(t\cdot m)$
		$W_{h1}=1.03W_h$	$z_{gh1}=z_{gh}+0.1$	$M_{zh1}=W_{h1}\times z_{gh1}$	$x_{gh1}=x_{gh}$, $M_{xh1}=W_{h1}\times x_{gh1}$			
		138.337	3.494	483.349			1.942	268.65

2.5.2　木作舾装重量重心计算

对 350 客位内河客货船的木作舾装重量、重心列表进行计算，示于表 2-5。在计入 7% 的重量储备和 0.2m 的重心高度储备后，木作舾装的重量为 56.164t，重心距基线 4.091m，重心纵向坐标 2.186m（舯前）。

表 2-5　350 客位内河客货船的木作舾装重量重心计算

编号	项目	重量 W_{fi}/t	垂向		纵向			
			距基线		舯前（＋）		舯后（－）	
			重心高度 z_{gfi}/m	垂向矩 $M_{zfi}/(t\cdot m)$	重心距舯 x_{gfi}/m	纵向矩 $M_{xfi}/(t\cdot m)$	重心距舯 x_{gfi}/m	纵向矩 $M_{xfi}/(t\cdot m)$
			$M_{zfi}=W_{fi}\times z_{gfi}$		$M_{xfi}=W_{fi}\times x_{gfi}$			
1	锚设备	5.561	2.534	14.092	19.209	106.821		
2	系泊设备	1.253	2.593	3.249	8.117	10.170		
3	消防设备	0.95	4.50	4.275			8.09	7.686
4	救生设备	0.707	4.064	2.873	2.212	1.564		
5	桅杆	0.350	10.5	3.675	8.10	2.835		
6	烟囱	0.500	7.8	3.90			12.0	6.0
7	金属属具	6.313	4.361	27.531	0.714	4.508		

编号	项目	重量 W_{fi}/t	垂向		纵向			
			距基线		舯前(+)		舯后(-)	
			重心高度 z_{gfi}/m	垂向矩 $M_{zfi}/(t\cdot m)$	重心距舯 x_{gfi}/m	纵向矩 $M_{xfi}/(t\cdot m)$	重心距舯 x_{gfi}/m	纵向矩 $M_{xfi}/(t\cdot m)$
			$M_{zfi}=W_{fi}\times z_{gfi}$		$M_{xfi}=W_{fi}\times x_{gfi}$			
8	家具	11.285	4.541	51.243	1.431	16.152		
9	门窗	3.168	3.438	10.89	2.829	8.962		
10	厨房设备	1.738	3.30	5.735			15.417	26.795
11	卫生设备	0.428	5.568	2.383			4.664	1.996
12	舱室隔壁、天花板、顶篷隔热与底舱铺板	10.648	4.412	46.982	2.172	23.126		
13	水泥瓷砖	3.117	1.55	4.831	1.60	4.987		
14	车叶	2×0.436	0.98	0.855			20.4	17.789
15	舵叶	2×0.200	0.80	0.320			21.9	8.76
16	油漆	1.70	2.3	3.91			1.5	2.55
17	卧具	3.50	5.003	17.511	2.057	7.198		
18	总计	W_f/t	z_{gf}/m	$M_{zf}/(t\cdot m)$	x_{gf}/m	$M_{xf}/(t\cdot m)$	x_{gf}/m	$M_{xf}/(t\cdot m)$
		$W_f=\sum W_{fi}$	$M_{zf}=\sum M_{zfi}$, $z_{gf}=M_{zf}/W_f$		$M_{xf}=\sum M_{xfi}$, $x_{gf}=M_{xf}/W_f$			
		52.49	3.891	204.255	2.186	114.747		
19	取储备后	W_{f1}/t	z_{gf1}/m	$M_{zf1}/(t\cdot m)$	x_{gf1}/m	$M_{xf1}/(t\cdot m)$	x_{gf1}/m	$M_{xf1}/(t\cdot m)$
		$W_{f1}=1.07W_f$	$z_{gf1}=z_{gf}+0.2$	$M_{zf1}=W_{f1}\times z_{gf1}$	$x_{gf1}=x_{gf}$, $M_{xf1}=W_{f1}\times x_{gf1}$			
		56.164	4.091	229.767	2.186	122.776		

2.5.3 机电设备重量重心计算

对 350 客位内河客货船的机电设备重量、重心列表进行计算,示于表 2-6。在计入 5% 的重量储备后,机电设备的重量为 46.599t,重心距基线 1.811m,重心纵向坐标-9.622m (舯后)。

由于机电设备重心资料较为准确,不再考虑机电设备的重心高度储备。

表 2-6 350 客位内河客货船的机电设备重量重心计算

编号	项目	重量 W_{mi}/t	垂向		纵向			
			距基线		舯前(+)		舯后(-)	
			重心高度 z_{gmi}/m	垂向矩 $M_{zmi}/(t\cdot m)$	重心距舯 x_{gmi}/m	纵向矩 $M_{xmi}/(t\cdot m)$	重心距舯 x_{gmi}/m	纵向矩 $M_{xmi}/(t\cdot m)$
			$M_{zmi}=W_{mi}\times z_{gmi}$		$M_{xmi}=W_{mi}\times x_{gmi}$			
1	主辅机及机舱设备	25.949	1.454	37.737			9.688	251.393

续表

编号	项目	重量 W_{mi}/t	垂向		纵向			
			距基线		舯前（＋）		舯后（－）	
			重心高度 z_{gmi}/m	垂向矩 $M_{zmi}/(t\cdot m)$	重心距舯 x_{gmi}/m	纵向矩 $M_{xmi}/(t\cdot m)$	重心距舯 x_{gmi}/m	纵向矩 $M_{xmi}/(t\cdot m)$
			$M_{zmi}=W_{mi}\times z_{gmi}$		$M_{xmi}=W_{mi}\times x_{gmi}$			
2	轴系及舵机舱设备	6.457	1.488	9.609			19.338	124.869
3	管系	7.341	1.668	12.244			6.464	47.450
4	电气	4.633	4.39	20.339			0.715	3.314
5	总计	W_m/t	z_{gm}/m	$M_{zm}/(t\cdot m)$	x_{gm}/m	$M_{xm}/(t\cdot m)$	x_{gm}/m	$M_{xm}/(t\cdot m)$
		$W_m=\sum W_{mi}$	$M_{zm}=\sum M_{zmi}$, $z_{gm}=M_{zm}/W_m$		$M_{xm}=\sum M_{xmi}$, $x_{gm}=M_{xm}/W_m$			
		44.38	1.801	79.929			9.622	427.026
6	取储备后	W_{ml}/t	z_{gml}/m	$M_{zml}/(t\cdot m)$	x_{gml}/m	$M_{xml}/(t\cdot m)$	x_{gml}/m	$M_{xml}/(t\cdot m)$
		$W_{ml}=1.05W_m$	$z_{gml}=z_{gm}+0.1$	$M_{zml}=W_{ml}\times z_{gml}$	$x_{gml}=x_{gm}$, $M_{xml}=W_{ml}\times x_{gml}$			
		46.599	1.811	84.391			9.622	448.376

2.5.4 空船重量重心计算

在上述船体钢料重量重心、木作舾装重量重心和机电设备重量重心计算的基础上，考虑固定压载（铁）的重量重心，计算得到该船的空船重量及重心，示于表2-7。计算得到的船舶空船重量为242.10t，重心距基线3.302m，重心纵向坐标－2.374m（舯后）。

表2-7 350客位内河客货船空船重量及重心计算

编号	项目	重量 LW_i/t	垂向		纵向			
			距基线		舯前（＋）		舯后（－）	
			重心高度 z_{gLWi}/m	垂向矩 $M_{zLWi}/(t\cdot m)$	重心距舯 x_{gLWi}/m	纵向矩 $M_{xLWi}/(t\cdot m)$	重心距舯 x_{gLWi}/m	纵向矩 $M_{xLWi}/(t\cdot m)$
			$M_{zLWi}=LW_i\times z_{gLWi}$		$M_{xLWi}=LW_i\times x_{gLWi}$			
1	船体钢料（取储备后）	138.337	3.494	483.349			1.942	268.65
2	木作舾装（取储备后）	56.164	4.091	229.767	2.186	122.776		
3	机电设备（取储备后）	46.599	1.811	84.391			9.622	448.376
4	固体压载（铁）	1.00	2.0	2.0	19.60	19.60		
5	空船重量	LW/t	z_{gLW}/m	$M_{zLW}/(t\cdot m)$	x_{gLW}/m	$M_{xLW}/(t\cdot m)$	x_{gLW}/m	$M_{xLW}/(t\cdot m)$
		$LW=\sum LW_i$	$M_{zLW}=\sum M_{zLWi}$, $z_{gLW}=M_{zLW}/LW$		$M_{xLW}=\sum M_{xLWi}$, $x_{gLW}=M_{xLW}/LW$			
		242.10	3.302	799.507			2.374	574.65

2.5.5　典型载况下的重量重心计算

基于总布置图、容量图和舱容汇总表可以计算得到载重量各分项的重量重心;根据前述算得的空船重量重心,再计入载重量各分项的重量重心,就可以算得设计船的典型载况重量重心。对于客船,满载客货出港、满载客货到港和满客无货到港是设计时必须考虑的三种典型载况。为此,编制了 350 客位内河客货船三种典型载况下的重量重心计算表,示于表 2-8。引用表 2-8 的计算结果,可以转入该船的浮态和稳性计算。

表 2-8　350 客位内河客货船的典型载况重量重心计算

编号	项目	重量 W_i/t	垂向 距基线		纵向 舳前(+)		舳后(一)	
			重心高度 z_{gi}/m	垂向矩 M_{zi}/(t·m)	重心距舳 x_{gi}/m	纵向矩 M_{xi}/(t·m)	重心距舳 x_{gi}/m	纵向矩 M_{xi}/(t·m)
			$M_{zi}=W_i \times z_{gi}$		$M_{xi}=W_i \times x_{gi}$			
满载客货出港								
1	空船	242.10	3.302	799.507			2.374	574.65
2	人员及行李	30.0	5.003	150.090	2.057	61.710		
3	货物	10.0	1.20	12.0			1.9	19.0
4	燃油	18.0	0.55	9.9			2.455	44.19
5	淡水舱	13.0	2.00	26.0	15.4	200.20		
6	淡水柜	1.0	5.6	5.6			9.4	9.4
7	粮食	4.8	2.8	13.44			15.4	73.92
8	备品供应品	2.41	3.0	7.23			13.4	32.294
9	总计	Δ/t	z_g/m	M_z/(t·m)	x_g/m	M_x/(t·m)	x_g/m	M_x/(t·m)
		$\Delta=\sum W_i$	$M_z=\sum M_{zi}$, $z_g=M_z/\Delta$		$M_x=\sum M_{xi}$, $X_g=M_x/\Delta$			
		321.31	3.186	1 023.767			1.53	491.544
满载客货到港								
1	空船	242.10	3.302	799.507			2.374	574.65
2	人员及行李	30.0	5.003	150.090	2.057	61.710		
3	货物	10.0	1.20	12.0			1.9	19.0
4	燃油	1.8	0.11	0.198			2.455	4.419
5	淡水舱	1.3	0.96	1.248	15.4	20.02		
6	淡水柜	0.1	5.05	0.505			9.4	0.94
7	粮食	0.48	2.8	1.344			15.4	7.392
8	备品供应品	2.41	3.0	7.23			13.4	32.294
9	总计	Δ/t	z_g/m	M_z/(t·m)	x_g/m	M_x/(t·m)	x_g/m	M_x/(t·m)
		$\Delta=\sum W_i$	$M_z=\sum M_{zi}$, $z_g=M_z/\Delta$		$M_x=\sum M_{xi}$, $X_g=M_x/\Delta$			
		288.19	3.373	972.122			1.933	556.965
满客无货到港								
	总计	Δ/t	z_g/m	M_z/(t·m)	x_g/m	M_x/(t·m)	x_g/m	M_x/(t·m)
		$\Delta=\sum W_i$	$M_z=\sum M_{zi}$, $z_g=M_z/\Delta$		$M_x=\sum M_{xi}$, $X_g=M_x/\Delta$			
		278.19	3.451	960.122			1.934	537.965

复习思考题

1. 名词解释：设计排水量、空船排水量、载重量。

2. 船舶重量与重心估算的重要性何在？如果重力与浮力不平衡，对新船性能会产生哪些不良影响？

3. 船舶重量重心估（计）算的特点有哪些？各设计阶段的计算方法有何不同？

4. 影响船体用料重量的因素有哪些？综合分析之。

5. 用平方模数法（立方模数法）估算船体用料重量的基本思想是什么？适用对象有哪些？

6. 木作舾装重量的特点有哪些？W_f 中与船舶主尺度、Δ 和人员相关的主要项目各有哪些？

7. 简述 W_m 的主要构成，初始设计阶段如何估算 W_m？

8. 船上固定压载的作用是什么？哪些船舶需要设置固定压载？一般运输货船设计中是否考虑设固定压载？为什么？

9. 什么叫排水量储备？实船设计中为什么要取排水量储备？怎样取定其大小？

10. 初始设计阶段，如何估算空船重心高和重心纵向位置？

11. 某多用途船初步确定的主尺度为：$L_{bp}=150.0\text{m}$，$B=22.8\text{m}$，$D=13.2\text{m}$，$T=9.2\text{m}$，$C_b=0.72$，主机功率（MCR）为 8 820kW。请根据母型船重量资料，采用不同的方法估算新船的空船重量，然后选用你认为合适的估算结果、计入适当的排水量储备，计算确定本船的空船重量。

母型船主尺度：$L_{bp}=147.0\text{m}$，$B=20.8\text{m}$，$D=12.8\text{m}$，$T=9.2\text{m}$，$C_b=0.63$，主机功率（MCR）为 8 235kW。各项空船重量为：船体钢料重量 3 750t，舾装重量 1 200t，机电设备重量 1 050t。

12. 已知某船设计吃水时的排水量 7 000t，空船重量为 2 203t，主机常用连续功率为 3 321kW，主机耗油率为 169g/(kW·h)。服务航速 14.7kn，续航力为 7 000n mile，船员人数为 20 人。已知本船出港时装载淡水 100t，食品 3t，备品和供应品 7t。取辅机和锅炉的耗油量为主机耗油量的 12%，滑油储量取为燃油储量的 3%。试求本船的载重量、载货量以及满载出港和到港时的排水量。

第 3 章

船舶容量

　　船舶容量是船舶容积与甲板面积的总称。任何一艘船舶,为满足预定的使用要求,至少应具备两方面的条件:其一,必须满足重力与浮力平衡,提供足够的浮力来支持船舶自重和预定的载重量,这在第 2 章已介绍;其二,设计船必须提供足够的容量,以满足货物、燃油、淡水、压载水等对装载空间、机舱设备对机舱空间的要求,同时,还必须提供足够的内部甲板和露天甲板面积,以满足各类人员对生活舱室、工作舱室与公共处所的布置要求,满足各类甲板机械的布置与作业面积要求。后者是本章将要研究的内容。

　　船舶容量的研究是重要的,因为它关系到设计船能否满足任务书规定的使用要求,同时还影响船舶的技术性能(如浮态)与经济性。如果船舶容量不足,就不能满足使用要求;反之,如果容量过大,则船舶尺度势必过大,船舶造价与营运成本增加。因此,无论是容量不足或是容量过大,都要及时调整船舶主尺度。

　　研究船舶容量的方法因设计阶段而异。船舶初始设计阶段,设计者要按任务书指定的各项使用要求估算设计船所需的容量;同时,又要根据满足重力和浮力平衡条件所初步拟定的船舶主尺度及总布置格局,估算设计船所能提供的容量。力求使设计船所能提供的容量等于或略大于所需容量。在技术设计过程中,设计者将根据船舶型线图、总布置图、邦戎曲线图等图纸资料,对全船各舱室的容积及其形心进行详细计算,绘制容量图和舱容要素曲线,以便精确计算货物、油和水等的重量重心,为纵倾调整和各载况稳性计算提供必要数据。

　　本章内容包括:

　　(1) 初始设计阶段船舶容量的估算方法,研究舱容与船舶主尺度的联系规律,以便运用这些规律合理选择船舶主尺度;

　　(2) 技术设计过程中容量图与舱容要素曲线的计算与绘制方法。

3.1　货船的容积

3.1.1　船舶容积的有关概念

1. 货物的积载因数

货物的积载因数,是每吨货物装船时所占据的货舱容积,以 μ_c 表示(m^3/t)。

货物的积载因数随货物的种类、产地及装运方式的不同而异,如铁矿石散装运输时,其积载因数 $\mu_c=0.33\sim0.42$;而小麦散装运输时 $\mu_c=1.22\sim1.34$,袋装运输时,$\mu_c=1.34\sim1.45$。表 3-1 列举了部分常见货物的积载因数。

表 3-1　常见货物的积载因数

货物种类	装运方式	$\mu_c/(m^3 \cdot t^{-1})$	货物种类	装运方式	$\mu_c/(m^3 \cdot t^{-1})$
铁矿石	散	0.33～0.42	大米	袋	1.34～1.45
磷矿石	散(粒)	0.72～0.89	玉米	散	1.34～1.39
	散(块)	1.11～1.25		袋	1.50～1.78
石灰石	散	0.61～0.67	豆类	袋	1.31～1.75
水泥	散	0.67～0.78	花生	袋(带壳)	3.34～4.18
	袋	0.89～1.06	棉纱	包	2.60
砂	散	0.56～0.64	布匹	箱	2.9～5.3
煤	散	1.17～1.34	钢材	钢板	0.22～0.45
食盐	散	0.87～1.11		型材	0.56～0.84
小麦	散	1.22～1.34	生丝	包	2.78～3.06
	袋	1.34～1.45	黄麻	包	1.53～1.81

积载因数小的货物,如铁矿石、钢材、砂等,习惯称为重货,重货对船舶舱容要求低;积载因数大的货物,如棉纱、黄麻、布匹等为轻质货,轻质货对船舶舱容要求高。因此,积载因数是货物对货舱舱容要求高低的一个重要数据。在货船的设计任务书中如果没有给定要求的货舱舱容,则势必等效地给出货物积载因数。

2. 型容积利用系数

型容积(或称毛容积)系指按型线图计算所得的舱内容积(m^3)。

实际上,船舱内总是含有骨架的(如肋骨、横梁、纵桁以及舱壁护强材等),而舱内骨架及护条、垫板等总要占据一定的空间;当货物、油、水等装载时扣除掉这部分空间后所剩余的有效装载容积称为净容积;舱内净容积与型容积之比称为型容积利用系数,或称为结构折扣系数,用 k_c 表示。显然,k_c 的大小表明了舱容利用率的高低。

各类货舱的 k_c 值一般取:对于包装货舱,为 0.88～0.92;对于散装货舱,为 0.98～0.99;对于货油舱,为 0.95～0.96;对于冷藏货舱,为 0.7～0.8(因绝缘与管系占去较多容积)。

各类液舱的 k_c 值可取为:首尖舱与双层底舱 0.97～0.98;尾尖舱 0.96～0.97;深舱 0.98～0.99。对于装载燃油、成品油等的液舱,由于油料受热会膨胀,需预留 2%～3% 的膨胀空间;装载重油的燃油舱,因为敷设加热管系,需再计入 0.99 的折扣系数。

应当指出,设计时 k_c 值最好参考相近母型船的资料,比较分析加以修正。如船小,通常 k_c 应小些;甲板层数多 k_c 也小些。如果设计时将 k_c 值取大了,则相应实船装不下预定数量的货物,将影响船的使用效能及经济性。一般船东对货舱容积十分重视,设计中要给予保证。

3. 散装舱容与包装舱容

1)包装货与散装货

船舶所运输的货物种类很多,按其载运形式可分为两大类:包装货和散装货。载运时用箱、桶或袋子包装起来的,称包装货,如成箱装运的水果、食品、家具、五金,桶装的各种酒、油类,袋装的化工产品、面粉、水泥、食糖等。还有一些货物虽然运输时不用包装,但它们本身已进行了整理,如装配好的机器、汽车等,也属于包装货。另一类货物如矿石、煤炭、谷物、散装水泥等,运输时不用包装,而是直接装在货舱里,此类货物称为散装货。同一类货物有时既可采用包装,也可采用散装运输,如谷物、食盐、水泥等,应视具体情况而定。

2)货舱的散装舱容与包装舱容

由于装运的货物分为散装货和包装货,由此货舱容积也分为散装舱容与包装舱容。

所谓散装舱容,是装载散装货物时货舱的有效容积,此时,货物装载可达甲板横梁(或纵骨)的上缘、肋骨外缘和舱底板的顶面。

货舱的散装舱容=该舱型容积×型容积利用系数 k_c ($k_c = 0.98 \sim 0.99$)

所谓包装舱容,是装载包装货物时货舱的有效容积,此时,货物装载一般只能达到甲板横梁(或纵骨)的下缘、肋骨及货舱护条的内缘和舱底铺板的顶面。货舱的包装舱容为该舱型容积的 $0.88 \sim 0.92$。通常,同一货舱,其包装舱容约为散装舱容的 0.90。

3.1.2 所需船主体型容积的计算

图 3-1 所示为典型货船的布置示意图,主体内设有货舱、机舱、燃油舱、淡水舱、压载水舱及首、尾尖舱等。下面分别介绍各舱容积的计算方法。

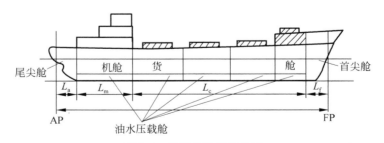

图 3-1 货船的舱室划分图

1. 货舱型容积 V_c

$$V_c = W_c \mu_c / k_c \tag{3-1}$$

式中,W_c——载货量(t);

μ_c——货物积载因数(m^3/t);

k_c——型容积利用系数。

2. 油水舱型容积 V_{ow}

$$V_{ow} = \sum \frac{W_i}{\rho_i k_i} \tag{3-2}$$

式中，W_i——油、水重量(t);

ρ_i——相应燃油、滑油、淡水的密度(t/m^3),通常重油 $\rho = 0.89\sim0.90t/m^3$,轻油 $\rho = 0.84\sim0.86t/m^3$,淡水 $\rho = 1.0t/m^3$;

k_i——液舱型容积利用系数,一般,油舱可取 0.95,水舱取 0.97。

3. 专用压载水舱型容积 V_b

油船、散装货船,由于货源的单向性,其每航次有一程为空放,空放航行时常需加压载水。装载压载水的原因是:

(1)保证必要的浮态。空载返航时,吃水太小,桨叶不能被充分浸入水中,螺旋桨的推进效率和推力就会减小,且桨叶交替出水会引起桨叶的严重振动;空载时首吃水太小,船舶在海浪中易引起拍击或砰击,以致损坏船体首部结构;而且过度尾倾会影响驾驶视野,在横向风浪中会给操舵增加困难。因此需加压载水,以保证船舶耐波性所要求的浮态。

(2)保证稳性。空载到港时,油、水等的消耗使船舶重心提高,初稳性高度降低。为保证稳性,也须加压载水。

压载水一般可布置在舷边舱、双层底舱以及首尾尖舱内。

油船空放航行时,过去采用在货油舱灌注压载水的办法,当排出混有货油的压载水时会造成港口或海洋环境污染。自从 1983 年国际防污染公约生效后,规定 2 万载重吨及以上的原油船和 3 万载重吨及以上的成品油船必须设置专用压载水舱。压载水量多少,因船而异,变化幅度很大。压载航行时的首尾吃水一般要求为:首吃水 T_f 尽可能达到($2.5\%\sim3\%$)L_{bp};尾吃水 T_a 应保证螺旋桨全部浸没于水中。沿海或江海直达货轮压载航行时的首吃水 T_f 可浅些。

设计初期,压载水舱型容积 V_b 可按以下步骤估算:

① 估算压载航行时的平均吃水

$$T_b = (T_f + T_a)/2 \tag{3-3}$$

② 估算压载排水量 Δ_b:

$$T_b/T = (\Delta_b/\Delta)^{C_b/C_w} \tag{3-4}$$

③ 估算压载水量 W_b:

$$W_b = \Delta_b - LW - \sum DWC_i \tag{3-5}$$

式中,$\sum DWC_i$——W_c、W_b 以外的其他载重量项,包括人员、行李、燃油、淡水等项。

④ 估算压载水舱型容积 V_b:

$$V_b = W_b/(\rho k) \approx W_b \tag{3-6}$$

对于海船,通常用海水作压载水,其密度 ρ 为 $1.025t/m^3$,而型容积利用系数 k 约为 0.975,ρk 约等于 1.0。

4. 机舱型容积 V_m

通常应用的公式为

$$V_m = k_m l_m B(D - h_{dm})$$ (3-7)

式中，B、D——型宽与型深；

$\quad k_m$——系数，参考相近母型船确定；

$\quad h_{dm}$——机舱双层底高度，参考母型船确定；

$\quad l_m$——机舱长度，可认为是主机长度 l_{m1} 加上某一数值 C，即

$$l_m = l_{m1} + C$$ (3-8)

其中，C 的数值最好根据相近的母型船确定，这里的母型船是指机舱部位、主机类型与功率、螺旋桨数目及船体尺度等诸方面相近者。其中特别是机舱位置的影响较大。对于低速柴油机大型运输船、中机型船 $C = 4 \sim 5m$；中尾机型船 $C = 4 \sim 6m$；尾机型船 $C = 10 \sim 12m$。

5. 其他舱的型容积 V_a

其他舱是指首、尾尖舱和轴隧室等。如果是中机型船，则机舱后的轴隧道相当长，像一条弄堂，人应能进去观察主轴运转情况、检查轴承、加润滑油等。轴隧后端一般还有逃生口，直通露天甲板。因此，轴隧占有一定的容积。此外，油船还有泵舱，前部干货舱(用于调整纵倾)，机舱与货油舱之间、油水舱之间、轻油及滑油与重油舱之间的隔离空舱等，都占有一定空间，应在估算所需的舱容时进行考虑。货船的 V_a 一般为主体总容积的 $2\% \sim 4\%$。

综上所述，船主体内各种舱室所需要的总型容积为

$$V = V_c + V_{ow} + V_b + V_m + V_a - V_u$$ (3-9)

式中，V_u——上甲板以上装货的容积，包括货舱口围板范围内的容积和有长首楼货船的首楼内货舱容积。

3.1.3 船主体所能提供的型容积估算

当设计船的主尺度及系数确定后，即可用下式估算出船主体所能提供的型容积 V_h：

$$V_h = C_{bD} L_{bp} B D_1$$ (3-10)

式中，C_{bD}——计算到型深 D 的方形系数，按式(2-10)计算；

$\quad L_{bp}$——垂线间长；

$\quad B$——型宽；

$\quad D_1$——计入首尾舷弧和梁拱影响的相当型深，即

$$D_1 = D + S_m + C/2$$ (3-11)

式中，S_m、C——平均舷弧高及船中梁拱高度。

3.1.4 容量方程式

1. 全船容量方程式

设计船所能提供的主体型容积 V_h 应等于或略大于所需的主体型容积，这样才能满足设计任务书对舱容的要求。若式(3-9)与式(3-10)相等，即可得出全船容量方程式为

$$C_{bD} L_{bp} B D_1 = V_c + V_{ow} + V_b + V_m + V_a - V_u$$ (3-12)

式(3-12)反映了设计船容量与主尺度系数间的关系。在船舶设计初期，按此方程式，可

验证所确定的主尺度和船型系数是否能满足所需容量的要求,反之也可根据容量的要求来确定设计船的主尺度系数。

2. 货舱容量方程式

全船容量方程式,是从船主体的容积出发,着眼于船主体内所有舱室的总型容积。实际上,货船容积的主要矛盾是货舱舱容,一般来说,若货舱舱容满足使用要求,则其他舱室的容积也不难满足,并且,在主尺度相同的情况下,货舱舱容的大小标志着船舶经济性的优劣。因此,可再从货舱所需型容积 V_c 及船主体所能提供的货舱型容积 V_{ch} 建立货舱容量方程式,以供货船初始设计阶段选择主尺度、进行舱容校验之用。

如图 3-1 所示,船主体所能提供的货舱型容积为

$$V_{ch} = Kl_c B(D - h_d) = K[L_{bp} - (l_f + l_a + l_m)]B(D - h_d) \tag{3-13}$$

式中,V_{ch}——船主体所能提供的货舱型容积;

l_c——货舱长度;

l_f、l_a——首、尾尖舱长度;

h_d——双层底高度;

K——货舱舱容系数,可参考相近的型船选取。

设计船所需货舱型容积 V_c 按式(3-1)计算;为满足货舱容量的使用要求,在忽略货舱口容量的情况下,应使 $V_c = V_{ch}$,即

$$V_{ch} = W_c \mu_c / k_c = K[L_{bp} - (l_f + l_a + l_m)]B(D - h_d) \tag{3-14}$$

这就是货舱容量方程式。货舱容量方程式鲜明地揭示了货舱容量与船舶主尺度及总布置参数之间的内在联系,有利于从容量角度来研究与调整船舶方案的主尺度与总布置。因此,对于货物运输船,货舱容量方程式较之全船容量方程式使用得更多、更方便。

3.1.5 容量校核

一艘载重型船的设计,在初步选取了船舶主尺度并勾画了总布置草图后,接着要进行一系列的性能初步校核。性能校核的第一步,通常是重力与浮力平衡,而第二步即是容量校核。

所谓容量校核,一方面是按设计任务书的要求估算设计船所需的容积,另一方面是按设计船的主尺度与总布置估算其实有的容积,通过所需容积与实有容积的比较来校核设计船主尺度方案的可行性与合理性。如果实有容积小于所需容积则要通过修改主尺度或适当调整总布置来增加设计船的货舱容积;反之,如果实有容积过大,则通常要减小船的主尺度。

1. 容量校核的方法

容量校核的方法大体上有两种:一是按照全船容量方程式(3-12)分别估算船主体实有容积及各类舱室所需总容积;二是按照货舱容量方程式(3-14)分别估算设计船货舱区段实有容积与装载预定的载货量所需的货舱容积。然后比较实有容积是否等于或略大于所需容积。

2. 增加货舱容积的措施

载重型船的货舱容积占船主体容积的比例很大,经容量校核如发现设计船容量不足,则往往是货舱容积不足,因此,有必要讨论和分析增加货舱容积的措施。

根据货舱容量方程式

$$V_c = K[L_{bp} - (l_f + l_a + l_m)]B(D - h_d)$$

可以看出,要使货舱容积 V_c 增加,就应加大 L、B、D,或减小 l_f、l_a、h_d、l_m。下面分别进行讨论。

(1) 加大 L 和 B。通过加大 L、B 来增加货舱容积 V_c,将会带来以下影响:船长 L 加大,将使船体钢料重量增加,相应造价也将增加;船宽 B 加大,将对稳性和横摇有较大影响,同时,排水量 Δ 随 L、B 的加大而增大,这时空船重量 LW 虽然也有所增加,但船的浮力仍将大于重量,势必要减小 C_b 或 T,这又对快速性有影响。因此,一般情况下(特别是 V_c 相差不是很大时),不希望增加船长 L 和船宽 B 来保证货舱容积的需要。

(2) 减小 l_f、l_a 和 h_d。由于首、尾尖舱长度 l_f 和 l_a,一方面取决于建造规范的规定和实际使用上的要求,另一方面船体的首、尾端尖瘦,l_f、l_a 的减小对增加 V_c 的效果不大。而双层底高度 h_d 则是根据规范要求、船底强度及施焊工艺等方面综合确定的,变化量也不大。因此,这三者都不能作为解决 V_c 的根本措施。

(3) 减小 l_m。船长 L 一定,减小 l_m,则货舱段长增加,货舱容积增加。因此,初始设计阶段,总体与轮机人员应相互协调以尽可能压缩机舱长度,提高船舶经济性。

(4) 增加 D。实践表明,核算舱容以后,如发现货舱容积 V_c 不够则增加船的型深 D 是设计中常用的主要措施,这样最有效而对其他方面影响也小。对大船来说,加大 D 对强度有利,而对船体钢料重量影响则不大。当然,型深 D 增加,船的重心升高,受风面积加大,对稳性有影响,但一般来说比较容易处理好这一问题。

综上所述,增加货舱容积最有效(且较合理)的措施是适当加大型深 D。当然,增加船舶平行中体长度、增大弦弧和梁拱等也能增加 V_c,但其效果不大。

3.2　客船的甲板面积

客船是载运旅客的运输船。安全、快速、舒适是对客船设计的基本要求。为满足旅客搭载、食宿和旅途文化娱乐与观光的要求,具有足够的甲板面积成为客船设计的主要矛盾。与货船的容积研究相似,客船设计往往先要估算所需的甲板面积,继而作主尺度规划,然后通过绘制总布置图来校验并确定各舱室的实际甲板面积。

1. 所需甲板面积的估算

法规中《乘客定额与舱室设备》及交通部部颁标准《沿海客货船船员和乘客主要舱室面积及家具设备配置》对各类客船的布置和甲板面积提出了基本要求(参见 8.5 节),一般客船设计时均应遵循。在客船设计实践中,往往要参考客舱标准相近的母型船,先对母型船的各类舱室和处所的面积进行统计分析,然后结合设计船的具体要求(注意听取船东意见),估算设计船所需的甲板总面积。

通常,应统计和估算的主要舱室及处所包括:

(1) 不同等级的旅客居住舱(每舱室人数、人均占有面积数);

(2) 旅客公共处所(厨房、餐厅、盥洗室、浴室、厕所等);

(3) 旅客文化娱乐处所(阅览室、娱乐室、舞厅等);

(4) 各层甲板通道和旅客散步甲板面积;

（5）不同等级的船员居住舱；

（6）船员公共处所及文娱处所（含会议室）；

（7）船员工作舱（驾驶室、海图室、报务室、广播室、客运室、民警室、医务室、小卖部等）；

（8）其他特设处所。

根据上述统计和估算数据求和，即可得到全船所需的甲板总面积 A。

2. 主尺度（L、B、D）规划

对客船来说，由于客舱和船员舱均布置在上层建筑内，因此客船的上层建筑通常很发达。在规划客船主尺度之初，往往先要确定上层建筑的层数。层数少了，布置不下众多的各类舱室；层数多了，又会使受风面积过大且重心升高，对稳性和操纵不利。通常，上层建筑层数 n 可参考同航线相近客位数的母型船初步确定。

船宽 B，按横向布置情况和稳性要求确定。横向布置，即考虑外走道、床铺（座椅）数目与尺寸、内走廊的布置，有时加宽不多就可能增加一排床铺（座椅），使舱室利用率获较大提高。小型客船的船宽，通常还应考虑机舱的布置地位（尤其是双机双桨船），使主机靠舷边一侧有足够的检查、操作与维修空间。

船长 L 可参考同档次建筑形式相近的型船按下式估取：

$$L = A/(nB\eta) \qquad (3\text{-}15)$$

式中，A——设计船所需的甲板总面积；

n、B——设计船的甲板层数和船宽；

η——客船甲板总面积与 nLB 之比值，通常取自母型船。

型深 D，对于大型海洋客船，考虑船主体内的甲板层数和层高而定；对于小型客船，往往视主机的高度和机舱布置要求而定。

3. 甲板面积的校验

在初步拟定客船 L、B、D 后，即可按照新船总体区划的构想绘制新船的总布置草图。客船上甲板的总长，要考虑首尾部有足够的露天甲板面积用于布置锚泊、系缆装置和靠离码头时便于船员操作。上甲板以上各层甲板一般沿 L 内缩，以形成流线型的侧面外观；沿 B 向每舷亦逐层内缩 50mm 左右以避免与船邻靠时碰坏上层建筑。各层甲板的平面布置，往往从通道规划与不同等级的舱室分区开始，各等级的客舱宜按统一模式先作出一个标准间布置以确定其舱室面积。

通过勾画全船的总布置草图，将各种舱室布置在合理的部位。然后仔细检查所布置的各等级客舱人数及面积、船员铺位数及面积、公共处所及其他舱室的面积，计算客舱和船员舱的总面积和人均占有面积，以校验各等级舱位及舱室面积是否满足预定要求，并可作为与其他客船舒适性、甲板面积利用率等进行分析比较的数据资料。

应当指出，本节对客船设计的论述主要是从甲板面积要求和总布置着眼的，实际上，客船主尺度的确定还必须考虑船舶航行性能（如快速性、耐波性……）和经济性，客船的总布置还必须考虑不同地区、不同航线的特点。

目前，客船已向高速船和旅游船两个方向发展，客货船则向客滚船（或车客渡船）方向发展，这些船舶各有其不同的设计特点，但共同点是都属于典型的布置地位型船舶。

3.3 容量图与舱容要素曲线

在船舶初始设计阶段,利用容量方程式可以校核船舶主尺度方案是否满足设计任务书提出的舱容要求。随着设计的深入,在型线图、总布置图、邦戎曲线和肋骨型线图等完成以后,则需要精确计算各舱舱容及其形心位置,并绘成容量图(也称舱容图)与舱容要素曲线,以便精确计算各舱装载量的重量与重心,进而计算船舶各载况的浮态、进行纵倾调整和稳性计算;同时,为船舶在营运中进行配载,控制船舶浮态与稳性提供基础资料。

1. 容量图

容量图清楚形象地表示出全船主体(包括货舱口)各舱室容积的大小及分布。该图以船长 L 为横坐标,以各舱沿 L 不同剖面处的横剖面面积为纵坐标绘成。图 3-2 给出了某两层甲板杂货船的容量图。图上部给出的总布置侧面草图,在正式的容量图上可以不必画出,这里只是为了便于对照才给出的。

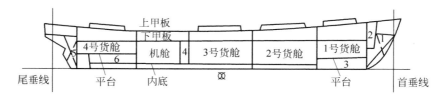

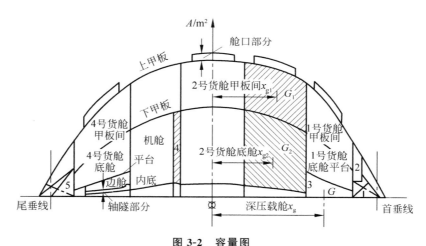

图 3-2 容量图

1—首尖舱;2—锚链舱;3—深压载舱;4—深油舱;5—尾尖舱;6—边舱

容量图上通常还附有各舱室舱容要素汇总表(见表 3-3),以便使用。

容量图的绘制依据是:总布置图、邦戎曲线图、型线图和肋骨型线图。

计算与绘制容量图的大体步骤为:

(1) 画出纵、横坐标轴,选择适当的长度和面积比例,在船长方向标出首/尾垂线、站线与肋位号,对照总布置侧面图,画出各舱壁位置线;

(2) 根据邦戎曲线图查出各站在双层底、各层甲板和平台高度处的横剖面面积,并按比例标于容量图的站线上,然后分别把双层底、各层甲板和平台高度处的各站面积点光顺相连即得容量图。

对于那些沿船长不连续、舱壁位置不在站线上的双层底舱或局部平台舱柜,其舱壁位置线上的面积值可根据型线图(或肋骨型线图)计算得到。

根据容量图可知,其最高连续曲线下包围的总面积,相当于设计船主甲板下的总型容积;每个舱室所包围的面积代表了该舱的型容积,面积形心在长度方向的坐标代表该舱容积形心的 x 坐标。因此,依据容量图能方便地算出各舱室的型容积及其 x 坐标,进而可算得各舱室的装载量及其 x_{gi},与空船重量重心汇总后可得全船排水量 Δ 及重心纵坐标 x_g,于是可方便地计算船舶浮态,进行纵倾调整。

2. 舱容要素曲线

液体舱,包括货油舱、燃油舱、淡水舱、压载水舱等。由于在营运过程中,燃油、淡水均有变化,设计者应提供各液舱的容积和容积形心随液面高度变化的曲线,即舱容要素曲线,如图 3-3 所示。营运中,根据实际液面高度查舱容要素曲线可知液舱容积及其重心。

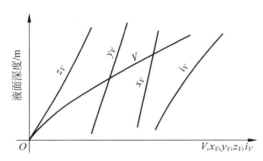

图 3-3　液舱要素与液面深度关系曲线

舱容要素曲线包括各液面高度处体积 V 及其形心坐标 x_V、z_V 及边舱 y_V,以及自由液面对通过其面积形心的纵轴的惯性矩 i_x,计算时液面深度 z 通常从舱柜底面算起。舱容要素曲线根据舱柜布置图、肋骨型线图及有关的结构图经计算后绘成。计算液舱体积及其形心时,以采用沿水线面积分的方法为好,因为这样可同时算得各深度处自由液面要素。

舱容要素曲线可用来计算各种载况时液舱装载量和重心位置,是计算浮态与稳性(包括海损稳性)的基础资料,并可用来制定油水舱"液位容积表"供船员使用。

3. 实船舱容计算举例

下面以某 1 500t 集/散多用途货船为例,说明船舶详细设计中舱容计算方法和结果表达。

1) 计算说明

本船舱容曲线计算,依据总布置图、型线图和肋骨线型图采用电算完成。编程原理:梯形法积分。输入数据:各计算舱型值或肋骨型值。输出结果:各舱各水线高的总型容积 (V) 及其形心 (x_V、z_V)。

如果借助 AutoCAD 计算某货舱型容积及其形心,步骤如下:首先,依据型线图和总布置图将该舱沿船长方向等分为 n 等份,绘出各等分点的横剖面;用 CAD 的工具"查询"各横剖面面积 A_i,计算面积对基线的矩 m_{zi}($=A_i \times z_i$,z_i 为面积 A_i 的形心高,可积分计算或简单几何估算)及面积对舯的矩 m_{xi}($= A_i \times x_i$,x_i 为面积 A_i 距舯值,舯前为正、舯后为负);再将 A_i、m_{zi}、m_{xi} 分别积分即得到该舱型容积 V、体积矩 M_z、M_x,则该舱型容积的形心 $z_V = M_z/V$,$x_V = M_x/V$(积分近似计算的梯形法表格详见船舶静力学中"根据横剖面计算排水体积和浮心位置"一节)。

2)液舱舱容要素曲线计算结果

以燃油舱为例给出液舱舱容要素曲线计算结果,见表 3-2。

表 3-2　燃油舱舱容要素计算结果

燃油舱(♯22～♯32,货舱双层底左右)

液面高 T/m	型容积 V/m³	形心坐标/m		液面惯性矩 i_x/m⁴
		x_V	z_V	
0.00	0.00	0.00	0.00	0.00
0.20	4.66	−17.10	0.12	23.80
0.40	14.77	−17.34	0.26	26.24
0.60	21.78	−17.46	0.35	29.56
0.80	32.70	−17.56	0.45	32.41

3)舱容汇总表

舱容汇总表见表 3-3。

表 3-3　舱容汇总表

舱室名称	肋位号	型容积 V_{mi}/m³	折扣系数 k_c	净容积 V_{ni}/m³	形心位置/m		惯性矩 i_x/m⁴
					x_V	z_V	
首尖舱	♯105～FP	114.10	0.975	111.2	30.88	2.71	39.75
压载水舱 1	♯86～♯105(左右)	91.75	0.970	89.0	23.00	0.47	133.58
压载水舱 2	♯65～♯78(左,右)	68.95	0.970	66.8	8.90	0.40	91.40
燃油舱	♯22～♯32(左,右)	32.70	0.930	30.4	−17.56	0.45	32.41
淡水舱	♯5～♯8(中)	13.39	0.970	13.0	−30.10	3.28	16.59
尾调节水舱	尾～♯−1(左,右)	21.98	0.970	21.3	−35.26	3.32	15.90
货舱	♯22～♯105	2152	0.995	2141	3.59	2.98	

复习思考题

1. 名词解释:积载因数、型容积利用系数、散装舱容、包装舱容。

2. 何谓船舶容量?为什么要研究船舶容量?确定主尺度阶段和技术设计阶段研究容量的方法有何不同?

3. 初始设计阶段如何估算船主体的货舱舱容 V_{ch}?增加 V_{ch} 的有效途径有哪些?简要分析之。

4. 估算客船所需的甲板面积主要包括哪些项目?如何根据所需甲板面积估取 L、B?

5. 什么是容量图？它是如何绘制出来的？有哪些用途？

6. 对液舱为什么要绘制舱容要素曲线？怎样绘制？

7. 某干货船的排水量 $\Delta = 19\,650$t，设计吃水 $T = 9.2$m，$C_b = 0.66$，$C_w = 0.804$，要求的载货量为 12 300t，积载因数为 1.5m³/t，需要装载的油水有：燃料油 1 100t（重油 $\rho = 0.90$t/m³），轻油 280t（$\rho = 0.84$t/m³），滑油 50t（$\rho = 0.88$t/m³），淡水 325t。分别估算货舱所需的散装型容积和油水舱型容积。假设该船空船重量 LW＝5 100t，船员定额 40 人、自持力 40d，要求压载出港时首吃水不小于 4m，尾吃水不小于 6.5m，试计算所需的压载水舱容积。

第 4 章

船舶技术性能与法规

4.1 概述

4.1.1 船舶技术性能

船舶技术性能包括静力性能和动力性能,主要有稳性、分舱与破舱稳性、快速性、耐波性与操纵性等。船舶技术性能的优劣直接影响新船的使用效能和航行安全。因此,在船舶初始设计阶段进行新船总体方案构思、确定主尺度系数时必须对设计船的技术性能做出认真分析和必要的估算。

船舶技术性能涉及的内容非常广泛,在船舶原理课程中有详细的论述,本章从总体设计角度讨论船舶初始设计阶段船舶技术性能的分析与估算方法,着重介绍船舶技术性能与主尺度系数的联系,为确定新船主要要素奠定理论基础。

4.1.2 船舶规范与法规

1. 船舶检验

船舶的设计和建造必须接受船籍国政府的强制检验,主要包括入级检验和各种法定检验。对入级船舶,首先需要接受所入船级社的入级检验。船舶入级检验是指按照船级社制订的船舶入级规范(简称"规范")来检验船舶的结构及其设备是否符合其规定,如符合就授予相应的入级标志,并载入该船级社的船舶录。入级检验由船级社执行。船舶入级和入哪个船级社由船东决定。法定检验是指:为保障船舶和海上人命安全,防止水域环境污染以及保障船舶设备的安全作业等,按照《船舶与海上设施法定检验技术规则》(简称"法规"),对船舶进行所规定的各项检查和检验,以及在检查和检验满意后签发相应的法定证书。法定检验是强制执行的,由政府的主管机关执行,也可以由主管机关认可的船级社执行。我国政府的主管机关是中华人民共和国海事局。

船舶检验包括初次检验和营运期间的各种检验。初次检验主要是设计图纸的审查和建造检验。图纸审查是指新船或改建船舶在设计阶段,按规范规定的送审图纸资料目录将设计资料送交审图部门审查,审图部门审查后提出审查意见书,设计单位据之修改设计图纸、文件并提交对审图意见的答复书。这一图纸审查的过程通常称为"送审"。送审通过后的船检盖章图纸和文件是后续设计与船舶建造中验船师检验的依据。

2. 国际海事组织与国际公约

由于船舶海上运输固有的国际性特点,要求各海运参与国必须在便利运输方面密切合作,并协调船舶技术标准与海运管理相关事宜。1948 年,联合国经济和社会理事会在日内瓦召开的国际海运会议上,通过了关于成立政府间海事协商组织的公约,1959 年政府间海事协商组织(IMCO)在伦敦正式成立,1982 年更名为国际海事组织(IMO),成为世界上唯一的航运官方常设机构。

国际海事组织的宗旨是:促进各国间的航运技术合作,鼓励各国在促进海上安全、提高船舶航行效率、防止和控制船舶污染方面采取统一的标准,处理与航运有关的法律问题。其主要活动是制定和修改有关海上安全、防止船舶污染、便利海上运输和提高航行效率以及与之相关的海事责任方面的公约、规则、议定书和建议案,交流这方面的实际经验和海事报告。IMO 最著名的三大公约是《1974 年国际海上人命安全公约(SOLAS)》《73/78 防污染公约(MARPOL73/78)》和《78/95 海员培训、发证和值班标准国际公约(STCW78/95)》。这三大国际公约一个管船舶安全,一个管环境保护,最后一个管船员质量,很有代表性。

IMO 国际公约与规则主要有:

(1) 1966 年国际载重线公约,简称"载重线公约";

(2) 1969 年国际船舶吨位丈量公约,简称"吨位丈量公约";

(3) 1972 年国际海上避碰规则,简称"避碰规则";

(4) 1973 年国际防止船舶造成污染公约及其 1978 年议定书,简称"MARPOL 73/78 公约";

(5) 1974 年国际海上人命安全公约,简称"SOLAS 公约";

(6) 1978 年海员培训、发证和值班标准公约及其 1995 年议定书,简称"STCW78/95 公约";

(7) 2001 年控制船载有害防污系统公约;

(8) 2004 年控制和管理船舶压载水和沉积物国际公约;

(9) 1993 年国际安全管理规则;

(10) 1989 年海上移动式钻井平台构造和设备规则。

此外,国际海事组织(IMO)还有其他已经生效的公约、规则、议定书和决议案等,共计40 余项,涉及海上船舶与人命安全、防止海洋污染、海上污损责任与赔偿等方面。

设计国际航行船舶必须了解相关的国际公约与规则,否则一旦船造好了,发现因不符合某项国际公约而不能进出他国港口,就必然给船东带来大的经济损失。

随着时间的推移,上述版本可能会有更新,设计者要采纳最新版本;后述的中国船级社规范与法规也是如此。

3. 中国船级社、海事局及其规范、法规

中国船级社(CCS)的前身是中华人民共和国船舶检验局(ZC),1956 年成立。1986 年,为适应远洋运输船队迅速发展的需要,经国务院批准成立了中国船级社,与船检局实行"一个机构、两块牌子"。

中国船舶检验局(ZC)是我国船舶检验的官方机构,其任务是:贯彻中国政府的有关法令、条例,执行中国政府批准、接受或加入的国际公约,负责中国籍船舶、海上设施法定检验、登记、发证工作;保障海上人命、财产和航行安全,保障海上和港口水域不受污染等。1998年10月,船舶检验局和港务监督局合并成立中华人民共和国海事局(China MSA),ZC的职能归于海事局。海事局为交通部直属机构,负责行使国家水上安全监督和防止船舶污染、船舶及海上设施检验、航海保障管理和行政执法,并履行交通部安全生产等管理职能。

中国船级社作为交通部直属事业单位,属于独立的民间技术组织,是我国唯一从事船舶入级检验业务的专业机构。船级社制定入级规范,并据之在船舶设计中进行审图,在船舶建造中和建造后进行检验,以确认船舶符合入级规范的要求,并独立签发入级证书;船级社接受船旗国政府的授权,按船旗国政府要求进行法定服务,以确认船舶满足国际公约和船旗国有关法规的要求,并签发法定证书。

此外,CCS广泛开展认证、审核、监理、检测、评估、试验、咨询、培训等服务,获准开展在交通运输、可再生能源、基础设施等领域25大类的产品认证工作;是中国政府唯一指定开展集装箱检验业务的机构;作为首批甲级设备监理机构,CCS在特大型桥梁工程、大型港口设备系统制造与安装、特大型起重设备制造与安装等领域的监理处于行业领先地位。

CCS是国际船级社协会(IACS)13家正式会员之一,先后两次担任IACS理事会主席。CCS目前接受30个国家或地区的政府主管机关授权,为悬挂其旗帜的船舶代行法定检验,并被美国海岸警备队(USCG)及欧盟(EU)认可,向国际社会展示出资质和能力。

CCS总部位于北京,在全球设有70余家检验网点,拥有员工近3 700人,形成了覆盖全球的服务网络。

CCS与MSA颁布的船舶与海上设施规范、法规主要有:

《钢质海船入级规范》

《国内航行海船建造规范》

《钢质内河船舶建造规范》

《集装箱船结构规范》

《绿色生态船舶规范》

《游艇入级与建造规范》

《海上移动平台入级规范》

《海上固定平台入级与建造规范》

《海上单点系泊装置入级规范》

《航区划分规则》

《国际航行海船法定检验技术规则》

《国内航行海船法定检验技术规则》

《内河船舶法定检验技术规则》

《内河散装运输危险化学品船舶法定检验技术规则》

以上规范、规则及其更新版本详见中国船级社网页。

船舶规范与法规是船舶设计必须遵循的强制性法定文件,与船舶性能密切相关。在本章相关性能的讨论中将融入船舶法规(稳性、分舱与破舱稳性)的基本内容,并介绍载重线公约、吨位丈量、船舶防火和防止船舶污染的法规要求。

4.2　快速性

船舶快速性是船舶航行性能中最为重要的一项性能指标,通常在船舶设计任务书中以满载试航速度(设计航速)形式明确提出。船舶快速性,对满足新船的使用要求、保证营运经济性影响很大。从使用角度,客船为保证班期、沿海货船为赶潮水、过浅滩都必须达到预定的航速;从营运经济性角度,航速较高,则完成的客货运输量较大,营运收入较高,利润较大。因此,船东往往对新船航速指标非常重视,交船试航时如达不到预定航速指标,将按合同规定罚款。

所谓船舶快速性好,就是"在满足设计任务书各项要求的前提下,新船达到预定的航速所需的主机功率小",或者是"在给定主机功率条件下,新船满足任务书各项要求的同时航速较高"。研究船舶快速性的目标,就是要在给定航速要求时,能以较低的推进功率达到预定的航速指标,或者是在给定的主机功率下,尽可能提高航速。减小船舶阻力、提高推进效率始终是船舶快速性研究的两大主题。

从船舶设计角度来说,为解决快速性问题,要合理选择船舶主尺度、系数,精心进行船舶型线设计研究,寻求最佳螺旋桨设计,必要时采用节能装置,并注意船-机-桨的最佳配合。

在船舶设计方案构思中,要根据主尺度系数与快速性的联系规律,用系统工程的思想进行综合分析,以合理确定主尺度;在初步选定主尺度后,则需估算新船的航速指标,完成快速性预报。

4.2.1　船舶主尺度系数与快速性的联系

1. 船长 L

根据船舶阻力理论可知,在船舶主尺度系数中,L 对阻力性能的影响最大。当船舶排水量 Δ 和设计航速 v_t 一定时,增大 L(船宽 B、吃水 T 和方形系数 C_b 将相应减小),摩擦阻力 R_f 因湿面积增大而增大;由于船型瘦长化而使兴波阻力 R_w 和漩涡阻力 R_{pv} 减小,或剩余阻力 R_r 因傅氏数 Fr 减小而减小;增大 L 对 R_f 和 R_r 将产生相反的影响。因此,对中低速运输船通常可求得总阻力最低的船长,称为阻力最佳船长 L_{opt};同时,可找出总阻力开始显著增大的船长,称为临界船长 L_k。

图 4-1 是一艘 $\Delta = 6\ 000\text{t}$,$v = 14\text{kn}$ 的货船在改变 L 和 C_b 时的阻力计算曲线。显然,由总阻力 R_t 曲线可找出阻力最佳船长 L_{opt} 和临界船长 L_k。

在民用运输船设计中,实际选取的船长 L 通常介于 L_{opt} 和 L_k 之间,以使船舶经济性最好。因为:当 $L = L_{opt}$ 时,船舶阻力最低,油耗节省;但船长较长,船体钢料重量和空船重量较大,造价较高,与船价相关的开支也较大。而当 $L = L_k$ 时,船长较短,造价与开支减小;但船舶阻力显著增加,将使主机功率加大,油耗增加,也于经济性不利。

综合上述分析可知,在 (L_k, L_{opt}) 范围内,船长 L

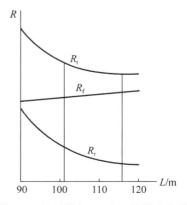

图 4-1　某型货船 L 对 R 的影响曲线

增加将导致钢料重量 W_h 和空船重量 LW 增加,船价及与船价相关的开支亦增加,但增大船长可能取得快速性的改善(如中高速船),从而节省油耗或提高航速;综合船长对船价及燃油开支的不同影响,民用运输船通常从经济性角度选取一个最有利的船长,称为"经济船长"。

在初始设计阶段,对于经济船长可用如下的巴士裴宁(Posdunine)公式近似估算:

$$L = C \left(\frac{v_k}{v_k + 2} \right)^2 \Delta^{1/3} \tag{4-1}$$

式中,v_k——航速(kn);

$\quad \Delta$——设计排水量(t);

$\quad C$——系数,巴士裴宁建议取 7.2,兰末仑(Van Lammeren)根据水池试验资料修正后建议按表 4-1 选取。对沿海小型船舶($L < 80\mathrm{m}$),有人建议取 7.0,如能根据现有同类型母型船资料估取 C 值更好。

表 4-1 兰末仑建议的 C 值

船舶类型	单桨或三桨船		双桨或四桨船	
试航速度/kn	10.1~16.5	>20	15.5~18.5	>20
C	7.09	7.85	7.11	7.70

式(4-1)适用于排水量 1 600~46 000t,航速 8~20kn 的各类民用船舶。

2. 方形系数 C_b

C_b 是表征船体水下部分肥瘦程度的一个重要参数。对中低速民用运输船而言,C_b 对阻力的影响仅次于 L。因此,当确定了船舶排水量 Δ 和船长 L 之后,紧接着就确定方形系数 C_b;而对于高速船,则主要从降低兴波阻力考虑,从阻力最佳的棱形系数 C_p 着眼。

方形系数 C_b 对阻力的影响,可用类似于 L 的分析方法。在 Δ 一定时,增大 C_b(L、B、T 可相应减小),则船体水下部分趋于肥满,使兴波阻力和漩涡阻力增大、即剩余阻力增大;而摩擦阻力因湿表面积的减小而减小;Δ 不变而 C_b 改变,对剩余阻力和摩擦阻力也产生了相反的影响。船模试验研究表明,当 $Fr > 0.20$ 时,随着 C_b 的增大,单位排水量的总阻力 R_t/Δ 增大;当 F_r 一定时,存在一个临界值 C_{bk},当选取的 C_b 大于这个临界值时,R_t/Δ 会显著增大,这对中速船尤其明显。

在民用运输船的设计中,通常从经济性出发选取 C_b。即在排水量一定的情况下,适当增大 C_b,使其接近于临界方形系数 C_{bk},此时船舶的尺度较小,空船重量较轻,船价较低,同时总阻力增加亦不大,油耗较为节省。实船的这一 C_b 值称为"经济方形系数"。

在初始设计阶段,可用如下的亚历山大公式估取:

$$C_b = C - 1.68 Fr \tag{4-2}$$

式中,Fr——按设计航速和 L_{bp} 计算所得的弗劳德数;

$\quad C$——系数,可取自同类型相近母型船,或按统计资料一般可取 1.08;航速较高($Fr > 0.22$)的船可取 1.06 左右;大型低速船(如大型油船、散货船,$Fr = 0.15 \sim 0.17$),可取 1.14~1.10;近期设计的低速货船 C_b 取值有比亚历山大公式估算结果更大的趋势。

3. 型宽 B 及吃水 T

与 L 及 C_b 相比而言，B、T 对阻力的影响较小。且在 Δ、L 及 C_b 已定的情况下，B 与 T 的不同选择仅反映在比值 B/T 的变化上。

试验研究表明，B/T 在 $2.25 \sim 3.75$ 的常用范围内变化时，船舶湿面积增减的差值在 2.5% 左右，因此，可以认为 B/T 对摩擦阻力的影响很小。

就剩余阻力来说，一般认为加大 B，船体的散波波高增加；而吃水 T 增大时，横波波高有所增加。但 B/T 对总阻力的影响甚微，试验表明，当 $Fr < 0.30$（即中低速）时，在常用的 B/T 范围内，B/T 值增加 0.1 时，船舶总阻力 R_t 仅增大 $0.50\% \sim 0.75\%$。

对于 $Fr > 0.30$ 的高速船，在 Δ、L 基本不变的情况下，结合减小 C_b 以增加 B，对阻力性能一般是有利的，特别是原设计的 C_b 偏大时更是这样。如果是保持一定的 B，减小 C_b 并增加 T，则不仅对减小剩余阻力有利，且对加大螺旋桨直径、提高推进效率也有好处。

通常设计中，选取 B 主要是从稳性、总布置的需要出发考虑。而吃水 T 的数值则希望能取大些。但 T 的选取往往受到航道与港口水深的限制。

初始设计阶段，一般可以参考相近的母型船，初定 B/T 值，或者根据 B 及 T 的限制条件，结合 Δ、L、C_b 值，把 B、T 初步确定下来。

4.2.2　快速性预报

在船舶初始设计阶段，一方面要针对船东对新船的航速要求，根据上述主尺度系数与快速性的联系规律，合理选取新船主尺度；另一方面，要根据新船的总体方案构思和初步选取的主尺度，估算新船航速，即进行快速性预报，校验新船航速能否满足设计技术任务书的快速性要求。

快速性预报通常视设计阶段与条件的不同，可采用粗略估算或比较精确的估算方法。

1. 粗略估算方法

在初始设计阶段，资料比较缺乏的情况下，往往采用以下的粗略估算方法。

1）海军系数法

当选用的母型船的主尺度比、船型系数、Δ 及相对速度等与设计船比较接近时，可用母型船的海军系数 C 预估新船的主机功率或航速：

$$P = \frac{\Delta^{2/3} \cdot v^3}{C} \tag{4-3}$$

式中，P——主机功率（kW）；

$\qquad v$——设计航速（kn）；

$\qquad \Delta$——设计排水量（t）；

$\qquad C$——海军系数。

海军系数 C 是一艘船的阻力与推进性能的综合反映，如果新船与母型船在阻力或推进方面有较大差别时，应对 C 值进行修正。

2）母型换算法

已知母型船的有效功率 P_E 与航速 v 的关系曲线，且新船与母型船的主尺度排水量相近、水下型线相似、推进效率相当时，可采用如下的母型换算法：

（1）根据新船要求的航速，计算母型船的相应速度：

$$v_0 = v(\Delta_0/\Delta)^{1/6}$$

（2）在母型船的有效功率曲线上，查相应于 v_0 的有效功率 P_{E0}；

（3）估算新船所需的功率 P_E：

$$P_E = P_{E0}(\Delta/\Delta_0)^{7/6}$$

（4）假定新船与母型船推进效率相等（即 $P_E/P = P_{E0}/P_0$），则新船主机功率 $P = P_E(P_0/P_{E0})$。

3）经验公式

经验公式是针对某类型船舶的统计资料分析归纳出来的，以下是适用于油船及散货船的瓦特生近似估算公式：

$$P = \frac{0.772\Delta^{2/3}v_k^3[40 - L/61 + 400(K-1)^2 - 12C_b]}{15\,000 - 1.81N\sqrt{L}} \tag{4-4}$$

式中，$K = C_b + 1.68Fr$（Fr 为对应于试航速度的傅氏数）；

　　　　N——螺旋桨转速（r/min）；

　　　　P——所需主机功率（kW）；

　　　　L——用 L_{bp} 计算（m）。

2. 比较精确的估算方法

在条件许可时，通常应分别估算新船的阻力及推进系数，进而比较精确地预报新船所能达到的航速。

1）估算新船总阻力

阻力估算资料有两种，一种是相近的系列船模试验资料，另一种是相近的母型船船模试验资料。

（1）应用系列船模试验资料估算阻力

这类方法是根据船模系列试验资料给出的阻力图表，估算设计船的阻力，其计算结果一般为裸船体的有效功率。选用系列资料时，要注意型线特征相似度和系列资料的适用范围，如 L/B、B/T、C_b、C_p、Fr、x_b 等。下面介绍几种较常用且公认有价值的系列资料。

① 泰勒法　美国泰勒船模试验水池，以某巡洋舰为基本船型，作了一系列船模试验，将系列试验资料绘制成图谱和公式，用以确定新船的阻力。此法适用于船速较高、船型较瘦的双桨船，如双桨客船。而用于估算一般商船，算得的阻力值偏低，通常需加 15%～20% 的阻力裕度。

② 陶德法（系列60）　美国泰勒船模试验水池用编号为 60 的一组不同 C_b 的母型船模，系列变化其 x_b、L/B、B/T 进行船模试验，研发了系列 60。系列 60 在民用运输船中应用广泛，在船型研究中常被用作标准船型。它适用于横剖面为 U 形、$C_b = 0.60\sim0.80$ 的单桨商船。由于系列 60 船型的阻力性能甚好，故用于一般商船时阻力结果值可能偏低。

③ BSRA 系列　英国 BSRA 系列适用于尾横剖面为中 U 形的中速单桨海船，计算结果值略低于实船。

④ SSPA 系列　瑞典国立船模试验水池的货船系列资料，其横剖面型线为偏 V 形（$C_b = 0.525\sim0.60$）及中 U 形（$C_b = 0.60\sim0.75$），较适用于中高速单桨中小型运输船。

⑤ 浅吃水肥大船系列　我国的浅吃水肥大船系列适用于 $C_b = 0.79\sim0.85$ 的低速单桨浅吃水运输船。有球首和球尾，含不同装载情况。

⑥ 长江客货船系列　上海船舶运输科研所提供的长江客货船裸体有效功率估算资料，适用于我国内河船舶，尤其是受航道限制、船宽大、吃水浅的双桨内河客货船。

以上资料在船舶设计相关的单位都可方便地查阅。

（2）归纳船模试验和实船试航资料估算阻力

这类方法是在分析大量船模试验和实船试航资料基础上，总结归纳成曲线图表（如爱尔法）或给出阻力回归公式（如系列 60 回归式），以供估算阻力或有效功率。

① 爱尔法　爱尔分析了大量船模和实船试航资料，绘制了用于阻力估算的曲线图表，其适用范围较广，一般认为对中低速商船和正常尺度的海洋拖轮适用性较好。爱尔法估算结果为公制有效功率，其数值中包含了单桨船的舵、舭龙骨等附体阻力及船舶空气阻力，约占裸船体阻力的 8％；而对双桨、多桨船的附体阻力和极大上层建筑船的空气阻力应另加修正。

② 回归公式法　随着计算机辅助设计的发展，现在已将某些阻力图谱演变为阻力回归公式，以便在船舶初始设计阶段通过计算机编程，迅速而有效地进行阻力估算。

埃及学者萨比脱（A. S. Sabit）应用回归分析方法，给出了系列 60 阻力试验数据的回归公式，依据其回归公式及相关系数，可编程快速完成阻力估算。萨比脱还对 BSRA 系列和 SSPA 系列给出了类似的回归公式供民船估计阻力。

以上估算阻力的详细资料，可查阅船舶阻力、船型阻力等相关教材或手册。

2）推进系数 P.C 估算

在估算了船舶总阻力及有效功率曲线以后，接着要估算螺旋桨的推进效率及推进功率曲线，才能预报设计船所能达到的航速，或者是为达到预定航速所需的主机功率。

为了估算螺旋桨推进系数，首先需要进行螺旋桨的初步规划，包括：螺旋桨设计图谱的选择，螺旋桨叶数、转速与直径的考量以及主机型式的选用。一般中低速运输船常用 MAU 系列、少数采用 B 系列螺旋桨图谱；常规船舶大多采用 4 叶桨，大型船舶为减小尾部振动则多用 5 叶桨，而高速船的大负荷桨则采用 3 叶；螺旋桨转速与直径，一般尽可能采用低转速、大直径螺旋桨以获得较高的敞水效率。在实船设计中，中小型船舶通常选用中高速柴油机，可依据配套减速齿轮箱的减速比 i 及船尾允许的最大直径来确定；而大中型船舶多选用低速柴油机直接传动，以主机转速、按照图谱设计确定螺旋桨直径。此外，海船一般设计最佳直径螺旋桨，而内河船舶可能需要采用限制直径螺旋桨。

基于上述规划，就可以按照船舶推进的常识来估算新船的推进系数。

新船的推进系数 P.C

$$P.C = \eta_D \eta_G \eta_S = \eta_0 \eta_H \eta_R \eta_G \eta_S \tag{4-5}$$

式中，η_D、η_0、η_H、η_R、η_G、η_S——螺旋桨推进效率、敞水效率、船身效率、相对旋转效率、齿轮箱效率、轴系传送效率。

（1）敞水效率 η_0　如主机未定，已知船速 V、有效功率 P_E、初选的螺旋桨直径或转速，可按照相应的螺旋桨设计图谱进行初步设计，求得螺旋桨敞水效率 η_0，进而计算所需的主机功率。如给定主机和转速，估算了新船有效功率 P_E，可通过图谱终结设计求得螺旋桨敞水效率 η_0，进而计算所能达到的船速。

（2）相对旋转效率 η_R　可由船模自航试验求得。对于普通单桨船，在 0.98～1.05 之间；对于普通双桨船，在 0.97～1.00 之间。粗略估算时，可取 $\eta_R=1.0$。

（3）船身效率 η_{H}

$$\eta_{\mathrm{H}} = \frac{1-t}{1-\omega} \tag{4-6}$$

式中，t——推力减额；

ω——伴流分数。

t、ω 参照同类船型的经验公式或母型船的自航试验资料选取，初始设计阶段可用表 4-2 的近似公式估算。

表 4-2　伴流分数和推力减额分数的部分近似估算公式

伴 流 分 数	推力减额分数
泰勒（D. W. Taylor）公式 $\omega = 0.50C_{\mathrm{b}} - 0.05$　单桨船 $\omega = 0.55C_{\mathrm{b}} - 0.20$　双桨船	桑海（K. Schoenherr）公式 $t = (0.5 \sim 0.7)\omega$　单桨流线型舵 $t = 0.25\omega + 0.14$　双桨轴包架 $t = 0.70\omega + 0.06$　双桨轴支架
海克休（Heckscher）公式 $\omega = 0.70C_{\mathrm{p}} - 0.18$　单桨船 $\omega = 0.70C_{\mathrm{p}} - 0.30$　双桨船	海克休（Heckscher）公式 $t = 0.50C_{\mathrm{p}} - 0.12$　单桨船 $t = 0.50C_{\mathrm{p}} - 0.18$　双桨船

（4）齿轮箱效率 η_{G}，通常取 $\eta_{\mathrm{G}} = 0.96$。

（5）轴系效率 η_{S}，一般可取 $\eta_{\mathrm{S}} = 0.97 \sim 0.98$。

3）航速或主机功率的预报

如给定主机和转速，新船航速预报的步骤如下：

（1）计算新船有效功率 P_{E} 曲线；

（2）估算螺旋桨推进系数 P. C；

（3）图谱设计求推进功率 P_{T} 曲线；

（4）作图可得 P_{E} 曲线与 P_{T} 曲线的交点，即为新船所能达到的最大航速。

如主机未定，为达到预定的设计航速，则新船主机功率的预报步骤如下：

（1）计算新船有效功率 P_{E} 曲线；

（2）估算螺旋桨推进系数 P. C；

（3）计算所需主机功率 P_{B}（$P_{\mathrm{B}} = P_{\mathrm{E}}/\mathrm{P. C}$）；

（4）依据 P_{B}，适度储备，从产品目录中选择主机。

应当指出，上述航速或功率预报对应于静水试航状态。实船在风浪海况下，由于空气、波浪和船舶摇荡产生的阻力增量将使船舶达不到预定的航速；特别是在恶劣气候下，产生甲板上浪、砰击及螺旋桨飞车时，不得不人为地大幅度降速。因此，海船设计初期通常将新船静水总功率预放 $10\% \sim 15\%$ 的功率储备。

4.2.3　改善快速性的设计措施

船舶快速性是影响使用要求和经济效益的重要因素，设计时必须予以保证。在船舶设计的不同阶段，可分别采取下述相应的措施。

（1）选取合适的主尺度、系数。

对中低速运输船，在排水量基本确定后，往往选取经济船长和经济方形系数；在满足尺度限制条件下，尽可能增大吃水，以减小船舶平面尺度，提高推进效率。

对高速小艇，应着力控制排水量，精心选择船体材料、结构形式及机电设备以减轻空船重量。适当增加船长、增大修长比 $L/\Delta^{1/3}$，取较小的 C_b 可明显减小剩余阻力。

（2）注重船体型线优化。

初始设计阶段，尽可能选用低阻高效的节能船型（如平头涡尾、双尾、双尾鳍船型）；合理选择型线要素（如棱形系数 C_p、浮心纵坐标 x_b、横剖面面积曲线端部形状、设计水线半进角 i_e、首部及尾部横剖面形状等）；着力做好首部、尾部型线的设计优化，采用球首、球尾、加装尾部节能装置，在条件许可时通过模型试验优化船型；船舶型线设计，不仅要注意静水快速性，还要顾及波浪中的失速及其他运动性能，不仅要注意水下型线的光顺协调，还应顾及与水上型线的和缓过渡。

（3）合理进行主机选型，注意船-机-桨三者的良好配合。

针对任务书规定的设计航速，选择合适的主机，在螺旋桨设计中注意船-机-桨三者的良好配合，对保证快速性有重要意义。主机选型时应注意主机的功率及转速、油耗率、外形尺寸与重量，保养、维修要求及交货期等问题。通常大型低速运输船选用低速机，而中高速船舶一般选用中高速机，使主机适应船型，并有利于经济性和总布置。

（4）努力提高推进效率 η_D。

降低螺旋桨转速、增大螺旋桨直径、减小螺旋桨负荷，有助于提高敞水效率 η_0；采用球尾、桨前节能装置等使伴流均匀化，以增大相对旋转效率 η_R；采用涡尾、双尾、U形尾型及桨前节能装置，以增大伴流，减小推力减额，提高船身效率 η_H。

4.3　稳性

稳性是指船舶在外力作用下发生倾斜而不致倾覆、当外力作用消失后仍能恢复到原始平衡状态的能力。稳性对船的安全性和使用效能都有很大影响，是一项重要的航海性能，所以各国规范都对船舶稳性作了具体规定，国际海事组织（IMO）也有相应的船舶完整稳性的规定。中国船级社（CCS）颁布的《国际航行船舶法定检验技术规则》和《国内航行海船法定检验技术规则》（以下简称"法规"）对各类船舶的稳性都作了相应规定，是船舶设计工作中必须遵循的指导性文件。在确定船舶主尺度和船型系数的初始设计阶段，就必须慎重考虑船舶的稳性，以保证船舶的航行安全。

通常所说的稳性是指船舶破损前的稳性，在法规中称为完整稳性。船舶完整稳性衡准，包括初稳性和大倾角稳性。在船舶初始设计阶段，往往要对主尺度方案进行初稳性估算，而在技术设计后期再核算初稳性的精确值，并完成大倾角稳性计算。即使船舶的稳性计算已符合规范要求，船长仍应注意船舶装载、气象、海况等情况，谨慎驾驶，以确保船舶的航行安全。

4.3.1　初稳性

1. 初稳性衡准及其实用数据

衡准一艘船的初稳性好坏的指标是初稳性高 GM（或 h）值。我国"法规"对各类船舶的 GM 值提出的要求是：

客船、货船、油船等   GM≥0.15m

集装箱船、渔船、挖泥船   GM≥0.30m

运木船   GM≥0.10m

起重船(航行状态)   GM≥0.16B

GM 值为经自由液面修正后的初稳性高,上述数值是对 GM 的最低要求,实际船舶的 GM 值要大一些。

实船设计中对初稳性值 GM 的控制,一般要从其下限值和上限值两方面来考虑。

1) 初稳性的下限值 GM_{min}

下限值是保证船的安全和使用要求所需的最低初稳性值。

从安全性考虑,初稳性过低的船在不大的横倾力矩作用下就会发生较大的倾斜且回复缓慢,使人有不安全感;船舶初稳性太低,常导致大倾角回复力矩低,从而导致船舶不满足大倾角稳性的要求;另外,船舶在波浪中航行时,船中处于波峰或波谷,初稳性值都会因水线面的损失而降低,导致船舶波浪稳性不足。

从使用要求看,也需保证一定的初稳性值,如:舷侧起网的渔船起网时、货船尤其是集装箱船在装卸货时、工作船作业时、经常受侧风的定航线船受风力作用时等,初稳性不足将严重影响船舶的正常使用。

实践证明,除客船外,现行规范对 GM 值下限的要求一般不难满足。所以在设计时,一般着重从设计船的使用要求来确定适宜的初稳性下限值。

2) 初稳性的上限值 GM_{max}

初稳性上限值是从横摇缓和性考虑的。若船的 GM 值过大,则船舶在波浪中的横摇周期短、横摇幅度大,导致船上作业困难,货物移动受损,乘员会晕船或感到不舒服。因此,船舶初始设计阶段,一方面要控制其初稳性下限以保证船舶的航行安全;另一方面要控制其初稳性上限以使船的横摇周期较长、横摇运动缓和些。

船舶在波浪中的横摇周期 T_φ 与初稳性高 GM 直接相关,按照"法规"有

$$T_\varphi = 0.58f\sqrt{\frac{B^2 + 4Z_g^2}{GM}} \quad (s) \tag{4-7}$$

式中,f——$B/d>2.5$ 时的修正系数,我国法规给出的修正系数见表 4-3。

表 4-3 法规给出的修正系数

B/d	2.5 及以下	3.0	3.5	4.0	4.5	5.0	5.5	6.0	6.5	7.0 及以上
f	1.00	1.03	1.07	1.10	1.14	1.17	1.21	1.24	1.27	1.30

不同船舶的横摇周期适宜值,详见后述耐波性一节中的横摇设计衡准。由式(4-7)可知,$T_\varphi \propto B$,大船有较高的 T_φ 值,其横摇缓和性较好;而对于沿海中小型船舶横摇周期往往会偏小。

3) 各种典型船舶的 GM 值的选取

船舶在不同载况时的稳性值是变化的,设计时应对各典型载况的稳性作通盘考虑。

(1) 干货船 这类船在满载到港时稳性最差,对于船宽 B>12m 的船舶,如果取满载出港时的 GM/B 为 0.04~0.05,一般即可保证满载到港时仍有必要的初稳性值(GM 在 0.25m

以上），且不需在中途加压载水。对于中小型船舶则需取更大的 GM/B 的值，如 $0.05\sim0.07$。如果考虑在中途加压载水则满载出港时的 GM/B 相对可取低些。还应该注意的是，干舷低的船，若 GM 过小，则常不能满足稳性规范对稳性曲线消失角的要求。对于集装箱船，为防止因剧烈横摇而造成货物及绑扎设备的损坏，出港时可采用稍低的 GM 值，航行中及装卸货时再根据需要加压载水。对于矿砂船，则应注意控制 GM 不必过大。

（2）客船及客货船　这类船的 GM 主要根据"法规"对完整稳性、分舱和破舱稳性的要求决定。对于大、中型客船，海损稳性是主要矛盾，通常 GM/B 在 $0.045\sim0.055$ 范围；对于小型客船，尤其是载客数目相对较多者，其主要矛盾通常是旅客移动时横倾角的限制，且因短途客船不宜在中途加压载水，故满载出港时的 GM/B 值应取得更大。

（3）油船　有人认为，油船经自由液面修正后的 GM 值大于 $0.1(\Delta/L)^{1/2}$ 即可。一般而言，只有小型油船才需进行初稳性核算；中型油船的初稳性易于保证；而大型油船，从横摇角度，则常嫌初稳性值过大。

（4）拖船　从论述拖轮初稳性的许多文献中，列举几种衡准方法于表 4-4 中，以供比较。港作拖轮的 GM/B 值通常大些，国内这类船的 GM/B 在 $0.12\sim0.13$ 范围。设计拖船时最好参照相近母型船选取 GM/B 或 GM 值，一般 GM 值应在 $0.60\sim0.70$m 以上。

表 4-4　拖轮初稳性的几种衡准方法

建 议 者	衡 准	附 注
洛奇	$GM\geqslant\dfrac{P_B l}{149\Delta(F/B)}$	P_B 为柴油机制动功率，F 及 B 为干舷及船宽，l 为拖钩中心到水动力中心的距离
伍德	$GM\geqslant\dfrac{(P_B\times d)^{2/3}l}{24\Delta(F/B)}$	d 为螺旋桨直径
日本作业船标准	$GM\geqslant\dfrac{F_t\times l}{2\Delta(F/B)}$	F_t 为系桩拖力，约为 $0.0135P_B$
孟洛-斯密兹	$GM=(0.088\sim0.096)B$	

（5）军舰　军舰的初稳性下限值，主要根据保证火炮能以正常射速射击所允许的横倾角（一般为 $10°\sim12°$）、全速回转时所允许的横倾角（$10°\sim12°$ 以下）及保证海损稳性等因素决定。依舰种不同，GM/B 大体在 $0.06\sim0.10$ 的范围。

2．初稳性估算及影响因素分析

1）初稳性值的估算　由船舶静力学知，初稳性高 GM 可由初稳性方程计算：

$$GM=Z_b+r-Z_g \tag{4-8}$$

式中，Z_b——浮心高度（m）；

　　　r——横稳心半径（m）；

　　　Z_g——重心高度（m）。

由于 $Z_b\propto T$，$r\propto B^2/T$，$Z_g\propto D$，因此，近似估算 GM 的一般形式为

$$GM=a_1 T+a_2 B^2/T-\xi D \tag{4-9}$$

式中，a_1——系数，依赖于船的型线特征，取相近母型船的值时，$a_1=z_{b0}/T_0$；

　　　a_2——系数，依赖于船的水线面特征，取相近母型船的值时，$a_2=r/(B_0^2/T_0)$；

　　　ξ——系数，与上层建筑特征及总布置有关，可取相近母型船的值，$\xi=Z_{g0}/D_0$。

a_1、a_2 也可由表 4-5 中所列的近似公式估算,应用时要注意设计船的特征,选用合适的公式。表中 C_w 为水线面系数。

表 4-5 a_1 及 a_2 的近似估算公式

a_1	适 用 情 况	a_2	适 用 情 况
$\dfrac{1}{3}\left(2.5-\dfrac{C_b}{C_w}\right)$	适用于中间情况剖面	$\dfrac{1}{11.4}\dfrac{C_w^2}{C_b}$	普通形状的满载水线,应用较广泛
$\dfrac{C_w}{C_w+C_b}$	U 形横剖面型线较合适	$\dfrac{0.0106C_w+0.072C_w^2}{C_b}$	适用于军舰
$0.858-0.37\dfrac{C_b}{C_w}$	$C_b/C_w=0.6\sim0.9$ 范围,适于内河船	$\dfrac{0.008+0.0745C_w^2}{C_b}$	当 $C_w<0.7$ 时,数值偏小

在非设计载况时,因船舶吃水及相应于吃水的船宽、方形系数和水线面系数均发生了变化,因此不宜采用式(4-9)估算其 GM。而需采用如下的关系式:

$$\begin{cases} T_i=T(\Delta_i/\Delta)^{C_b/C_w} \\ z_{bi}=z_b(T_i/T) \\ r_i=r(T_i/T)^{C_w/C_b-2} \\ GM_i=z_{bi}+r_i-z_{gi} \end{cases} \tag{4-10}$$

2) 影响初稳性值的因素分析

从式(4-9)可知,船的主尺度 B、T、D 和船型系数 C_w 等决定着初稳性高度 GM 的大小,下面作简要的分析。

(1) 型宽 B 及 B/T 由式(4-12)可知,初稳性高度 GM 随 B 及 B/T 的加大而迅速增加,特别是加大 B 对增加 GM 值的效果更好。

(2) 水线面系数 C_w C_w 是对 GM 影响最大的因素之一,加大 C_w 对提高 z_b 和 r 都有好处,但 C_w 是受型线特征制约的,C_w 的加大有限。当 GM 需少量加大时,改变 C_w 是有效措施之一。

(3) 型深 D 减小 D 可降低重心高度,对增加 GM 有好处。但 D 值是受主体容积的需要来选取的。

3. 初稳性精确值的核算

随着设计工作的深入,在完成型线图、总布置图、结构图及相关技术文件后,要核算船舶初稳性的精确值,它往往是与浮态核算一起进行的。首先根据"法规"对基本核算载况的规定,按设计船的使用特点,选取核算载况;然后进行各载况的排水量与重心位置的计算;再按船舶静力学表格核算船的浮态与初稳性。

各典型载况的浮心高 Z_b、横稳心高 Z_M 等取自静水力曲线图。经核算,如发生初稳性或浮态不满足要求的情况,可适当增加压载水的数量,或调整各舱内的装载重量,或者调整总布置,以求得适宜的浮态与初稳性值。

4.3.2   大倾角稳性

大倾角稳性是指船在外力作用(如较大的风和浪作用)下,横倾角超过 $10°\sim15°$ 时的稳性。它涉及船在航行中能抗多大风浪或横倾力矩而不倾覆。在保证初稳性的条件下,从满足大倾角稳性的要求考虑,主要是注意重心高度 Z_g、B、f/T 和受风面积等因素的影响。对大倾角稳性的要求,大型船舶一般不难满足;而中小型船舶则常有困难。因此,在中小型船舶设计时,要注意参考相近母型船,取适当大的 B 和 f/T 值,并力求降低重心高度和受风面积。

在大倾角情况下,船舶的稳性衡准包括两个方面的要求。一是对于船舶静稳性曲线(复原力臂曲线)特征值的要求,二是对于稳性衡准数 $K \geqslant 1$ 的要求。CCS 颁布的《国际航行船舶法定检验技术规则》和《国内航行船舶法定检验技术规则》分别对国际航行船舶和国内航行船舶的大倾角稳性衡准做出了相应规定。下面简要介绍"法规"的稳性衡准基本要求和核算的方法步骤。

1. 大倾角稳性衡准

1) 复原力臂曲线特征值

(1) 国际航行船舶

除特殊要求以外,《国际航行船舶法定检验技术规则》对各类船舶的复原力臂曲线特征值规定如下:

① 至横倾角 30°时复原力臂曲线下的面积应不小于 0.055m · rad;至横倾角 40°或进水角 θ_j(如果 $\theta_j < 40°$)时的复原力臂曲线下的面积应不小于 0.09m · rad;在横倾角 30°与40°之间或横倾角 30°与 θ_j 之间,复原力臂曲线下的面积应不小于 0.03m · rad。

② 横倾角大于或等于 30°处,复原力臂应至少为 0.2m。

③ 最大复原力臂对应角不得小于 25°,最好是大于 30°。

④ 经自由液面修正后的初稳性高度 GM(复原力臂曲线在原点处的切线在 1rad 处的垂向坐标)不小于 0.15m。

(2) 国内航行海船

船舶在任一装载情况下,均应按"法规"计算自由液面对稳性的影响,并满足以下要求:

① 横倾角等于 30°处的复原力臂应不小于 0.20m;如果船体进水角小于 30°,则进水角处的复原力臂应不小于 0.20m。

② 船舶最大复原力臂所对应的横倾角应不小于 25°。如进水角小于最大复原力臂所对应的横倾角,则进水角即为最大复原力臂所对应的横倾角。

③ 当船舶的宽深比 B/D 大于 2 时,最大复原力臂所对应的横倾角较②规定值减小按下式计算所得的 $\Delta\theta(°)$ 值:

$$\Delta\theta = 20 \left(\frac{B}{D} - 2 \right)(K - 1) \tag{4-11}$$

式中,B——船宽,但当 $B > 2.5D$ 时,取 $B = 2.5D$;

$\qquad K$——稳性衡准数,但当 $K > 1.5$ 时,取 $K = 1.5$。

④ 初稳性高度应不小于 0.15m。

⑤ 对遮蔽航区船舶,可按下述规定放宽要求:

a. 最大复原力臂对应角应不小于 15°;

b. 最大复原力臂应不小于以下规定值:

$$l_m = 0.2 + 0.022(30 - \theta_m) \quad (m) \tag{4-12}$$

式中，θ_m——最大复原力臂 l_m 的对应角(°)。

c. 如果进水角小于最大复原力臂所对应的横倾角，则进水角即为最大复原力臂所对应的横倾角，进水角处的复原力臂即为最大复原力臂。

内河船舶的复原力臂曲线特征值，详见 CCS 的内河船舶法规，要求 GM≥0.2m。

2）稳性衡准数

稳性衡准数是大倾角稳性的基本要求，即通常提到的船舶各装载情况下稳性衡准数 $K \geqslant 1$。

稳性衡准数是气象衡准，也称为突风横摇衡准。该衡准要求计算出船舶的倾侧力矩与复原力矩，如果船的复原力矩大于等于倾侧力矩，则认为船舶满足气象衡准。倾侧力矩计算中外力作用的物理模型有以下两种：

第一种模型是假定船舶无航速横浪横摇到向风一侧的最大幅度时，遇到一阵突风的吹袭，在此情况下要求船舶不倾覆。这种模型要求计入横摇后的船舶最小倾覆力矩应大于等于风压倾侧力矩。我国"法规"对国内航行船舶采用这种模型。

第二种模型是假定船舶首先在一个定常风作用下产生一个初倾角，然后受波浪作用而发生横摇，当横摇到向风一侧的最大幅度时，再受到一突风的吹袭，船舶在此状态下不倾覆。突风的作用力规定为定常风的 1.5 倍。国际海事组织(IMO)关于完整稳性的衡准采用这种模型。我国"法规"规定国际航行船舶采用 IMO 的稳性衡准和计算方法。

上述两种模型的稳性衡准数计算方法是不同的，风压倾侧力矩和横摇角的计算规定也不一样。以下分国际和国内航行船舶简要介绍之。

（1）国际航行船舶

国际航行船舶在各种装载情况下的稳性衡准数 K，应符合下式：

$$K = b/a \geqslant 1 \tag{4-13}$$

式中，a——风浪等外力所做的功；

b——船舶复原力所做的功。

在静稳性曲线上 a、b 分别为突风作用力臂对应角左右两部分的面积，如图 4-2 所示。

在图 4-2 中，定常风作用下的风压倾侧力臂

$$l_{w1} = \frac{p \cdot A \cdot Z}{9\,810\Delta} \tag{4-14}$$

式中，p——风压，取 504Pa；

A——水线以上船舶侧投影面积(m^2)；

Z——受风面积中心距水下侧面积中心的距离，水下侧面积中心可近似取吃水的一半处；

Δ——船舶排水量(t)。

突风作用下的风压倾侧力臂

$$l_{w2} = 1.5 l_{w1} \tag{4-15}$$

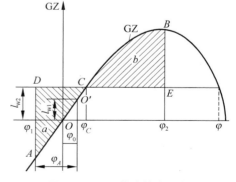

图 4-2　IMO 的稳性衡准数

值得注意的是，国内航行船舶稳性计算中计算风压倾侧力臂时，风压 p 是按不同航区确定的，且风压力臂 Z 规定为受风面积中心距水面的距离。

a、b 可按以下方法求得：将算得的定常风压倾侧力臂 l_{w1} 和突风风压倾侧力臂 l_{w2} 标

在图 4-2 的纵坐标上，过这两点分别作横坐标的平行线，得到与 GZ 曲线的交点 O' 和 C，O' 对应定常风作用下的横倾角 φ_0。自 φ_0 向 φ 轴的负方向量取按"法规"算得的横摇角 φ_A 得到 φ_1 点，再自坐标原点 O 向 φ 轴的正方向量取进水角 φ_2，过 φ_1 和 φ_2 分别作 φ 轴的垂线，交 GZ 曲线于 A、B 两点，从而构成面积 a（图中 ACD）及面积 b（图中 BCE）。面积 a、b 分别为

$$\begin{cases} a = \int_{\varphi_1}^{\varphi_C} (l_{w2} - GZ(\varphi)) d\varphi \\ b = \int_{\varphi_C}^{\varphi_2} (GZ(\varphi) - l_{w2}) d\varphi \end{cases} \tag{4-16}$$

（2）国内航行船舶

国内航行船舶在各种装载情况下的稳性衡准数 K，应符合下式：

$$K = l_q / l_f \geqslant 1 \tag{4-17}$$

式中，l_q——最小倾覆力臂（m）；

l_f——风压倾侧力臂（m）。

① l_q 的确定　通常应用计及船舶横摇影响后的动稳性曲线来确定，如图 4-3 所示。将动稳性曲线向 θ 轴负值方向对应延伸，在 θ 轴上自原点向 θ 负值方向取等于所算得的横摇角 θ_1 的一点，经此点向上作 θ 轴的垂直线，与动稳性曲线交于 A 点，由 A 点作动稳性曲线的切线，再经 A 点作一直线平行于 θ 轴，自 A 点起，在此直线上量取等于 1 弧度（57.3°）的一段长度得 B 点，由 B 点向上作 AB 线的垂直线，与上述的切线相交于 C 点，则线段 BC 为最小倾覆力臂 l_q。

当船舶动稳性曲线因进水角 θ_j 影响而中断时，则用经过动稳性曲线中断处的割线代替上述切线，同样可作图求得最小倾覆力臂 l_q，如图 4-3（b）所示。

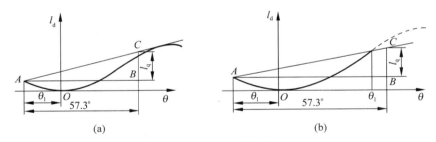

图 4-3　动稳性曲线

② l_f 的计算：

$$l_f = \frac{pA_f Z}{9\,810\Delta} \tag{4-18}$$

式中：l_f——风压倾侧力臂（m）；

p——单位计算风压（Pa）；

A_f——计算载况的船舶受风面积（m^2）；

z——受风面积中心至水线的距离（m），受风面积中心通常可采用确定图形重心的方法求得；

Δ——所核算装载情况下的船舶排水量（t）。

2. 国内航行船舶大倾角稳性计算步骤

对任一载况来说,此时排水量 Δ、初稳性高度 GM、吃水 T、重心高度 Z_g 均已知,根据这些数据和相关资料按下列顺序计算。

(1) 按照船舶静力学通用方法进行稳性横截曲线计算与绘图。

(2) 进水角曲线计算:按总布置图选取进水角开口,画横剖面图求取各水线的甲板开口进水角,再按稳性横截曲线数据插值求各进水角所对应的排水体积,进而绘制进水角 φ_E-∇ 曲线;由进水角曲线可查得各计算载况的进水角 θ_j。

(3) 横摇角计算:计算自摇周期 T_φ,按照"法规"中横摇角计算式计算各项系数进而计算各载况横摇角 θ_1。

(4) 静稳性曲线计算:根据计算载况的排水量 Δ 从稳性横截曲线中查得各倾角 φ 处对假定重心的复原力臂,修正重心高的差别后就可算出实际复原力臂 l,进而绘出静稳性曲线;检验静稳性曲线各要素是否符合"法规"要求。

(5) 动稳性臂计算:根据静稳性曲线数据用梯形法积分(表格计算)求得动稳性臂 l_d。

(6) 绘制动稳性曲线、根据横摇角 θ_1 及进水角 θ_j 用作图法求得最小倾覆力臂 l_q。

(7) 由总布置图的侧视图计算受风面积 A_f 及其形心距水面的高度 Z。

(8) 由 Z 及船的航区查得计算风压 p,进而计算风压倾侧力臂 l_f。

(9) 计算稳性衡准数 K,完成大倾角稳性校核计算。

4.4　分舱及破舱稳性

船舶分舱及破舱稳性(即抗沉性)是船舶在一舱或数舱破损进水后,仍能保持一定浮性和稳性的能力,它是表征船舶安全的一项重要性能。

根据海难事故的统计,每年都有许多船舶因船舱破损进水而倾覆或沉没,其中虽以中、小型船居多,但大型船舶也不乏其例,由此给人民生命财产带来巨大损失。船沉没,尤其是油船、液化气体船以及化学品船的沉没还会带来严重的海洋污染。为此,国际海事组织(IMO)于 1960 年首先制定了客船分舱及破舱稳性规范,见于《1960 年国际海上人命安全公约》,简称 1960 SOLAS,1973 年 IMO 提出了用概率方法进行分舱稳性计算和校核的等效规则。后来 IMO 海上安全委员会又通过了《1974 国际海上人命安全公约》,并多次对公约中有关船舶分舱和破舱稳性的内容进行了修订,尤其是 2005 年 5 月第 80 届海安会通过的 MSC.194(80)决议和 2006 年 11 月第 82 届会议通过的 MSC.216(82)决议,对 SOLAS 公约中关于分舱和破舱稳性部分无论是内容还是结构都做了重大修改,经 MSC.194(80)及 MSC.216(82)修订的 SOLAS 公约简称 SOLAS 2009,它将确定性的客船 SOLAS 90 标准与干货船基于概率方法的 SOLAS 92 标准协调为统一的概率破损稳性要求,应引起设计人员的广泛注意。上述决议均于 2009 年 1 月 1 日正式生效。

我国船级社(CCS)在 1974 年参照 1960 SOLAS 颁布了《海船抗沉性规范》,1987 年纳入概率方法对规范进行了修订并改名为《海船分舱及破舱稳性规范》。CCS 结合 IMO 和 IACS 的有关解释制定了《SOLAS 2009 分舱与破损稳性要求实施指南》,以指导国内船舶破舱稳性计算。

船舶破损状态下的生存能力,是一个重要的安全衡准。在船舶初始设计阶段,就需要从抗沉性角度合理确定主尺度和船型要素,其中最主要的是选取到分舱甲板的型深和首、尾舷弧,同时要着重考虑船舶的合理分舱。

本节简要介绍海船分舱与破舱稳性规范的基本概念和计算思路。

4.4.1　主要名词定义

(1)船舶分舱长度(L_s)　在最深分舱吃水处限制垂直进水范围的一层或多层甲板以下部分船舶的最大型长。

(2)最深分舱吃水(d_s)　相当于船舶夏季载重线吃水。

(3)轻载营运吃水(d_1)　要求的最小 GM(或最大许用 KG)曲线的吃水下限。对货船,它通常对应于消耗品为 10% 的压载到港工况;对客船,它通常对应于消耗品为 10%、装载额定的全部乘客、船员与行李的满载到港工况。

(4)部分分舱吃水(d_p)　轻载营运吃水加上最深分舱吃水与轻载营运吃水差值的 60%。

(5)舱壁甲板　水密横舱壁所达到的最高一层甲板。舱壁甲板可以是阶梯形甲板。货船的干舷甲板可作为舱壁甲板。

(6)安全限界线　沿船侧由舱壁甲板上表面以下 76mm 处所绘出的曲线。

(7)渗透率　船舶破损后,破损处所的进水体积占该处所型体积的百分比。

(8)风雨密　在任何风浪情况下,水不应浸入船舱内。

对于船舶上述三种装载吃水(d_s、d_p、d_1)形象地示于图 4-4 中。

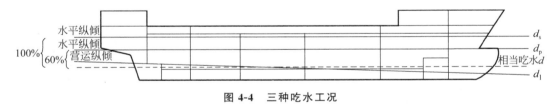

图 4-4　三种吃水工况

4.4.2　客船的分舱与破舱稳性检验(确定性方法)

1. 可浸长度曲线计算

按《船舶静力学》方法,根据型线图绘制极限破舱水线进而计算可浸长度曲线。

2. 许可舱长

许可舱长是船舶分舱中限制的最大舱长。许可舱长等于舱长中点处的可浸长度(l)乘以分舱因数(F)。分舱因数 F,依舱长及其业务衡准数而定,具体计算时应查阅《海船法定检验技术规则》。对于一舱制船,$0.5 < F \leqslant 1.0$;对于两舱制船,$0.33 < F \leqslant 0.5$。

3. 分舱检验

根据总布置图、可浸长度曲线及分舱因数,检验水密舱的长度是否超过许可舱长。除此以外,各水密舱还需符合下列规定:

(1)$L \geqslant 100m$ 的船,其首尖舱后的第一个主横水密舱壁距首垂线不大于许可舱长。

(2)若相邻的两个主横水密舱的距离(或其等效距离)小于($3.0m + 0.03L$)或 11m 中之小者,则只应把两个舱壁之一作为主横舱壁。

（3）若主横水密舱壁有横向凹折或垂向阶梯，则应采用一等效平面舱壁来确定其分舱。

（4）符合下列规定的水密舱的长度可超过其许可长度：第一，该舱与其相邻的前舱或后舱中任一舱的总长不超过两舱总长中点处的许可舱长的两倍或可浸长度二者中之小者；第二，如果两舱之一是在机器处所内，而另一舱在机器处所以外，且二者的渗透率不同，则按第一点所规定核算相邻两舱的总长时，可浸长度应当用两舱的相当渗透率（μ_a）来计算：

$$\mu_a = \frac{\mu_1 V_1 + \mu_2 V_2}{V_1 + V_2} \tag{4-19}$$

式中，μ_1、μ_2 及 V_1、V_2 分别为两舱的渗透率和限界线下体积。

（5）如果在水密舱内包含有另外的一些局部性水密舱室，而且在假定船侧破损长度为（3.0m＋0.03L）或 11m 中之小者时，此主舱不至于全部浸水，可适当增大此主舱的可浸长度。

（6）限界线成阶梯形时，阶梯处的相邻两舱的长度应分别不超过其按各自的限界线所算得的许可舱长，且两舱的总长不得超过基于低的限界线算得的许可舱长的两倍。

（7）对于分舱因数等于或小于 0.5 的船舶，其所有相邻两舱的总长应不大于可浸长度。

4. 破舱稳性

根据总布置图和各种载况稳性的计算结果，分析并挑选稳性最差的载况作为核算载况，假定有多种对稳性和横倾最不利的破损情况，按船舶静力学方法计算船舶破舱进水后的浮态和稳性。

对于单体客船，破舱后的横倾和初稳性高应满足以下规定：

（1）对称浸水和不对称浸水的终了阶段，用固定排水量法求得的剩余初稳性高度应不小于 0.05m；

（2）在不对称浸水情况下，一舱浸水的横倾角不得超过 7°，相邻两舱同时浸水的横倾角不得超过 12°；

（3）在任何情况下，船舶浸水终了阶段的破舱水线不得淹没安全限界线。

客船分舱与破舱稳性检验的确定性方法，其优点是：使抗沉性问题简洁明了，概念清晰；设计者可以根据分舱布置判断出危险的破损情况并进行破舱稳性计算，需要计算的破损舱组数量少、计算工作量小；适于手工计算。

但是，确定性方法也有其明显的缺点：该方法是依据 1950 年以前建造的船舶样本统计提出的，随着船舶设计、建造技术的发展，船体各部分的容积关系已发生很大变化，作为计算基础的"业务衡准数"和"分舱因数"已陈旧过时；该方法针对确定的破损舱、破损范围和唯一的破损前吃水进行计算，不贴合实船海损的随机性，而处理随机事件的科学方法应当是概率方法。

4.4.3　国际航行干货船的破舱稳性检验（概率衡准方法）

SOLAS 2009 对于国际航行干货船破舱稳性的基本要求是：船舶"达到的分舱指数 A"应不小于"要求的分舱指数 R"，即 $A \geqslant R$ 时，认为船舶破舱稳性合格。这种方法是基于概率理论建立起来的，故称为概率衡准方法。

1. 要求的分舱指数 R

船舶要求的分舱指数 R，是根据大量海损事故资料统计分析得出的一个最低的分舱标准，R 根据船舶分舱长度（L_s）进行计算。

（1）对于船长在 100m 以上的货船：

$$R = 1 - \frac{128}{L_s + 152} \tag{4-20}$$

（2）对于船长在 80m 及以上但不超过 100m 的货船：

$$R = 1 - \left[1 \Big/ \left(1 + \frac{L_s}{100} \times \frac{R_0}{1 - R_0} \right) \right] \tag{4-21}$$

其中，R_0 为按式（4-20）计算出的 R 值。

2. 达到的分舱指数 A

A 指数表示船体遭受碰撞损坏后残存的概率。A 指数需要根据破损范围和破损前初始装载工况所定义的各种破损情况通过计算获得。A 指数按下式加权计算：

$$A = 0.4 A_s + 0.4 A_p + 0.2 A_l \tag{4-22}$$

式中，下标 s、p 及 l 分别代表相应于吃水 d_s、d_p 及 d_l 的装载工况，各指数之前的系数为加权系数。

各装载工况相应的 A 指数采用下式计算：

$$A_c = \sum_{i=1}^{t} p_i \left[v_i s_i \right] \tag{4-23}$$

式中，下标 c 表示 3 个装载工况之一，下标 i 表示所考察的每一破损组合，t 是计算该装载工况的 A_c 指数时考虑的破损情况总数。

由式（4-23）可知，A 指数可划分为以下几个因数。

p_i：因数 p 表示某舱或舱组破损的概率（不考虑任何水平分隔），它与船舶水密分舱的几何布置有关。

v_i：因数 v 表示某舱或舱组破损但其水平分隔以上处所不进水的概率，它与船舶水密甲板的布置和初始装载工况的吃水有关。

s_i：因数 s 表示某舱或舱组破损后船舶残存的概率。如破损后船舶稳性不足或横倾角过大，则 $s_i = 0$。

$[v_i s_i]$ 表示某舱或舱组破损浸水后船舶的残存概率，包括水平分隔的影响。

各因数的具体计算参照 CCS 发布的《SOLAS 2009 分舱与破损稳性要求实施指南》。

概率衡准方法与确定性方法的主要区别：

（1）废除了"业务衡准数"和"分舱因数"（即"一舱制"、"两舱制"）的陈旧概念，考虑了不同吃水工况，不限制破损舱，即认为一舱、两舱或两舱以上都有破损浸水的概率；

（2）采用概率衡准方法，允许某些舱或舱组浸水后船舶残存能力低于衡准的要求，只要经所有舱或舱组的破损计算后其中具有残存能力的破损组合符合 $A \geqslant R$，即认为破舱稳性合格。

现行的国际公约和规则，除了小型船舶以外，几乎对所有各型运输船舶都有破舱稳性的要求，对客船和油船还有具体的分舱规定。虽然在破舱稳性计算中目前仍然存在确定性和概率衡准两种方法，但概率衡准方法已越来越被重视，大有替代确定性方法的趋势。

4.5 耐波性

船舶耐波性是指船舶在风浪中遭受外力干扰产生各种摇摆运动以及砰击、上浪、失速等情况下仍能维持一定航速在水面上安全航行的性能。实船设计中的耐波性,主要关注船舶的横摇、纵摇与升沉运动(简称"摇摆")以及甲板上浪与失速。

耐波性对不同的船舶有不同的要求。军舰、海洋客船及海洋科考船等要求很高,在设计的初始阶段,必须作为一项很重要的性能,给予充分考虑;而大中型货船对耐波性的要求相对较低;内河船舶则一般不考虑耐波性。

在一般船舶设计中,通常是首先在满足重量与浮力的平衡、航速与主机功率、稳性与抗沉性、容量与干舷,以及考虑船舶经济性与使用性能的基础上,再根据耐波性对设计船的重要程度,作为船舶的一项性能进行校核。如有需要时,再对全船各方面进行综合分析,权衡处理,以满足耐波性的要求。

船舶耐波性,一般可从适居性、使用性及安全性三个方面加以考虑。

(1) 船舶在海上航行,应使船上所有人员不致因船舶运动过剧而难以忍受;

(2) 在风浪中航行,船舶的运动不致影响船上仪器、仪表的正常工作,以保证对船舶的顺利操作;

(3) 在恶劣的气候条件下,船舶的运动不会造成螺旋桨经常且严重地出水,发生飞车、首底严重砰击、甲板严重上浪等,也不致过多地人为降速,影响船舶的使用与安全。

4.5.1 横摇

船舶在海上最容易发生横摇且摇摆幅度最大,对船舶的使用和安全、船员生活与工作有严重影响,因此,船舶耐波性中首先要研究船舶横摇。

1. 横摇的影响因素

1) 初稳性高对横摇的影响

在相同海况下,不同 T_φ 的船舶,其横摇特性差别很大:T_φ 越大,船舶横摇幅值越小,横摇加速度越低,横摇衰减越快;反之亦然。而初稳性高 GM 对 T_φ 有决定性影响,GM 越大则 T_φ 越小。

2) 船舶主要要素和船体形状的影响

根据大量试验和理论分析,除 T_φ 对横摇幅值 φ_A 的影响最大外,B/T、C_w 和 C_b(或 C_{vp})及船体舭部形状对 φ_A 也有一定的影响。影响的原因是由于这些参数的不同引起了扰动力矩和附连水质量的变化,更重要的是横摇阻尼力矩的变化。一般来说,B/T 增加(如保持 GM 不变),横摇阻尼增加,附连水质量也增大,有利于降低 φ_A;当 C_b 增加、C_w 减小和 C_{vp} 增大时,虽然波浪扰动力矩有了减小,但由于横摇阻尼降低得更多,因而横摇幅值 φ_A 可能会增加。尖舭横剖面线型及中剖面系数 C_m 大的船舶,因横摇阻尼大,对降低 φ_A 有利。

3) 其他因素

在 GM 一定时,从总布置上增大质量惯性半径,可以增大 T_φ,对减小横摇有利。其他附体,如舭龙骨、舵、螺旋桨及轴包架(或轴支架)、双尾鳍、涡尾等都会增加横摇阻尼,有利于降低 φ_A。

2. 横摇主参数的计算与设计衡准

船舶在波浪中的横摇运动主参数与设计衡准,主要包括横摇周期 T_φ 和横摇幅值 φ_A

（横摇角），船舶设计中总是希望设计船具有较大的横摇周期 T_φ 和较小的横摇角 φ_A。

1）横摇周期 T_φ

船舶作自由横摇时，其横摇固有周期（或称自摇周期）T_φ 可按下式计算：

$$T_\varphi = 0.58f \sqrt{\frac{B^2 + 4Z_G^2}{GM}} \tag{4-24}$$

式中，f——$B/d > 2.5$ 时的修正系数，见表 4-3；

$\quad\quad$ B——不计船壳板厚度的最大船宽；

$\quad\quad$ Z_G——所核算装载情况下的船舶重心高；

$\quad\quad$ GM——所核算装载情况下未计入自由液面修正的船舶初稳性高。

实船设计中，必须使船舶避开谐摇区，以避免发生过大的横摇。当船的航向与波浪前进方向的夹角为 β，船速为 v、波浪传播速度为 c、波长为 λ 时，船与波浪的遭遇周期 $T_k = \lambda/(c - v\cos\beta)$，当 T_φ 接近 T_k 时，将发生谐摇。因此，为避免谐摇，应使 $T_\varphi \neq T_k$。当船舶横浪时，$T_k = T_w$，而波浪周期 $T_w = 0.8\lambda^{1/2}$，故有

$$T_\varphi \neq 0.8\lambda^{1/2} \tag{4-25}$$

我国沿海常见的大波浪波长 $\lambda = 60 \sim 70\mathrm{m}$，波浪周期约为 6s，为避免船舶谐摇，要求船舶横摇周期 T_φ 应大于 6s；而从横摇缓和性出发，希望 $T_\varphi \geqslant 1.3T_w$，则 T_φ 应大于 8s；但沿海小型船舶（如渔船、小艇等）往往不满足要求，可适当放宽。对于无限航区的船舶，海浪波长 150～160m，要求相应的船舶横摇周期 T_φ 应大于 10s；进而，为使船舶具有较低的横摇加速度、幅值和频率，则希望 T_φ 以大于 13s 为宜，这是习惯用的标准。

此外，国际海事组织（IMO）的完整稳性规则中，横摇周期按下式估算：

$$T_\varphi = 2CB/\sqrt{GM} \tag{4-26}$$

式中，$C = 0.373 + 0.023B/T_m - 0.43L_{wl} \times 10^{-3}$，其中 L_{wl} 为水线长度，T_m 为平均吃水。

2）横摇幅值 φ_A

我国"法规"规定对有舭龙骨的圆舭形船舶，其横摇幅值

$$\varphi_A = 15.28C_1C_4 \sqrt{\frac{C_2}{C_3}} \tag{4-27}$$

式中，系数 C_1 可以根据船舶的横摇周期 T_φ 及航区由图 4-5 查得。

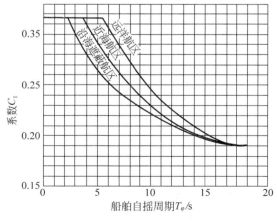

图 4-5　$C_1 \sim T_\varphi$ 曲线

系数 C_2 与重心高和吃水相关,按下式计算:

$$C_2 = 0.13 + \frac{0.6Z_G}{T} \tag{4-28}$$

当 $C_2 > 1.0$ 时,取 $C_2 = 1.0$;当 $C_2 < 0.68$ 时,取 $C_2 = 0.68$。

系数 C_3 与船舶的宽度吃水比相关,按表 4-6 查取。

表 4-6　系数 C_3

$\frac{B}{d}$	2.5 及以下	3.0	3.5	4.0	4.5	5.0	5.5	6.0	6.5	7.0 及以上
C_3	0.011	0.013	0.015	0.017	0.018	0.019	0.020	0.021	0.022	0.023

系数 C_4 主要与船舶类型和舭龙骨面积相关,按表 4-7 查取。

表 4-7　系数 C_4

$(A_b/LB)/\%$	0	0.5	1.0	1.5	2.0	2.5	3.0	3.5	4.0 及以上
干货船、油船、集装箱船、海驳	1.000	0.754	0.685	0.654	0.615	0.577	0.523	0.523	0.523
客船、渔船、拖船	1.000	0.885	0.823	0.769	0.708	0.654	0.577	0.546	0.523

表 4-7 中 A_b 是舭龙骨的总面积(m^2),L 为垂线间长(m),B 为型宽(m)。舭龙骨宽度一般不超过中横剖面舭部方框线之外,长度一般在($1/4 \sim 3/4$)L 之间,面积参考母型船而定,一般取舭龙骨在一舷的面积为 $L \times d$ 的 $2\% \sim 4\%$,C_m 大的船舶取较小值。对于有方龙骨的船舶,可将其侧面积计入舭龙骨面积 A_b 之内;对于装有减摇鳍的船舶,减摇鳍面积也可计入舭龙骨面积。

船舶在波浪中的横摇幅值衡准,不少学者进行过研究,但大都是从船舶某个使用角度提出的,因而未能获得一致的公认。通常,如下几种建议可作为设计参考:

(1) 为使救生艇和工作艇在风浪情况下能顺利放到水面,常要求横摇幅值 φ_A 不超过 $15°$。

(2) 从船上人员的身体耐受力考虑,φ_A 不超过 $10°$,相应的横摇周期应大于 $5 \sim 6s$。

(3) 为保证拖网渔船的正常作业,φ_A 应不超过 $10°$。

(4) 为保证直升机在船上的安全起飞和降落,应使 φ_A 小于 $3°$。

3. 改善横摇的设计措施

(1) 在保证稳性的前提下适当减小初稳性高,可使 T_φ 增加、横摇运动缓和、φ_A 减小。而减小 GM 值最有效的方法是提高 Z_g,例如,增加型深或干舷以提高全船的重心,散货船设置顶边水舱以提高压载航行或装载重货时的重心,增加双层底高度以提高满载时的重心等;当然,减小船宽 B 也可使 GM 减小,但在排水量一定时,减小 B 必将使 C_b 增大、船舶阻力可能增加。

(2) 增加横摇阻尼以减小横摇幅值 φ_A。增大中剖面系数 C_m、水线面系数 C_w 都可增加横摇阻尼;而加装舭龙骨、设置减摇水舱则是海船增加阻尼、减小横摇的最常见又经济有效的措施,减摇装置的设计可参见船舶原理;军舰、豪华客轮等对于耐波性有特殊要求的船舶则考虑采用减摇鳍,其减摇效果好,可控制 φ_A 在 $3°$ 以内,但装置复杂、成本高。

4.5.2 纵摇与升沉

船在波浪中的纵摇与升沉幅值,取决于波长 λ、波高 $2\xi_w$、波浪的形状特征、航向角 ψ 和航速 v、船的主尺度及其线型特征、重量的纵向分布等多方面的因素。

1. 主要影响因素的分析

(1) 航向角　最大纵摇一般发生在迎浪($\psi=180°$)及首斜浪($\psi=135°$)的情况下。船首、尾的运动幅值一般在迎浪时最大。

(2) 波长　λ/L 是影响船舶纵向运动最关键的参数,尤其在谐振区内影响更大。当 $\lambda/L<0.75$ 时,纵摇与升沉运动幅值较小,而当 $\lambda/L=1.0\sim1.5$ 时,不可避免地会发生较大的纵摇与升沉运动。

(3) 调谐因素 Λ　迎浪时调谐因素关系式为

$$\Lambda = \frac{T_\theta}{\sqrt{L/g}} \cdot \frac{1}{\lambda/L}\left(\sqrt{\frac{1}{2\pi} \cdot \frac{\lambda}{L}} + Fr\right) \tag{4-29}$$

式中,T_θ——纵摇周期。

最大纵摇和升沉运动一般发生在 $\Lambda=0.75\sim1.25$ 范围,尤其是 $\Lambda=1.0$ 左右时最为剧烈;此时一般采用降速措施减小 Fr、使 $\Lambda<0.75$,或改变航向角以缓和船舶的运动。

(4) 主尺度及船型特征　增加 L 和 T_θ 对缓和纵摇有利;增加 C_w 对缓和纵摇、升沉均有利;将重量向中部集中布置,以减小纵向质量惯性半径,有利于降低纵摇。

2. 减缓纵摇与升沉运动的设计措施

(1) 增加 L、减小 C_b 可有效地减缓船舶纵摇与升沉运动,但可行范围不大。因为一般船舶的 L 和 C_b 主要取决于快速性与经济性要求,只能适当兼顾耐波性。

(2) 通常从型线设计角度设法改善纵摇与升沉运动。对大型船舶来说,首部横剖面形状采用 U 形、V 形均可。而对于航区波长相对于船长较大的中小型船舶,采用 V 形首部横剖面形状可增加阻尼,有利于减缓纵摇与升沉运动。

(3) 应保证船舶在空载时有必要的首、尾吃水,满载时有足够的首部干舷,以改善首底砰击、螺旋桨飞车和甲板上浪。

4.5.3 甲板上浪与失速

1. 甲板上浪

甲板上浪是指当船舶在波浪中的纵摇和升沉异常激烈时,在船首柱处,船与波浪相对运动的幅值大于船首柱处的干舷、波浪涌上甲板的现象。海浪冲上甲板,易损伤船体的干舷部分,危及人员安全,冲击损坏甲板设备及仪器。

甲板上浪的严重程度,与船舶主尺度、船型、波浪的大小以及船在波浪中的运动情况相关。通常,船长较长、L/B 较大,甲板上浪的概率减小;首部横剖面呈 V 形、C_w 较大、C_b 较小的船型,甲板上浪的概率较小;而海上风浪越大、船速越高,甲板上浪的概率也越大。

为改善首底砰击、螺旋桨飞车和甲板上浪,船舶设计中除注意减缓船舶的运动外,通常用保证船舶空载时有必要的首尾吃水、满载时有充分的首部干舷的办法来解决。关于满载时首部最小干舷有不少相关文献,有文献建议:垂线间长 $L_{bp}=61m$、122m 及 183m 时首柱处从水线到首部甲板的距离 F_f 分别不小于 4.6m、7.0m 及 9.2m(北大西洋为 12.2m)。对

$Fr=0.252\sim0.36$ 范围的中高速船有人建议取

$$F_f/L_{bp} \geqslant 0.01[7+84.5(Fr-0.252)] \tag{4-30}$$

以考虑首部兴波对甲板上浪的影响。载重线规范也规定了无限航区船舶的首部最小干舷 F_f 值。实际设计中，一般多根据相近航区的相近实船的使用情况，选择适当的首舷弧高度和首楼高度来加以解决。

2. 失速

在一般海况下，船舶在海浪中航行时阻力增加、推进效率降低，造成船舶在波浪中航行较之静水航速的降低值，称为失速。而在恶劣海况时，为了避免发生因剧烈的纵摇及升沉运动而引起的严重的甲板上浪、首底砰击或尾部飞车，船被迫人为调低主机功率以致航速发生较大幅度的下降。因此，要改善船的失速，一是减小船在风浪中的阻力增加；二是改善在恶劣海况中船的运动，以求被迫减速的幅度不大。

在船舶初始设计阶段，对耐波性的设计考虑：大型船舶，船的尺度越大，出现 $\lambda/L \geqslant 1.0$ 的概率就越小，因此主要注意力放在减小波浪阻力的增加方面；而对 λ/L 较大的中小型船舶，尤其对渔船等作业船，则应将主要注意力放在船舶运动方面；注意减缓或避免船舶因剧烈运动而造成的首底砰击、螺旋桨飞车和甲板上浪，并减小船舶被迫人为降速的幅度。从耐波性角度考虑，中小型船舶的主尺度，以适当增大船长、减小船宽、减小方形系数为有利，型线特征则以 C_w/C_b 较大的 V 形横剖面为有利。

4.6 操纵性

船舶操纵性主要包括三个方面的要求：航向稳定性、大舵角回转性和中小舵角时良好的应舵性能(转首性)。船舶总体设计中关键是处理好航向稳定性和回转性的矛盾，并避免出现操纵性异常。

船舶主尺度对航向稳定性和回转性的影响规律通常是矛盾的，例如 L/B 增大、B/T 和 C_b 减小都可改善航向稳定性，但回转性会下降。在选择主尺度时应避免出现对航向稳定性或回转性产生极端不利的情况，根据设计船的使用特点兼顾航向稳定性和回转性。

通常，为保证船舶操纵性，需要处理好舵形式的选择、舵面积及形状参数的确定、舵的布置等问题。

1. 舵形式的选择

舵的形式有多种，常见的有不平衡舵、平衡舵、悬挂式平衡舵、半悬挂式半平衡舵等，如图 4-6(a)~(d)所示。一般根据船的用途、大小和船尾线型来选择舵的形式。直接处于舵柱后的双支承或多支承不平衡舵常用于破冰船；现代运输货船一般不设舵柱，双支承平衡舵常用于一般运输船；悬挂式平衡舵适用于中小型船舶，尤其适用于双桨双舵船；与挂舵臂组合一起的半悬挂式半平衡舵常用于中高速集装箱船、双桨油船及货船。从舵与船尾型线的配合来看，双支承与多支承舵适于闭式尾框；悬挂式、半悬挂式舵对应开式尾框。

2. 舵面积及形状参数的确定

1) 舵面积与面积比

舵面积是船舶操纵性的一个重要要素，舵面积越大，舵的回转力矩就越大，操纵性要求越易得到满足。但是舵面积过大，将增加舵机功率、舵设备的重量和水阻力，同时舵面积大到

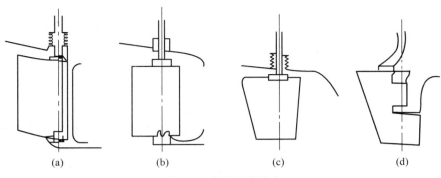

图 4-6　常见舵的形式

一定程度之后,对回转性的影响相对来说就不很重要了,因此,舵面积有一个适当的数值范围。

目前,通常采用统计方法和经验根据舵面积比来确定舵面积。舵面积比

$$\mu = A_r/(L_w T) \qquad (4\text{-}31)$$

式中,L_w——船的满载水线长;

T——船的满载吃水;

A_r——舵面积。

舵面积比的选取与船舶类型和航速有关,设计时一般参照舵的数目相同而布置上又相似的操纵性良好的母型船选取。对于用途相似的船,μ 值是比较稳定的,大致变化如表 4-8 所示。

表 4-8　各类船舶的 μ 值

海 洋 船 舶	$\mu/\%$	江 河 船 舶	$\mu/\%$
单桨单舵海洋货船、油船	1.3～1.9	浅水急流双桨客货船	4.6～8.0
双桨货船、油船	2.0～2.5	深宽航道双桨客货船	2.1～5.0
大型油船	1.3～1.7	机动驳船	3.0～8.0
小型单桨客船	1.8～4.0	拖船	4.0～8.5
沿海船舶	2.0～3.3	推轮	6.0～11.0
渔船	2.5～5.5	35m 以下的排水量艇	4.0～7.0
海洋拖船	2.5～4.0	渡船	3.5～5.5

国内外一些学者和单位还提供了一些计算舵面积的公式和图谱,例如挪威船舶登记局要求舵面积

$$A_r \geqslant \frac{LT}{100}\left(0.75 + \frac{150}{L+75}\right) \quad (\text{m}^2) \qquad (4\text{-}32)$$

2) 舵的展弦比

舵的展弦比 λ 是舵的展长 h(舵体上下缘间的垂直高度)与舵的平均舷长 b(舵叶各剖面弦长的平均值)之比,它是决定舵流体动力性能的主要参数。通常,平衡舵的展弦比在 1.8 以下,有舵柱的不平衡舵和带挂舵臂的半平衡舵的展弦比通常在 1.5～2.4 之间。

展弦比大的舵,在失举角前同样的舵角下,升力系数比展弦比小的舵要大,舵效好。在一定的舵面积下,展弦比的选择受船尾框尺寸的限制。

3）舵的平衡比

平衡比(k)是指舵杆中心线前部舵面积与整个舵面积之比值。平衡系数选取的原则是尽可能减少舵杆扭矩,降低舵机功率,并要考虑正航小舵角和大舵角以及倒航工况最大扭矩的匹配,使不同工况的扭矩相差不太悬殊。一般情况下 k 值的范围为 $0.25\sim0.27$,小船的人力舵 k 值为 $0.19\sim0.21$,航速高的船 k 值可取 $0.27\sim0.32$。

3. 舵的布置

一般船舶的舵均布置于船尾螺旋桨的尾流中。此时,舵可利用螺旋桨尾流来提高舵效,同时舵也可起到整流作用,从而改善推进效率。

舵的下缘一般不宜低于基线,以防船搁浅时舵被碰坏,也不宜高于螺旋桨盘面的最低点,以便充分利用螺旋桨尾流。舵的上缘应尽量接近船尾底部,以降低舵杆弯矩,并减少舵上缘的绕流,从而提高舵效。

4. 不同船舶的舵设计要点

（1）舵、螺旋桨、与船体尾部型线要有很好的配合,以保证：船体、舵和螺旋桨之间保持合适的间隙；螺旋桨有良好的来流；舵能利用螺旋桨的来流以及螺旋桨和舵需要受到适当的保护；等等。

（2）受航道限制时,应特别注意船的回转性能,这时,以选取较短的船长和较大的舵面积系数为宜。

（3）推、拖船(尤其是港口拖船)都要求船的回转性能好,以利于作业时灵活,故也应采用较短的船长和较大的舵面积系数。

（4）有的船舶,如巨型油轮、散装货船、渡船,为更好地控制船的航向和缩短靠离码头的时间,或节约拖船费用,应根据具体情况,分析是否有采用首部侧推装置的必要性。

（5）从航向稳定性看,L/B 小、C_b 及 B/T 大的船是不利的。空载吃水太浅会使船的航向不稳定。有的船需加呆木以解决航向稳定性问题。

（6）营运实践发现,肥大型船存在操纵性异常现象,即在把定某一小舵角时船舶航向左右不稳定,船首会左右摇摆,甚至反向回转。说明船对小舵角应答不灵,必须用大舵角才能纠正航向。出现这种情况的原因是,船型丰满度太大、导致水流分离或产生舭部涡流,特别是船尾型线过于肥钝或尾框设计不当,舵桨处的流场过分紊乱,存在不定常横流并产生不定向的侧向力。船舶设计中应避免出现这种不稳定的操纵特性。改善肥大船航向稳定性的措施主要是适当增加舵面积、尽量增大呆木或尾鳍的面积、优化尾端型线和尾框的设计。

4.7　船舶最小干舷

从船舶静力学可知,船的干舷(F)泛指船舶浮于静水面时,在船中处从水面至露天甲板上表面舷边的垂直距离,即 $F=D-T+t$,其中 t 为甲板边板厚度。所谓最小干舷,对海船来说,就是根据《国际载重线公约》和我国"法规"的有关规定计算得出的最小限度干舷值。从船舶营运角度,最小干舷是为了保证船舶航行安全、限制船舶超载(对应容许的最大吃水)而提出的基本要求。

船舶营运实践表明,干舷不足或装载过重,常常是船舶海损事故的一个重要原因；为了保证船舶安全,船舶必须保有一定的干舷,这一点很早就已引起人们的重视。国际上早在

1930 年就制定了《国际载重线公约》，作为核算船舶最小干舷、限制船舶最大装载吃水的准则。国际海事组织（IMO）1966 年对该公约作了修订，1988 年再次修订形成了现行的"ICLL 66"1988 年议定书。我国《国际航行海船法定检验技术规则》第三篇"载重线"基本援引该议定书，而《国内航行海船法定检验技术规则》第三篇"载重线"则是参照国际公约、根据国内沿海的实际适当简化而制订的沿海船舶核算最小干舷的规则。

4.7.1　规定最小干舷的两点考虑

规定船舶的最小干舷，主要是从以下两个方面来考虑的：

一是减小甲板上浪。如果船舶干舷过低，则航行中甲板容易上浪，而甲板上浪造成的后果是：影响船员作业、危及人身安全；船的重量增加，重心升高，初稳性高 GM 下降，稳性可能不足；大的上浪还有可能冲坏甲板上的设备及封闭设施。

二是保证足够的储备浮力。干舷 F 的大小往往代表了船舶储备浮力的大小，如果干舷过低、储备浮力不足，则当海水打到甲板上又来不及排掉，或甲板上封闭开口被冲坏、大量海水灌入船主体时，船将快速下沉，可能来不及施救而发生沉没或倾覆。

由于船首甲板最容易上浪，因此，载重线法规还规定了最小船首高度。为了满足最小船首高的要求，许多海船设置了首楼以减少甲板上浪。

4.7.2　影响最小干舷的主要因素

1. 船长

一般来说，同类船舶的船长 L 越大其排水量也越大，同等安全性要求下的储备浮力也应该越大，则干舷相应地要求大一些；所以，船长 L 是确定最小干舷的基本参数。

2. 航区风浪情况

船舶甲板上浪的程度与航区的风浪情况密切相关。航区风浪越大，甲板上浪越剧烈。因此，法规根据风浪情况将全球各海区划分为若干"季节区"，并把季节区作为确定最小干舷的主要参数。

依据风浪的剧烈程度，季节区分为：北大西洋冬季区、冬季区、夏季区、热带区、夏季淡水区、热带淡水区等。其中，①北大西洋冬季区风浪最大，热带淡水区风浪最小；冬季区为北纬 $35°\sim36°$ 以北和南纬 $33°\sim34.5°$ 以南的一些风浪较大的海域；夏季区大体对应于蒲氏 8 级以上风力发生频率不超过 10% 的海域；热带区对应蒲氏 8 级以上风力发生频率不超过 1% 的海域。②季节区与时间有关，同一海区在一年内不同时段可能属于不同的季节区，法规中详细标明了各海域一年内自何月何日起到何月何日止属于哪一季节区，可供查对。显然，季节区与我们日常所说的冬季、夏季等属于不同的概念。按法规我国沿海只有夏季区和热带区。

3. 船体形状与上层建筑

船体的丰满度（C_b）、上层建筑的形状与长度、舷弧的大小等对储备浮力都有一定的影响。C_b 大者其水下体积大，海水可灌入的量多，因而干舷应取大些；上层建筑及舷弧能产生一定的储备浮力，故实船的最小干舷可依它们的大小而有所增减；当然，它们的有效性还取决于开口的封闭条件和位置。

4. 船主体灌水的可能性

根据船主体内部灌进水的可能性,把船舶划分为两大类。

(1) A 型船舶 专门载运散装液体货物的船舶(如油船)。其露天甲板具有高度完整性,货舱仅设有小的出入口,并以钢质或等效材料的水密填料盖关闭;载货时货舱渗透率低,船主体灌水的可能性小。A 型船舶其最小干舷较低。

(2) B 型船舶 凡不符合 A 型船舶特点的其他船舶。其船主体灌水的可能性较大,相应的最小干舷应大些。但运木船的甲板木料货本身有浮力,且可阻止甲板上浪(木材堆放较高,不易上浪;如上浪也仅进入木材空隙,量不多),所以其最小干舷也可适当低些。

综上所述,考虑了影响最小干舷的各主要因素、根据公约和法规计算得出的最小干舷,与船舶的外形密切相关,故又称为形状干舷。

4.7.3 最小干舷计算

1. 基本概念与计算参数

(1) 干舷甲板 用以计算干舷的甲板,通常是最高一层露天甲板(上甲板),该甲板上所有露天开口设有永久性的关闭装置,其下所有的舷侧开口设有永久性的水密关闭装置。

(2) 封闭上层建筑和上层建筑有效长度(E) 封闭上层建筑是指结构坚固、端壁及侧壁上的开口设有符合要求的风雨密关闭装置的上层建筑;上层建筑长度是位于船长 L 范围内的上层建筑长度;上层建筑有效长度(E)是指宽度从舷边至舷边,高度不小于标准高度的封闭上层建筑长度。上层建筑的标准高度,当 $L = 75$m 时为 1.8m,当 $L \geqslant 125$m 时为 2.3m,中间船长采用线性插值确定。

(3) 船长(L) 在吃水等于 $0.85D$ 水线处从首柱前缘到舵杆中心线的长度,或是该水线长度的 0.96,取其大者;D 为干舷甲板最低点处的型深。

(4) 计算型深(D_S) 计算型深是船中处型深加上该处干舷甲板的厚度 t,当露天甲板上设有敷料时,再加上按 $t_1(L-S)/L$ 计算的值,其中,t_1 为敷料平均厚度,S 为上层建筑总长。即

$$D_s = D + t + t_1(L-S)/L \tag{4-33}$$

具有圆弧形舷边的船舶,规范对 D_s 的确定方法另有规定。规范定义的最小干舷(F)为从实际水线到计算型深处的最小高度。

(5) 计算方形系数 C_{bS} 系指吃水等于 $0.85D$ 处的方形系数,即 $C_{bS} = \nabla_{0.85D}/(LB \times 0.85D)$,$\nabla_{0.85D}$ 为吃水等于 $0.85D$ 处的型排水体积,C_{bS} 可从静水力曲线图中查得。

基于以上数据,就可以计算夏季最小干舷,然后对夏季最小干舷加以修正,可得出其他季节区的干舷。

2. 国际航行船舶的夏季最小干舷

国际航行船舶的夏季最小干舷按下式计算:

$$F_S = F_0 + f_1 + f_2 + f_3 + f_4 + f_5 \tag{4-34}$$

式中,F_0——船舶基本干舷(mm),它是法规规定的"标准船"的夏季最小干舷;

f_1——船长 $L < 100$m 的 B 型船舶干舷修正值(mm);

f_2——方形系数对干舷的修正值(mm);

f_3——型深对干舷的修正值(mm);

f_4——有效的上层建筑和围蔽室对干舷的修正值(mm);

f_5——非标准舷弧对干舷的修正值(mm)。

这里的"标准船"特征为：平甲板(干舷甲板上无上层建筑)；计算方形系数 $C_{bS} = 0.68$；$L/D_s = 15$；设标准舷弧。由于设计船往往不同于标准船，故需按照设计船与标准船的差异逐一修正($f_1 \sim f_5$)，得到设计船的夏季最小干舷。

1) 基本干舷 F_0

F_0 随 L 而变。法规按 A、B 型船分别给出 L-F_0 数据表，见表 4-9 和表 4-10。

表 4-9　A 型船部分船长的基本干舷 F_0

船长 /m	干舷 /mm	船长 /m	干舷 /mm	船长 /m	干舷 /mm	船长 /m	干舷 /mm	船长 /m	干舷 /mm	船长 /m	干舷 /mm	船长 /m	干舷 /mm
50	443	65	639	80	841	95	1 059	110	1 293	125	1 546	140	1 803
51	455	66	653	81	855	96	1 074	111	1 309	126	1 563	141	1 820
52	467	67	666	82	869	97	1 089	112	1 326	127	1 580	142	1 837
53	478	68	680	83	883	98	1 105	113	1 342	128	1 598	143	1 853
54	490	69	693	84	897	99	1 120	114	1 359	129	1 615	144	1 870
55	503	70	706	85	911	100	1 135	115	1 376	130	1 632	145	1 886
56	516	71	720	86	926	101	1 151	116	1 392	131	1 650	146	1 903
57	530	72	733	87	940	102	1 166	117	1 409	132	1 667	147	1 919
58	544	73	646	88	955	103	1 181	118	1 426	133	1 684	148	1 935
59	559	74	760	89	969	104	1 196	119	1 442	134	1 702	149	1 952
60	573	75	773	90	984	105	1 212	120	1 459	135	1 719	150	1 968
61	587	76	786	91	999	106	1 228	121	1 476	136	1 734	151	1 984
62	600	77	800	92	1 014	107	1 244	122	1 494	137	1 753	152	2 000
63	613	78	814	93	1 029	108	1 260	123	1 511	138	1 770	153	2 016
64	626	79	828	94	1 044	109	1 276	124	1 528	139	1 787	154	2 032

表 4-10　B 型船部分船长的基本干舷 F_0

船长 /m	干舷 /mm	船长 /m	干舷 /mm	船长 /m	干舷 /mm	船长 /m	干舷 /mm	船长 /m	干舷 /mm	船长 /m	干舷 /mm	船长 /m	干舷 /mm
50	443	65	644	80	887	95	1 172	110	1 479	125	1 793	140	2 109
51	455	66	659	81	905	96	1 190	111	1 500	126	1 815	141	2 130
52	467	67	674	82	923	97	1 209	112	1 521	127	1 837	142	2 151
53	478	68	689	83	942	98	1 229	113	1 543	128	1 859	143	2 171
54	490	69	705	84	960	99	1 250	114	1 565	129	1 880	144	2 190
55	503	70	721	85	978	100	1 271	115	1 587	130	1 901	145	2 209
56	516	71	738	86	996	101	1 293	116	1 609	131	1 921	146	2 229
57	530	72	754	87	1 015	102	1 315	117	1 630	132	1 940	147	2 250
58	544	73	769	88	1 034	103	1 337	118	1 651	133	1 959	148	2 271
59	559	74	784	89	1 054	104	1 350	119	1 671	134	1 979	149	2 293
60	573	75	800	90	1 075	105	1 380	120	1 690	135	2 000	150	2 315
61	587	76	816	91	1 096	106	1 401	121	1 709	136	2 021	151	2 334
62	601	77	833	92	1 116	107	1 421	122	1 729	137	2 043	152	2 354
63	615	78	850	93	1 135	108	1 440	123	1 750	138	2 065	153	2 375
64	629	79	868	94	1 154	109	1 459	124	1 771	139	2 087	154	2 396

2）L 对干舷的修正值 f_1

f_1 是对 $24\text{m}<L<100\text{m}$、封闭的上层建筑有效长度 $E_1<35\%L$ 的 B 型船的干舷修正值：

$$f_1 = 7.5(100-L)(0.35-E_1/L) \quad (\text{mm}) \tag{4-35}$$

设计船不符合上述条件时，取 $f_1=0$。

3）方形系数对干舷的修正值 f_2

当 $C_{bS}>0.68$ 时

$$f_2 = (F_0+f_1)[(C_{bS}+0.68)/1.36-1] \quad (\text{mm}) \tag{4-36}$$

当 $C_{bS}\leqslant0.68$ 时，取 $f_2=0$。

4）型深对干舷的修正值 f_3

$$f_3 = (D_S-L/15)R \quad (\text{mm}) \tag{4-37}$$

式中，R——系数，当 $L<120\text{m}$ 时，$R=L/0.48$；当 $L\geqslant120\text{m}$ 时，$R=250$。

当 $D_S>L/15$ 时，因型深相对标准船增加，所以干舷值增加 f_3。

当 $D_S\leqslant L/15$ 时，取 $f_3=0$。但如果中部具有有效长度不小于 $0.6L$ 的封闭上层建筑，或具有全通的围蔽室，或具有延伸全船的分立上层建筑与围蔽室的组合体时，用式（4-37）计算 f_3，并取为负值。

5）上层建筑和凸形甲板对干舷的修正值 f_4

$$f_4 = kf_0 \tag{4-38}$$

式中，f_0——上层建筑和凸形甲板的总有效长度 $E=L$ 时的干舷减小值。当 $L=24\text{m}$，$f_0=-350\text{mm}$；$L=85\text{m}$，$f_0=-860\text{mm}$；$L\geqslant122\text{m}$，$f_0=-1\,070\text{mm}$；中间 L 值的 f_0 用内插法求得；

k——$E<L$ 时 f_0 的折扣系数，查表 4-11 可得。

表 4-11　系数 k 的值

上层建筑和凸形甲板的总有效长度		0	0.1L	0.2L	0.3L	0.4L	0.5L	0.6L	0.7L	0.8L	0.9L	L
A 型船 k 值/%		0	7	14	21	31	41	52	63	75.3	87.7	100
B 型船 k 值/%	Ⅰ. 有首楼无分立桥楼	0	5	10	15	23.5	32	46	63	75.3	87.7	100
	Ⅱ. 有首楼并有分立桥楼	0	6.3	12.7	19	27.5	36	46	63	75.3	87.7	100

注：① 上层建筑和凸形甲板总有效长度为中间值时，k 值按内插求。

② B 型船当桥楼有效长度小于 $0.2L$ 时，k 值应在 Ⅰ、Ⅱ 中间用内插法求。

③ B 型船当首楼有效长度 l 大于 $0.4L$ 时，k 值取情况Ⅱ的值；当 $l<0.07L$ 时，表列 k 值应减去 $5\times(0.07L-l)/0.07L$。

6）实际舷弧与标准舷弧不同时的干舷修正值 f_5

公约给出了标准舷弧值（见表 4-12）。当船舶的实际舷弧为非标准舷弧时，应分别计算出前半段和后半段舷弧的不足或多余数 S_F 和 S_A。此外还规定，当实船封闭首尾楼超过标准高或为标准高度而其舷弧比干舷甲板为大时，实船干舷甲板舷弧可增加一个 S 值。修正值 f_5 按下式计算：

$$f_5 = -\left(\frac{S_F + S_A}{2} + S\right)\left(0.75 - \frac{l}{2L}\right) \quad (\text{mm}) \tag{4-39}$$

式中，l——L 范围内封闭上层建筑的总长度(m)；

$\quad\quad S_F$——前半部舷弧的不足或多余数；

$\quad\quad S_A$——后半部舷弧的不足或多余数；

$\quad\quad S$——计入首尾楼舷弧的修正值，$S = S_p + S_f$，S_p 或 $S_f = yL'/3L$(mm)。

其中，y——在首垂线或尾垂线处上层建筑的实际高度与标准高度之差(mm)；

$\quad\quad L'$——首楼或尾楼的平均封闭长度，取不大于 $0.5L$(m)。

舷弧不足或多余数 S_F 和 S_A 及后半部标准舷弧数 S_{AO} 按表 4-12 计算。根据计算结果，如 S_F 和 S_A 均小于 0，表示首尾舷弧都不足，按式(4-39)计算增加干舷。

其他情况按以下规则确定：

若 $S_F < 0$ 而 $S_A > 0$，则：取 $S_A = 0$，S_F 不变。

若 $S_F > 0$，则：当 $S_A \geqslant 0.75 S_{AO}$，$S_F$ 和 S_A 都不变；

$\quad\quad\quad\quad\quad\quad$ 当 $S_A < 0.5 S_{AO}$，$S_F = 0$，S_A 不变；

$\quad\quad\quad\quad\quad\quad$ 当 $0.5 S_{AO} \leqslant S_A \leqslant 0.75 S_{AO}$，$S_F$ 按比例减小，S_A 不变。

表 4-12　舷弧计算

位　　置	实际舷弧高(1)	标准舷弧高(2)	差数 (3)＝(1)－(2)	乘数(4)	乘积 (5)＝(3)×(4)
尾垂线		25($L/3+10$)		1	
距尾垂线 $L/6$		11.1($L/3+10$)		3	
距尾垂线 $L/3$		2.8($L/3+10$)		3	
船中		0		1	
$S_{AO} = \sum(2)/8$				$S_A = \sum(5)/8$	
船中		0		1	
距尾垂线 $L/3$		5.6($L/3+10$)		3	
距尾垂线 $L/6$		22.2($L/3+10$)		3	
首垂线		50($L/3+10$)		1	
$S_F = \sum(5)/8$					

按式(4-39)计算结果 f_5 为负值时(表示实际舷弧比标准有多余)，还需满足其他条件后方可减少干舷。详见法规有关规定。

3. 其他季节区的最小干舷

对于无限航区的船舶，在计算了夏季最小干舷 F_S 的基础上，还应计算其他季节区的最小干舷。

1) 热带区最小干舷 F_T

$$F_T = F_S - d_S/48 \quad (\text{mm}) \tag{4-40}$$

式中，F_S——夏季最小干舷(mm)；

$\quad\quad d_S$——夏季吃水，即龙骨上缘至实际勘划的夏季载重水线的距离(mm)。

2）冬季区最小干舷 F_W

$$F_W = (F_S + d_S/48) \quad (mm) \tag{4-41}$$

3）淡水区最小干舷 F_F

$$F_F = F_S - \frac{\Delta}{40 T_{pc}} \times 10 \quad (mm) \tag{4-42}$$

式中，Δ——夏季载重水线时的海水排水量(t)；

T_{pc}——夏季载重水线处在海水中每厘米吃水吨数(t/cm)。

4）热带淡水最小干舷 F_{TF}

$$F_{TF} = F_F - d_S/48 \quad (mm) \tag{4-43}$$

5）冬季北大西洋区最小干舷 F_{WNA}

$$\begin{cases} \text{对 } L \leqslant 100m \text{ 的船舶，} & F_{WNA} = F_W + 50 \quad (mm) \\ \text{对 } L > 100m \text{ 的船舶，} & F_{WNA} = F_W \quad (mm) \end{cases} \tag{4-44}$$

4. 国内航行船舶的最小干舷

国内航行船舶最小干舷的计算原则上与"ICLL 66"一致，但考虑到我国沿海风浪较小，同时为了挖掘沿海运输船的载重潜力，法规对国内航行船舶的干舷计算作了简化。

国内航行船舶的夏季最小干舷按下式计算：

$$F_S = F_0 + f_1 + f_2 + f_3 \quad (mm) \tag{4-45}$$

式中，F_0——船舶基本干舷(mm)；

f_1——方形系数对干舷的修正值(mm)；

f_2——有效的上层建筑和围蔽室对干舷的修正值(mm)；

f_3——非标准舷弧对干舷的修正值(mm)。

1）基本干舷 F_0

$$F_0 = KD_1 \quad (mm) \tag{4-46}$$

式中，K——系数(见表 4-13)；

D_1——计算型深。

表 4-13 基本干舷计算系数 K 值

船长/m	K		船长/m	K		船长/m	K	
	A 型	B 型		A 型	B 型		A 型	B 型
30	104.2	116.3	90	146.8	165.3	150	192.2	226.8
40	109.7	120.9	100	155.5	177.5	160	194.6	231.2
50	116.0	126.9	110	164.4	190.4	170	195.6	234.4
60	122.8	134.3	120	172.7	202.5	180	195.6	236.6
70	130.2	143.2	130	180.9	212.7	190	194.9	238.0
80	138.4	154.1	140	187.9	220.6	200	193.5	238.3

注：法规中以船长 1m 为间隔给出 K 值，这里，当船长为中间值时可用内插法求 K。

2）方形系数对干舷的修正值 f_1

$$f_1 = 0.6 F_0 (C_{bS} - 0.68) \quad (mm) \tag{4-47}$$

当 $C_{bS} \leqslant 0.68$ 时，取 $f_1 = 0$。

3）有效上层建筑长度对干舷的修正值 f_2

$$f_2 = -C(80 + 4L) \quad (\text{mm})$$
$$C = (1 + E/L)E/L \tag{4-48}$$

式中，L——船长，m；当 $L > 120$m 时，取 $L = 120$m；

E——上层建筑的总有效长度，m。

4）非标准舷弧对干舷的修正值 f_3

$$f_3 = 500 \left(\frac{A - a}{L} \right) \left(1.5 - \frac{l}{L} \right) \quad (\text{mm}) \tag{4-49}$$

式中，A——标准舷弧面积，见表 4-14；

a——实际首、尾舷弧面积之和，m^2；

l——L 范围内封闭上层建筑的总长度，m。

表 4-14　标准舷弧面积 A

L/m	30	40	50	60	70	80	90	100	110
A/m^2	7.50	11.7	16.7	22.5	29.2	36.7	45.0	54.2	64.2
L/m	120	130	140	150	160	170	180	190	200
A/m^2	75.0	86.7	99.2	112.6	126.7	141.7	157.6	174.2	191.8

注：船长 L 为中间值时可用内插法求 A；$L > 200$m，仍取 $A = 191.8\text{m}^2$。

如果实际舷弧面积 a 小于标准舷弧面积 A，应按上式计算值增加干舷；如果实际舷弧面积 a 大于标准舷弧面积 A，则在满足法规相关规定的前提下，可按上式计算值减小干舷。

5. 船首最小高度

国际航行船舶，在首垂线处自夏季载重线至露天甲板舷侧上缘的船首最小高度 $h_{f\min}$ 不小于下式计算值：

$$\begin{cases} L < 250\text{m 时}，h_{f\min} = 56L \left(1 - \dfrac{L}{500} \right) \dfrac{1.36}{C_b + 0.68} \quad (\text{mm}) \\ L \geqslant 250\text{m 时}，h_{f\min} = 7\,000 \dfrac{1.36}{C_b + 0.68} \quad (\text{mm}) \end{cases} \tag{4-50}$$

国内航行船舶，在首垂线处的相应最小船首高度 $h_{f\min}$ 不小于下式计算值：

$$h_{f\min} = 54L \left(1 - \frac{L}{500} \right) \frac{1.36}{C_b + 0.68} \quad (\text{mm}) \tag{4-51}$$

式中：L——船长（m）；

C_b——方形系数，取不小于 0.68。

法规规定，如上述要求的船首高度是用舷弧来达到的，则该舷弧应自首垂线量起至少延伸到船长的 15% 处；如果是用设置上层建筑来达到的，则上层建筑应自首柱延伸至首垂线以后至少 $0.07L$ 处。这些要求在设计初期就要加以注意。

4.7.4　载重线标志

为便于识别与监督，规范要求国际航行船舶按图 4-7 所示的式样在船中两舷绘制载重线标志，俗称保险圈。图中的字母表示船舶航行于不同海区及不同季节的载重线限制。如果船吃水超过相应的载重线标志,港口监督部门将不准船出航。

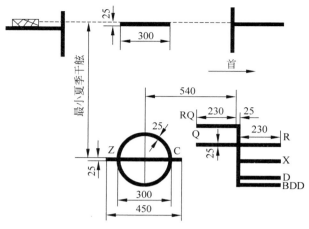

图 4-7　载重线标志

ZC——中华人民共和国船舶检验局登记入级的船舶,字母 Z、C 高 115mm、宽 75mm;BDD——冬季北大西洋
(WNA);D——冬季(W);X——夏季(S);R——热带(T);Q——夏季淡水(F);RQ——热带淡水(TF)

应当指出,根据载重线规范确定的最大载重吃水,其船体强度、稳性及抗沉性都必须符合要求,否则应降低吃水使用,并按其中最低的载重吃水勘划载重线标志,以保证船舶的安全。

4.7.5　新船实际干舷的确定

船的干舷 $F = D - T$。对于货船来说,干舷的大小主要考虑两个方面的要求:一是载重线规范要求的最小干舷值;二是货舱容积要求所确定的型深 D 对应的干舷值。规范要求的 F_s 是从安全性出发提出的最低值,而新船的实际干舷值,应根据使用要求不同而具体确定。通常,设计中有如下几种情况。

1. 最小干舷船

对于货船,如载运积载因数小($\mu_C < 1.3$)的重货(煤、矿石等),可按《载重线规范》来决定最小干舷,从而确定出船的型深 D,这种船称为最小干舷船,其型深 D 既满足容积要求,也符合最小干舷的要求。

2. 富裕干舷船

当设计积载因数较大的货船时,按载重线求得最小干舷 F_s 所决定的型深 D,往往不能满足货舱容积的要求。型深 D 需根据舱容确定,即 $D > F_s + T$,船的实际干舷大于最小干舷,这种船称为富裕干舷船。

油船因其油舱不再兼作压载舱,所以一般也是富裕干舷船。

3. 变吃水船

对于富裕干舷船,在设计时可根据规范核算最小干舷,求得最大装载吃水 T_{max},并使船体结构设计符合 T_{max} 的要求,此时 T_{max} 又称结构吃水。这样,在一般情况下,舾装载至满载吃水(设计吃水),而在装重货时,船吃水达到 T_{max}。根据这种要求设计的船称变吃水船。显然,这种船使用灵活方便,在经济上也是有利的。

通常，在设计的初始阶段是参考母型船或统计资料，选取适宜的 D/T 值，然后核算舱容及最小干舷。深入设计时，从船舶安全出发，要将规范对船壳及甲板开口的封闭性及甲板排水的顺畅性和保证船员安全所作的规定，如水密门、开蔽甲板上开口的围板高度及门槛高度、机舱开口的保护、舷窗结构、通风管及空气管的高度和结构、舷墙排水口的大小等，以及对 A 型船的步桥及出入通道等要求，在总布置及结构设计中加以贯彻。

4.8　船舶登记吨位

4.8.1　登记吨位的概念与历史沿革

船舶登记吨位（register tonnage，RT），是指按船籍国制订的《船舶吨位丈量规范（或规则）》对船舶容积进行丈量和计算所得的登记吨数。1 登记吨＝2.832m^3（100ft^3）。由于丈量和计算的结果数据要登记在该船的《船舶吨位证书》上，所以称为船舶登记吨位。

登记吨位是船舶容积的度量，因此，它与排水量"吨"或载重量"吨"是截然不同的概念。

船舶登记吨位的概念起始于 13 世纪海上商船的萌芽时期，它是衡量船舶装载能力的简便技术指标，并作为税收、买卖或租赁船舶、签订运输合同、支付各种报酬等的一种依据。早期，有关海运国家以所输出主要货物的容量单位来度量船舶的大小，13 世纪在北欧的谷物运输中，最早使用谷物容量单位"拉斯特"（Last）作为衡量船舶装载能力的单位，一个"拉斯特"约对应于 1 814.37kg。15 世纪，西欧酒业繁盛，酒的贸易运输发达，当时酒类运输以桶（tun）作容器，英国规定每个酒桶的统一规格约为 $1.145\ 6\text{m}^3$，于是船舶的大小即以装载酒桶数（tunnage）的多少表示。后来，tun 及 tunnage 逐渐演变成 ton 和 tonnage，这就是现在采用的"吨"和"吨位"的由来。

19 世纪中叶，英国丈量师乔治•摩逊（George Moorson）提出了丈量船舶容积以衡量船舶吨位的提案。他主张对船舶容积进行丈量并采用辛浦生第一法积分计算，计算结果以 100ft^3 为 1 个吨位，这就是著名的摩逊丈量法。按摩逊法丈量的船舶吨位有两种：一种是量计除"免除处所"以外的全船所有"围蔽处所"所得的吨位，叫做总吨位（gross tonnage，GT）；另一种则是从总吨位中减除船员舱室和机舱处所等非营利容积后所余的容积，称为净吨位（net tonnage，NT）。现今主要海运国家的船舶吨位丈量法规基本上都是以摩逊法为基础制订的。

虽然各国制订吨位丈量法规的基础相同，但由于对"免除处所"、"围蔽处所"和"减除处所"的不同见解以及出于各自经济利益的考虑，因此各国的吨位计算不尽相同，造成船舶在国际海运中的许多麻烦。为此，1969 年"政府间海事协商组织"（IMCO）大会通过了《国际船舶吨位丈量公约》，并于 1982 年 7 月 18 日生效。我国于 1980 年 4 月接受了 1969 年国际吨位丈量公约，成为公约缔约国。其后，根据国际公约的各项原则，中国船级社（CCS）2008 年颁布的《国际航行船舶法定检验技术规则》第二篇"吨位丈量"成为我国国际航行海船的吨位丈量法规；参照国际航行船舶，CCS 在《国内航行海船法定检验技术规则 2011》第二篇和《内河船舶法定检验技术规则 2011》第三篇（以下统称《法规》）又分别给出了国内沿海船舶和内河船舶吨位丈量与计算规则。

登记吨位是影响船舶经济性的重要指标，其作用可归纳如下：

总吨位 GT 主要用于：表示运输船舶的大小；统计世界或一个国家(地区)或一个公司的船舶拥有量；计算造船或租船费用；作为执行公约规则和配备安全设施的依据；有些国家用作造船补助金,航海津贴,以至船员工资等的计算依据；船舶检验、船舶登记、丈量的收费标准；作为引水费、拖船费、浮筒费和进坞费等的收费标准。

净吨位 NT 主要用于：吨钞税、港口费、灯塔费、码头费和代理费等的计算标准；计算运河的通行费；等等。

虽然世界各港口当局对于各种收费的计算是按总吨位还是净吨位并无统一规定,但一般均按登记吨位计算,尤其是国际航行船舶。因此,新船的登记吨位数是船东十分关心的一项指标。

4.8.2　登记吨位计算

1. 登记吨位的近似估算

船舶设计初始阶段,为便于使用《法规》或《公约》,或进行船型技术经济论证,往往需要估算新船的登记吨位。通常可采用下述的近似方法进行。

1) 总吨位

(1) 与船的主要尺度有关的近似公式：

$$GT = \frac{LBDC_b}{2.832}K \tag{4-52}$$

式中, K ——系数,取自相近母型船或统计资料。

(2) 与载重量有关的近似公式：

$$GT = K_1 DW \tag{4-53}$$

式中, K_1 ——系数,根据统计资料或相近母型船的值,一般平均值在 0.60 左右。

2) 净吨位

净吨位近似正比于货舱容积按母型船加以换算,为货舱舱容的 0.30 左右(多甲板货船其净吨位较小者除外),净吨位 NT 的数值大体在总吨位 GT 的(0.63~0.70)范围；初始设计阶段应按同类型且建筑特征相近的母型船加以估算。

2. 国际航行船舶的吨位计算

1) 有关定义

(1) 上甲板　一般指最高一层露天连续甲板,该甲板上所有的露天开口及船侧两舷的所有开口均设有永久性水密封闭装置,上甲板在吨位丈量中一般作为量吨甲板。

(2) 围蔽处所　是指由船体(包括上层建筑和甲板室)外板、固定的或可移动的隔板或舱壁,甲板或盖板所围成的处所。包括主船体、上层建筑、甲板室、上甲板以上的舱柜及风雨密的货舱口等。

(3) 免除处所　系指按照《法规》规定,在计算船舶吨位时,不计入围蔽处所容积之内的部分。例如,一般不能进入的处所(桅杆、起重柱、起重机座、锚链筒等)；仅由固定或可移动的天篷遮盖的处所；部分免除处所：围蔽处所一端敞开、开口宽度大于 0.9B(B 为开口处的船宽),则从该端向内 B/2 距离的空间可以免除,其余部分仍认为是围蔽处所；如开口的宽度小于 0.9B,就不能认为是敞开的,不予免除；舷侧有较大开口时,开口长度一段的体积可以免除；甲板上敞开时,直接在开口下的那部分体积可以免除等。详细参看《法规》的附录及其图示。

2）总吨位（GT）与净吨位（NT）的计算

$$GT = K_1 V = (0.2 + 0.02 \lg V) V \tag{4-54}$$

$$NT = K_2 V_c \left(\frac{4T}{3D}\right)^2 + K_3 \left(N_1 + \frac{N_2}{10}\right) \tag{4-55}$$

式中，V——扣去免除部分后的船舶所有围蔽处所的型容积之和（m³）；

V_c——各载货处所的总容积（m³）；

N_1——不超过 8 个铺位的客舱总人数；

$N_1 + N_2$——乘客证书中所载的准许乘客总数；

K_2、K_3——系数，$K_2 = 0.2 + 0.02 \lg V_c$，$K_3 = 1.25(GT + 10\,000)/10\,000$。

对于式（4-55），《法规》有以下规定：$\left(\frac{4T}{3D}\right)^2 \leqslant 1$，取 $K_2 V_c \left(\frac{4T}{3D}\right)^2 \geqslant 0.25GT$，并取 $NT \geqslant 0.3GT$。

3. 国内航行船舶的吨位计算

$$GT = K_1(V_1 + V_2) \tag{4-56}$$

$$NT = K_2 GT \tag{4-57}$$

式中，$K_1 = 0.2 + 0.02 \lg V$；

V_1——量吨甲板以下所有围蔽处所的型容积（m³）；

V_2——量吨甲板以上所有围蔽处所的型容积（m³）；

K_2——系数，对于货、油船，取 0.56；对于驳船，取 0.84；对于客货船，取 0.52；对于拖船、工程船，取 0.30。

设计部门在技术设计后期应根据《法规》按图纸作出吨位估算书；而船检部门则在新船完工后根据《法规》的详细规定对实船进行吨位丈量和计算，作出吨位计算书并向船东颁发吨位证书。

《法规》对吨位丈量有如下规定：吨位丈量时以 m 为计算单位，采用的量度应取至 cm；对金属结构的船舶，应量至船体外板的内表面；对非金属结构的船舶，应量至船体外板的外表面；丈量船舶吨位，一般可按图纸量计，但须查核船舶布置与图纸是否相符。计算所得的总吨位和净吨位的数值只取整数，不计小数点以下的数值，吨位数值的后面没有单位。

在新船设计、恰当应用《法规》方面，应特别注意以下两点：

（1）注意控制吨位档次。由于按登记吨位收费时，往往将船舶分为若干档次，如按总吨位 GT 分档有 500、1 000、1 600GT、……当设计船的登记吨位处于分档边界上下时，稍不注意就可能跨入较高档次，这时船舶等级、舱室标准、设备配置以及相关收费标准就上升一个台阶，设计船的建造费用及营运开支就会有较大增加。因此，设计者必须注意使设计船的登记吨位不超过分档边界线，适当留有储备，以免跳档。

（2）注意国际航线上的吨位差别。通常，船舶出航国际航线时其吨位收费较高，故设计国际航行船舶时应注意各国各地区船舶吨位丈量规则的差别，把设计船的登记吨位控制在经济有利的档次上。如苏伊士运河和巴拿马运河当局规定，通过这两条运河的船舶必须持有按运河规则丈量的船舶吨位证书，并按该证书登录的净吨位交纳运河通航费。因此，对通过上述运河的船舶，除考虑国际公约外，还要按运河当局的吨位规则估算其登记吨位。

4.9 船舶消防

火灾是船舶最危险的海难事故之一。船舶无论是在港内还是在海上航行,无论是在营运还是在修理中,都有可能发生火灾。船舶火灾不仅会造成重大的经济损失,还会严重危及人员的生命安全,作为船舶设计师必须熟悉船舶消防的知识和法规。

《国际航行海船法定检验技术规则》与《国内航行海船法定检验技术规则》第 4 篇(构造——防火、探火和灭火)分别对航行于国际和国内的船舶制定了防火、探火和灭火等方面的具体规定。其要求与 SOLAS 国际公约第 Ⅱ-2 章的要求一致。

本节主要介绍船舶消防的基本知识和国际航行船舶有关消防方面的规定。

4.9.1 船舶消防名词术语

1)不燃材料与可燃材料

不燃材料是指加热至约 750℃ 时,既不燃烧,也不放出足量能自燃的易燃蒸气的材料。它是按照《耐火试验程序规则》规定确定的。除此以外的其他材料均为可燃材料。

2)钢或其他等效材料

等效材料是指任何不燃材料本身或由于所设隔热物,当经过标准耐火试验的相应曝火时间后,在结构性和完整性上与钢具有同等的效能(例如设有适当隔热材料的铝合金)。

3)标准耐火试验

将需要试验的舱壁或甲板的试样置于试验炉内,加温到大致相当于下列标准时间-温度曲线的一种试验。试验应按照《耐火试验程序规则》规定的方法进行。标准时间-温度曲线是指下式定义的时间-温度曲线:

$$T = 345\lg(8t + 1) + 20 \tag{4-58}$$

式中:T——平均炉温(℃);

$\quad\quad t$——时间(min)。

4)A 级分隔

A 级分隔是由符合下列要求的舱壁与甲板所组成的分隔:

(1)它们应以钢或其他等效材料制造;

(2)它们应有适当的防挠加强;

(3)它们的构造,应在 1h 的标准耐火试验至结束时能防止烟及火焰通过;

(4)它们应用认可的不燃材料隔热,使在下列时间内,其背火一面的平均温度较原温度增高不超过 140℃,且在任何一点包括接头在内的温度较原温度增高不超过 180℃:

$\quad\quad\quad\quad\quad$ "A—60"级 $\quad$ 60min

$\quad\quad\quad\quad\quad$ "A—30"级 $\quad$ 30min

$\quad\quad\quad\quad\quad$ "A—15"级 $\quad$ 15min

$\quad\quad\quad\quad\quad$ "A—0"级 $\quad\quad$ 0min

(5)主管机关可以要求将原型的舱壁或甲板进行一次试验,以保证满足上述完整性及温升的要求。

5）B级分隔

B级分隔是由符合下列要求的舱壁、甲板、天花板或衬板所组成的分隔：

（1）它们的构造应在最初半小时的标准耐火试验至结束时，能防止火焰通过；

（2）它们应具有这样的隔热值，使在下列时间内，其背火一面的平均温度较原温度增高不超过140℃，且包括任何接头在内的任何一点的温度，较原温度增高不超过225℃：

"B—15"级　　15min

"B—0"级　　　0min

（3）它们应由认可的不燃材料制成，B级分隔的结构和装配所用的一切材料为不燃材料，但是并不排除可燃镶片的使用，只要这些材料符合有关规定；

（4）主管机关应要求将原型分隔进行一次试验，以保证满足上述完整性和温升的要求。

6）C级分隔

C级分隔是由认可的不燃材料制成的分隔，它们不需要满足有关防止烟和火焰通过以及限制温升的要求，允许使用可燃装饰板，只要这些材料符合有关规定。

7）主竖区

主竖区是指由A级分隔分成的船体、上层建筑和甲板室区段，它在任何一层甲板上的平均长度和宽度一般不得超过40m。

8）控制站

控制站指船舶无线电设备、主要航行设备或应急电源所在的处所，以及火警指示器或灭火控制设备集中的处所，如驾驶室、海图室、报务室、应急电源室、灭火设备室等。

9）起居处所

起居处所指用作公共处所、盥洗室、住室、办公室、医务室、放映室、游戏室、娱乐室、理发室、无烹调设备的配膳室，以及类似的处所。

10）公共处所

公共处所是指起居处所中用作大厅、餐室、休息室以及类似的固定围蔽处所。

11）服务处所

服务处所指用作厨房、具有烹调设备的配膳室、储物间、邮件及贵重物品室，不属于机器处所组成部分的工作间，以及类似处所和通往这些处所的围壁通道。

12）装货处所

装货处所指用作装载货物的处所、装载液体货物的液货舱以及通往这些处所的货舱围壁及舱口。

13）A类机器处所

A类机器处所指装有下列设备的处所以及通往这些处所的围壁通道：

（1）用作主推进的内燃机；

（2）用作其他用途、合计总输出功率不小于375kW的内燃机；

（3）任何燃油锅炉或燃油装置，如惰性气体发生器、焚烧炉等。

14）机器处所

机器处所指A类机器处所及一切其他具有推进机械、锅炉、燃油装置、内燃机、发电机和主要电动机、加油站、冷藏机、防摇装置、通风机和空气调节机械的处所以及类似处所和通往这些处所的围壁通道。

以上各处所的定义适用于货船,对于客船和油船的各处所定义有所不同,详见《法规》。船舶消防分为一般防火和结构防火,下面分别介绍这两类措施的主要做法。

4.9.2 一般防火措施

物质燃烧的必要条件是:可燃物质、温度和空气中的氧气,三者缺一不可。根据这一条件,船舶消防的主要措施包括控制可燃物质、控制通风、控制热源、设置脱险通道等几个方面。

1. 控制可燃物质

这里所指的控制可燃物质主要是对易燃油类的使用和布置给予必要的限制和规定。如首尖舱内不得载运燃油、滑油及其他易燃油类。机炉舱的火灾极大部分是因舱内可燃液体溅落到热源上引起的。为了控制易燃油类,必须在船舶设计建造中遵守有关公约和规范规定。我国海船建造规范的有关内容主要反映在轮机篇中,本书不作详细介绍。

2. 限制可燃材料的使用

在起居处所,由于对舱室的分隔以及隔热、隔声和表面装饰的需要,必须设置内装材料。以往的做法是采用大量的可燃材料,如胶合板、刨花板及泡沫塑料等。这些材料的采用增加了舱室的失火危险性。此类材料以及室内的家具、纺织品以及外露表面的油漆、清漆、饰面材料等,在火灾时产生的高热及所生成的浓烟和有害气体,都对人身安全造成威胁。根据有关方面的统计,死于火灾的人中,有62%以上是由于烟气中毒,真正被烧死的仅占26%左右。可见严格限制可燃材料,广泛采用不燃材料对安全防火是很重要的。

3. 控制通风

船舶失火后除应迅速切断可燃物质外,另一重要措施是迅速切断空气。因此,一切通风系统的主要进风口及出风口均应能在被通风处所的外部加以关闭。按此项要求,机舱的一切门道、通风筒、烟囱周围的环状空间,在失火时应能从该处所的外部进行操纵、控制,例如机舱棚上的门应能在失火时自动关闭。

对于起居处所、服务处所、装货处所以及机器处所和控制站的动力通风装置,均应能从其服务的处所外部将其停止,其操作位置应在该处所失火时不易被切断。起居处所、服务处所或控制站的通风管,一般不得通过A类机器处所、厨房等失火危险较大的处所;反之,A类机器处所、厨房等失火危险较大处所的通风管一般也不能通过起居处所、服务处所及控制站。

4. 控制热源

热源(包括火源)在设计、建造中采取的主要控制措施有:

(1)排气管及过热蒸汽管应严密包扎绝热层。

(2)对厨房炉灶及其他暖水、暖油设备应采取必要的防护措施,对油船禁止使用燃油炉灶,而应使用蒸汽或封闭式电气炉灶;炉灶的排气管道,在其通过起居处所或内有可燃材料的处所的地方,应按A级分隔建造。

(3)起居处所及办公室、海图室、驾驶室内的电气设备短路是这些处所失火的一个重要原因,应尽量降低发生这种情况的可能性。

(4)油船货油泵的挠性联轴器,以及通风机的叶轮和运动部件所用材料在运转中应不致产生火花。

（5）油船及拖带装载易燃易爆货物船舶的拖船，其发动机及锅炉的排气管上应设有火星熄灭器。

其他控制措施，如油船货油舱口盖接触舱口处应以摩擦时不会产生火花的材料制成；舱口观察孔应有防火网；舱口盖与舱口观察孔的铰链或锁闭装置应以摩擦时不会产生火花的材料制成等。

5. 脱险通道的布置

船上发生火灾时，为让逃生者通过最短的距离抵达安全处所，必须有从失火处所到达安全处所的适宜通道，这类通道称为脱险通道。平时供人员使用的出入通道，当符合自身的保护要求时可以作为火灾时的脱险通道。法规对机器处所、起居和服务处所脱险通道的数量、布置和保护都有具体的规定。通常，上述处所均要求设置有两个相互远离的脱险通道；对于小于 1 000 总吨的船舶，如布置有困难，上述脱险通道可免除一个；走廊只有一条脱险通道时其长度的限制：载客超过 36 人的客船为 13m，载客不超过 36 人的客船为 7m，货船（包括油船）为 7m。

6. 防火区域分隔

货船一般可分为三类处所，即起居处所、机器处所以及装货处所。三种处所的失火危险程度各不相同。用隔热及结构性限界面将起居处所与船舶其他处所隔开，一方面能在一定时间内阻止火焰从一个区域向另一个区域蔓延，防止在短时间内酿成全船大火；另一方面，可防止其他处所的火焰蔓延到起居处所，对人员造成危害。

同时，视船舶尺度不同将全船划分成一至多个用耐热绝缘钢结构为限界面的主竖区。这对于隔热和防止火焰蔓延、控制失火范围，赢得时间扑灭火灾，从而降低火灾损失具有重要作用。

7. 设置探火和报警设备

船舶不可能绝对地不发生火情，一旦失火，如能尽早发现，对扑救和控制火灾十分有利。设置探火和报警设备就是为了能对火灾的征兆（如烟、热的气流或其他现象）自动地及时探测，并在发现这种征兆时，能自动发出警报，呼唤人员采取施救措施。在船舶设计建造中，应根据船舶各处所内可燃物的特点，选择适用的探火和报警装置，并按《法规》要求进行布置和安装。

8. 配备有效的灭火设备

一旦发现火情，灭火设备的合理配置和保证能即刻有效地使用是至关重要的。船上的灭火设备分为移动式和固定式两类。移动式灭火设备一般用于施救初起的小火，有手提式灭火机、可移动式泡沫装置、沙箱和成套消防工具等。固定式灭火设备可以扑救达到一定规模的火灾，包括水灭火系统、气体灭火系统（主要是二氧化碳气体灭火系统）、压力水雾系统、泡沫灭火系统等。其中水灭火系统由于水源容易获得、操作方便，成为所有船上必备的灭火系统。由于二氧化碳不导电，二氧化碳灭火系统可用来扑灭电气火灾。压力水雾系统可熄灭油类火焰，因此它可以作为 A 类机器处所和油船的货油泵舱以及特种处所的固定式灭火装置。泡沫灭火系统主要用于机器处所和货油泵舱的火灾，也可用于客船的装货处所以及能密封的滚装货处所等，《法规》对泡沫灭火喷射器、管系及系统都作了具体规定。

油船货油舱内存在碳氢化合物气体，极易发生爆炸。油船货油舱的防爆措施主要是设置惰性气体系统。惰性气体系统能使货油舱内气体处于惰性状态，从而可起到有效的防爆作用。货油舱的灭火设备主要是甲板泡沫灭火系统,它可以有效地扑灭货油舱发生的火灾。

以上列举的船舶一般消防措施,在《法规》中都有详细的规定。由于船舶类型和用途不同,发生火灾的危险程度和后果的严重性有差别,《法规》将船舶分为客船、货船和油船三大类型,分别提出了不同的消防要求,船舶设计人员在实际设计工作中应注意查阅法规、贯彻执行。

4.9.3　结构防火措施

船上设置防火结构的作用是:一旦发生火灾,尽量将火灾控制在一定范围内,结构物在一定时间内不被破坏,从而起到延缓或阻止火焰蔓延的作用,为人员的撤离以及扑灭火灾赢得时间,将火灾损失降到最低程度。

《规范》和《法规》对各类船舶防火结构的设置都有一定的要求,这些要求对总布置设计中的舱室划分以及内装设计有很大影响。下面以国际航行船舶为例,介绍结构防火的主要内容。

1. 结构防火一般规定

这里所指的一般规定是各类船舶应共同遵守的规定。

(1) 结构材料　船体、上层建筑、甲板室、结构舱壁和甲板应以钢或其他等效材料建造。

A类机器处所的顶盖及舱棚,应为足够隔热的钢结构,其上面任何开口均应适当布置和保护,以防止火灾蔓延。起居处所、服务处所内的衬板、衬挡、天花板及隔热物均应为不燃材料。起居处所、服务处所及控制站内使用的甲板基层敷料应为高温时不易着火、不会发生毒性和爆炸性危险的材料。

(2) 耐火分隔上的门　耐火分隔上的门应尽可能与所在分隔的阻火性能等效,每个门应仅需一人即能开闭,并且应在舱壁的两侧均可操作。

2. 客船的结构防火

载客超过36人的客船,其船体、上层建筑及甲板室应以 A—60 级分隔分为若干主竖区,在某些情况下可以降低至 A—0 级。《法规》对各种舱壁及甲板的最低耐火完整性也做了明确规定。

一切不要求为 A 级分隔的舱壁,至少为 B 级或 C 级分隔。

载客不超过36人的客船在起居处所和服务处所的船体、上层建筑及甲板室应以 A 级分隔分为若干主竖区。其分隔的标准比超过36人客船的标准要低一些,在海船入级规范中给出了相应的规定。

3. 货船的结构防火

货船的起居处所和服务处所的防火,可采用下列三种保护方法之一。

(1) ⅠC 法:在起居处所和服务处所内,以不燃的 B 级或 C 级分隔作为内部分隔舱壁,一般不设有自动喷水器、探火和失火报警系统,但在起居处所的走廊、梯道和脱险通道内设置感烟探测器及手动火警按钮。

(2) ⅡC 法:在可能发生火源的所有处所,应装设自动喷水器、固定探测保护和手动火警按钮。一般对内部分隔舱壁的形式不予限制,但天花板、衬板等均应使用不燃材料。

(3) ⅢC 法:在可能发生火情的所有处所设有固定式探火和失火报警系统。但在任何情况下任一起居处所或用 A 或 B 级分隔的各处所的面积不得超过 $50m^2$,对公共处所其面积可适当放宽。

上述ⅠC法和ⅡC法的主要区别是，ⅡC法在起居处所和服务处所内设置了自动喷水器、探火和失火报警系统。由于设有这种系统，这些区域内一旦发生火情，探测器探得火灾信号后就能自动启动喷水器，并立即发出声光警报，进而运用船上的消防设备进行扑救。因此，设置该系统可以起到延滞火灾蔓延和控制火灾的作用，故起居处所和服务处所内部分隔舱壁的形式和材料要求就可适当降低。

一般情况下，小型船舶起居处所和服务处所面积较小，通常采用ⅢC法保护；而大、中型船舶较多采用ⅠC法，油船规定只准采用ⅠC法。其原因是自动喷水器、探火和失火报警系统设备较复杂，平时需要经常维修方可保证即时使用。

4. 油船的结构防火

由于油船所运输的油类货物具有高度的失火危险，所以其结构防火有特殊性。根据《法规》，对于载运闪点超过 60℃ 的石油产品的油船其防火措施可按上述货船处理。对于载运闪点不超过 60℃ 石油的油船其防火措施主要如下。

（1）处所的位置和分隔。油船的处所大致可分为起居处所、机器处所、货油泵舱和货油舱等，这些处所的位置对结构防火影响甚大，因此，各处所的位置应符合如下要求。

① 机器处所　均应位于货油舱和污油水舱的后方，但不必位于燃油舱的后方。所有机器处所应用隔离空舱、货油泵舱或燃油舱与货油舱和污油水舱隔开。

② 起居处所、货油主控制站及服务处所　均应位于所有货油舱、污油水舱、货油泵舱和用以隔开货油舱、污油水舱与机器处所的隔离空舱后方。

③ 驾驶室　如确有必要，需将驾驶室布置在货油舱区域的上方，则该处所只能用于驾驶目的，并且必须用一个高度至少为 2m 的开敞空间使之与货油舱甲板隔开，并对驾驶室的舱壁耐火完整性也提出了较高要求。

④ 环围起居处所的上层建筑和甲板室的外部限界面，包括甲板，应隔热至 A—60 级标准。

（2）油船起居和服务处所内规定只能采用ⅠC法进行结构防火。

（3）舱壁和甲板的最低耐火完整性应符合相关规定。由于各种需要，作为耐火分隔的舱壁和甲板往往要设置开口，例如人员进出的门、梯道、通风管、电缆通过的管道等。这些开口无疑会影响耐火分隔的完整性。为此，安全公约和建造规范对各级耐火分隔上开口的大小、耐火等级、开关控制等都给出了具体规定，应予注意。其基本原则是：

① 在满足使用要求的前提下，开口越小越好；开口处所用的材料原则上应为不燃材料。

② 各级耐火分隔上的门应具有与所在分隔相同的耐火等级，即 A 级或 B 级分隔上的门也应为 A 级或 B 级。

③ 通风开口应在火灾发生时能予以关闭。

④ 起居处所、服务处所及控制站内的梯道应以围壁保护。如果该梯道仅穿过一层甲板，应至少在一个水平面上用至少为"B—0"级分隔及自闭门保护；当梯道穿过多于一层的甲板时，应在每层甲板上至少用"A—0"级分隔，并用自闭门保护。

⑤ 通风导管、电缆、管子以及结构中的桁材等穿过耐火分隔时，应采取措施以保证分隔的耐火性不受损害，并获得主管机关的批准。

4.9.4　船舶消防设备及配备

尽管采取了有效的防火措施,船舶火灾的发生也难以完全避免,一旦发生火灾,必须能准确及时地探测火源发生位置,发出警报,并运用有效的灭火设备扑灭火灾。《法规》对船舶消防设备配备的主要要求如下:

1.探火和失火报警设备

探火和失火报警设备包括固定式探火和失火报警系统、手动报警按钮等。

探测器按其敏感元件的反应原理一般分为以下三类。

(1)感温探测器——可探测极度不正常高温或温升率的装置。

(2)感烟探测器——可探测由燃烧产生的烟雾(可见或不可见)颗粒的装置。

(3)感光探测器——可探测由火灾产生的红外线或紫外线,或可见辐射的装置。

探测器应分区设置,避免火源位置识别不清。其安装部位应能取得最佳功能,避开影响探测器性能或容易损坏的部位。

报警器的功能是对探测器的工作及时作出响应,即时显示火情位置并通过声响或光电等信号报警。报警器的安装位置,应尽量远离容易发生火灾的地方。

《法规》规定,下列处所应设置固定式探火和失火报警系统:

(1)未设有自动喷水器、探火及失火报警系统的客船起居处所、服务处所和控制站。

(2)采用自动喷水器、探火及失火报警系统保护的客船起居处所内的通道、梯道及脱险通道。

(3)采用ⅢC法保护的货船起居处所、服务处所和控制站。

(4)以ⅠC法和ⅡC法保护的货船起居处所内的通道、梯道和脱险通道。

(5)周期性无人值班的 A 类机器处所。

(6)特种处所、滚装装货处所、危险货物装载处所,带有自用燃油的车辆装载处所以及客船的载货处所。除特种处所和滚装处所外的其他载货处所也可设置抽烟探火系统,以取代固定式探火和失火报警系统。

手动报警按钮也是探火报警系统的组成部分。《法规》规定,所有船舶都应设置手动报警按钮,特别是起居处所、服务处所、控制站以及特种处所,应遍设手动报警按钮。每一通道出口都要安装一个报警按钮,走廊任何部分与按钮的距离要求不大于 20m。

2.自动喷水器、探火和失火报警系统

自动喷水器与探火、失火报警是一个完整系统。该系统可以在探知火灾征兆后自动喷水,同时发出声光警报,并指示出着火的位置。自动喷水系统由水源、监控装置、管路、喷水器等部件组成。喷水器的工作只是起到一定的阻焰作用,火灾一旦发生主要靠船上的灭火系统去扑救。

3.固定式灭火系统

固定式灭火系统有以下几种:水灭火系统、压力水雾系统、CO_2 灭火系统、高倍泡沫灭火系统以及保护油船货油舱的固定式甲板泡沫灭火系统。

《法规》规定,所有船舶都应设置符合要求的水灭火系统,因为水灭火(或用于对设备和结构物的冲刷冷却)对船舶来讲取之方便,用之有效。除此以外,各类船舶的不同处所应根据使用特点设置适用的固定式灭火系统。

4. 油船惰性气体保护系统

油船货油舱发生爆炸事故将造成船员严重伤亡和船体结构损坏,同时会造成海洋及港区的水面污染。实践证明,油船货油舱的消防不仅立足于灭火,主要应立足于防火、防爆。

货油舱发生爆炸有三个必要条件:碳氢化合物气体的浓度达到爆炸范围、有维持燃烧所需的最低含氧量、有点燃碳氢化合物-空气混合气体的火源。若能采取有效措施消除上述条件之一,即能达到防爆目的。

在油船营运实践中,最有效的防爆措施是向货油舱内填充惰性气体,使其碳氢化合物的浓度稀释到着火、爆炸的限度以下。惰性气体来源于主、辅锅炉排出的经过处理的烟气,或是惰性气体发生装置产生的气体。利用废气的惰性气体系统由烟气冷却净化设备、烟气抽送设备、管系及附件、系统本身的监控和测量设备组成。《法规》对这些设备的安装、排气、试验等都作了具体规定,应予遵守。

5. 其他消防用品的配备

(1) 手提式或可携式灭火机　除在机器处所和滚装处所要按规定配备足够数量的灭火机外,在客船起居处所、服务处所和控制站的每一主竖区或水密舱壁范围内至少设 2 具,舱壁甲板以上每层旅客处所至少 2 具。每一厨房内至少 1 具,每一船用物料储存室至少 1 具。

(2) 消防员装备　包括防护服、安全灯、消防斧、防烟面具等。所有船舶一般应备有两套符合要求的消防员装备。

4.10　防止船舶污染

船舶在航行和停泊中泄漏的油类、有毒物质和排放的废物会对周围水域和大气环境产生污染。这些污染主要包括:油类污染、散装有毒液体物质污染、包装的有害物质污染、船舶生活污水污染、船舶垃圾污染及放射性污染等。《国际航行海船法定检验技术规则》与《国内航行海船法定检验技术规则》第 5 篇(防止船舶造成污染的结构和设备)分别对航行于国际和国内的船舶制定了防止船舶污染的具体规定。在船舶设计和使用过程中,对于船舶污染问题必须遵循法规的要求,予以足够的重视。

1. 防止油类污染

1) 一般船舶防止油类污染的规定

《法规》对所有船舶防止油类污染的设备和措施提出了下列要求:

(1) 将燃油与压载水分隔;

(2) 装设舱底水排油监控和油水分离设备、滤油设备;

(3) 在机舱中设置残油(油泥)舱;

(4) 装设标准排放接头。

2) 油船防油污结构和设备要求

(1) 油船上应设置污油水舱,以便保留洗舱后的污油水,污油水舱的总容量一般不得小于船舶载油量的 3%。

(2) 凡载重量为 20 000t 及以上的新原油油船及载重量为 30 000t 及以上的新成品油

船,均应设置专用压载水舱。专用压载水舱的容量应满足如下的压载吃水要求：

船中部型吃水不小于：$d_m = 2.0 + 0.02L$；

首、尾垂线处吃水差不大于 $0.015L$；

船尾垂线处吃水必须使螺旋桨全部浸没。

（3）载重量为 20 000t 及以上的新原油油船应装有原油洗舱系统。

（4）关于油船双壳结构的规定。1989 年 3 月,超级油船 Exxon Valdez 号在美国阿拉斯加州威廉王子湾触礁,造成 33 275t 原油泄漏污染海洋的严重事故,引起了世界各国的普遍关注。美国率先于次年颁布了《1990 年防油污染法》,对新建油船提出了双壳船体结构的要求。IMO 海洋环境保护委员会（MEPC）第 32 次会议通过了《73/78 防污公约》附则 1 的修正案。该修正案规定：5 000 DWT 及以上的油船应采用双壳船体结构,并于 1993 年 7 月 6 日生效。关于油船双壳船体结构的具体要求如下：

① 边舱的宽度 b

$$b = 0.5 + \frac{DW}{20\ 000}(m) \quad 或 \quad b = 2m, \quad 取小者,但不得小于 1m$$

② 双层底舱高度 h

$$h = B/15(m) \quad 或 \quad h = 2m, \quad 取小者,但不得小于 1m$$

2. 防止散装运输有毒液体物质污染

有毒液体物质主要分为三类：X 类——该类物质从洗舱或排除压载的作业中排放入海将会对海洋资源或人类健康产生重大危害,因而严禁向海洋环境排放；Y 类——该类物质从洗舱或排除压载的作业中排放入海将会对海洋资源或人类健康产生危害,因而对排放入海的这类物质的质和量应采取限制措施；Z 类——该类物质从洗舱或排除压载的作业中排放入海将会对海洋资源或人类健康产生较小的危害,因而对排放入海的这类物质应采取较严格的限制措施。上述三类有毒液体物质在《国际散装化学品规则》第 17 或第 18 章污染类别一栏中有具体指明。

为了防止散装运输有毒液体物质污染,《法规》对运输散装有毒液体物质的船舶（NLS 船）的构造、布置和排放操作做了以下的明确规定：

（1）2007 年 1 月以后建造的 NLS 船,应设置泵吸和管路以确保装运 X、Y 或 Z 类物质在卸载后每个舱内及其附属管路内的残余物不超过 75L。

（2）禁止把 X、Y 或 Z 类物质的残余物或含有此类物质的压载水、洗舱水直接排放入海,而应排入岸上接收设备。

（3）船舶所在港口或装卸站应有足够的接收设备。

（4）NLS 船应设有一个或几个水下排放口。

（5）水下排放口应位于液货舱舭部,排放口的直径和布置要满足法规的规定。

（6）在非限制海域允许将 X、Y 或 Z 类物质的残余物或含有此类物质的压载水、洗舱水排放入海时,应符合以下的排放标准：自航船的航速至少为 7kn,非自航船的航速至少为 4kn；在水线以下通过水下排放口进行排放；排放时距离最近陆地不少于 12n mile,海域水深不小于 25m。

3. 船舶生活污水的处理

为了防止船舶排放生活污水污染环境,《法规》要求在距最近陆地 3n mile 以内排放生活污水时,船舶应装有认可的生活污水处理装置;如只需在距离最近陆地 3n mile 以外排放生活污水,船上应装经认可的把生活污水打碎和消毒的装置;如果只需在距离最近陆地 12n mile 以外排放生活污水,船上可只设容量足够大的集污舱柜,集污舱柜应设有观察生活污水液位的装置;船上应设有便于将生活污水排往接收设备的管路,同时该管路上应装有规定的生活污水标准排放接头。但不论何种情况,都不得将集污舱中储存的生活污水顷刻排光,而应在船舶以不低于 4kn 的航速在途中航行时,以中等速率进行排放;或船上装有经认可的生活污水处理装置正在运转,其试验结果已写入该船的《国际防止生活污水污染证书(1973)》,同时排出的污水在其周围的水域中不产生可见的漂浮固体,也不使变色。当生活污水混有废弃物或废水具有不同的排放要求时,应按较严格的要求处理。

船舶生活污水处理方式有三种类型:

(1) 储存柜式 在船上设置储存柜,当船舶航行于内河或沿海时,将生活污水储存于柜内;船舶到港时由岸上接收装置接收(或派船接收),或船舶航行至非限制海域排放入海。

(2) 处理排放式 在船上设置生活污水处理装置,将生活污水净化消毒处理达到排放标准后排放舷外。

(3) 再循环式处理 将生活污水经过处理装置处理后的液体作再循环冲洗介质,液体再循环前,一般需经过滤、澄清和添加化学药剂杀菌及改变冲洗介质的外观(加染料)处理。

4. 船上垃圾的处理

船舶在营运过程中会产生各种垃圾,包括生活垃圾、运行垃圾、货舱垃圾等。属于生活方面的垃圾有厨房垃圾(食品残渣、罐头盒等)、居住舱室垃圾和生活污水处理装置中的污泥等;运行方面的垃圾有各种废油、油泥以及工作用品的废弃物(如棉纱头、橡皮和金属等);此外,还有来自清扫货舱的各种垃圾,如垫舱物、包装材料和破损货物等。对这些垃圾必须妥善处理,不能随意抛卸。

船上垃圾处理的方法主要有:

(1) 直接投弃法 当船舶在管制海域时,先将垃圾保存在船上,待船舶航行到非限制海域时,再将垃圾直接排放入海。此法的缺点是垃圾储存时会腐烂而产生臭气、不卫生。

(2) 粉碎处理法 用粉碎机将垃圾粉碎,使其粒度达到排放要求后再排放入海。长期航行在禁止投弃垃圾海域的船舶可在舷侧设置一个储存柜,粉碎后的垃圾储存在里面,当船舶航行至非限制海域时再排放。

(3) 焚烧处理法 将可燃烧的垃圾(固体垃圾和液体垃圾)送入焚烧装置内焚烧掉。垃圾焚烧装置主要由焚烧炉、燃烧器、风机、废油柜、燃油泵及电气控制箱等组成。

焚烧处理法有很多优点:垃圾焚烧前不需要分类;垃圾焚烧后减容(减重)比大,如减重可达 97%～99%;处理后的残渣稳定,其排放不受海区的限制;二次污染小。其缺点是需要消耗一定的能源(燃油),但如能设法利用焚烧的热量,则会收到好的效益。

4.11 绿色船舶

"绿色浪潮"最先为机械制造业发起。推行绿色制造技术,发展相关的绿色材料、绿色能源和绿色设计数据库等基础技术,生产出保护环境、提高资源效率的绿色产品,如绿色汽车、绿色冰箱等,并用标准、法规规范企业行为。随之,那些不推行绿色制造技术和不生产绿色产品的企业,会在市场竞争中被淘汰,因此,发展绿色制造技术势在必行。

国外早在20世纪80年代开始就已推出了以保护环境为主题的"绿色计划",对产品授予环境标志(绿色标志)。如德国水溶油漆在1981年就被授予环境标志,法国、瑞士、芬兰和澳大利亚等国于1991年也对产品实施环境标志;日本1991年推出了"绿色行业计划",1992年对产品实施环境标志;美国、加拿大也实施了环境保护"绿色计划"。发达国家采取一系列环境保护措施,促进了这些国家"绿色产品"的发展,在国际市场竞争中取得了更多的地位和份额。

目前,国际造船市场总体处于供大于求的态势,世界造船市场的竞争将日趋激烈。同时,随着船舶工业的快速发展及环保问题的全球化,继防止船舶造成污染的MARPOL公约的生效,IMO又相继出台了《控制船舶有害防污底系统国际公约》《控制和管理船舶压载水和沉积物国际公约》《国际安全与环境无害化拆船公约》,联合国也为应对全球气候变化出台了《联合国气候变化框架公约》等,这些表明了21世纪是一个发展与环保的新世纪,国际竞争具有浓烈的绿色背景,全球造船业和航运业正在经历一场新的绿色革命。造船企业的竞争将不仅是产品性能、服务质量、营销手段方面的竞争,还包括环境保护方面的竞争。为此,我国应加快设计和开发具有自主知识产权的绿色船舶产品,不断提高我国船舶工业在国际市场的竞争力,实现从造船大国到造船强国的质的转变。

4.11.1 绿色船舶的内涵

所谓绿色船舶,是采用相对先进技术(绿色技术)在其生命周期(从设计、制造、营运到报废回收)的整个过程中能经济地满足其预定功能和性能,同时实现提高能源使用效率、减少或消除环境污染,并对操作和使用人员具有良好保护的船舶。显然,绿色造船是一个综合考虑环境影响和资源利用效率的现代造船理念,绿色船舶是"绿色环保、节能减排、安全适居"的新型现代船舶。

1. 船舶的绿色设计

在设计中应广泛采用绿色材料、标准化和模块化零部件或单元,充分考虑加工制造过程中的材料利用率,尽量减少材料的种类;尽量简化工艺,提高整个制造系统的运行效率,使原材料和能源的消耗最少;优化配置,减少不可再生资源和短缺资源的使用量,尽量采用各种替代物资;生态环境友好,同时考虑船舶产品在营运寿命终止后,拆解不对环境造成负面影响;船舶报废后部分材料、零部件和设备能够再生利用。

1) 绿色材料选择和使用

在船舶产品全生命周期中,对环境和人类影响最大的,一是制造过程中的焊接、涂装作业,二是船舶产品拆解后废弃的各种绝缘材料。因此,实现船舶产品绿色制造,就要研究和选择无毒、无害的高分子材料,研究废旧高分子材料回收的绿色技术;选用高分子过滤材料——功能膜材料、玻璃纤维毡增强热塑性复合材料等。

(1) 焊接材料

焊丝(焊条)的添加助焊药剂,在电弧高温燃烧下,随焊接烟尘一起向空气中扩散,对操作人员和环境构成危害。因此,设计人员在生产设计上,应首先选用高效焊接工艺和低毒、低烟焊丝(焊条)。

（2）船舶产品绝缘材料

由于具有防火、隔声、保温等优良性能和可加工性,矿棉、玻璃棉被用于船舶产品的内装。在船舶产品营运寿命结束后的拆解过程中,这些保温材料由于没有再生利用价值而被大量抛弃。由于矿棉、玻璃棉的不可降解性,这些废弃的材料直接导致周围的水质和土质的恶化。因此,选用保温材料不仅要考虑其技术性能,还应考虑环保性能。所以研制高效、环保的复合绝缘材料将成为完善绿色船舶产品技术的一项重要工作。

（3）涂装材料的选择

船舶产品涂装工艺分为钢板预处理(在钢材预处理车间完成)和二次除锈涂装(在涂装房内进行)。先进造船国家一般较少进行二次除锈涂装,这不仅减少了资源浪费,而且生产效率大大提高。我国在引入区域船舶产品装备方法的同时,也在尝试减少二次除锈涂装,采用跟踪补涂技术。跟踪补涂一般在露天平台完成,这对涂料提出了更高要求。传统溶剂型涂料因其对人体的危害和对空气的污染已无法满足绿色海洋装备和物流装备的要求,取而代之的应是一些无污染、节省资源、节省能源的绿色涂料。如水性涂料、粉末涂料和辐射固化涂料等。另外,船舶产品外板水线以下涂料,应具有只驱赶而并不杀灭海洋生物的性能,是既能防止海洋生物附着,但又不污染海洋的绿色环保涂料。最近还出现了金属粉末涂装材料。

（4）广泛采用纳米材料

纳米材料已被应用于环境保护等领域。当物质被"粉碎"到纳米级细小并制成"纳米材料"时,不仅材料的物理、化学、力学等性能发生变化,而且会出现辐射、吸收、吸附等许多新特性。由于纳米技术导致产品微型化,使所需资源减少,可达到"低消耗、高效益"的可持续发展目的,而其成本极为低廉,其互相撞击、摩擦产生的交变机械作用力将大大减小,噪声污染会得到有效控制。运用纳米技术开发的润滑剂,既能在物体表面形成半永久性的固态膜,产生极好的润滑作用,大大降低机器设备运转时的噪声,又能延长它的使用寿命。纳米材料涂层能大大提高遮挡电磁波和紫外线的性能。

2）标准化和互换性设计

建立绿色设计维修的概念,利用计算机技术,对船舶及其设备进行标准化、模块化、互换性虚拟设计。通过计算机虚拟现实技术,实现设计过程的可视化,并且对虚拟产品通过仿真试验,确认其性能要求,采用功能多样化与复合化的零件以及简单的连接方法,使整体装置的零件数减少;合理地设计产品中零件、支撑、载荷的布置,确定适当的整体尺寸,提高材料利用率;设计结构符合工艺性与加工性,以减少加工过程中的材料损耗与能源消耗;设计的结构便于回收,实现资源的重复利用;设计的结构便于维修,延长产品使用寿命,从而提高船舶及其设备的可维修性。

3）远程协同设计

通过互联网,根据并行工程的思想,由设计者、制造者和环保工程师参与船舶产品的初步设计、详细设计和生产设计整个过程,通过相互协调,综合考虑船舶产品由初步设计到报废拆解的整个生命周期中影响资源利用与环境污染的所有因素,优化各个设计环节,减少产品生产的往复过程,提高整个制造系统的资源利用率,降低废品率,节约资源。另外,还应综合考虑产品的结构设计、材料选择、制造环境设计、工艺设计、回收处理设计等各个方面,实现并行式绿色制造设计。

4）绿色新能源的使用

除了考虑所设计的船舶产品在使用中的能源供应、消耗、回收等优化外，还要考虑产品在加工和制造过程中能源消耗的控制和优化。并考虑各种绿色新能源的综合利用。

2. 船舶的绿色制造

1）绿色加工技术

绿色加工技术包括净成形制造技术、干式加工技术、虚拟现实技术与敏捷制造等。净成形制造（或精密成形）技术，是指成形的零件可以直接或稍加处理后即可用于组成产品，从而大大减少原材料和能源的消耗。干式加工技术，是指加工过程中不采用任何冷却液，从而简化工艺、减少成本，而且消除了冷却液所带来的一系列问题，如废液处理和排放等。如电火花、线切割、高能束加工（激光加工、电子束加工、电解加工、超声波加工、虚拟轴机床加工）等。虚拟现实技术与敏捷制造，就是在真正产品生产之前，在虚拟制造环境下生成软产品模型来代替传统的真实样品进行实验，对其性能和可制造性进行预测和评估，从而减少损耗，降低成本。

2）绿色焊接、切割技术

绿色焊接，是船舶产品制造中提高焊接生产效率和质量、节约资源和降低对环境负面影响的重要技术之一，在船厂的应用前景非常广阔。主要体现在使用节能焊机，采用高效、无弧光、无粉尘污染的焊接材料和方法，如采用气体保护焊、激光焊接、电子束焊接、埋弧焊、电渣焊、扩散焊接等。绿色切割技术主要有：激光切割、等离子切割、超声切割和机器人切割等。

3）绿色涂装工艺

合理选择涂料，减少涂料的环境污染；采用高性能专用涂料，减少热加工区域的涂膜损伤，以提高保护效果和生产效率；采用长效型车间底漆，减少分段制造期间的锈蚀；采用厚膜型涂料，减少涂装次数；采用低表面处理涂料，选择合理的除锈等级；采用万能型底漆，减少涂料品种，简化工序，提高工时效率。采用环保型的涂装工艺，实现环保型涂装目标，主要包括推广移动式涂装系统和环保型分段涂装房、推进标准化和计算机辅助管理等。

4）船舶及船用设备的可维修性

船舶及船用设备的可维修性对船舶的安全航行是非常重要的。要提高船舶及其设备的可维修性，就要从船舶及设备的设计入手，进行综合评估；对营运中的船舶提供必要的岸基支持，根据船上的实际情况，及时供应备件和维修所必需的工具，并总结建造、营运中的各种经验，反馈到设计部门，不断改进新设计船舶及船用设备的可维修性。

3. 船舶的绿色营运

绿色营运的核心是防污染技术，旨在保护大气环境和海洋水质。其基本要求是：

（1）节能减排。设法减少主机、辅机和锅炉 CO_2 温室气体的排放，以及氮氧化物（NO_x）和硫氧化物（SO_x）等有害气体的排放，使船舶排放满足 MARPOL 公约附则Ⅵ（防止空气污染）的量化要求。

（2）对船舶垃圾进行有效的管理和处置。船舶垃圾管理程序可分为：收集、加工处理、储存和处置四个阶段，该程序应按照 IMO 制定的《执行"73/78 防污公约"附则 Ⅴ 导则》中的相关规定执行。

（3）绿色船舶要求船上设置经主管机关认可的生活污水处理装置。经处理后的排出物应满足 IMO 海上环境保护委员会（MEPC）关于《污水处理装置国际排放标准》或者我国《船舶污染物排放标准》（GB 3552—1983）的相关规定。

（4）含油污水的处置。船上需配有处理船舶机舱含油污水的油水分离装置以及油污含量为 $15×10^{-6}$ 舱底水报警装置等，防止燃料油、有害液体的泄漏和排放；油船应配备排油监控系统、原油洗舱机，采用专用压载，以确保含油污水的达标排放，把对海洋水体的污染减到最小。

4. 船舶的绿色拆解

船舶的绿色拆解包括：①拆船过程中对各种有害有毒物质的正确处置，不对环境形成污染和二次污染；②设备、零部件和材料的回收与再生（加工重用）；③采用绿色设施，减少能源的消耗。在拆船过程中充斥着各种环境污染的风险，因此，坚持环保和可持续发展的立场、实施无害拆船是航运业和造船业的重要使命。

4.11.2　绿色生态船舶规范的主要内容

中国船级社（CCS）于 2012 年 7 月正式发布了《绿色船舶规范》，它是全球首部针对环保、节能与保障工作环境的绿色海船规范；2017 年 12 月 CCS 颁布了《内河绿色船舶规范》；2020 年 7 月 CCS 又颁布了《绿色生态船舶规范》（以下简称"规范"）。规范的宗旨是倡导发展和应用绿色与生态技术，促进造船业和航运业产业结构优化升级，提高运输船队的节能与环保水平，在安全的前提下实现船舶的低能耗、低碳排放、低污染、工作与生活环境舒适的目标。《绿色生态船舶规范》是《绿色船舶规范》的升级版，自 2020 年 7 月 1 日起，申请入 CCS 船级的海船将按照《绿色生态船舶规范》的要求授予绿色生态船舶附加标志以替代原《绿色船舶规范》中的绿色船舶附加标志。

以下主要介绍《绿色生态船舶规范》的主要内容。

绿色生态船舶包括环境保护和生态保护两大要素。

（1）环境保护　主要包括对各类水污染物（如油类、化学品、生活污水及灰水、船舶垃圾等）和大气污染物（如氮氧化物（NO_x）、硫氧化物（SO_x）、颗粒物（PM）、消耗臭氧物质（ODS）、挥发性有机化合物（VOC）等）的排放控制，以及对有害材料（如有害防污底（AFS）、石棉等有害物质）的使用控制。

（2）生态保护　主要包括对影响气候变化的温室气体（GHG）的排放控制、防止压载水及生物污垢造成外来生物转移、保障环境友好（含船舶舒适性（振动、舱室噪声、室内气候）、水下噪声和环境噪声的控制）。

规范分两个部分，第一部分适用于国际航行海船，第二部分适用于国内航行海船。

1. 规范术语

（1）绿色技术　系指有利于节能减排、人员健康、生态与环境保护的技术。

（2）清洁能源　系指在生产和使用过程中不产生或极少产生有害物质排放的能源，如太阳能、风能等。

（3）灰水　系指来自厨房洗涤、洗澡、洗衣和洗脸盆的排水。

（4）生活污水　系指船上由人员或活的动物产生的污水，包括任何形式的便器的排出物、医务室（药房、病房等）的洗手池和洗澡盆的排出物、活的动物处所的排出物等。

（5）船舶垃圾　系指产生于船舶正常营运期间并需要持续或定期处理的各种食品废弃物、生活废弃物和作业废弃物、所有塑料制品、货物残余、焚烧炉灰渣、食用油、渔具和动物尸体。

（6）温室气体（GHG）　系指任何会吸收和释放红外线辐射并存在大气中的气体。本规范主要指二氧化碳（CO_2）。

（7）能效设计指数 EEDI（Energy Efficiency Design Index）　系指船舶单位运输周转量付出的环境成本（如 CO_2 的排放量），规范规定实船达到的 EEDI 应小于规范要求值。

2. 绿色生态船舶目标及其功能要求

1）绿色生态船舶的目标

（1）环境保护目标：防止和减少船舶对水域、陆地、大气环境造成污染或破坏，促进资源循环利用。

（2）生态保护目标：防止和减少船舶营运对气候变化、水生态环境和人员健康造成不利影响。

2）实现绿色生态船舶目标的功能要求

（1）船舶安全的基本要求

① 船舶在完整状态和破损情况下应具备适当的强度、完整性和稳性，构造和布置、机电设备和系统、安全设备应适合船舶安全营运；

② 船舶绿色技术的应用，应不额外增加船舶的安全风险。

（2）实现环境保护目标的功能要求

除应满足 IMO 环保公约（MARPOL 公约、有害防污底公约、拆船公约）外，还应进一步减少水污染物和大气污染物排放的风险；鼓励和促进使用对人类和海洋生态无害的材料。

（3）实现生态保护目标的功能要求

① 结合设计措施和有效操作控制，使船舶在同等载运能力和航速下减少温室气体排放，并降低能源消耗；

② 在船舶安全前提下，用于船舶推进、船上人员生活、辅助机械正常运作所需的能源应最大限度采用清洁能源、低碳或零碳能源；

③ 船舶除应满足《2004 年国际船舶压载水和沉积物控制与管理公约》（如适用）所有适用要求外，还应通过绿色生态技术的创新与应用在设备、布置和操作上进一步降低压载水有害水生物及病原体污染的风险；

④ 船舶应采取相应技术和操作措施控制和管理生物污垢以预防生物的转移；

⑤ 船舶结构、舱室布置和设备的安装应使船舶产生的振动和噪声危及人员健康的风险降至最小，提高工作和生活环境的舒适性；

⑥ 船舶设备布置及螺旋桨的设计应使船舶产生的水下辐射噪声对海洋生物的影响降至最低，船舶设备布置及主辅机、锅炉等的排气系统的设计应使船舶产生的环境噪声对沿岸居民的影响降至最低。

3. 绿色生态船舶附加标志

绿色生态船舶附加标志是对 CCS 入级船舶满足环境保护和生态保护两大绿色要素相关要求的一种特别标识。国际航行海船与国内航行海船的绿色生态船舶附加标志分别表示如下（见表 4-15）：

表 4-15　绿色生态船舶附加标志

船 舶 类 别	环境保护附加标志	生态保护附加标志
国际航行海船	G-EP	G-ECO
	G-EP(X)	G-ECO(X)
国内航行海船	Gd-EP	—
	Gd-EP(X)	Gd-ECO(X)

（1）绿色生态船舶环境保护附加标志（G-EP）和生态保护附加标志（G-ECO）是对国际航行海船仅满足国际公约及规则的强制性法定要求的表征。

（2）环境保护附加标志 G-EP(X)和生态保护附加标志 G-ECO(X)表示船舶在某些方面高于公约的法定要求，分别以相应的子要素进一步表征船舶的环境保护和生态保护水平，"X"代表各子要素的附加标志。

（3）Gd-EP 是对国内航行海船仅满足国内法规法定要求的表征。

（4）环境保护附加标志 Gd-EP(X)和生态保护附加标志 Gd-ECO(X)分别以相应的子要素进一步表征船舶的环境保护和生态保护水平，"X"代表各子要素的附加标志。

绿色生态船舶环境保护子要素附加标志是对船舶满足环境保护相关技术要求的一种标识，体现了海水污染物的排放控制（含油类污染物、有毒液体、生活污水、灰水及垃圾排放控制等）、大气污染物的排放控制（含氮氧化物 NO_x、硫氧化物/颗粒 SO_x/PM、挥发性有机化合物 VOC、消耗臭氧物质、船上焚烧以及国际航行海船的黑碳、国内航行海船的柴油机排气污染物等）和有害材料的使用控制（含有害防污底系统、有害物质）三个方面。详见表 4-16。

表 4-16　绿色生态船舶环境保护子要素附加标志"X"

环境保护子要素附加标志		国际航行海船	国内航行海船
水污染物排放控制	油类污染物排放控制	OILx、EAL、IBTS	OILx、EAL、IBTS
	有毒液体物质排放控制	NLSx	NLSx
	生活污水排放控制	SC	SC
	灰水排放控制	GWC	GWC
	垃圾排放控制	RC	RC
大气污染物排放控制	NO_x 排放控制	NECx	NECx
	SO_x/PM 排放控制	SEC	SEC
	VOC 排放控制	VCS、VCS-T	VCS、VCS-T
	消耗臭氧物质排放控制	RSCx	RSCx
	船上焚烧排放控制	INC	INC
	黑碳排放控制	BC20、BC70	不适用
	柴油机排气污染物排放控制	不适用	GBEC
有害材料使用控制	有害防污底系统控制	AFS、AFS+	AFS、AFS+
	有害物质控制	GPR/GPR+、GPR(EU)/GPR(EU)+	GPR

授予表 4-16 中船舶环境保护各子要素附加标志的海船，应分别满足规范第 3 章和第 5 章各子要素附加标志所对应的技术要求。

绿色生态船舶生态保护子要素附加标志是对船舶满足生态保护相关技术要求的一种标识，体现了温室气体（主要指 CO_2）排放控制、环境友好（指船舶舒适性，含振动、舱室噪声、室内气候等)、防止外来生物转移(仅针对国际航行船舶)三个方面。详见表 4-17。

表 4-17　绿色生态船舶生态保护子要素附加标志"X"

生态保护子要素附加标志		国际航行海船	国内航行海船
GHG 排放控制*	CO₂ 排放设计指数	CDx	CDx
	CO₂ 排放营运管理	COM	COM
防止外来生物转移	压载水管理附加标志	BWM(T)	不适用
		BWM(Ex)	
		BWM(O)	
	生物污垢管理	BIO	
环境友好	船舶舒适性(振动)	VIBx	VlBx
	船舶舒适性(舱室噪声)	NOIx	NOIx
	船舶舒适性(室内气候)	CLx	CLx
	水下噪声	UW	UW
	环境噪声	RN	RN

授予表 4-17 中船舶生态保护各子要素附加标志的海船,应分别满足规范第 2 章和第 4 章各子要素附加标志所对应的技术要求。

为获得绿色生态船舶附加标志,应按照规范规定提交相关图纸和资料,详见规范 1.6 节。

4. 绿色生态技术附加标志

规范鼓励船舶使用绿色生态技术,例如 LNG 燃料、低硫燃油、生物燃料、高压岸电、太阳能、风能、减阻、减排等应用技术,以达到环境保护和生态保护的目标。

如船舶应用了相关绿色生态技术并符合相应的技术要求,则可独立于绿色生态船舶附加标志外授予绿色生态技术附加标志。如液化气体运输船采用双燃料发动机技术授予附加标志 DFD,非液化气体运输船使用天然气燃料授予附加标志 Natural Gas Fuel,凡采用太阳能光伏系统的授予附加标志 SPV,采用风帆助推系统的授予附加标志 WAP(RWS)等。详见规范 1.4 节。

5. 能效要求

规范对国际和国内航行海船的要求,开篇第一条就是 CO_2 排放设计指数和 CO_2 排放营运管理,即能效要求。可见碳排放及其营运管理是重中之重,能效要求是绿色生态船舶的核心。如船舶能效设计指数、能效营运管理符合规范要求,则可授予 CD_x、COM 附加标志。

1)船舶设计能效要求

(1)术语

Attained EEDI　单一船舶实际达到的 EEDI 值;

Required EEDI　规范要求的 EEDI 值,即船舶允许的最大 Attained EEDI 值。

(2)设计能效要求

新船实际达到的 Attained EEDI 值应小于等于该船允许的 Required EEDI 值,即:

$$\text{Attained EEDI} \leqslant \text{Required EEDI} = (1 - X/100) \times \text{RLV} \qquad (4\text{-}59)$$

式中,Attained EEDI——国际船舶按照规范附录 1-1(国内船舶按附录 1-2)计算;

　　　　X——计算船舶 Required EEDI 的折减系数,详见规范表 2.3.2.4;

　　　　RLV(reference line value)——船舶基准线值,由下式计算,其参数见表 4-18。

$$RLV = a \times b^{(-c)} \tag{4-60}$$

表 4-18　船舶基准线值计算参数

船　舶　类　型	a	船舶载运能力 b	c
散货船	961.79	DWT（DWT≤279 000）；279 000（DWT＞279 000）	0.477
气体运输船	1 120.00	DWT	0.456
液货船	1 218.80	DWT	0.488
集装箱船	174.22	DWT	0.201
杂货船	107.48	DWT	0.216
冷藏货船	227.01	DWT	0.244
兼用船	1 219.00	DWT	0.488
客滚船	902.59	DWT（DWT≤10 000）；10 000（DWT≥10 000）	0.381
滚装货船(车辆运输船)	当（DWT/GT）＜0.3 时，（DWT/GT）$^{-0.7}$ 780.36；当（DWT/GT）≥0.3 时，1 812.63	DWT	0.471
滚装货船	1 686.17	DWT（DWT≤17 000）17 000（DWT＞17 000）	0.498
LNG 运输船	2 253.7	DWT	0.474
具有非传统推进系统的豪华邮轮	170.84	GT	0.214

对满足 Attained EEDI 值小于等于 Required EEDI 值的船舶，可授予碳排放附加标志（CD_x），CD_x 附加标志中 x 由下式计算得到：

$$x\% = \frac{RLV - Attained\ EEDI}{RLV} \times 100\% \tag{4-61}$$

式中，x 小数部分均舍去，只取整数。

对于授予碳排放附加标志的船舶，规范规定应提交船舶实际达到的 EEDI 值（Attained EEDI）计算过程及计算结果。

（3）新船 Attained EEDI 值的计算

国际航行船舶的 Attained EEDI 值按下式计算：

$$Attained\ EEDI =$$

$$\frac{\left(\prod_{j=1}^{n} f_j\right)\left(\sum_{i=1}^{nME} P_{ME(i)} \cdot C_{FME(i)} \cdot SFC_{ME(i)}\right) + (P_{AE} \cdot C_{FAE} \cdot SFC_{AE}{}^{*}) + \left(\left(\prod_{j=1}^{n} f_j \cdot \sum_{i=1}^{nPTI} P_{PTI(i)} - \sum_{i=1}^{neff} f_{eff(i)} \cdot P_{AEeff(i)}\right) C_{FAE} \cdot SFC_{AE}\right) - \left(\sum_{i=1}^{neff} f_{eff(i)} \cdot P_{eff(i)} \cdot C_{FME} \cdot SFC_{ME}{}^{**}\right)}{f_i f_c f_l \cdot Capacity \cdot f_w \cdot V_{ref} \cdot f_m} \tag{4-62}$$

* 如果正常最大海上负荷部分由轴带发电机提供，则对该部分功率可使用 SFC_{ME} 和 C_{FME} 替代 SFC_{AE} 和 C_{FAE}。

$$0.75 * \sum_{i=1}^{n\text{PTO}} P_{\text{PTO}(i)} \leqslant P_{\text{AE}} \text{ 时},P_{\text{AE}} \cdot C_{\text{FAE}} \cdot \text{SFC}_{\text{AE}} \text{ 可由下式替代：}$$

$$\left(P_{\text{AE}} - 0.75 * \sum_{i=1}^{n\text{PTO}} P_{\text{PTO}(i)}\right) \cdot C_{\text{FAE}} \cdot \text{SFC}_{\text{AE}} + 0.75 * \sum_{i=1}^{n\text{PTO}} P_{\text{PTO}(i)} \cdot C_{\text{FME}(i)} \cdot \text{SFC}_{\text{ME}(i)}$$

$$0.75 * \sum_{i=1}^{n\text{PTO}} P_{\text{PTO}(i)} > P_{\text{AE}} \text{ 时},P_{\text{AE}} \cdot C_{\text{FAE}} \cdot \text{SFC}_{\text{AE}} \text{ 可由下式替代：}$$

$$P_{\text{AE}} \cdot C_{\text{FME}(i)} \cdot \text{SFC}_{\text{ME}(i)}$$

** 如果 $P_{\text{PTI}(i)} > 0$，则 $(\text{SFC}_{\text{ME}} \cdot C_{\text{FME}})$ 和 $(\text{SFC}_{\text{AE}} \cdot C_{\text{FAE}})$ 的加权平均值应用于 P_{eff} 的计算。

式中，C_{F}——碳转换系数，将燃油消耗量基于其含碳量转换为 CO_2 排放量，用 t-CO_2/t-Fuel 表示，其下标 ME_i 和 AE_i 分别代表主机和辅机；

V_{ref}——航速，指在无风无浪水域中，船舶满载工况、主机按 75% 额定功率运行时的深静水航速(kn)；

Capacity——船舶载运能力，对散货船、液货船、气体运输船、LNG 运输船、滚装货船、车辆运输船、客滚船、冷藏货船、杂货船和兼用船，用其载重吨(DWT)表示；

$P_{\text{ME}(i)}$——每台主机的额定安装功率(MCR)的 75%(kW)；i 的总和代表发动机的台数；

P_{AE}——船舶在满载工况、以 V_{ref} 航速航行时提供正常最大海上负荷所需要的辅机功率，包括推进系统、船员工作与生活所需的功率，但不包括不用于推进系统(如侧推、货泵、起货设备、压载泵、货物维护用的冷藏设备和货舱风机等)的功率；

$P_{\text{PTI}(i)}$——如果安装了轴马达，则是每台轴马达的额定功率消耗的 75% 除以发电机的加权平均效率；

$P_{\text{eff}(i)}$——在 75% 主机功率下创新型能效技术用于推进的输出功率；

$P_{\text{AEeff}(i)}$——船舶在 $P_{\text{ME}(i)}$ 状态下由于采用了创新型电力能效技术而减少的辅机功率；

$P_{\text{PTO}(i)}$——如果安装了轴带发电机，则轴带发电机功率($P_{\text{PTO}(i)}$)是每台轴带发电机的额定电功率输出的 75%；

SFC——柴油机或蒸汽轮机经核定的单位燃油消耗量(g/kW·h)；SFC_{ME} 和 SFC_{AE} 分别表示主机和辅机的单位燃油消耗；

f_{eff}——能效系数，反映任何创新型能效技术的适用系数，对于废热回收系统，其 f_{eff} 为 1.0；

f_j——用于补偿船舶特殊设计因素(如冰区加强)的修正系数，详见规范附录 1-1 之 3.8；

f_i——对 Capacity 的修正系数，补偿船舶因技术或规定要求而造成 Capacity 损失而带来的对 EEDI 的不利影响；若无须考虑该因素，取 1.0；

f_c——舱容量修正系数，如无需考虑时取 1.0；

f_1——对具有起重机和其他起货设备的杂货船用于补偿船舶载重吨损失的系数；

f_w——船舶在波高、波频和风速的代表性海况下、航速降低的无量纲系数；

f_m——冰区加强船舶修正系数。对具有 IA Super 级和 IA 级的冰区加强船舶，$f_m=1.05$。

上述各参数的取值与计算详见规范附录 1-1。

根据 MEPC 第 60 次会议相关文件，EEDI 计算公式适用于 400 总吨及以上的全部新造船。EEDI 计算公式可分为分子和分母两部分来理解：分子部分，表示船舶航行过程中燃油消耗所转换成的 CO_2 排放量；分母部分，是船舶的装载能力（Capacity）与该装载下的航速（V_{ref}）的乘积；因此，EEDI 本质上是船舶设计时单位运输周转量所产生的环境成本（CO_2 排放量）。显然，新船能效设计指数 EEDI 越低，表征其在相同运输周转量下有害气体排放越少、越环保。

国内航行海船的 Attained EEDI 按规范附录 1-2 计算，其计算式与国际船舶的相近，略有简化。

2）船舶营运能效要求

授予碳排放营运管理附加标志 COM 的船舶，应满足以下要求：

（1）船舶应持有一份按照 IMO《2016 年船舶能效管理计划（SEEMP）编制导则》制定的船舶能效管理计划（SEEMP），并经 CCS 批准；

（2）船舶应持有 CCS 颁发的船舶能效管理证书（SEEMC）；

（3）船舶管理公司应根据 CCS《船舶能效管理认证规范》要求，建立船舶营运能效管理体系，并持有根据该规范颁发的公司能效管理证书（CEEMC）；

（4）船舶应具有能提高能效的管理措施，如航线/航速优化、最佳纵倾优化、船体生物污垢监测与管理等，并实时或定期监测评估，根据实施效果进行调整。

4.11.3　绿色生态船舶设计目标与举措

1. 设计目标——降低 EEDI 值

在绿色生态船舶规范中，新造船的能效设计指数 EEDI 是一项硬指标。IMO 在 2011 年 7 月召开的 MEPC 62 会议上以 MEPC.203(62)决议通过了 MARPOL 公约附则 Ⅵ 修正案，将 EEDI 纳入强制实施范畴，并于 2013 年 1 月 1 日生效实施。

如果新造船的 EEDI 不满足公约要求，将不能被国际社会接受、在船市竞争中被淘汰。目前，船舶市场面临新一轮的竞争，我国造船业必须优化设计，推出具有竞争力、EEDI 指标优秀的船型才能承接到订单。

绿色船舶设计的目标是：采取多种设计措施，综合治理，尽力降低 EEDI 值，提高新船能效水平。

2. 提高新船能效水平的设计措施

对 EEDI 公式加以分析，可以发现其中三个关键性因素为船舶装载能力（capacity）、航速 v_{ref} 以及所需装机功率 P（主要包括主机功率 P_{ME} 和辅机功率 P_{AE}）。根据规范的定义,新船装载能力(capacity),对于散货船、液货船、杂货船、滚装货船、冷藏货船和近海供应船等运输船舶,用载重吨(DWT)表示;对客船和客滚船,用总吨(GT)表示。因此,降低 EEDI 值,提高新船能效水平可从提高新船装载能力和航速,减小主、辅机功率消耗着手。

1) 提高新船装载能力

在主尺度不变的前提下,进行船体结构优化设计以减轻 LW、增大 DWT;船体材料部分换用高强度钢以减轻 LW、增大 DWT;对运输船舶主船体,拉长其船中平直段使舱容加大以增加轻质货的 DWT;这些在实船设计中是提高新船装载能力行之有效的措施。

2) 降阻节能,提高新船航速

在主机功率不变的前提下,从船体与轮机两方面开展降阻节能研究以提高新船航速。包括:

(1) 降低船舶阻力　低阻力线型设计与试验研究;浮态调整以降低风浪中的阻力和失速;低风阻上层建筑设计;船体表面减阻研究等。

(2) 提高推进效率　尾部线型优化;低速大直径桨设计;新型高效桨应用。

(3) 系统配置优化　船、机、桨最佳匹配;机电配置优化及智能管理等。

(4) 节能装置应用　桨前节能装置(前置导管、进流补偿导管)以整流、降阻,提高螺旋桨效率;高效低阻整流舵。

(5) 轮机节能技术　提高主机热效率、开发节能型柴油机;主机废气与废热回收利用;采用轴带发电机;采用新型燃油添加剂等。

3) 减小机器功率、降低燃油消耗

(1) 降低船舶阻力、提高推进效率、应用节能装置将显著减小主机功率,减少油耗,从源头上减少 CO_2 及其他有害气体的排放。

(2) 适当降低航速、采用经济航速,以节省能耗。普通运输船的主机功率与航速的平方或三次方成正比,当航速下降 10% 时,主机功率可下降 27%,燃油消耗可减少 19%。

(3) 应用主机废气回收节能技术。船用主机中 98% 是柴油机,一般柴油机的热效率约为 50%,即燃油消耗中大约有 50% 的热量以废气、热交换或热辐射等形式被浪费,应用废气回收装置能显著减少 CO_2 的排放,并回收 10%～15% 的主机功率。

(4) 大型低速柴油主机降低功率使用,可有效降低燃油消耗率,达到节能减排目的。此技术较成熟,只是主机初次投资较大。

(5) 无压载水船舶研究。美国密歇根大学研究的无压载水船舶可以节省动力达 7.3%,此外,在船舶营运中无压载水船舶能降低燃油消耗,减少或避免压载水处理等费用。目前,无压载水船仍然处于研究阶段。

(6) 新能源应用　风能、太阳能、燃料电池等清洁能源应用可从根本上解决 CO_2 及其他有害气体排放问题。

在实船设计研究中,往往采取多种节能减排措施、综合治理以降低 EEDI 值,提高新船能效水平。如日本 UNIVERSAL 造船集团推出的新型 20 万 t 散货船 G209BC,宣称可以达

到 CO_2 减排 25% 的效果。其采用的减排措施主要有 3 个：优化船体型线、驾驶室迎风面弧形设计和应用减阻涂料来降低阻力（CO_2 减排 13%）；优化主机功率点和余热利用（CO_2 减排 8%）；开发航行管理系统指定最优航线（CO_2 减排 2%）。又如，上海佳豪船舶设计公司以批量建造的 35 000t 散货船为基础，与英国劳氏船级社联合开展"绿色 35 000t 散货船研究"，从船体、轮机和电气各方面进行综合节能减排，最终使船舶燃油消耗减少 20%，船体钢料重量减少 370t；能效设计指数（EEDI）比 IMO 基准线值低 24%，在同类船型中达到国际先进水平，具有很强的竞争力。

复习思考题

1. 什么是船舶入级检验？什么是船舶法定检验？这两种检验有什么区别？

2. 名词解释：经济船长、经济方形系数、A 型船舶、形状干舷、干舷甲板、最小干舷、富裕干舷船、变吃水船、结构吃水。

3. 船舶主尺度与快速性有何联系？船舶设计中改善快速性的措施有哪些？

4. 粗略估算船舶速度的方法有哪些？如何较精确地预报航速？

5. 船舶初稳性衡准中为什么要规定上限值和下限值？你知道各典型船舶（客船、货船、拖轮）的 GM/B 值吗？

6. 船舶初始设计阶段，如何估算船舶初稳性？如初稳性不足可采用哪些措施来改善？

7. 如何核算船舶大倾角稳性？如大角稳性不足可采取哪些措施改善之？

8. 破舱稳性的衡准方法有确定性方法和概率方法，这两种衡准方法有什么区别？

9. 干货船破舱稳性概率衡准方法中，船舶达到的分舱指数 A 应大于等于要求的分舱指数 R，试简述指数 A 和 R 的计算原理。

10. 表征船舶横摇的主要参数有哪些？如何计算？船舶设计中如何改善横摇？

11. 影响船舶纵摇与升沉的主要因素有哪些？设计中如何改善船舶的纵摇与升沉？

12. 什么是甲板上浪？船舶失速有哪两种情况？如何改善甲板上浪与失速？

13. 船舶操纵性包括哪些内容？为保证操纵性，船舶设计中应作哪些考虑？

14. 为什么要规定船舶最小干舷？其大小取决于哪些因素？

15. 船舶为什么要勘画载重线标志？分别说明国内船舶与国际船载重线标志的具体含义。

16. 什么是船舶登记吨位？总吨位和净吨位是如何定义的？登记吨位（RT）与载重吨位（DW）有什么区别？

17. 总吨位与净吨位的主要差别是什么？主要作用有哪些？初始设计阶段如何估算船舶登记吨位？

18. 什么叫"A 级分隔""B 级分隔""C 级分隔"？它们的区别主要有哪些？

19. 船舶防火的主要措施有哪些？

20. 规范和法规对船舶防火结构有哪些主要要求？法规对船舶消防设备的配备有哪些

主要要求？

21. 防止船舶污染包括哪几方面的内容？《法规》对油船防油污结构和设备主要有哪些要求？

22. 船舶生活污水和船上垃圾处理的方法各有哪些？

23. 什么是绿色船舶？船舶的绿色设计、绿色制造主要包括哪些内容？

24. 简述绿色生态船舶的目标及其功能要求；绿色生态船舶的核心要求是什么？如何理解 EEDI 计算式？

25. 简述绿色生态船舶的设计目标，提高新船能效水平的设计措施有哪些？

第 5 章

船舶经济性与船型论证

5.1 概述

社会需求与经济效益是船型发展的源动力。目前船舶经济性日益受到国内造船界的重视。最佳船型的设计,不再限于最优的线型、最有效的船体结构和最先进的设备,而高效能、低成本、高利润与设备可靠性往往更为人们所注目。可以说,在保证航行安全的前提下,营运最经济的船型就是最佳船型。

船舶是一种投资大、建造复杂、使用期长的水运工具。不同的船型,在使用期内的经济效果会有很大的差异。例如,为解决北煤南运问题,我国在"六五"后期(1985 年前后)以16 000t 级运煤船为基础设计建造了 20 000t 级运煤船。在 20 世纪 90 年代初,又设计建造了 35 000t 级浅吃水运煤船。以秦皇岛—上海航线为例,将两种型船的部分营运经济指标对比地列于表 5-1 中。

表 5-1　两种运煤船的经济性对比

船型　　　　　项目	20 000t 运煤船	35 000t 浅吃水运煤船	增量/%
船价/万元	2 350	～3 200	～36.2
载重量/t	20 420	38 182	87.0
年运煤量/万 t	80.4	131.5	63.6
年成本/万元	277.4	354.0	27.6
年利润/万元	251.0	601.2	139.5
单位运输成本/(元/t)	3.45	2.62	−24.1
投资回收期/年	9.21	6.04	−34.4

注:表中"增量"一栏,系指 35 000t 级浅吃水运煤船对比 20 000t 级运煤船的增量。

由表 5-1 可见,在同一航线上从事同样的运输业务,采用 35 000t 级浅吃水运煤船,其经济性较之 20 000t 级运煤船有明显提高,年利润增加 1.4 倍,投资回收期缩短 3 年,由此可见进行船舶经济性研究并用于船舶设计实践的重要性。

船舶经济性分为单船经济性、船队经济性和运输系统经济性等。

船队分析包括船型、吨级、航速、船队船舶艘数、船舶与港口航道的关联等方面的论证分析。船队中单船经济性和船队总投资效果是评价船队建设方案最主要的依据。

运输系统,如沿海煤炭海运系统、上海宝山钢铁总厂铁矿砂运输均属运输系统。运输系统的经济性涉及港、航、船、厂这样一个综合的经济性问题,船舶只属运输系统中的一个环节。单船经济性与系统经济性要协调配合,不仅单船经济性要好,而且系统经济效益要高。

对单船经济性的研究和掌握是从事船队分析和运输系统经济论证的基础,本章主要探讨单船经济性分析的有关问题。

分析单船经济性时,必须涉及船舶年运量、船价(总投资)、年运输成本、年营运收入、评价船舶方案的经济指标等诸方面问题。

5.2 基础经济数据计算

为了评价一条船舶的经济性,必须计算其基础经济数据,即计算年运量、船价、年运输成本及年收入。

进行船舶基础经济数据计算的前提是:

(1) 依据船舶设计任务书给定了船舶设计载重量、主机类型与功率以及设计服务航速;

(2) 通过调研,获得了预定航线的有关营运、经济数据;

(3) 通过初步论证,拟定了船舶主尺度要素。

以下依次介绍单船基础经济数据的计算。

5.2.1 年运量

船舶在一年内完成的运输量 Q_t 或运输周转量 Q_{tm} 称为年运量,其表达式为

$$Q_t = 2\alpha_c W_c m \tag{5-1}$$

$$Q_{tm} = 2\alpha_c W_c m R \tag{5-2}$$

式中,α_c——1 年内往返航程载货量(或载客量)的平均利用率,或称负载率(%);

W_c——载货量(t);

m——年航次数(往返算一次);

R——预定航线的航程(n mile 或 km)。

1. 载货量(或载客量)平均利用率 α_c 的确定

α_c 的数值取决于一年内各往、返航程货流(或客流)的均衡性程度,对油、矿砂、煤等大宗货专用运输船,因是单程满载、单程空载,故 α_c 可取为 50%。对杂货船,除航线的货流情况外,还与货种的变化(舱容限制了载货量)、营运组织、货源组织等因素有关,需根据航线上现有船舶的实际进行统计分析,并预测发展趋势加以选取。

2. 年航次数 m 的确定

$$m = z/t \tag{5-3}$$

式中,z——年营运天数;

t——每航次所需的天数。

1）年营运天数 z 的确定

z 是船舶使用期限（船龄期或寿命期）内每年的平均营运天数，等于 365 减去船舶修理及航线港口封冻停航天数所得的差值。计算时，z 根据同型船舶的多年营运实绩统计分析后确定。一般远洋货船为 290～320d，沿海货船、油船为 280～290d，沿海客货船为 300～315d；长江拖轮为 240～280d，驳船为 310～340d。

2）每航次所需天数 t 的计算：

$$t = t_1 + t_2 \tag{5-4}$$

式中，t_1、t_2——航行时间与停泊时间（d）。

（1）航行时间 t_1 的计算　t_1 包括以服务航速（v_{ks}）航行的时间 t_{11} 和通过运河、进出港时减速航行的时间 t_{12}，其中 t_{11} 为

$$t_{11} = \frac{2R_1}{24v_{ks}} = \frac{1}{12}\frac{R_1}{v_{ks}} \tag{5-5}$$

式中，R_1——以服务航速运行的里程；

v_{ks}——1 年内各航次的平均服务航速，可取为主机额定功率的 80%～85% 时的试航速度。

t_{12} 根据运河、进出港里程及对航速限额的规定来计算，航运部门有这类资料可查阅。对多港停靠的船舶 t_{11} 及 t_{12} 的计算应分航段进行。

（2）停泊时间 t_2 的计算　t_2 包括装卸作业时间 t_{21}、非生产性停泊时间 t_{22}（等泊位、移泊、候潮水等）和辅助作业（装卸作业前的准备和开航前补充油、水、物料等）时间 t_{23} 之总天数。t_{21} 可用下式计算：

$$t_{21} = 4\alpha_c W_c / M_c \tag{5-6}$$

式中，M_c——装卸效率（t/d），其值取决于码头的设备条件与劳动组织、船舶本身的装卸设备情况及货舱敞开程度、船舶大小与货种等因素。故各船之 M_c 值要根据航线、各港资料和相近实船的实际资料经仔细分析后，加以确定。

t_{22} 采用同航线、同型船舶的近期统计资料。

t_{23} 的数值一般较小，可根据实船资料（如航次报告）统计确定。

5.2.2　船价

船价是设计与建造一艘新船所花费的总投资，包括各种材料费（钢材、木材等）、设备费（舾装设备、机电设备等）、加工工时费及其他费用等。

在船舶初步设计完成后，根据设计部门提供的主要图纸文件（总布置图、中横剖面图、船体说明书、材料预估单及主要机电设备清单），船厂估价部门即可逐项列表按市场价详细计算材料、设备费，并结合船厂实际详细计算工时费（包括全厂的工资福利、动力消耗、车间费用和企业管理费），由此算出建造成本。然后计入其他费用，得到新船船价（应当指出，这样算得的船价只是船舶报价的基础，实际报价时还要考虑到船舶市场行情和同业竞争等因素，报出有竞争力的船价）。而在船舶设计初始阶段或船型论证中，因设计图纸资料不详，通常采用如下的两种简化办法来估算船价。

1. 整船概算法

在缺少资料，且对估价的精度要求不高的情况下，可根据载重量或排水量（客船可根据

载客量、拖船可按主机功率)等,参考有关母型船资料进行估算,如按下式估算:

$$P/P_0 = \Delta^{2/3}/\Delta_0^{2/3} \tag{5-7}$$

$$P/P_0 = DW/DW_0 \tag{5-8}$$

式中,P ——新船船价;

P_0 ——相近母型船船价。

应当注意,这里采用的母型船,其技术参数与建筑形式应力求接近新船,同时还应计入建造时间差、功率与机型(低、中或高速机)、建造批量的差异对新船船价加以修正。

2. 分部估算法

将船舶分成船体钢材、木作舾装、机电设备三大部分,各部分造价均根据其重量乘以每吨单价估算之。此外还应加第四项费用即间接费用,包括设计、验船、船台工程、下水、试验、利润、税收等各项。一般应按现行标准或通用算法加以决定。据此可写出船价:

$$P = (W_h \gamma_h + W_f \gamma_f + W_m \gamma_m)(1 + \alpha) \tag{5-9}$$

式中,W_h、W_f、W_m ——船体钢料、木作舾装、机电设备的重量;

γ_h、γ_f、γ_m ——船体钢料、木作舾装、机电设备的每吨重量连工连料价格;

α ——除上述三项造价之外的其他造价率,在我国可取为 $15\%\sim30\%$。

应当指出,单位重量造价应取建造厂近期数据;间接费用,也称为专项费用,包括设计费、船舶检验费、银行利息、税金、利润及船厂专项费(钢材预处理、胎架费、船台费、下水费、码头费)等。其中,设计费约为造价的 6%,特种船舶可达 10%;检验费 $0.5\%\sim2\%$;税收约 5%,利润取 $6\%\sim10\%$。

5.2.3　年营运成本

年营运成本(S),是船舶一年内各种成本的总和,也称年总成本。它包括船员费用,与船价相关的费用(折旧费、修理费、保险费),燃料费、润料费、港口费和其他费用。

1. 船员费用 S_1

它包括船员基本工资、伙食费、航行津贴、奖金等直接项目及劳保福利等附加项目。

$$S_1 = 船员定额人数 \times 人均年度费用$$

2. 与船价相关的费用 S_2

1)折旧费

新船投入营运后逐年损耗,待到使用期满时其价值仅剩余船舶残值。因而在使用年限内针对这种损耗每年计入一笔折旧费。计算折旧费最常用的方法是直线折旧法,按这种方法每年的折旧费相同,即

$$年折旧费 = (船价 - 船舶残值)/ 船舶使用年限$$

船舶残值一般可取为船价的 10%;船舶使用年限,根据交通部颁布的标准,如表 5-2 所示。

2)修理费

我国现行船舶修理,分为岁修与特检两种。平均到每年的修理费可按船舶造价提成,所提取的百分数分别为:长江船 4.5%,沿海船 3.5%,远洋船 2.5%。

3)保险费

保险费指航运公司向保险公司提请保险而交付的费用。远洋船舶通常向国外保险,由航运公司提出保价。保价不等于船价,但在论证阶段,可假定与船价相等。为简单起

见,年保险费可取为船价的一个百分数,其年度保险费率,一般杂货船取 0.55%,油船取 0.7%。

表 5-2　船舶使用年限　　　　　　　　年

海　　　船		长江船、内河船	
油船	15	油船、油驳	15
散货船	20	货船	25
客货船	20	推拖船	25
集装箱船	20	客货船	25
杂货船	25	旅游船	15
化学品船	10	机动驳、驳船	20

上述三项费用均与船价有关,表 5-3 给出其与船价相关的费率。

表 5-3　与船价相关的费率　　　　　　　%

分类	船　　　种	折旧	修理	保险	合计
远洋	货船、客货船、拖船	3.6	2.5	0.55	6.65
	重油船	3.6	2.5	0.70	6.8
	原油与轻油船	6.0	2.5	0.70	9.2
沿海	货船、客货船、拖船、重油船	3.0	3.5		6.50
	原油与轻油船	4.5	3.5		8.00
长江	货船、客货船、拖船、重油船	2.57	4.5		7.07
	原油与轻油船	3.6	4.5		8.10

3. 燃料费、润料费 S_3

1) 燃料费

根据主机、辅机(柴油发电机组)的功率(kW)和油耗率(g/(kW·h))、锅炉的单位油耗量(g/h)及使用时间(h)可计算出航行与停泊时的航次油耗量,再乘以年航次数及燃油单价即得年燃料费。

航行时主机常用功率通常取为最大持续功率的 80%~85%,所用轻、重油的比例(进出港用轻油,航行用重油),长江、沿海与近海取 20%:80%,远洋取 15%:85%。

柴油发电机常用功率,在航行与用船上起货设备装卸货时取其最大持续功率的 80%,停泊时则取 70%。

一般柴油机船航行时用废气锅炉,停泊时用燃油锅炉,锅炉油耗量可按航次停泊时间的 25%~50% 进行计算。客船取暖与油轮货油加温等特殊需要所耗燃料则应另行计算。

2) 润料费

润料费可按主辅机与锅炉的润滑油消耗率细算,但一般取燃料费的一个百分比。海船低速机为燃料费的 7%~10%,中速机取 10%~15%,长江船一般取 17%。

4. 港口费 S_4

港口费是在港口发生的各种费用,分为与净吨位有关的费用和与载货吨有关的费用。

1) 与净吨位有关的费用

包括拖轮服务、引水费、码头费、运河费等,可正比于净吨位计算。年开支正比于净吨位及年航次数,可按同航线、相近船舶换算。

2) 与载货吨有关的费用

包括装卸费、理货费、代理费、税金等,此项费用按年货运量吨数计算并依货种而变。

$$年度港口费 S_4 = 航次数 \times 净吨位 \times 与净吨相关的费率 +$$
$$年货运量 \times 与货运吨相关的费率$$

另一种估算方法,是统计船舶营运航线上每吨海里或每千吨海里的港口费率,进而求得港口费。

港口费在年总成本中所占比例大体为:远洋船为 $1/3$,长江船为 $1/5$,沿海船为 $1/10$。

5. 其他费用 S_5

其他费用包括物料(供应品)费、企业管理费、其他开支等,一般取为总成本的 15%。

因此,全年营运总成本

$$S = \frac{1}{0.85}(S_1 + S_2 + S_3 + S_4) \tag{5-10}$$

现在,我国基本建设资金已改拨款为向银行贷款,这样在计算营运成本时还应计入贷款利息。有人建议营运成本分三大项计算,即

(1) 资本费用——偿还贷款及支付利息;

(2) 日常营运费——船员工资、修理费、保险和企业管理费;

(3) 航行营运费——燃料费、润料费、港口费、货物装卸费等。

5.2.4　年收入与年利润

1. 年收入

年收入可用下式估算:

$$年收入 B = 年货运量 Q_t \times 平均货运单价 p$$

平均货运单价(元/t 或元/(t・n mile))随时间、货种及运输里程而变,杂货船因货种众多,可取同航线、相近船舶的平均统计值。

2. 年利润

在不计企业所得税的情况下,年度营运收入的分配如图 5-1 所示。

$$年收益 A = 年收入总额 B - 年营运费用 Y$$
$$年营运费用 Y = 年总成本 S - 年折旧费 D$$
$$年利润 AC = 年收入总额 B - 年总成本 S$$

由于企业要交纳所得税,因此就产生了税前年利润和税后年利润的概念。不计企业所得税的年利润即为税前年利润;而年收入总额扣除年总成本和所得税以后的余额为税后年利润。它们之间的关系如图 5-2 所示。

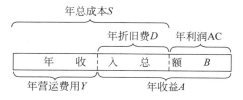

图 5-1　年度营运收入分配图

图 5-2　考虑税利后年度营运收入分配图

5.3　船舶经济指标

船舶经济指标,是船型论证方案或船舶设计方案经济效果的衡准。船舶经济指标有很多种。本节简要介绍国内外常用的经济指标。

5.3.1　投资不计利息时的静态经济指标

1. 单位运输成本

单位运输成本是船舶完成单位运量所付出的成本,即

$$b_t = S/Q_t \tag{5-11}$$

$$b_{tm} = S/Q_{tm} \tag{5-12}$$

式中,b_t——单位运量的运输成本(元/t 或元/(人・次));

b_{tm}——单位运输周转量的运输成本(元/(t・n mile) 或元/(人・n mile))。

单位运输成本,在船舶技术经济论证中常作为评价船舶方案的主要指标,在国内应用较广。但应注意,该指标侧重于支出而未计收入,可能会导致选择航速偏低的方案。

2. 投资回收期

投资回收期是船舶年利润偿还船舶投资(船价)的年限,表示为

$$TK = P/AC \tag{5-13}$$

式中,TK——投资回收期(年);

P——船价或船舶投资额。

这个指标计入了投资和利润两方面,直接反映了投资效果,也常作为评价船舶方案的主要指标。

3. 单位运输量投资

单位运输量投资是指按船舶的单位运量平均分摊的投资。可按下式计算:

$$a_t = P/Q_t \tag{5-14}$$

$$a_{tm} = P/Q_{tm} \tag{5-15}$$

式中,a_t——单位运量投资(元/t 或元/(人・次));

a_{tm}——单位运输周转量投资(元/(t・n mile)或元/(人・n mile))。

这一指标反映了完成预定任务所需基建投资的多少,常用它作为辅助指标。

4. 单位综合经济指标

这是一个既考虑船舶投资又考虑到成本的综合性指标。可用下式表示:

$$E = b_{tm} + Ka_{tm} \tag{5-16}$$

式中,E——单位综合经济指标;

K——投资效果系数,一般取国家经济政策所规定的全社会或行业部门的基准收益率。这个指标因 K 值选取不便,故国内使用不多。

除上述指标外,在船舶方案评价中还用到年利润 AC、投资利润率(AC/P)及千吨海里油耗等指标。

以上介绍的经济指标均未计入资金的时间价值,它们适于我国过去由国家拨款(或无息

贷款)造船的情况。实际上,资金随时间的不同其价值是不等的。今天从银行贷款 1 万元,10 年后还本付息就远不止 1 万元。显然,今天的 1 万元与 10 年后的 1 万元其价值是不同的。其增值部分就体现在利息上。考虑到资金(或投资)的时间价值,就建立了一套现代工程经济分析的动态经济指标。

5.3.2 现代工程经济分析中采用的动态经济指标

1. 基本的利息关系式

1) 单利与复利算法

利息有两种算法——单利和复利,分别为

$$单利 \quad F = P + I = P + Pin = P(1 + in) \tag{5-17}$$

$$复利 \quad F = P(1 + i)^n \tag{5-18}$$

式中,P——资金或本金或投资;

I——利息;

i——利率(一般为年利率);

n——计算期数(一般取一年为一期);

F——本利和。

通常,银行储蓄采用单利算法,而工程经济计算则采用复利算法。

以下介绍工程经济计算中常用的若干复利算式。

2) 一次借贷,一次偿还

假设目前借款额为 P,年利率为 i,n 年后按复利计算应一次偿还本利和为 F,则

$$F = P(1 + i)^n = P \times CA \tag{5-19}$$

反之,

$$P = F(1 + i)^{-n} = F \times PW \tag{5-20}$$

式中,CA——终值因数,$CA = (1 + i)^n$;

PW——现值因数,$PW = (1 + i)^{-n} = 1/CA$。

当给定了利率 i 和借款年限 n 后,CA 也可表示为 $(CA - i - n)$。例如,借贷利率为 6%、时间为 5 年所对应的终值因数可写为 $(CA - 6\% - 5)$,PW 也可以用类似的方式表达。

以下举例解释终值因数和现值因数的经济学意义。假设某人从银行借款 10 000 元,2 年后偿还,银行的利息为复利 5%。那么,终值因数 $CA = (1 + 0.05)^2 = 1.102\ 5$,对应的现值因数 $PW = 1/1.102\ 5 = 0.907$。这就意味着,借款人 2 年后需要偿还银行 11 025($10\ 000 \times 1.102\ 5$)元;而如果借款人没有找到合适的投资项目,则 2 年后的 10 000 元仅相当于现在的 9 070($10\ 000 \times 0.907$)元。

可见,通过终值因数和现值因数,可以有效地将资金的时间价值量化,进而可以将不同时间点的不同投资等效到同一个计算时间基准点,进而进行比较,这是经济学的重要分析方法,在船舶的经济性分析中常常用到。

3) 一次借贷,分期等额偿还

假设目前借款为 P,今后几年内每年等额偿还 A,则几年内每年偿还款的现值总和应等于 P,即

$$P = A(1 + i)^{-1} + A(1 + i)^{-2} + \cdots + A(1 + i)^{-n}$$

$$= A \cdot \mathrm{PW}_1 + A \cdot \mathrm{PW}_2 + \cdots + A \cdot \mathrm{PW}_n$$

$$= A \cdot \mathrm{SPW} \tag{5-21}$$

反之，

$$A = P / \mathrm{SPW} = P \cdot \mathrm{CR} \tag{5-22}$$

式中，SPW——系列现值因数，$\mathrm{SPW} = [1 - (1+i)^{-n}]/i$；

CR——资金回收因数，$\mathrm{CR} = 1/\mathrm{SPW}$。

4）分期等额借贷，一次偿还

假设自今年起，每年末等额借款 A，n 年后一次偿还本利和 F，则有

$$P = A + A(1+i) + A(1+i)^2 + \cdots + A(1+i)^{n-1}$$

$$= A \cdot \mathrm{CA}_0 + A \cdot \mathrm{CA}_1 + \cdots + A \cdot \mathrm{CA}_{n-1}$$

$$= A[(1+i)^n - 1]/i = A \cdot \mathrm{SCA} \tag{5-23}$$

反之，

$$A = F \cdot \mathrm{SF} \tag{5-24}$$

式中，SCA——系列终值因数，$\mathrm{SCA} = [(1+i)^n - 1]/i$；

SF——预付金因数，$\mathrm{SF} = 1/\mathrm{SCA}$。

上述系列现值因数和系列终值因数，也可以用来计算分期等额投资在某一基准时间点的等效值。当基准时间点在投资之前，可以使用系列现值因数；当基准时间点在投资之后，可以使用系列终值因数。

例 5-1　为在船上增添某项设备。向银行贷款 10 000 元，年利率 5%，规定 5 年还清，考虑选择如下还款方式：①5 年后一次还清；②每年仅支付利息，5 年后还本金；③5 年内等额偿还；④每年还本金的 1/5，同时支付利息（可列表计算）。求各方式偿还的本利和。

解　① 5 年后一次还清

$$F = P \cdot \mathrm{CA} = P \cdot (1+i)^n = 10\,000 \times (1+0.05)^5 = 12\,763（元）$$

② 每年支付利息，5 年后还本金

每年支付的利息 $I = P \cdot i = 10\,000 \times 5\% = 500（元）$

五年共付本息 $500 \times 5 + 10\,000 = 12\,500（元）$

③ 5 年内等额偿还

每年等额偿还款 $A = P \cdot \mathrm{CR} = P \dfrac{i(1+i)^n}{(1+i)^n - 1} = 10\,000 \times 0.230\,9 = 2\,309（元）$

五年共付本息 $F = 2\,309 \times 5 = 11\,545（元）$

④ 每年还本金的 1/5，同时支付利息，列表计算见表 5-4。

表 5-4　本息支付计算　　　　　　　　　　　　　　　　　　　　　　　　　　元

项目	0	1	2	3	4	5	合计
贷款数目	10 000	8 000	6 000	4 000	2 000	0	
还本金数		2 000	2 000	2 000	2 000	2 000	10 000
应付利息		500	400	300	200	100	1 500
共付本息		2 500	2400	2 300	2 200	2 100	11 500

2. 动态经济指标

基于上述复利关系式及其计算因数，根据营运船舶的经济状况可导出如下的经济指标。

1) 净现值 NPV

净现值 NPV 是船舶使用期(n年)内各年度的收入与支出按利率 i 折现后的代数和,其含义是船舶在寿命期内还本付息后所获利润的总现值。显然,NPV>0,表示船舶盈利;NPV=0,表示收支平衡,恰好达到预定利率 i;NPV<0,表示船舶亏损。因此,NPV 是船舶盈利能力分析的一个重要指标,特别适用于多方案比较中显示不同船型方案盈利能力的差别。

对于一次投资,各年度营运收入与支出均不变的情况:

$$NPV = (B - Y) \cdot SPW - P + \Delta P \cdot PW \tag{5-25}$$

式中,B——年运费收入总额;

$\quad\quad Y$——年营运费用(不包括折旧费);

$\quad\quad P$——船价(初投资);

$\quad\quad \Delta P$——残值,船舶使用期满报废时的价值。

对于分期投资,各年度收入与支出不同的情况:

$$NPV = \sum_{j=m+1}^{m+n} (B_j - Y_j) \cdot PW_j - \sum_{j=0}^{m} P_j \cdot CA_j + \Delta P \cdot PW \tag{5-26}$$

式中,m——投资期数;

$\quad\quad n$——船舶使用年限,折现基点取船舶投运之日,即投资终了时。

NPV 直接表示出投资的收益,概念清楚,故受到投资决策者的欢迎,应用较广泛。

采用 NPV 指标的前提是:年收入可估,船价、使用年限及投资收益率 i 已知。其中:i 值一般由投资决策者确定,当投资来源于贷款时,i 应高于贷款利率,对风险大的项目投资,i 要适当取高些。

2) 净现值指数 NPVI

它是单位投资的净现值。NPVI 适用于投资额相差较大而使用年限相等的方案比较。

对于一次投资

$$NPVI = NPV/P \tag{5-27}$$

对于分期投资

$$NPVI = \frac{NPV}{\sum_{j=0}^{m} P_j \cdot PW_j} \tag{5-28}$$

3) 平均年度费用 AAC

将总投资的现值按复利算法平均分摊到各年、加上每年的平均营运费用,对于一次投资、各年营运费用相等的情况,则有

$$AAC = P \cdot CR + Y - (\Delta P \cdot PW)CR \tag{5-29}$$

AAC 指标适用于使用期不同、无收入或收入不可预估的方案论证,如交通船、调查船等。显然,AAC 最小的方案最佳。

对于多次投资,各年度营运费用不同的情况,需要选择一个计算基准时间点,然后将每次的投资和每年的营运费用通过恰当的计算方式等效到计算基准时间,然后再通过资金回收因数来进行每年的平均分摊。

例 5-2 某交通供应船的船价为 1 000 万元,在签订合同时付 200 万元,1 年后上船台装配时付 400 万元,2 年后交船时再付 400 万元。船的使用年限为 10 年,每年营运费分别为

85、93、104、120、140、168、200、240、295、350万元,然后把船出售得300万元,期望获得18%的基准投资收益率。求该船寿命期的平均年度费用 AAC。

解　首先绘制出现金流量图,如图5-3所示。

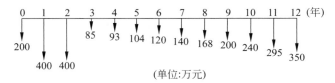

图 5-3　某船现金流量图

选取以该船投入营运时为计算基准时间点,经济计算如表5-5所列。

表 5-5　交通供应船经济计算

项目	K 年末	n	支付船价/万元	CA=(1+i)^n	现值/万元
船价部分	0	2	200	1.392 4	278.48
	1	1	400	1.180	472.00
	2	0	400	1.000	400.00
			$\sum$ 1 150.48		
			支付营运费/万元	PW=(1+i)^{-n}	
营运费部分	3	1	85	0.847 5	72.04
	4	2	93	0.718 4	66.81
	5	3	104	0.608 6	63.29
	6	4	120	0.515 8	61.90
	7	5	140	0.437 1	61.19
	8	6	168	0.370 4	62.23
	9	7	200	0.313 9	62.78
	10	8	240	0.266 0	63.84
	11	9	295	0.225 5	66.51
	12	10	350	0.191 1	66.89
			$\sum$ 647.48		

根据表5-5可知,对船价的3年分期投资等效到船舶交付时的现值 P_1 为1 150.48万元;船舶10年间的总营运费用等效到船舶交付时的现值 Y_1 为647.48万元。

为了求取经济指标,先求计算因数:

资金回收因数 $CR = 1/SPW = \dfrac{i}{1-(1+i)^{-n}} = \dfrac{0.18}{1-(1+0.18)^{-10}} = 0.222\ 5$

现值因数 $PW = (1+i)^{-n} = (1+0.18)^{-10} = 0.191\ 1$

该船使用年限为10年,寿命期内的平均年度费用:

$$\begin{aligned}
AAC &= P_1 \cdot CR + Y_1 \cdot CR - (\Delta P \cdot PW)CR \\
&= 1\ 150.48 \times 0.222\ 5 + 647.48 \times 0.222\ 5 - 300 \times 0.191\ 1 \times 0.222\ 5 \\
&= 387.29(万元)
\end{aligned}$$

4）所需货运费率 RFR

RFR 是为了达到预定的投资利率,单位运量所需支出的费用,即单位运量的平均年费用,为

$$\text{RFR} = \text{AAC}/Q_t \tag{5-30}$$

RFR 指标可理解为每运输一吨货(或人次)的成本,适用于收入不能预估、运量不同的方案论证。显然,RFR 值越小的方案越好。

5）内部收益率 IRR

还本付息期内使净现值等于零的投资收益利率称内部收益率。如果计算所得的 IRR 值大于银行的贷款利率,则表明该项投资可贷款进行并可盈利;如果 IRR 再大于企业基准收益率(通常比贷款利率高)则表示该方案可获得预期的收益。IRR 适于投资额相近的不同方案比较,IRR 越大、盈利能力越高。

当忽略残值,且一次投资、各年度收益相同时,IRR 对应的 NPV 和 i 满足下式:

$$\begin{cases} \text{NPV} = (B - Y) \cdot \text{SPW} - P = A \cdot \text{SPW} - P = 0 \\ \dfrac{A}{P} = \dfrac{1}{\text{SPW}} = \dfrac{i}{1 - (1 + i)^{-n}} \end{cases} \tag{5-31}$$

若已知投资 P、年收益 A 及还本付息期(或计算期)n,即可用逐次迭代法或作图法按式(5-31)求取 i,即为内部收益率 IRR。

IRR 也可用 NPV(不计残值)的计算式用内插法近似求得,即

$$\text{IRR} = i_L + (i_H - i_L) \frac{|\text{NPV}_L|}{|\text{NPV}_H - \text{NPV}_L|} \tag{5-32}$$

式中,i_H——较高的收益利率;

i_L——较低的收益利率。

要求以 i_L 和 i_H 计算所得的 NPV_L 和 NPV_H 一个为正值,另一个为负值,这样内插即可求得 IRR。

6）投资偿还期 PBP

依投资 P、预定的投资收益率和年度收益 A 求得的投资偿还时间,称投资偿还期。该指标计算是按投资一次支付、忽略残值 ΔP、各年收益相等情况而求得,即

$$P = A \cdot \text{SPW}$$

于是

$$(1 + i)^n = A/(A - P_i)$$

两边取对数,可求得 n,即为投资偿还期 PBP:

$$\text{PBP} = \frac{\lg[A/(A - P_i)]}{\lg(1 + i)} \tag{5-33}$$

显然,PBP 最小的方案是最优方案,PBP 与 IRR 对船型方案的评价是等价的。

7）允许的最大投资额(最大船价)P_m

将整个使用期内各年的收益及残值 ΔP 折现,即得允许的最大投资 P_m。若各年度收支情况相同并忽略残值,则

$$P_m = (B - Y) \cdot \text{SPW} \tag{5-34}$$

多方案比较中 P_m 越大,说明在特定条件(收益 A,及使用期 n)下船东出得起的船价越

高,该方案竞争力越强。

以上扼要介绍了当前国内外工程经济分析中常用的经济指标,现小结如下:

(1) 经济指标是多种多样的,它们各自反映了船舶经济性(投资、成本及利润等)的某个或某些侧面,为了全面衡量船舶经济性,应避免只选用单个指标衡准。

(2) 一般来说,NPV、RFR(或 AAC)及 PBP 应用比较广泛。

(3) 各经济指标要视具体情况选择使用,选择时可参考表5-6。

表 5-6　经济指标使用情况　　　　　　　　　　　　　　　　%

投资已定、成本可估				投资未定、收益可估
有收入			无收入	
收入可估		收入不可估		
使用期相同	使用期不同			
NPV NPVI IRR PBP	IRR	RFR AAC	AAC	P_m

(4) 当条件允许采用多种指标进行方案评价时,究竟选用哪个(或哪几个)指标更能正确地判断方案的优劣呢? 这主要取决于船东对设计船的期望。例如,着眼于投资,则选用 P_m 和 PBP;着眼于成本,则选用 RFR 或 AAC;着眼于高利润,则选用 NPV(NPVI)和 IRR。

(5) 各经济指标的计算,从方法上看不存在困难,但基础数据的正确性却至关重要,如果基础数据不准确,则可能导致错误的结果。

5.4　经济性计算实例

一艘 15 000t 干货船,其排水量 $\Delta = 20\,422$t,载重量 DW$=15\,000$t,航行于中日航线,从上海港开往福山、横滨两港装运钢材、机器设备后返回上海。从上海开往福山的 700n mile 航程船压载航行,从福山—横滨—上海共 1 471n mile 航程,船满载航行,每航次的货运量为 14 117t。主机功率为 5 516kW,辅机功率为 265kW,航行时以 85% 机器功率运行,主机耗油率为 219.8g/(kW·h),辅机耗油率为 244.8g/(kW·h),辅锅炉每小时油耗为 0.17t/h。

满载服务航速为 14.54kn,压载服务航速为 15.19kn。主机耗重油与轻油之比为 80%∶20%。

该船造价为 6 500 万元,假定一次投资,利率为 10%,使用期 25 年,残值取船价的 10%,直线折旧。年保险费取船价的 0.7%,年维修费取船价的 2.5%。假定年营运天数为 300d,每航次的停港天数(包括装卸时间及辅助作业时间)为 47.4d。船员年工资为 180 万元。重油价为 4 000 元/t,轻油价为 7 000 元/t,润滑油费取主辅机用燃油费的 10%。年港口费已知为 320 万元,平均货运单价为 360 元/t。

试计算:单位运输成本,投资回收期,NPV、RFR 等经济指标。

1. 基础经济数据计算

1）年货运量

每航次航行天数 $t_1 = \left(\dfrac{满载航程}{满载服务航速} + \dfrac{压载航程}{压载服务航速}\right) \times \dfrac{1}{24}$

$$= \left(\dfrac{1\,471}{14.54} + \dfrac{700}{15.19}\right) \times \dfrac{1}{24} = 6.135(\text{d})$$

每航次停泊天数 $t_2 = 47.4\text{d}$

年航次数 $= \dfrac{年营运天数}{t_1 + t_2} = \dfrac{300}{6.135 + 47.4} = 5.60(次)$

年货运量 = 年航次数 × 每航次货运量 = 5.60 × 14 117 = 79 055(t)

2）年收入

年运费收入 = 年货运量 × 货运费率 = 79 055 × 360 = 28 459 800(元) = 2 845.98(万元)

3）年营运成本计算

船员费用 = 180.0 万元

年折旧费 $= \dfrac{0.9 \times 造价}{25} = 0.036 \times 6\,500 = 234.0(万元)$

年保险、维修费 = (0.007 + 0.025) × 造价 = 0.032 × 6 500 = 208.0(万元)

与船价相关的费用 = 年折旧费 + 年保险、维修费 = 234.0 + 208.0 = 442.0(万元)

为简化计算,把润滑油费用取为燃油费的10%计入,则

每航次航行时燃料、润料费 = 0.85 主机功率 × 24t_1 × 主机油耗率 × (0.20 轻油单价 +

　　　　0.80 重油单价) × 1.1 + 0.80 辅机功率 × 24t_1 ×

　　　　辅机油耗率 × 轻油单价 × 1.1

　　　　= 0.85 × 5 516 × 24 × 6.135 × 219.8 × 10^{-6} ×

　　　　(0.20 × 7 000 + 0.80 × 4 000) × 1.1 + 0.80 × 265 ×

　　　　24 × 6.135 × 244.8 × 10^{-6} × 7 000 × 1.1(元)

　　　　= 82.66(万元)

每航次停泊时燃料、润料费 = 辅锅炉每小时油耗 × 0.25 × 24t_2 × 重油单价 + 0.70 辅机功率 ×

　　　　24t_2 × 辅机油耗率 × 轻油单价 × 1.1

　　　　= 0.17 × 0.25 × 24 × 47.4 × 4 000 + 0.70 × 265 ×

　　　　24 × 47.4 × 244.8 × 10^{-6} × 7 000 × 1.1(元)

　　　　= 59.12(万元)

每航次燃料、润料费 = 82.66 + 59.12 = 141.78(万元)

全年燃料、润料费 = 141.78 × 5.6 = 793.97(万元)

年港口费 = 320.0 万元

年营运成本 = (180 + 442.0 + 793.97 + 320)/0.85 = 2 042.32(万元)

2. 经济指标计算

年利润 = 年运费收入 - 年营运成本 = 2 845.98 - 2 042.32 = 803.66(万元)

单位运输成本 = 年营运成本/年货运量 = 2 042.32/7.905 5 = 258.34(元/t)

投资回收期 = 船价/年利润 = 6 500/803.66 = 8.09(年)

为了计算动态经济指标 NPV、RFR，先求计算因数：

系列现值因数 $SPW = [1-(1+i)^{-n}]/i = [1-(1+0.1)^{-25}]/0.1 = 9.077$

现值因数 $PW = (l+i)^{-n} = (1+0.1)^{-25} = 0.092$

资金回收因数 $CR = 1/SPW = 0.11$

年营运费用 $Y = 2\,042.32 - 234.00 = 1\,808.32$（万元）

$$NPV = （年收入-年营运费用）\times SPW - P + \Delta P \times PW$$
$$= (2\,845.98 - 1\,808.32)\times 9.077 - 6\,500 + 650 \times 0.092$$
$$= 2\,978.64（万元）$$

$$RFR = (P\times CR + Y - \Delta P \times PW \times CR)/Q_t$$
$$= (6\,500 \times 0.11 + 1\,808.32 - 650 \times 0.092 \times 0.11)/7.905\,5$$
$$= 318.35（元/t）$$

5.5　船型对经济性的影响规律

对于特定的水运任务，可用不同的船型去完成，其经济效果也各不相同，为此，预先要做好船型规划。在船型规划中，航运部门要合理地提出设计船的使用、要求与技术形态、拟订设计任务书；设计部门则要科学地设定船型方案，进行船型论证。这些都需要掌握船型对经济性的影响规律。

理论研究和航运实践都表明，载货量 W_c、装卸效率 M_c 与航速 v_{ks} 是运输船舶最重要的三项技术要素，它们对经济性的影响一般地可归结为对运输能力 Q_{tm}、单位运输投资 a_{tm} 和单位运输成本 b_{tm} 的影响。

本节依次介绍船型的 W_c、M_c 及 v_{ks} 对经济性的影响规律，同时，简略给出最佳船舶吨位与最佳航速的概念。

1. 船舶载货量 W_c

1）载货量 W_c 对 Q_{tm} 的影响

考虑到式(5-4)～式(5-6)，将 Q_{tm} 的计算式(5-2)写成

$$Q_{tm} = \frac{2a_c W_c ZR}{t} = \frac{2a_c W_c ZR}{\dfrac{2R_1}{24v_K} + t_{12} + \dfrac{4a_c W_c}{M_c} + t_{22} + t_{23}} \tag{5-35}$$

式中，W_c——变量，而其他参数按航线实际情况取为常数。

将式(5-35)对 W_c 微分得

$$dQ_{tm} = Q_{tm}\left(1 - \frac{t_{21}}{t}\right)\frac{dW_c}{W_c} \tag{5-36}$$

式(5-36)表明，对某一船型而言，如增加载货量，即 $dW_c > 0$，则 $dQ_{tm} > 0$，船舶货运周转量 Q_{tm} 增加，Q_{tm} 的增长率取决于该方案的装卸时间 t_{21} 与航次时间 t 之比，t_{21}/t 越小，则增长率越大。换言之，对于远程、装卸效率高的船舶，增加其载货量可使其运输能力获得大的增量。

2）载货量 W_c 对单位运输量投资 a_{tm} 的影响

将 $a_{tm} = P/Q_{tm}$ 对 W_c 微分，可得

$$da_{tm} = a_{tm}\left(\frac{dP}{P} - \frac{dQ_{tm}}{Q_{tm}}\right) = a_{tm}\left[\frac{dP}{P} - \left(1 - \frac{t_{21}}{t}\right)\frac{dW_c}{W_c}\right] \tag{5-37}$$

若船的其他技术条件(建筑特征、结构材料、设备条件、航速及机型等)相同,则仅增大载货量时,根据第 2 章所述可知,船体、木作舾装重量的增长率均低于载货量的增长率;而船体造价的增长率则更低些。因此,式(5-37)右边<0,a_{tm} 随 W_c 的增加而减小。

单位投资 a_{tm} 的变化幅度取决于 dP/P 与 $(1-t_{21}/t)(dW_c/W_c)$ 的相对大小。航程越远、装卸效率越高的船,增大 W_c 对降低单位投资 a_{tm} 就越有利。

3) 载货量对单位运输成本 b_{tm} 的影响

将 $b_{tm}=S/Q_{tm}$ 对 W_c 微分,可得

$$db_{tm} = b_{tm}\left[\frac{dS}{S} - \left(1 - \frac{t_{21}}{t}\right)\frac{dW_c}{W_c}\right] \tag{5-38}$$

类似前面的分析,一般来说,b_{tm} 随 W_c 的增加而减小,减小的幅度,一是取决于各项费用的相对比例;二是取决于 $(1-t_{21})/t$ 的大小,远程、高 M_c 船,其 t_{21}/t 小,燃料费、润料费占总开支的比例大,dS/S 小,故造大船对降低 b_{tm} 有利。

综上所述,远程、装卸效率高的船,适于采用大吨位;反之,近程、装卸效率低的船舶则一般不宜采用大吨位。

4) 最佳船舶吨位

对于预定航线、航速一定的船舶,以不同的船舶吨位作经济性计算,可得到如图 5-4 所示的结果。该图上半部分表示单位运输成本与船舶吨位的关系曲线。随着船舶吨位的增加,单位运输成本下降,至 C 点为最低点。图的下半部分表示年营运成本及年运费收入与吨位的关系。对应于最小单位运输成本 C 点的船舶吨位(H 点)具有最大的年利润 $C'D'$。如果货源受到限制,此时年运费收入最高达到 B' 处,这时船舶的最佳吨位对应最大收益值 $A'B'$ 的 G 处。任何超过最佳吨位的船舶只是增加开支而收入保持不变。

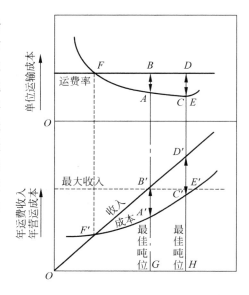

图 5-4　最佳船舶吨位

2. 装卸效率 M_c

1) 装卸效率对年货运周转量 Q_{tm} 的影响

将式(5-35)对 M_c 微分,可得

$$dQ_{tm} = Q_{tm}\left(\frac{t_{21}}{t}\right)\frac{dM_c}{M_c} \tag{5-39}$$

式(5-39)表明,Q_{tm} 正比于装卸效率 M_c,随其增加而增加,特别是对于 t_{21}/t 大,即短程或装卸时间长的船,改善装卸效率对提高货运周转量极为有利。

2) 装卸效率对单位运输量投资 a_{tm} 的影响

由式(5-15)可得 a_{tm} 的全微分为

$$da_{tm} = a_{tm}\left(\frac{dP}{P} - \frac{dQ_{tm}}{Q_{tm}}\right) \tag{5-40}$$

如只从起货设备及总布置上改善装卸效率,例如增加起货吊杆的起重能力、加大货舱口尺度,则造价增加不多,式(5-40)中的 dP/P 的值很小;而由式(5-39)可知,dQ_{tm}/Q_{tm} 则有

相当的数值,故提高装卸效率将降低单位运输周转量投资。当采用特殊的船型(如集装箱船、滚装船等)以提高 M_c 时,因涉及船价的较大变化,故需进行两种船型的经济对比而定。

3)装卸效率对单位运输成本 b_{tm} 的影响

由式(5-12)可得 b_{tm} 的全微分为

$$db_{tm} = b_{tm}\left(\frac{dS}{S} - \frac{dQ_{tm}}{Q_{tm}}\right) \tag{5-41}$$

在年总成本中,与造价有关的费用因为 dP/P 的值较小因而变化也很小;船员工资等也基本不变;假定船速不变,故每吨海里的燃料费、润料费也不变。由提高装卸效率所产生的年运量则有不小增加,因此,单位运输成本降低。

图 5-5 所示的是某干货船船型论证的计算结果。由图可知,b_{tm} 随 M_c 的提高而大大降低,而且装卸效率越高对应的最佳船舶载重吨位越大。

图 5-6 所示为在一定的船舶吨位和运距下单位运输成本与装卸效率及航速之间的关系。从图中可以看出,在一定的航速下,单位运输成本随装卸效率的提高而下降;而对应同一单位运输成本时,高的装卸效率适宜于采用高速船。这就是集装箱船、滚装船、自卸散货船等得到发展的一个重要原因。

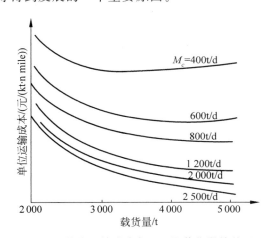

图 5-5 单位运输成本与 M_c 及载货量的关系

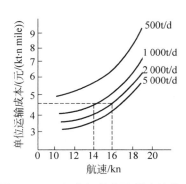

图 5-6 b_{tm} 与装卸效率及航速的关系

3. 航速 v_{ks}

1)航速 v_{ks} 对年货运周转量 Q_{tm} 的影响

将式(5-35)对 v_{ks} 微分得

$$dQ_{tm} = Q_{tm}\left(\frac{t_{11}}{t}\right)\left(\frac{dv_{ks}}{v_{ks}}\right) \tag{5-42}$$

式(5-42)表明,航行时间占航次时间比例较大的船。增大航速对提高运输能力的作用较大。可以推想,对于载货量 W_c 大,装卸定额 M_c 高的远航程船,提高航速可使运输能力有较大的增加。对于装卸效率低而载货量大的短航程船,提高 v_{ks} 对运输能力起不了多大作用。

2)航速 v_{ks} 对单位运输量投资 a_{tm} 的影响

只改变 v_{ks} 时,a_{tm} 的改变为

$$\mathrm{d}a_{\mathrm{tm}} = a_{\mathrm{tm}}\left[\frac{\mathrm{d}P}{P} - \frac{t_{11}}{t}\left(\frac{\mathrm{d}v_{\mathrm{ks}}}{v_{\mathrm{ks}}}\right)\right] \tag{5-43}$$

式中，$\mathrm{d}P$ 包括船体造价的增加 $\mathrm{d}P_{\mathrm{h}}$ 及机电造价的增加 $\mathrm{d}P_{\mathrm{m}}$。$\mathrm{d}P_{\mathrm{h}}$ 是由于航速增加后引起的船体重量增加（C_{b} 减小引起的主尺度增加）。$\mathrm{d}P_{\mathrm{m}}$ 是由于机器功率增加而引起的。由于机器功率一般与 v_{ks}^3 成比例，故 $\mathrm{d}P_{\mathrm{m}}$ 的增加影响比较大。

从式(5-43)及以上分析可见，增大航速，只有航行时间与每航次所需天数之比 t_{11}/t 很大，即远航程的低速船才可能对 a_{tm} 有利。

3）航速 v_{ks} 对单位运输成本 b_{tm} 的影响

将 $b_{\mathrm{tm}} = S/Q_{\mathrm{tm}}$ 对 v_{ks} 微分可得

$$\mathrm{d}b_{\mathrm{tm}} = b_{\mathrm{tm}}\left[\frac{\mathrm{d}S}{S} - \frac{t_{11}}{t}\left(\frac{\mathrm{d}v_{\mathrm{ks}}}{v_{\mathrm{ks}}}\right)\right] \tag{5-44}$$

根据上述 2）的分析已知随 v_{ks} 的提高，造价会有较多的增加。因此，对运输成本来说，与造价有关的开支随 v_{ks} 的增加也将有较大程度的增长。另外，按主机功率与航速关系，航次燃料费、润料费用将近似正比例于 v_{ks}^3 增长，所以一般说来 b_{tm} 将随 v_{ks} 的增加而上升，如图 5-5 所示；只有在 t_{11}/t 较大（如航程很长，或是航速很低，或是 M_{c} 特别高，或是几种情况的组合）及油价、造价较低的情况下，适当增加航速才可能对 b_{tm} 有利。

4）最佳航速

对应于特定的载重量、装卸效率、营运收入与开支水平，以不同的航速作经济性计算，可得到如图 5-7 所示的结果。由图可见，AB 为标准年最大利润，其对应的航速（G 点）就是以利润为目标的最佳航速。从图中还可以看出，影响成本和收入的因素发生波动，最佳航速也会发生相应的变化。

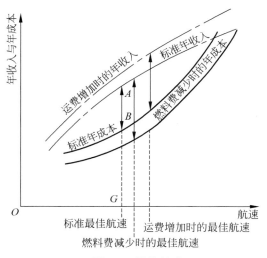

图 5-7　最佳航速

综上所述，就运输船舶船型技术要素对经济性的影响可得出如下简要结论：

（1）远程船、装卸效率高的船适于采用大吨位；反之，近程、装卸效率低的船一般不宜采用大吨位。

（2）给定航线与航速，一般可求得一个最佳船舶吨位。

（3）提高装卸效率，有利于经济性，尤其对短程、较大吨位船经济效果更显著。

（4）远程船舶、装卸效率高的船舶可适当增加航速，反之宜适当减小航速。

（5）给定航线与吨位，一般可求得一个最佳航速。

5.6　船型论证简介

由于船舶投资大，使用期长，航运部门或船东在建造一艘新船时，就不能凭经验草率地作出决断，而必须进行多方面的可行性研究，例如要对船型与吨位、机型与航速等进行必要的计算分析，探讨新船的技术水平及所能达到的经济指标，从而确定新船的使用效能与技术要求。这一前期研究工作称为船型技术经济论证，简称船型论证。

根据船型论证结果，才能编制新船设计任务书，作为船舶设计的纲领性文件。

本节主要讨论船型论证的一般步骤与方法，而后给出船型论证的实例。

5.6.1　船型论证的一般步骤

1. 调查研究

详细了解任务背景、吃透船东意图；实地调查与掌握航（航线、航道）、港（港口）与船（船厂、同类船舶）的客观环境、限制条件及资料，以便合理拟定船型方案；准确搜集有关基础数据，以便于船型方案计算，这就是调查研究的目的。调查研究包括以下主要内容。

任务要求：对于货船，调查研究的内容包括货物种类、流量、流向、货物的积载因数、物理化学性质、货源情况及发展趋势等；对于客船和客货船，则主要是客流量、旅客成分、流向现状和发展趋势、客流的季节均衡程度、搭载货物的情况等。

航线资料：主要包括航线运距、航道水深、宽度及弯道等对船舶主尺度的限制，航道水文（水流方向、流速与波浪）及气象（风向、风力等）资料，航区风浪情况对船速及航行性能的要求等。

港内情况：主要包括港口泊位数量、长度、水深，码头装卸设备能力、装卸工艺与装卸效率、码头条件对船舶装卸设备的配置、货仓口数目与布置的要求、港口各项收费标准等。

船厂技术、经济资料：主要包括船台、船坞的吨位、长度与宽度、坞门宽度与水深，已建船舶的造价资料、估价方法与支付方式、批量生产能力及其对船价的影响等。

主要机电设备的配套情况：主要包括主机、发电机组、甲板机械等的主要技术性能参数、价格及生产（包括进口）供应情况，新机型的研制计划等。

现有同类运输船舶的技术、营运、经济资料：技术资料包括船型特征、主尺度、布置、结构、性能、机型、重量、重心等。营运资料包括年营运天数、航行率、装卸效率、载重量利用率、生产时间和非生产停泊时间等历年资料。经济资料包括历年各项成本的情况、各项费用及其算法、年货运量及营运收入、企业的营运成本核算方法和考核指标等。

技术政策、科技成果和法规：主要要了解国家及交通部门的有关技术、航运政策，了解国内外船舶科技新成果，注意国内外现行规范、公约及各种法规对设计船的特殊要求和限制等。

2. 设立船型方案

在查阅资料与实地调研之后，就可以根据运输任务的要求和航线的各方面条件，考虑技术上的可行性和合理性、经济上的有利性,来设立船型方案。对于运输货船,一般采用由不同载重量、航速、动力装置等组合成若干方案。对于客船(客货船),则由不同的客位、班期、客货比例等组合成若干方案。以下简要讨论运输货船船型方案参数的拟定。

1) 船舶载重量

当运输货种是货源足、运量大的大宗货时载重量可大些,反之宜小些;在运距长的航线、装卸效率高的航线上,适于采用大吨位船,反之宜小些;航道水深、曲率半径、船闸尺度与桥梁净空高、港口泊位长、码头装卸机械的跨度及码头水工结构的承载能力等,对船舶主尺度的限制将给出船舶载重量的上限,而现有营运船舶的载重量可作为船舶载重量的下限。

随着船舶载重量的增大,单位载重吨造价将降低;单位载重吨分摊的主机功率将减少(在航速一定的条件下),单位载重吨分摊的燃料费、润料费也将降低……所以,一般来说,载重量大的船舶,经济性较好。

船舶载重量方案数,一般以 4～5 个为宜。各方案间的间隔视方案范围的大小而定,应能明显地看出各方案的技术经济指标的差异及其变化规律。

2) 船舶航速

船型论证中,船舶航速通常指试航速度。航速对船的主尺度、主机功率、空船重量、船价及年营运费用等均有很大影响,拟定船舶航速时考虑的因素是多方面的:从货物种类角度来看,运输贵重货物、鲜活货时,船速宜高些,而运输低值大宗货时,航速应低些;从航线考虑,航线参数大(运距长、装卸效率高)时宜采用较高航速,反之宜采用低航速;从航行条件看,风浪大的海区或浅水急流的内河水域,为避免船舶海上失速或保证逆流冲滩,需要较高航速;从经济性角度来看,当船价水平(主要是机电设备价格)及燃料费、润料费单价较高时航速应低些,反之可高些。

综合考虑上述因素后,可就航速的变化范围拟定出论证方案。其下限,可通过总结分析现有营运船舶实际营运速度的合理性加以确定;其上限,可参照现代该类型新船速度的变化趋势,取得稍高些。方案的数目一般以 5～6 个为宜,速度间隔,海船可为 0.5～1.0kn,内河船可为 1km/h 左右。

3) 动力装置方案的拟定

船舶机电设备的造价占全船造价的 20%～40%,动力装置的燃料费、润料费可占到船舶营运费用的 35%,因此动力装置的选型是很重要的问题。

拟定动力装置方案(主要是主机选型)应注意的是:

(1) 主机机型不同,其技术指标各异。船用主机绝大多数采用柴油机,柴油机按其转速分为高速机、中速机和低速机。高速机,外形尺寸小、重量轻、单位功率的造价较低;燃用轻油,油价高、油耗率高;因高速运转其机械部件磨损快,维修工作量大,使用寿命较短;同时,须经齿轮箱减速后带动螺旋桨,传动效率略低。低速机则反之。

(2) 主机的各项指标对船舶经济性的影响。主机重量与尺度影响机舱尺度和空船重量;主机价格影响船价和年成本;主机油耗率影响船舶年营运费用。

(3) 机型的实际选取。按实船统计,5 880kW(8 000hp)以上的大功率船舶,一般采用低速机;2 570～5 880kW(3 500～8 000hp)是低速机与中速机的竞争区;2 570kW 以下的中小型船舶以中速机为主;内河小吨位船采用中速机或高速机,各型交通艇、巡逻艇、监督艇等则多采用高速机。

3. 船型方案的技术、营运、经济性计算

1）技术性能计算

主要是计算各船型方案的排水量、主尺度、船型系数、空船重量、货舱容积、航速和初稳性高等。有关计算公式详见第 2～4 章。

2）营运计算

营运计算的目的是预估各船型方案投产营运后所能达到的运输能力指标，即年货（客）运量 Q_t 或年货（客）运周转量 Q_{tm}，以供方案经济计算。

3）经济性计算

船型方案的经济性计算，主要是计算船价及年运输成本，进而计算方案的经济性衡准指标，以供方案优选。

4. 选取最佳船型

各方案的技术、营运与经济计算完成后，对各方案计算结果加以分析比较，在满足船舶使用要求与技术性能的前提下，通常选取经济性最好的船型为最佳船型。

应当指出，若所选的经济衡准指标不同，则所得出的最佳船型是不同的。例如，分别使用运输成本最低、投资回收期最短、年利润最大这三种衡准求最佳航速，其最佳航速是依次增大的。因此，在选取船型时，要充分考虑设计船的使用特点、船东的资金情况与意见，取适当多的衡准指标进行综合权衡选优。

另外也须指出，某些船型在很大程度上由航道限制条件所确定。如过圣劳伦斯航道的散货船其限制船宽为 23.2m，相应的载重量就是 27 000DWT 级；过巴拿马运河的散货船其限制船宽为 32.3m，相应的载重量为 60 000～80 000DWT 级；而圣劳伦斯型多用途货船其吃水要符合世界上绝大多数港口的水深条件（30ft 左右），因此其载重量就在 17 500DWT 上下。

5. 敏感性分析

以上介绍的船型论证方法，是在现有环境和现有船型基础上建立数学模型，采集各种技术、营运和经济参数进行多方案计算并从中选优的，这是一种确定性的分析过程。实际上所论证的船型是面向未来的，而未来环境及参数多是不确定的。例如货（客）流量、载货（客）量利用率的变化和季节性波动，装卸效率与年营运天数的变化，油价、运价及船价等数据的变化等都很难准确预测。显然这些数据的不确定性或波动必将影响作为目标函数的经济衡准指标值，进而可能影响最优方案的选择。因此，为提高船型论证工作的可信度，降低投资者的决策风险，通常要在确定性分析之后采用敏感性分析方法进行不确定性分析，以期对最优方案作出更为确切的估计和评价。

敏感性定义：设目标函数 $Z=f(x_1,x_2,\cdots,x_n)$ 在点 $P(x_1^0,x_2^0,\cdots,x_n^0)$ 处取

$$\frac{|\Delta x_i|}{x_i}=K, \quad i=1,2,\cdots,n$$

Z 对应于 Δx_i 的增量为 Δz_i，若 $|\Delta z_K|=\max(|\Delta z_1|,|\Delta z_2|,\cdots,|\Delta z_n|)$，则在点 P 处，变量 x_K 对 Z 较其他变量敏感。按 $|\Delta z_i|$ 的大小顺序排队，就可找出各变量的敏感性序列。

敏感性分析可分为初步分析与详细分析两个阶段，初步分析是假定参与计算的各自变量向不利方向和有利方向变化一定的幅度，即自变量的增量为正和负，分别分析它对目标函数的影响程度和变化趋势。计算中 K 值不应取得太小，以免出现误差掩盖规律的现象。在

初步分析的基础上,对那些敏感度大的自变量再进行详细的分析。

在详细分析阶段,可将自变量在一定区间内按一定步长变动,分别计算对应的函数值。然后可将计算结果绘成图表,就可直观地看出目标函数受到敏感度较大的自变量的影响程度。这时,可能发现自变量的临界值,例如,当投资增大到一定程度时,NPV=0,超过这个限度,NPV<0,那就要承担亏本的风险。因此,这种详细分析又称为盈亏平衡分析。

船型论证中不确定性与敏感性分析是一个较为复杂的问题,这里仅给出其基本概念与思路,进一步的学习与研究可参阅有关文献。

6. 提出建议方案编制船舶设计技术任务书

综合船型方案计算及敏感性分析结果,可提交最佳船型方案;对最佳方案的技术要素(如载重量、主机、航速等)明确加以规定,并补充上其他要求,就可编制出新船的设计技术任务书。

5.6.2 船型论证举例

1. 川江出海集装箱船船型论证

重庆是长江沿线办理外贸运输业务的主要港口之一。每年都有相当数量的外贸适箱货运往香港。为缓解陆运的紧张、保证集装箱货流畅通,拟开发重庆—香港江海直达集装箱船。论证目标是:优选船型(包括载箱量、集装箱布置方式及船速),探求最佳船型的主尺度与经济性。

1) 调查研究

(1) 航线情况:分江海两段,船舶在江段(重庆—长江口)航行时应计入水流速度对船速的影响,平均水流速度为 4km/h;船舶在海上(长江口—香港)航行时则应计入风、浪、水流对船速的影响,按实船统计,实际海上营运航速约比设计航速低 1kn。

(2) 集装箱:20′国际标准箱,平均箱重按统计值取 12t/TEU,集装箱港口装卸速度取 20TEU/h。

(3) 船型:考虑目前川江航道条件,从操纵性出发取限界船长 L_{oa}<95m;考虑到船舶快速性和耐波性,参考有关资料取限界方形系数 C_b≤0.82;考虑到船舶结构设计将遵循 ZC《钢质海船入级与建造规范(1989)》取船长型深比 L/D≤17,船宽型深比 B/D≤2.5;根据目前川江出海箱源尚不稳定,尤其是顾及便于组织回程货源提高回程负载率,故论证船型拟定为集装箱多用途船。

(4) 船舶负载率:重庆港货源较充足,出川负载率取为 100%;而进口集装箱货源较少,但按本船多用途折算至箱运,取回程负载率为 40%。

(5) 船价:按国内现有实船造价水平用立方模数(LBD)法换算。

(6) 经济性计算基础数据:每往返航次停港 3d,江段航程 1 347n mile,海上航程 810n mile;船员人均年工资 8 000 元,船舶折旧、维修与保险费率分别取船价的 4.5% 和 1%;燃油单价,按全年平价油与议价油平均值取 1 000 元/t,润滑油费用取燃油费用的 10%;港口费占年总成本的 10%,管理费占年总成本的 15%,物料及其他费用占总成本的 3.5%;贷款利率按每年 10.08% 计算,船舶寿命期为 20 年。

2) 设立船型方案

(1) 载箱量:单船载箱量 N_T 取 50TEU,60TEU,70TEU,80TEU,90TEU,100TEU。

（2）船上集装箱布置方案：根据 N_T 的多少，参考国内外小型集装箱船的布置格局分别选择：舱内集装箱列数 Y_H 为 3，4，5；甲板集装箱列数 Y_D 为 3，4，5，6；舱内集装箱层数 $z_H = 2$；甲板集装箱层数 $z_D = 1，2$。

（3）设计航速 v：取 v 为 9kn，10kn，11kn，12kn，13kn。

（4）船舶吃水：根据水文资料，川江航道弯曲、水浅流急，目前航道常年维持水深约 2.9m，考虑到船舶常年通航，故选取船舶设计吃水为 2.6m。

3）技术、营运和经济性计算

船型方案设立之后，首先要确定方案计算流程框图，然后逐框建立数学模型，编制计算机程序上机运行。

本船为集装箱多用途船，其主尺度（L、B、D）主要依据 20′ 集装箱的外形尺寸、布置方式和布置地位要求进行估算。

各船型方案的阻力 P_E 按 BSRA 方法初估，考虑到超浅吃水船舶的 B/T 对阻力的影响，将初估 P_E 值再乘以 1.2 的增量系数；推进系数 P.C 则按船模试验与实船资料估取。

经济性衡准指标，选取 RFR 为主要经济指标，PBP 为辅助经济指标。

4）论证结果及分析

（1）载箱量：分别对 N_T 为 50TEU，60TEU，70TEU，80TEU，90TEU，100TEU 六种不同载箱量进行多方案计算，算得航速 11kn 时不同 N_T、船型方案的空船重量 LW、主机功率 P_M 及其经济指标 RFR、PBP 将其绘成如图 5-8、图 5-9 所示的曲线。

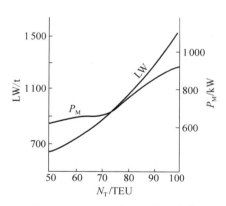

图 5-8　P_M、LW 和 N_T 关系曲线

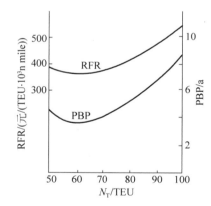

图 5-9　RFR、PBP 和 N_T 关系曲线

由图 5-8 可见，LW 及 P_M 曲线在 $N_T \leqslant 70$TEU 时较为平坦，而在 $N_T > 80$TEU 时 LW 及 P_M 随 N_T 的增加有较大增加；又由图 5-9 可见，RFR 及 PBP 均在 $N_T = 60$TEU 时处于谷值，因此，载箱量为 60TEU 时船舶经济性最佳。

（2）船上集装箱布置方案：对载箱量 $N_T = 60$TEU、航速 11kn 的集装箱船型，选择了五种不同的船上集装箱布置方式，见表 5-7。

表 5-7　船上集装箱布置方案

布置方式	1	2	3	4	5
舱内（行×列×层）	7×3×2	6×3×2	6×3×2	5×4×2	4×5×2
舱面（行×列×层）	7×3×1	6×4×1	6×5×1	5×5×1	4×5×1

对每种布置方式求得满足总布置要求的最小船长及船宽,再适当加大长、宽构成多种方案计算,通过经济性评价获得每种布置方式下的最佳船型方案。

不同布置方式的优选方案,其长宽比 $L/B=3.5\sim5.9$,由于吃水为常数,故相应宽吃水比 $B/T=4.38\sim6.35$。各优选方案的 RFR 及 PBP 绘成曲线如图 5-10 所示。

显然,$L/B=5.5$ 时,船舶经济性较好。此时 L/B 及 B/T 适中,船体结构重量不太大而船型阻力低、主机功率及机器重量小、燃油耗量低,综合经济性较好。根据电算结果,最佳布置方式为 2 号方案。

(3) 航速:分别取航速 v 为 9kn,10kn,11kn,12kn,13kn,对 $N_T=60$TEU 船舶进行航速优选。

方案计算时,计入了由航速变化导致主机功率、空船重量及燃油储备与消耗的差异,将计算结果绘成图 5-11。由图 5-11 可知,$v=11$kn 时,船舶所需运费率 RFR 最低、投资偿还期最短。

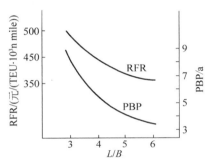

图 5-10　RFR、PBP 和 L/B 关系曲线

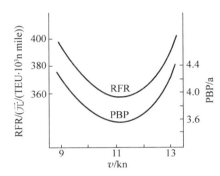

图 5-11　RFR、PBP 和 v 关系曲线

(4) 敏感性分析:一般说来,船舶回程负载率 a、货运单价 BPT、船价 P 及燃油单价 CPO 对船舶经济性的影响较敏感。因此,改变参数 a、BPT、P_S、CPO,利用电算程序作船型方案的敏感性分析。

对 $N_T=60$TEU、设计航速为 11kn 的船舶方案所作敏感性分析表明:最优船型方案不随参数改变而变化,即全部的敏感性分析结果都指向同一个既定的最优主尺度方案。

各参数的改变对船舶经济指标的影响是不同的,表 5-8 给出了各参数波动 $\pm20\%$ 时 RFR、PBP 的变化幅值。

表 5-8　参数变化时 RFR、PBP 的变化幅值

参数波动($\pm20\%$)	运价	a	船价	油价
δRFR/%	0	-11.3	$+15.9$	$+1.04$
	0	$+14.9$	-15.9	-1.04
δPBP/%	-25.5	-18.1	$+34.9$	$+0.82$
	$+53.3$	$+29.1$	-27.7	-1.1

由表 5-8 可知,所研究的参数对船舶经济指标 RFR、PBP 的敏感性序列为:BPT,P,a,CPO;前三者影响较大,而 CPO 影响很小。究其原因,一是集装箱船的船价及运价比一般

货船高得多,使油耗影响相对较小;二是现行油价高,以致油价涨落20％时对经济指标影响不大。

5)结论

(1)川江出海集装箱船,按目前航道条件以载箱量60TEU,航速11kn为宜,最优船型方案的主要技术参数与经济指标为:$L \times B \times D \times T \times C_b = 67.00\text{m} \times 11.40\text{m} \times 4.68\text{m} \times 2.60\text{m} \times 0.80$;主机功率662kW,航速11kn;设计载况的初稳性高1.71m,横摇周期6.35s;所需运费率360.2元/(TEU·10^3 n mile),投资回收期3.64年。

(2)集装箱运价、船舶造价及回程负载多对船舶经济性影响显著。燃油价格的涨落对集装箱船经济性影响较小,因此,提高集装箱船经济性的主要措施是降低造价及提高回程负载率。

2. 长江中下游分节顶推船队论证

1)论证方案的设立

据长江航运实际情况,选择:

3条航线——汉申线,运距为1 125km;裕宝线,运距为450km;浦涑线,运距为105km。

5种年运量——200万t、400万t、600万t、800万t、1 600万t。

5种载重量驳型——1 000t、1 500t、2 000t、3 000t、5 000t。

8种推船功率——272kW、397kW、588kW、882.6kW、1 324kW、1 986kW、2 942kW、4 413kW。

18种驳船队的编队队形$m \times n$(m列×n排)——1×2、2×2、3×2、4×2、5×2、6×2、1×4、2×4、3×4、4×4、5×4、6×4、1×6、2×6、3×6、4×6、5×6、6×6。

经排列组合构成了10 800个论证方案。

2)论证方案的技术经济计算

在技术计算中,依长江下游的实际,将船队的航速限制在8～10km/h之间,计算过程如图5-12所示。

在技术计算中利用了各适宜的P_B计算公式,在推力计算中对有关基本参数作统一规定。桨的要素由简易导管JD7704＋Ka4—70螺旋桨或楚思德B4—70螺旋桨两种类型计算,然后选取其中效率较高者。

关于所需船队数,对应指定航线,由长江下游平均水流速度(取4km/h)、年航行天数、航行率和计算机输出的船队静水航速,在给定的年运量下,即可算出实际需要的推驳船队数。考虑到对推船的充分使用,又在起点与终点两港各设置一个周转驳船队。

在论证方案的经济计算中,按统一的驳船重量计算式、统一的造价指标进行计算。

经济指标则采用综合经济指标,其表达式为

$$E = \frac{运输成本 + 0.1 \times 船舶总造价}{年运量 \times 运距}$$

3)论证结果

对于某一特定航线、一种运量和一种驳型,可以将8种功率的推船和18种驳船队形搭配成144个方案,再从中选出一个具有实船价值的E值为最低的方案;进而对于不同的运量和驳型,便可绘制成E-Q_t-w_C图,对于汉申线如图5-13所示。由图5-13可见,长江下游

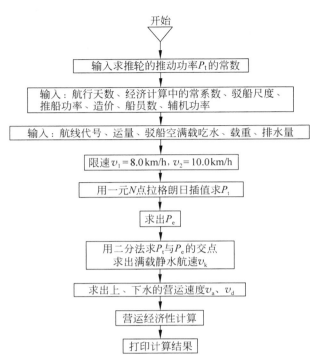

图 5-12　论证方案的技术经济计算框图

分节驳以 1 500t、1 000t 的为差，2 000t 与 3 000t 的有相近的经济效果。除短航线小运量外，5 000t 分节驳优于 2 000t 驳和 3 000t 驳。考虑到港口卸船设备、港作拖轮造价和使用量等因素，针对目前港口现状建议以发展 2 000t 级分节驳为宜。

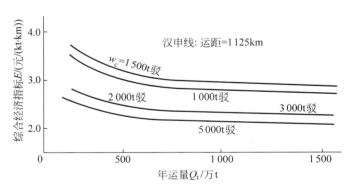

图 5-13　不同驳形的综合经济指标 E 曲线

关于驳船队队形与推船功率的选择，由计算结果按不同航线和驳型可绘出 $E\text{-}P_B\text{-}Q_t$ 曲线。对于汉申线并取 2 000t 驳时的 $E\text{-}P_B\text{-}Q_t$ 曲线如图 5-14 所示。

由图 5-14 可见，当年运量在 400 万 t 以上时，最适宜的推船功率为 882.6kW，最佳驳船队为 2×4；当年运量为 400 万 t 以下时相应为 588.4kW，驳船队为 2×2；而当年运量为 200 万 t 时相应为 397.2kW，驳船队为 1×2。

同理，可获得裕宝线、浦涑线的最佳推驳船队论证结果。

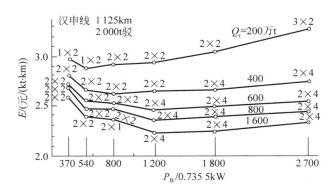

图 5-14　汉申线 2 000t 驳 $E\text{-}P_B\text{-}Q_t$ 曲线

复习思考题

1. 名词解释：利率、利息、复利计算、年收益、年利润、税后年利润、终值因数、现值因数、系列现值因数。

2. 为什么船舶设计中越来越重视船舶经济性？

3. 单船经济性评价的基础数据有哪些？

4. 分述船型论证(或初始设计阶段)及初步设计完成后船价的估算方法。

5. 年营运成本与年营运费用有何不同？如何计算？

6. 船舶静态经济指标有哪些？如何计算？

7. 船舶动态经济指标有哪些？如何计算？

8. 船舶经济性指标中的净现值 NPV、内部收益率 IRR、最小货运费率 RFR 分别表示什么意义？说明如果它们的指标值大则分别表示什么意思。

9. 简述船型对经济性的影响规律。

10. 什么是船舶最佳吨位(航速)？如何计算之？

11. 船舶设计中调查研究的目的是什么？调研的内容主要有哪些？

12. 货船船型论证中如何拟定 DW、v_S 和主机类型？

13. 船型论证中为什么要作敏感性分析？怎样做？

14. 简述船型论证的一般步骤。

15. 预定 5 年后买船需 1 500 万元,如银行年利率为 10%,问从今年末起每年应存入银行多少万元？

16. 某远洋运输公司以 15% 的利率向银行贷款 2 000 万元购买运煤船一艘,预计该船投入营运后年总成本为 150 万元、年煤炭运输周转量为 120×10^4 t·n mile,该船使用年限为 20 年,船舶残值为 200 万元。若目前航运市场煤炭运输单价为 4 元/(t·n mile),问购买此船是否经济？

17. 两船型方案 A、B 的营运与经济参数如下：

方案	船价 /万元	年总成本 /万元	年货运量 /万 t	年收入 /万元	使用年限 /a
A	1 500	420	6.65	580	25
B	1 350	385	5.85	520	20

问：(1) 以 b_t 和 TK 为衡准，哪种船型方案好？

(2) 如投资利率为 10%，则哪种船型方案好？

(3) 分别按投资利率 $i=13\%,15\%,17\%$ 计算两种方案的 NPV 值，并作图求 IRR。

18. 某散货船的造价为 12 000 万元（一次投资），设年货运量为 120 万 t，货运单价 45 元/t；年营运成本中，船员费用为 200 万元，维修、保险等与造价有关的费用为 900 万元，燃油和滑油费用为 1 600 万元，港口、代理等与吨位或载重量有关的费用为 700 万元，其他的费用为总成本的 12%；取船舶营运年限为 20 年，船舶的残值取造价的 10%。按投资收益利率 10%，求净现值 NPV、内部收益率 IRR 和最小货运费率 RFR。

第 6 章

船舶主尺度确定

6.1 概述

船舶主尺度是指船长 L（一般指垂线间长 L_{bp}）、型宽 B、型深 D 和设计吃水 T,通常把方形系数 C_b 及主尺度比也归并到船舶主尺度的范围内。习惯上把主尺度、排水量 Δ、船型系数（方形系数 C_b、棱形系数 C_p、中剖面系数 C_m、水线面系数 C_w、浮心纵坐标 X_b）、载重量（载箱量）及载客量、主机功率、航速、船员人数等统称为船舶主要要素。

船舶主尺度是描述船舶几何特征的最基本的参数。主尺度对船舶技术性能、经济性（如:快速性、稳性、耐波性、操纵性、重量、容量、强度、总布置、经济性等）都有重大影响,对船舶设计质量也起着决定性的作用。因此,合理地确定船舶主尺度是船舶总体设计中首先要解决的最重要的工作,也是开展后续各项设计工作的基础。

1. 确定船舶主尺度应满足的基本要求

船舶设计的理论和实践表明,船舶主尺度的确定必须满足如下的基本要求:

(1) 满足浮力要求,即新船设计吃水时的浮力应等于设计排水量 Δ;

(2) 满足容量要求,即满足新船所需的舱容和甲板面积;

(3) 满足新船的各项技术性能,包括快速性、稳性、操纵性、耐波性和强度等;

(4) 满足用船部门(船东)对新船的使用要求;

(5) 满足客观条件(航区航线、港口、建造厂等)对新船主要要素的限制;

(6) 努力提高新船的经济性。

2. 确定船舶主尺度的特点

确定船舶主尺度有三个显著特点:问题的综合性、求解的灵活性与多解性、求解过程的逐步近似。

1) 综合性

设计一艘新船,要考虑到航线、港口及船厂各方面的条件和影响;新船本身要满足使用效能、技术性能及经济性等众多基本要求。就技术性能而言,它又包括浮性、稳性、抗沉性、快速性、操纵性和耐波性等,有些性能指标是相互矛盾的,如初稳性与横摇性能、操纵性中直线稳定性与回转性,满足了某些性能就可能不满足另一些性能;某项性能指标的改善可能伴随着另一项性能指标的恶化;问题错综复杂。因此,确定主尺度时必须依据船东要求综合考虑,抓住主要矛盾,形成特色、统筹兼顾,求得一个完善的船舶主尺度方案。

2) 灵活性与多解性

确定主尺度的方法十分灵活,设计目标是满足任务书提出的各项要求,不管通过什么途径都行。同时,由于任务书的诸项要求中除重量与浮力平衡属于等式约束外,其余基本上都是不等式约束,即只提出性能指标的下限(或上限),如最低航速、最小舱容、最大主机功率等。显然,满足诸不等式约束的解将不是唯一的,即新船主尺度的选取具有多解性。这种多解性为船舶设计者提供了一个充分发挥自己聪明才智的舞台,通过细致的调查研究、构思分析和设计计算可望从众多的方案中探求到最优的主尺度方案。

3) 过程的逐步近似

由于主尺度的确定要处理错综复杂的矛盾且结果具有多解性,因此,确定主尺度的过程往往是逐步近似的。开始时着眼于主要要求,初选主尺度;继而进行各项性能估算,修正主尺度;最后,通过必要的绘图和较准确的校验调整并确定主尺度。

3. 确定主尺度的一般步骤

尽管确定船舶主尺度的方法因船舶种类的不同而异,但其基本思路和一般步骤是共同的。大体可归纳如下:

(1) 任务书分析　船舶设计任务书集中地反映了新船的使用任务特点和船东要求,是新船设计工作的依据。设计者首先必须吃透任务书的精神,切实把握船东对新船各项指标的要求;同时仔细分析、判断任务书的合理性,例如,哪些要求过高难以实现,哪些要求又偏低可能影响设计船的总体效果,发现问题、及时与船东协商修订任务书。

(2) 调查研究　调查研究是搞好设计的重要环节。从设计开始以至整个设计过程中都要进行调查研究,当然主要而大量的调研工作是在设计之初。调研的内容包括:查阅文献资料,航线、港口、船厂的客观环境调研以及现有同类实船的调研。通过调研掌握新船主尺度限制,形成母型船要素一览表,获得新船设计的思想、方法及各种有用的数据资料。

(3) 确立设计指导思想　在任务书分析与调研的基础上确立新船设计指导思想,即明确新船设计中哪些性能是要争取最优的,哪些指标是必须确保达到的,哪些要求是只要适当兼顾的,而哪些是可以放弃的等。只有明确了这些基本思想,才能对设计中碰到的各种问题有清晰的处理原则,可望求得成功的有特色的设计方案。

(4) 估取设计船主尺度的第一近似值　根据新船设计指导思想,参考母型船主尺度数据,估取设计船主尺度第一近似值。

(5) 性能校验　按照主尺度第一近似值校验相应的新船性能,诸如浮力与载重量、货舱容积与甲板面积、有效马力估算与航速预报(或选取主机功率)、初稳性与横摇周期、最小干舷等。如果新船某项或某几项性能不满足要求,则要根据新船设计指导思想,按照抓主要矛盾统筹兼顾的原则调整主尺度,然后再次进行性能校验,直到求得满足任务书中各项要求的主尺度方案。

(6) 绘图核算　绘制总布置图、型线草图、中横剖面结构图,然后在重量重心估算的基础上对新船性能作进一步的核算,并根据核算结果调整主尺度。这步核算的深广度以能肯定方案的可靠性为准。

（7）主尺度选优　根据新船的特点，选取合适的选优衡准，利用优化方法，进行多方案的计算比较，选取最佳方案。

上述七个步骤是对一般情况而言的，在具体确定新船主尺度时，不要机械地搬用，一定要灵活掌握。比如，对一些小型货船，常常只需走完前五步就可确定出主尺度。对一些常规船，如油船、散货船等，省去第六步，直接优化，就可得出新船的主尺度。对于特殊船型和布置地位型船，第（6）步则一般不可省略。

由于船舶主尺度的确定要满足众多的基本要求，具有综合性的突出特点，本章将首先介绍选取主尺度的综合分析；接着按船舶使用特点给出载重型船与布置地位型船的概念及其主尺度的确定；继而简要介绍主尺度优化方法；最后给出若干实船主尺度确定算例。

6.2　选取主尺度的综合分析

船舶主尺度受到一系列因素的制约，如：航道、港口和船舶建造、修理厂的客观条件对主尺度的限制，规范和法规对新船尺度比的要求，船舶的各项技术性能、使用要求和经济性对主尺度的影响等，因此，选取新船主尺度时必须对这些因素进行综合分析。

1. 选取 L 时应考虑的因素

（1）主尺度限制　航线上船闸长度、停靠港的码头泊位长度、建造厂船台长度及修理厂船坞长度都限制船舶总长。例如圣劳伦斯航道对船舶的尺寸限度：$L_{oa}=222.5\text{m}$，$B_{max}=23.2\text{m}$，$T_{max}=7.92\text{m}$，水面以上高度 35.5m。内河弯曲航道也影响船长，我国内河通航标准规定船长一般不大于航道曲率半径的 $1/4\sim1/3$；此外，船长的选择还应考虑内河或港口水域宽度对船舶掉头的限制。

（2）浮力　船的浮力排水量 $\Delta=\rho k LBTC_b$，改变 L 可调整船的浮力，使设计船的浮力与重量平衡即 $\rho k LBTC_b=W_h+W_f+W_m+DW_o$。

（3）快速性　L 对船舶阻力影响很大。在不同的 Fr 下，R_f 和 R_r 占总阻力的百分数是不同的，高速船剩余阻力 R_r 占比大，而低速船则摩擦阻力 R_f 占比大。在排水量不变的前提下，对 $Fr\geqslant0.30$ 的高速船，加大 L，则船型更瘦长，首尾水线更趋平顺，首部可降低兴波阻力，尾部可降低漩涡阻力，船舶剩余阻力 R_r 降低，从而总阻力降低；对 $Fr<0.18\sim0.20$ 的低速船，减小 L，则湿面积随之减小，摩擦阻力 R_f 降低，从而总阻力降低；对 $0.18<Fr<0.30$ 的中高速船，对应某一航速，依序改变 L，可得到总阻力显著增加的最短船长（称临界船长）以及总阻力最低的船长（称阻力最佳船长）。

（4）总布置　包括满足舱容和甲板面积两方面的要求，满足总布置要求的 L 可作为设计船 L 的下限。

（5）经济性　L 在主尺度中对船体重量和造价影响最大。L 增加将导致 W_h 和 LW 的较大增加，船价及与船价相关的营运费用亦增加；但增加 L 可能取得快速性的改善（如中高速船），从而提高船速、节省燃料开支；综合 L 对船价及燃料开支的不同影响，民用运输船从船舶经济性角度常选取一个最有利的 L，称为"经济船长"。显然，经济船长应长于阻力显著增加的临界船长，又短于总阻力最低的阻力最佳船长。

（6）耐波性　L 增加可使船舶在海上的纵摇升沉运动减缓，当 $L>1.3\lambda$ 时，纵摇幅值与运动加速度均较小；且 L 增加后，$L/\nabla^{1/3}$ 增加，可改善船舶在海上的失速。

（7）操纵性　L 增加，船舶船向稳定性改善，但回转性变差；内河船尤其是港作拖轮宜缩短 L 以改善回转性和机动性，海船与军舰则宜加大 L 以改善航向稳定性，也有利于耐波性与快速性。

（8）抗沉性　L 增加，船舶可浸长度增加，海损稳性损失下降，有利于改善抗沉性，但影响不太大。

综上所述，船舶尺度中 L 对船舶使用效能、航行性能与经济性影响最大，选取 L 时往往要考虑多方面因素进行综合分析，找出确定 L 的主要矛盾，同时兼顾其他。实船设计选取 L 时，除主尺度限制条件必须满足外，往往着重考虑浮力、快速性、总布置和经济性。

对于不同类型的船舶，由于使用任务特点不同，选取 L 的侧重点也有所不同：军舰侧重于快速性、耐波性和生命力，其船型多偏于瘦长；载重型商船多注重经济性，往往船型短肥，选取经济船长；布置地位型船（如客船）主要考虑总布置与快速性，选取 L 一般以满足总布置为前提，同时力求改善快速性；此外，中小型海船注意耐波性，内河船注意操纵性，对于国际航行的船舶，适当减小 L 以利于降低有关营运开支。

2. 选取 B 时应考虑的因素

（1）主尺度限制　船舶最大宽度的选取受到航线上船闸闸门宽、桥孔宽以及船台、船坞宽度的限制。由于航线原因，圣劳伦斯航道限制船宽 $B_{max}=23.2\text{m}$，巴拿马运河的限制船宽 $B_{max}=32.3\text{m}$，因此凡通过圣劳伦斯航道或巴拿马运河的船舶，其最大船宽 B_{max} 常分别取其限制船宽，以提高船舶经济性。而从 2018 年 6 月起，经过拓建后的新巴拿马运河其通航尺度大幅提升，其限制船宽 $B_{max}=51.25\text{m}$，$L_{oa}=370.33\text{m}$，$T_{max}=15.24\text{m}$，可通航 18 万 DWT 的散货物。

（2）稳性与横摇　型宽 B 对稳性影响最大。由于横稳心半径 $r \propto B^2$，因此，根据初稳性方程可知，增加 B 将引起初稳性高 GM 的显著增加。B 对大倾角稳性的影响较复杂：当船的横倾角不超过甲板边缘浸水角时，增加 B 使船舶形状稳性臂加大，复原力臂也加大，对稳性有利；而当船舶横倾加大时，增加 B（如 D，T 不变）则甲板边缘浸水角减小，静稳性曲线的最大值对应的横倾角 θ_m 也减小，同时甲板开口进水角减小，稳性曲线提前中断，这时对稳性是否有利则需进行具体计算才能确定。

船舶横摇与 GM 有密切关系，增加 B，则 GM 增大，由于横摇周期 T_φ 与 GM 的平方根成反比，所以 T_φ 减小，船舶横摇加速度及横摇幅值均加大，对横摇不利。

（3）总布置　B 与总布置关系密切。载重型船，增大 B 则舱容加大，货舱口宽度可加大，有利于总布置；布置地位型船（如客船、集装箱船等）和中小型双桨船则通常根据总布置需要初选 B。

（4）浮力和经济性　船的浮力 $\propto B$。因 B 对 W_h 和 W_f 的影响低于 L 的影响（尤其是大型船舶），故从保证浮力、降低船价考虑，以减小 L，适当加大 B 为有利。

（5）快速性　在 Δ 和 L 基本不变的情况下，增大 B 以降低 C_b，一般对快速性有利，尤其是中高速船，原 C_b 相对 Fr 的配合偏大时更是如此。

通常，选取 B 时除必须满足主尺度限制条件外，着重考虑初稳性、总布置与浮力。拖船，由于受急牵力矩作用，对稳性要求高，选用较大的 B；小型客船及多桨船，一般按初稳性下限和总布置要求选取 B；集装箱船的 B，主要由货箱的布置列数来确定；海洋客船及工作船,要求良好的耐波性,需要在满足稳性下限的前提下适度减小 B;载重型船舶,在吃水受限制的情况下,为增大船舶装载量、提高经济性,常常不得不采用较大的 B,以至出现 $B/T>4.0$ 以上的超浅吃水船型,这种船型应特别注意横摇、失速和推进效率等问题。

3. 选取 T 时应考虑的因素

(1) 主尺度限制　内河船与海船的吃水限制分别是航道水深与港口水深。为避免船舶搁浅,内河船舶船底与河床之间应留一定的间隙,称为富裕水深。富裕水深的大小一般为 $0.2\sim0.5$m,大船、快船、航道水深大者取大值,对石质河床另加 $0.1\sim0.2$m,具体可查阅我国内河通航标准。海船的吃水,则要考虑可能通航的内河及运河水深、沿海潮水影响以及所有可能停泊的港口水深。

(2) 浮力　增加 T 对增大浮力最方便、最有效。

(3) 快速性与经济性　在 Δ 基本不变时,增大 T 可相应地减小 L、B 或 C_b,从而减轻船体重量,降低船价;同时,增大 T 又可加大螺旋桨直径,提高推进效率,改善快速性。

此外,增加 T 可改善首底砰击和尾部飞车,但可能增加甲板上浪。

实船设计中,当船舶吃水不受限制时,通常先根据船的使用要求、航行性能与经济性初选 L、B,然后选取较大的 T;而当吃水受限时,一般都是取设计吃水等于或接近限制值,以有利于浮力、快速性和经济性。

4. 选取 D 时应考虑的因素

(1) 舱容与总布置　对载重型船,型深 D 是影响货舱舱容的最主要因素,增大 D 对增大货舱容积最有效而对船体重量影响最小。对布置地位型船,船主体内的布置要求(如客船的甲板分层与层高、集装箱船货舱内的装箱层数)是选取 D 的主要依据。而小型船舶 D 的选择则主要取决于机舱高度的要求。

(2) 甲板上浪与抗沉性　当吃水一定时,增加 D 即增加船的干舷,一则可减少甲板上浪,二则增加了船的储备浮力,使船舶破损进水后仍能保有足够的剩余干舷,免于沉没或倾覆,有利于抗沉性。

(3) 稳性　D 增加则船舶重心高 z_g 升高,GM 下降,对初稳性不利。D 对大角稳性的影响较为复杂:增大 D 则甲板开口进水角增大,有利于稳性,但受风面积增加又不利于稳性;同时,D 增加后,船大角度横倾时其形状稳性臂增大,可加大复原力臂,但重心提高、重量稳性臂也增大又可能使复原力臂减小;因此,增大 D 对大角稳性是否有利需经过具体计算才能确定。但大多数情况下在实用范围内增大 D 对大倾角稳性一般是有利的。

(4) 强度与经济性　增加 D,船体等值梁的剖面模数显著加大,有利于船体总纵强度和刚度,也有充足空间设置抗扭箱,以满足大开口船舶的抗扭要求。对于总纵强度要求高的大型船舶,增大 D 的同时可减小纵向构件的尺寸,因而船体重量一般变化不大,有时甚至有所下降,从而有利于经济性;对于小船,增大 D 则舷侧板架重量增大,船价也将有所增加。为保证船舶强度,建造规范规定了船舶的 $L/D(L/B)$ 和 B/D:对于海船,$L/B>5$,$B/D\leqslant$ 2.5;对于航行于 A 级航区的内河机动船,$L/D\leqslant25$,$B/D\leqslant4.0$。

实船设计中型深 D 的选取,除一般要满足建造规范对 L/D、B/D 的要求外,常根据船舶类型的不同作不同的处理:对于载运重货的最小干舷船,按满足载重线规范的最小干舷来确定 D;对于载运轻货的富裕干舷船,则按舱容要求确定 D;布置地位型船、小型船舶一般按总布置要求选取 D;小型海船,从船舶安全性考虑,一般取适当大的 D,以改善甲板上浪和抗沉性,同时可考虑加固定压载降低重心以保证船舶稳性。

5. 选取 C_b 时应考虑的因素

(1) 浮力　　方形系数 C_b 是联系船舶 Δ 与主尺度(L、B、T)的纽带,即 $C_b = \Delta/\rho k L B T$,当浮力相差不大时,保持 L、B、T 不变而适当改变 C_b 以调整浮力最为方便。

(2) 快速性与耐波性　　减小 C_b 有利于降低船舶剩余阻力 R_r,所以对于 R_r 比重大的高速船,一般取较小的 C_b,以改善阻力性能,同时可减缓船舶在海浪中的纵摇升沉运动,特别是减小 C_b 并增大 L 时快速性与耐波性的改善最显著。

(3) 经济性　　在 Δ 不变的情况下,适当增大 C_b 则可减小 L 或 B,从而可降低船体重量与船价,提高船舶经济性。船模试验结果表明,对于 $Fr > 0.18 \sim 0.20$ 的中速运输船,在 Fr 一定的情况下,存在一个阻力最低的 C_b 和一个引起阻力急剧增加的临界 C_b,实船的 C_b 常大于阻力最佳的 C_b 而接近于临界 C_b,这时船舶尺度较小,重量较轻,船价较低,同时阻力增加亦不大,油耗较为节省,实船的这一 C_b 值称为"经济方形系数"。低速运输船从经济性考虑多取稍大的 C_b,其阻力较低,船舶尺度与空船重量均较小;例如有些大型散货船和油船的 C_b 取到 0.86,美国大湖型散货船的 C_b 甚至高达 0.90 以上。

(4) 总布置　　增大 C_b 有利于增大货舱舱容,也有利于机舱和船舶首尾端舱室的布置与建造。实船设计中方形系数的确定通常依船舶类型的不同而不同:载重型船为了减小船舶尺度与重量,常取与 Fr 配合上不引起阻力急剧增加的经济方形系数;对于布置地位型船,因其 L、B、D 往往为舱容及甲板面积要求所决定,故一般根据重量与浮力平衡的条件和吃水 T 相互调节综合权衡选取 C_b;高速船则多选取与 Fr 相配合的阻力最佳的 C_b。

船舶主尺度与各项因素的关系,依序用"主要"、"重要"、"有关"、"—"(无关)加以归纳,如表 6-1 所示。

表 6-1　船舶主尺度与考虑因素的关系

考虑因素 船舶主尺度	航道尺度	码头尺度	船台及船坞尺度	总布置要求	浮力	快速性	稳性及横摇	纵摇升沉及失速	抗沉性	最小干舷	重量及造价	操纵性	强度	国际航行税收及服务费
L	有关	重要	大型船舶重要	主要	主要	主要	—	重要	重要	主要	主要	重要	大型船舶主要	重要
B	有关	—	大型船舶重要	主要	主要	有关	主要	有关	重要	—	重要	有关	大型船舶重要	有关
D	有关	—	—	主要或重要	—	—	重要	—	主要	主要	有关	—	大型船舶重要	有关
T	主要	重要	—	—	主要	重要	有关	有关	有关	—	有关	有关	有关	有关
C_b	有关(较次要)	—	—	有关	主要	主要	有关	重要	有关	有关	有关	—	有关	有关

6.3　载重型船主尺度的确定

船舶设计中往往依船舶任务要求和设计特点的不同而将船舶分为两种类型:一是载重型船,二是布置地位型船。这两种类型船舶确定主尺度的思路和方法有所不同。本节首先介绍这两种类型船舶划分的概念,然后讲述载重型船排水量估算与主尺度确定的步骤。

6.3.1　船舶类型划分

1. 载重型船

所谓载重型船,是指载重量与排水量的比值(DW/Δ)较大、较稳定的船舶,设计这类船时 DW 是主要矛盾,其主尺度确定往往从重力与浮力平衡入手。油船、散货船及杂货船等是典型的载重型船。

2. 布置地位型船

所谓布置地位型船,是指为了布置各种用途的舱室需要较大舱容或甲板面积的船舶,这类船舶的容量是主要矛盾,故也称为容积型船,其主尺度确定通常从总布置入手。客船、科学考察船、车客渡船、集装箱船和载驳船等均属于布置地位型船。

6.3.2　排水量估算

载重型船主尺度的确定,一般从估算排水量 Δ 入手;依据排水量,结合快速性及航道限制选取 L、C_b 和 T;由初稳性下限和横摇周期计算 B;由最小干舷和舱容要求计算 D;接着,对初次选取的一组主尺度进行性能校核,主要有重量与浮力平衡、航速估算、初稳性估算及舱容校核等;根据校核结果调整主尺度;必要时再做多方案的主尺度优选。

载重型船排水量的估算方法主要有两种:载重量系数法和诺曼系数法。

1. 载重量系数法

载重型船第一次估算 Δ 时通常利用载重量系数 η_{dw},即

$$\Delta = DW / \eta_{dw} \tag{6-1}$$

式中,DW——设计船的载重量;

η_{dw}——载重量系数,显然,$\eta_{dw} = DW_0 / \Delta_0$,可取自母型船或统计资料。

各种船舶载重量系数 η_{dw} 的大致范围如表 6-2 所示。

表 6-2　船舶 η_{dw} 的大致范围

船舶种类	η_{dw}	船舶种类	η_{dw}
中、小型货船	0.70~0.57	中、小型客船	0.50~0.30
大型货船	0.73~0.63	大型客船	0.55~0.40
中小型油船	0.65~0.50	拖船	0.15~0.05
大型油船	0.85~0.65	渔船	0.40~0.30
驳船	0.80~0.70		

下面对 η_{dw} 作些简要分析:

1) η_{dw} 的物理意义

η_{dw} 表示船的载重量 DW 占排水量 Δ 的百分数,对同样 Δ 的船来说,η_{dw} 大者 LW 小,表示其载重多。而对具有同一使用任务要求,即 DW 和其他要求相同的船来说,η_{dw} 大者,说明 Δ 小些也能满足要求。由此可见,当一条船设计结束后,将其实际的 η_{dw} 值与相近船比

较，η_{dw} 的大小就成了船舶设计质量的一个衡准指标。

2）η_{dw} 的变化规律

因为

$$\Delta = LW + DW = W_h + W_f + W_m + DW = C_h\Delta + C_f\Delta + C_m\Delta + DW$$

$$\Delta = \frac{DW}{1 - (C_h + C_f + C_m)}$$

所以有

$$\eta_{dw} = 1 - (C_h + C_f + C_m) \tag{6-2}$$

据统计资料，η_{dw} 的变化规律是，对于载重量大的船，η_{dw} 要大些，这是因为 Δ 大的船，C_h、C_f 及 C_m 的值相对较小，也就是 LW 在排水量中所占的比例要小些，因而 DW 所占的比例大些。对于一般货船或油船等，η_{dw} 随 Δ 变化有相对稳定的范围，因此可用 η_{dw} 来粗估 Δ。

2. 诺曼系数法

当具有很相近的母型船且新船载重量与母型船相差不太大时，可采用诺曼系数法来估算新船的 Δ。

如果按

$$\Delta = W_h + W_f + W_m + DW = C_h\Delta + C_f\Delta^{2/3} + C_m\Delta^{2/3} + DW$$

则

$$\delta\Delta = \frac{\partial W_h}{\partial \Delta}\delta\Delta + \frac{\partial W_f}{\partial \Delta}\delta\Delta + \frac{\partial W_m}{\partial \Delta}\delta\Delta + \delta DW$$

$$= \left(\frac{W_h}{\Delta}\right)_0 \delta\Delta + \frac{2}{3}\left(\frac{W_h}{\Delta}\right)_0 \delta\Delta + \frac{2}{3}\left(\frac{W_h}{\Delta}\right)_0 \delta\Delta + \delta DW$$

经整理归并后有

$$\delta\Delta = \frac{\delta DW}{1 - \left(\dfrac{W_h}{\Delta} + \dfrac{2}{3}\dfrac{W_f}{\Delta} + \dfrac{2}{3}\dfrac{W_m}{\Delta}\right)_0} = N \cdot \delta DW \tag{6-3}$$

式中，N——诺曼系数，

$$N = \frac{1}{1 - \left(\dfrac{W_h}{\Delta} + \dfrac{2}{3}\dfrac{W_f}{\Delta} + \dfrac{2}{3}\dfrac{W_m}{\Delta}\right)_0} \tag{6-4}$$

根据母型船的 W_{h0}、W_{f0}、W_{m0} 和 Δ_0 可求得诺曼系数 N，进而由 N 可估算新船的 Δ，即

$$\Delta = \Delta_0 + \delta\Delta = \Delta_0 + N \times \delta DW \tag{6-5}$$

现对诺曼系数作简要分析：

（1）诺曼系数 N 的物理意义

由式(6-3)知，N 表示载重量增加 1t 时船舶排水量的增量。由于船舶排水量 $\Delta = LW + DW$，所以，N 越大表示载重量增加时其 LW 的增加越多。

（2）诺曼系数 N 的数值特点

① 恒有 $N > 1$，因为式(6-4)分母中括号内的数值恒小于 1。所以，如果载重量增加 1t，则排水量必须增加 1t 以上。

② N 的大小随船型而异，载重型船的 N 较小，而布置地位型船的 N 较大。

③ N 的大小随所改变的主尺度项目而异。对应某一 δDW，改变 L 时 N 最大，改变 B 次之，改变 D、T 或 C_b 时 N 渐次变小。

6.3.3　主尺度初选

在排水量 Δ 估算出来后，选取主尺度的方法相当灵活，下面介绍几种常用的方法。

1. 母型船换算法

当设计船与母型船航速、载重量差别不大时，可先暂时假定二者的 C_b 相同，则

$$\begin{cases} L_{bp} = L_{bp0} (\Delta/\Delta_0)^{1/3} \\ B = B_0 (\Delta/\Delta_0)^{1/3} \\ T = T_0 (\Delta/\Delta_0)^{1/3} \end{cases} \tag{6-6}$$

式(6-6)中，带下标 0 者为母型船的有关数据，如果新船的 T 有吃水限制，则按限制吃水选取，再按浮力方程式调整 C_b 即可。以若干实船为母型代入式(6-6)，还可以迅速得出设计船主尺度的大体可行范围。

型深 D 的估算：

对于最小干舷船，当 $L_{bp} < 160$ 时，$D = D_0 (L_{bp}/L_{bp0})^{5/3}$

当 $L_{bp} \geqslant 160$ 时，$D = D_0 (L_{bp}/L_{bp0})$

对于富裕干舷船，可按舱容的要求来确定，即

$$D = \frac{V_C}{V_{C0}} \left(\frac{L_{bp0} - l_{m0}}{L_{bp} - l_m} \right) \frac{B_0}{B} D_0 \tag{6-7}$$

式中，l_m、l_{m0}——设计船、母型船机舱长度；

V_C、V_{C0}——设计船、母型船货舱总型容积。

D 也可按货舱容量方程式求得：

$$D = \frac{W_C \mu_C}{K k_C (L_{bp} - l_m - l_f - l_a) B} + h_d \tag{6-8}$$

式中，W_C——载货量；

μ_C——货物积载因数；

k_C——型容积利用系数；

h_d——双层底高度；

l_m、l_a、l_f——机舱长度、尾尖舱长度及首尖舱长度；

K——考虑首、尾削瘦舱容减少的舱容系数。对杂货船 $K = C + 1.08 C_b$，其中，中机型 $C = 0.118$；偏尾机型 $C = 0.117$；尾机型 $C = 0.175$。对散货船 $K = 0.135 + 1.08 C_b$，油船 $K = a(C_b + 1.2)$，其中，有舷弧船 $a = 0.49$，无舷弧船 $a = 0.466$。

l_m、l_a、l_f 及 h_d 可分析同型船资料取一个值。一般 l_a 可取为 $(0.04 \sim 0.05)L_{bp}$；l_f 可取为 $(0.05 \sim 0.07)L_{bp}$，如在船首设压载深舱或燃油深舱，则包括在首部压载深舱或燃油舱在内的 l_f 约为 $0.1 L_{bp}$。

2. 统计公式法

1) 巴士裘宁-亚历山大统计公式法

通常，可按巴士裘宁公式(4-1)求 L：

$$L = C \left(\frac{v_k}{v_k + 2} \right)^2 \Delta^{1/3} \tag{6-9}$$

继而，按亚历山大公式(4-2)求 C_b(适于 $Fr \leqslant 0.30$)：

$$C_b = C - 1.68 Fr \tag{6-10}$$

则满足浮力要求的 B 及 T 的乘积为

$$BT = \Delta / \rho k L C_b$$

然后按航道和港口水深条件选取 T，即可求出 B，而 D 的估取与前述 1)相同。

2)一般统计公式法(尺度单位：m)

(1)散货船(10 000t＜DW＜100 000t)

$$L_{pp} = 8.545 DW^{0.2918}, \quad B = 0.073\,4 L_{pp}^{1.1371}, \quad T = 0.044\,1 L_{pp}^{1.051} \tag{6-11}$$

(2)多用途船(5 000t＜DW＜25 000t)

$$L_{pp} = 29.4 \left(\frac{DW}{100}\right)^{1/3} - 17, \quad B = 4.1 \left(\frac{DW}{100}\right)^{1/3}, \quad T = 1.9 \left(\frac{DW}{100}\right)^{1/3} - 1 \tag{6-12}$$

(3)集装箱船(N_T＜2 500TEU)

$$\begin{cases} L_{pp} = 47 + 0.16 N_T - 0.725 N_T^2 \times 10^{-4} + 0.135 N_T^3 \times 10^{-7} \\ B \geqslant 2.438 Y_D + 0.038 (Y_D - 1) \\ T = 0.36 DW^{1/3} \end{cases} \tag{6-13}$$

(4)油船(35 000t＜DW＜130 000t)

$$\begin{cases} L_{pp} = 60.473 \ln DW - 456.6 \\ B = 10.853 \ln DW - 84.9 \\ T = 6.546 \times 10^{-5} DW + 8.127 \\ D = 1.2 T + 3.3 \end{cases} \tag{6-14}$$

3. 多方案选优法

用计算机进行多方案优选时，常常以尺度比 L/B、B/T、C_b (或 L/B、C_b)为自变量，根据浮力方程式求 L，进而求 B、T，可设立一系列主尺度方案；对每一组主尺度方案进行技术与经济计算；然后依据相关衡准求得最优主尺度方案。

若初步选定 L/B、B/T、B/D 及 C_b，即有：

$$L/B = K_1, \quad B/T = K_2, \quad B/D = K_3$$

于是主尺度方案为：

$$L = \left(\frac{\Delta K_1^2 K_2}{\rho k C_b}\right)^{1/3}, \quad B = L/K_1, \quad T = B/K_2, \quad D = B/K_3$$

当船舶吃水受限制时，则先定 T，再给出 L/B 和 C_b，就可以求得

$$L = \left(\frac{\Delta K_1}{\rho k T C_b}\right)^{1/2}$$

6.3.4 性能校核与主尺度调整

主尺度初步选取后，即可进行技术性能校核。主要包括：重量校核、舱容及最小干舷校核、稳性和横摇周期校核、航速校核等。

1. 重量校核

根据初选的主尺度按第 2 章所述的分部重量估算法估算空船重量，检验重力与浮力的平衡情况。

若算出的空船重量为 LW_1，则方案船的相应载重量为 $DW_1 = \Delta_1 - LW_1$。如算出的 DW_1 与新船要求的 DW 不符，则用下式计算新的载重量系数：$\eta_{dw1} = DW_1/\Delta_1$，用这个新的 η_{dw1} 估算排水量的第二次近似值 $\Delta_2 = DW/\eta_{dw1}$；接着，按 Δ_2 再选取主尺度 L_2、B_2、T_2、D_2

及 C_{b2}。如此反复计算,直到算出的新船载重量略大于要求的 DW 为止。

当 $DW_1 \neq DW$ 时,亦可用诺曼系数法调整排水量。$\Delta = \Delta_1 + N(DW - DW_1)$,式中,$\Delta_1$ 是第一次估算的排水量,N 为诺曼系数。

2. 舱容及最小干舷校核

舱容及最小干舷校核按第 3 章及第 4 章所述方法进行,大多数情况可只核算二者之一。如初选的主尺度方案不满足舱容或最小干舷要求,则一般需增大型深。

3. 稳性和横摇周期校核

确定主尺度阶段的稳性校核一般限于初稳性校核。初稳性校核的关键是估算设计载况的重心高度。空船重量与重心高可参考母型船按第 2 章所述方法估算。当任务书给定 DW、主机、航速要求和航程时,即可较准确地算出燃料、淡水等重量,进而算出载货量;由此再根据新船的建筑特征及总布置设想分别估算各主要载重量项目——货物、燃料、淡水等的重心高度。

根据新船空船重量重心和载重量的重量重心即可算出新船设计载况的重心高,进而可按初稳性方程估算出初稳性高 GM。如 GM 不满足要求则应调整 B、B/T 或水线面系数 C_w。

设计船横摇周期计算按第 4 章所述方法进行,这里不再赘述。

4. 航速校核

粗略估算船舶航速时,可根据主机功率、新船 Δ 与主尺度采用第 4 章所述的海军常数法或经验公式(如瓦特生公式)进行估算。

较精确地校核航速的方法是:先根据采用的型线特征选用合适的阻力计算方法,对设计航速附近的 3~4 个假定航速计算出相应的有效功率 P_e 曲线,然后作螺旋桨性能与推进系数计算,求出推进功率 P_t 曲线,两曲线的交点即为方案船所能达到的航速。在主机未给定时,就需根据 P_e 曲线及推进系数求取所需主机功率,并选取主机型号。

如航速不满足要求则应调整主尺度改善快速性,一般可首先考虑增加 T、减小 C_b 上考虑(如干舷富裕);次为增大 B、减少 C_b;通常增大 L 并减小 C_b 最有效,但对造价最不利。设计中也可把这几种措施结合起来考虑。

其他方面的校核,应根据设计船的任务要求和具体特点而定。

应当指出,在性能校核过程中,每后一步的主尺度调整都可能引起前一项或前几项性能的变化,所以,主尺度调整要从全局考虑,并对影响较大的性能项目(如重量)重新校核计算,使最终确定的主尺度方案应满足各项性能要求。

6.4　布置地位型船主尺度的确定

布置地位型船的主尺度主要取决于所需的船主体容积及上层建筑甲板面积。因此,设计客船、集装箱船、推拖船等布置地位型船舶时,一般都需从布置要求入手,计算所需的 L、B、D 值,然后再根据重力与浮力平衡、快速性、稳性、耐波性、抗沉性等条件,综合确定合理的主尺度。现以集装箱船为例加以说明。

集装箱船通常可分为专用与集散两用两种船型。大型集装箱船,一般都是格栅导轨式专用船,中小型集装箱船则多为集散两用船型。集装箱船一般不以载重量 DW 衡量,而是以 20ft 标准箱(TEU)的总载箱量来衡量和命名。集装箱船设计时,通常也直接给出要求装载的标准箱的总载箱量 N_T。

表 6-3 所示为国际标准化组织(ISO)对海运所推荐的部分标准箱的外部尺度与重量。

表 6-3 部分标准箱的外部尺度、容积与重量

箱型	高/mm		宽/mm		长/mm		最小内部容积/m³	限定最大重量/kg
	尺度	公差	尺度	公差	尺度	公差		
1AA	2 591 (8'6")	0 −5	2 438 (8')	0 −5	12 192 (40')	0 −10	64.8	30 480
1A	2 438 (8')	0 −5	2 438 (8')	0 −5	12 192 (40')	0 −10	60.5	30 480
1CC	2 591 (8'6")	0 −5	2 438 (8')	0 −5	6 058 (20')	0 −6	31.7	20 320
1C	2 438 (8')	0 −5	2 438 (8')	0 −5	6 058 (20')	0 −6	29.6	20 320

为了便利装卸,集装箱只能装在货舱口范围。为了增加装箱数,集装箱除装载在货舱内(称舱内箱),还有相当部分装载在甲板以上(称甲板箱);船运集装箱时箱长通常沿船长方向布置以适应船舶在海浪中的摇荡。

集装箱船的主尺度与船的总载箱量及集装箱在船上的布置密切相关,因此,集装箱船的主尺度选取首先从货箱在船上的布置方案入手。

6.4.1 按布置要求初选主尺度

1. 甲板装箱数 N_D 与舱内装箱数 N_H 的分配

集装箱船舱内容积利用率比普通货船低,为增加载箱量,一是货舱大开口(货舱口宽度一般为 $0.8B$ 左右,甚至更大)以增加舱内装箱数,二是在甲板上装载货箱。甲板装箱数的多少主要与船型大小、甲板及舱口盖的承载能力、稳性、集装箱固缚与装拆时间以及驾驶视线等因素有关。中小型船舶,甲板及舱口盖的承载能力相对较弱、稳性问题突出、驾驶视线也较差,故甲板装箱数较少;依船型大小一般在甲板上装载 1~3 层货箱,而舱内可装载 3~7 层;当甲板上装载 1 层时,N_D 约为总载箱量 N_T 的 1/6,当甲板上装载 2 层时,N_D 约为 N_T 的 1/3。随着集装箱船的大型化和集装箱绑扎技术的提高,甲板装箱数越来越多,大型集装箱船的甲板装箱数已超过舱内装箱数。综合考虑上述因素,参考母型船或统计资料先确定甲板装箱数 N_D,则有舱内装箱数 $N_H = N_T - N_D$。

2. 拟定舱内箱的行、列、层数

集装箱在船长、船宽和型深方向的排列,依次称为行、列、层,分别以 X、Y、Z 表示。中小型集装箱船的行、列、层数与舱内箱 N_H 的统计关系为

$$XYZ = 1.445N_H - 62 \tag{6-15}$$

表 6-4 给出了中小型集装箱船 $Y \times Z$ 与 N_H 的大致关系,利用式(6-15)和表 6-4,可确定 X、Y、Z,显然,X、Y、Z 均应取整数。

表 6-4　$Y \times Z$ 与 N_H 的关系

N_H	$120 \sim 250$	$250 \sim 350$	$350 \sim 500$	$500 \sim 900$	$900 \sim 1\,500$	$1\,500 \sim 2\,000$
$Y \times Z$	5×3	6×4	7×5	8×6	9×7	10×7

3. 按行数估算船长 L

根据总布置要求,船舶垂线间长应为

$$L = l_f + l_a + l_c + l_m \tag{6-16}$$

式中,l_f——首尖舱长,约为$(5\% \sim 7\%)L$,含深舱时为 $10\%L$;

l_a——尾尖舱长,约为$(4\% \sim 5\%)L$;

l_c——货舱段总长(m),$l_c = 6.3X + 1.2n$,X 为货箱的行数,n 为货舱个数;

l_m——机舱长,l_m 可参考同类型同功率主机的机舱布置长度选定,或者,小型船取主机长度$+10m$,低速柴油机船取 $l_m = 23 + 2 \times 10^{-4} P_B$,$P_B$ 为主机额定功率 (hp)。

以上估算的长度值,还需根据肋距的大小加以调整。

4. 按列数选取船宽 B

根据新船装箱的列数(包括舱内箱和甲板箱)选取船宽 B。

从舱内箱的布置考虑

$$B_H = (Y \cdot b_c + t(Y-n) + 2n \cdot c + (n-1)b_f)/K \tag{6-17}$$

式中,Y——舱内箱列数;

b_c——货箱宽度(2.438m);

t——格栅导轨的厚度,一般为 0.2m;

n——沿船宽方向货舱口的列数;

c——集装箱与货舱侧壁的间隙,一般为 0.15m;

b_f——舱口纵桁面板的宽度,一般为 $0.5 \sim 0.8m$;

K——货舱口开口系数,中小型船取 0.8,大船可取 0.85 以上。

从甲板箱的布置考虑

$$B_D = Y_D \cdot b_c + (Y_D - 1)c_c \tag{6-18}$$

式中,Y_D——甲板箱列数;

c_c——甲板箱之间的横向间隙,甲板箱层数小于 3 时无须绑扎,可取 0.025;甲板箱层数不小于 3 时需绑扎,则取为 0.038m 或 0.08m。

初选船宽 B 应取 B_H 与 B_D 中的大者。

5. 按层数估算型深 D

按舱内箱的布置层数可估算型深

$$D = h_d + t_b + h_c + f - (h_h + c) \tag{6-19}$$

式中,h_d——双层底高度;

t_b——内底垫板厚度(一般取 0.05m);

h_c——舱内货箱高度($= 2.591Z$);

f——舱内集装箱顶与舱口盖下缘的间隙,可取 $0.20\sim0.50$m；

h_h——舱口围板在甲板中心线处的高度,小船至少 0.6m,大中型集装箱船货舱口至舷墙间要堆放货箱,其下设走道,则舱口围板高度可达 $1.5\sim2.0$m；

c——甲板梁拱、一般为 $B/50$。

应当指出,以上所选的 L、B、D 均为总布置要求的最小尺度；实际上,选取 L、B、D 时还要考虑建造规范对 L/D、B/D 的强度要求,以及从快速性、稳性与耐波性出发考虑其 L/B 和 B/T 的合理性。

6.4.2　排水量估算

与载重型船前面估算不同,布置地位型船的 Δ 估算通常是在按总布置要求初选了主尺度之后按重量方程式法进行的。

1. 估算空船重量 LW

通常,参考母型船重量系数采用第 2 章所述的分部估算法,即 $LW=W_h+W_f+W_m$。

对沿海 $100\sim500$TEU 的小型集装箱船可采用以下统计式估算：

$$\begin{cases} W_h=0.035\ 3L^{1.65}(B+D+0.5T)(0.5C_b+0.4) \\ W_f=0.16L(B+2D) \\ W_m=0.126\text{MCR}^a\times\text{RPM}^{-0.167}+0.564\text{MCR}^{0.7} \end{cases} \tag{6-20}$$

式中,MCR——主机额定功率(kW)；

$a=1.299\log^{-0.44}(\text{RPM})$；

RPM——主机转速(r/min)。

如采用固定压载也应计入 LW 中,同时,一般还应计入 Δ 储备。

2. 估算 DW

载货量按总装箱数乘以平均箱重计算。平均箱重取决于箱运货物的种类,应按航线实际统计资料选取,一般平均箱重可为表 6-3 中最大重量的 $60\%\sim70\%$；其他项目(人员、行李、淡水、燃油等)的重量可按第 2 章所述方法计算。

3. 估算新船排水量

新船 $\Delta=LW+DW$

6.4.3　方形系数 C_b 的确定

载重型船的 C_b 一般按经验公式取接近于经济方形系数的 C_b 值；而布置地位型船的方形系数通常按重力与浮力平衡要求由浮性方程式计算,即 $TC_b=\Delta/\rho kLB$。如吃水 T 不受限制,则应使 T 能对应于最佳效率的螺旋桨直径,并使 C_b 与 Fr 良好配合,有利于阻力性能。

对于中速以上尤其是高速船舶,因 $L/\Delta^{1/3}$(或 L/B)对阻力影响十分显著,一般减小 C_b 于阻力有利。当 $Fr\geqslant0.30$ 时,C_b、C_p 与 Fr 的配合关系如表 6-5 所示,可供设计时参考。

表 6-5　C_b、C_p 与 Fr 的配合

Fr	C_b	可用 C_P	剩余阻力最佳的 C_P
0.30	0.550~0.570	0.580~0.620	0.500~0.520
0.32	0.510~0.560	0.570~0.610	0.500~0.520
0.34	0.500~0.550	0.580~0.600	0.520~0.530
0.36	0.490~0.540	0.560~0.580	0.540~0.560
0.38	0.530	0.560~0.580	0.560~0.580
0.40	0.520	0.590~0.610	0.590~0.610
0.42	0.510	0.600~0.620	0.600~0.620
≥0.44	0.500	0.630~0.650	0.630~0.650

6.4.4　性能校核

这里主要指初稳性与航速校核。为了较准确地校核初稳性,最好绘制出新船型线草图和总布置草图。型线草图可用系列船型资料或改造母型法生成;总布置草图要根据型线的肥瘦程度绘制,以便校核实际装箱数并核算其重心高 Z_g。根据性能校核结果适当调整主尺度,最终获得满足装箱数要求及各项性能要求的新船主尺度方案。

6.5　主尺度选优

前面阐述了确定船舶主尺度的基本原理和方法,按前述内容采用人工手算可完成新船主尺度的确定。传统的做法是:接到设计任务书后进行调查研究,按船东意图与设计人员的经验做出几个不同的设计方案,逐一进行各方案的技术、营运和经济性计算,最后通过方案审查会综合评定,选取一个满足船东要求的较好方案。显然,这种传统的人工手算方法一般难以求得最优的主尺度方案。

随着电子计算机的迅速普及,计算机广泛地应用于船舶设计中,使船舶设计与建造的面貌发生了根本的改变。借助计算机进行船舶主尺度方案的技术经济分析,可以设立足够多的方案,在很短的时间内由计算机完成大量繁复的设计计算工作,获得各方案的技术、营运和经济指标,通过综合评判求得最优的主尺度方案。这就是主尺度选优。

本节首先简要介绍船舶主尺度选优的若干概念、原理和方法,然后举例说明之。

6.5.1　概念

选择设计船主尺度时要考虑很多因素。设计船的主尺度不仅要满足任务书的要求,而且要受到各种因素(其中包括法规和规范的各种要求)的制约,这些要求与限制统称为船舶主尺度的约束条件。每一组主尺度的组合都可构成一个船型方案,但并非每一个船型方案都能满足约束条件,称满足约束条件的方案为可行方案。显然,可行方案不是唯一的,而是处在满足诸约束条件的某一范围内的众多方案,即新船主尺度在某一范围内取值都能满足约束条件,称这个范围为新船主尺度的可行域。对新船提出的约束条件不同,可行域就不同;约束条件越多、越严,可行域就越狭窄;反之,可行域就宽广。在可行域内众多的方案中,一般可以找到一个技术、经济综合性能最佳的主尺度组合,称为最优方案。

6.5.2　选优衡准

为了便于众多方案的分析比较并从中选优,必须首先提出最优方案的衡量标准,即选优衡准。衡量设计方案优劣的标准有两类。

一类是能够用数字表达的技术、经济指标。技术指标有单项指标,也有综合性指标。单项技术指标如装载能力、航速、稳性(包括破舱稳性)、耐波性(风浪中的摇摆和失速)、操纵性以及强度、振动等;运输货船的综合性技术指标有载重量系数、海军系数、舱容利用率以及油耗率等;关于经济指标,根据国家计委《建设项目经济评价方法和参数》的要求,作为必须进行的盈利能力分析的指标是内部收益率 IRR 和净现值 NPV;而船东还普遍关注表征较低运输成本的最小货运费率 RFR。

另一类是不能用数字表达的,如是否符合有关法规,是否有利于减轻工人的劳动强度、改善乘员的工作生活条件、防止环境污染等。

在优化船舶主尺度时,一般只考虑第一类衡准指标。在船舶单项技术指标中,稳性、强度、振动方面的指标通常以满足法规和规范及使用要求为前提;对于耐波性和操纵性,虽然也有一些定量衡准的指标,但由于决定这些指标的影响因素(如环境条件、船舶的运动响应以及衡准要素等)比较复杂,所以除了对耐波性或操纵性有特殊要求的船舶以外,一般运输船舶在综合评价指标中不将其列入;因此,通常作为评价运输货船(主要是载重型船)的综合技术指标主要是:

(1) 载重量系数(DW/Δ 或者 $DW/(L \cdot B \cdot D)$)　该指标反映了空船重量越轻越好的原则;

(2) 海军系数($\Delta^{2/3} \cdot V_S^3/P_m$ 或 $DW^{2/3} \cdot V_S^3/P_m$)　该指标要求船舶以较小的主机功率能多装快跑;

(3) 舱容利用率($V_c/L \cdot B \cdot D$)　该指标要求船上非盈利的处所尽量少,用于盈利的载货容积 V_c 所占比例越大越好;

(4) 单位油耗($FC/(DW \cdot V_S \times 24)$)　该指标主要反映了节能的要求。

以上各式中,V_S 为服务航速(kn);P_m 为对应服务航速的主机连续功率(kW);V_c 为货舱容积(m^3);FC 为主机日耗油量(t/d)。

而经济指标,通常以反映盈利能力的 NPV 和表征运输成本的 RFR 为选优衡准。

由于数量化的衡准指标很多,要想给出适用于各类船舶的普遍性指标是困难的。实际上,选优衡准应根据各型船舶的使用任务特点而定。运输船舶以经济指标为主要衡准,同时注意其各项技术性能。其他特殊用途的船舶,如军舰、科学考察船、海洋调查船、工程船等,为保证特定的使用要求,应将其重要的技术指标放在首位来考虑,兼顾经济性。对于经济指标为主要衡准的运输船,还应该根据具体情况,从多种经济指标中选用最合适者:若船东对新船的投资有限制则可采用造价、单位运输量投资等指标;若船东追求低营运成本,则可采用单位运输量油耗、单位运输量成本等指标。同样,对于以技术性能为主要衡准的船舶,也须根据船舶的使用要求合理选择技术指标,如军舰要以战术性能和生存力为主,拖轮要以拖带时拖力、稳性以及操纵的灵活性为主。总之,试图找出一个普遍适用的选优衡准是困难的,只能具体问题具体分析。

同时,选优衡准也是一个常引起争论的问题。这是由如下几方面的原因造成的;①对一些技术指标的限制(如初稳性下限、横摇周期下限……)和重要性看法不一致;②某些技术性能对船的使用效能和经济性的影响很难用数值指标准确表达(如稳性对经济性的影响);③对经济指标也存在不同的观点,而且在不同的情况下有不同的考虑侧重面;④影响船舶经济性的不定因素太多(如市场、政治局势等)。因此,在确定新船主尺度时,恰当的处理办法是参照同类船舶使用经验。对可能选作衡准的各指标进行主尺度选优,并对不定因素的影响进行分析,然后将结果送给用船单位,经共同协商,综合权衡,确定最优方案。

6.5.3　选优原理

实际设计中,可根据新船的特点采用不同的具体步骤,获得最佳的主尺度组合。但从基本原理上讲,寻找最佳方案的途径可大致分为两类:从个别做扩展寻优和从一般做收缩寻优。

从个别做扩展寻优,是先突破一点,即先找出一个可行的方案,以此方案作为基础方案或母型,然后根据需要与可能,改变基础方案的主尺度,得出若干新方案,从中找到最优者。这对于布置地位型船和一些特种船型是行之有效的。

从一般做收缩寻优的基本前提是:①能求得新船同类船舶的规律性,即能知道船的主尺度与空船重量、容量、快速性、稳性等的统计规律;②能用等式和不等式表达新船的主要约束条件;③可选用合适的优化方法;④能给出选优标准。有了这些前提,即可编制计算机程序,进行新船主尺度的选优计算。

从一般做收缩寻优,这在有大量实船资料、经济意义重大的常规载重型船的主尺度优化中是经常使用的。但值得注意的是对优化的结果必须加以分析和检验,优化结果的可靠性取决于数学模型(如重量估算公式、航速估算方法等)的正确性和基础数据(如装卸效率、货运费率、建造单价等)的准确性。因此,采用从一般做收缩寻优时,必须在建立数学模型和收集准确的基础数据上下工夫。应该指出,利用统计方法,通过对现有实船的调查,建立起来的统计规律只能代表现有实船的一般水平,因此在作统计时,并非统计的样本越多越好,关键在于能针对新船的具体特点,建立起合适的数学模型。

6.5.4　优化方法

目前用于优化船舶主尺度的方法主要有三种。

1. 变值法(亦称网格法或参数分析法)

变值法是一种常用的优化方法,其基本思路是:系列改变设计船的主尺度(例如 T 一定,系列变化 L、C_b 或 L/B、C_b),组合成若干组尺度方案,对每组方案都进行技术、经济性能计算,然后依据各组方案的计算结果比较选优。其优点是简单明了。

应用变值法进行方案比较的计算工作量相当大,如改变 m 个元素,每个元素变化 n 次,就将组合成 m^n 个方案。例如欲改变 3 个元素,每个元素变化 4 次,就将组成 3^4 个方案。因此为减少计算工作量,抓住主要矛盾,一定要选取那些对设计船的主要性能影响较大的元素进行变值计算。例如,突出快速性,可对 L、L/B、C_b 等参数进行变值;强调稳性,可对 B、B/T 进行变值;注重舱容,可对 D 进行变值;等等。

各方案的技术、经济指标计算完成后,可以根据选优衡准从指标比较中直接找出最佳方案;或者将指标数据绘成曲线图,再从中找出最优方案(参见本节实例)。

应用变值法选择最佳方案应注意以下两个问题。

首先,参数的变值范围不能过小,以免因计算误差或计算方法本身的误差而掩盖了方案间的差异,使比较失去真实性,造成错误的判断。一般应使变值的最大值及最小值间的差在12%~15%。但也应注意,当各变值方案利用了母型船系数(如各种重量系数及重心位置系数)进行计算时,变值范围也不宜过大,一般不应大于15%。因为再大时这些系数已不再是常数,如仍按常数计算,则由于其误差过大,计算结果将失真。

其次,计算中所选用的方法及各种近似公式应有足够的准确性,计算工作也应细致准确,力求减小误差,否则将会因过大的误差而使各变值方案失去可比性。

2. 最优化方法

1) 最优化原理

最优化方法是利用近代数学中求有约束多目标函数极值来求解最优方案的一种方法。

设 x 为船型方案中设计变量的某个组合,它可理解为设计变量 $x_1, x_2, \cdots, x_n$ 所定义的 n 维空间中的一点,用列向量表示为

$$x = \begin{bmatrix} x_1 \\ x_2 \\ \vdots \\ x_n \end{bmatrix}$$

式中,x_i——设计变量,一般是主尺度或尺度比、船型系数等。

通常,船舶主尺度方案的约束条件主要有:船舶主尺度限制、舱容、最小干舷、航速、稳性、横摇周期等,这些约束条件可表示成不等式约束或等式约束:

不等式约束条件

$$g_i(x) \geqslant 0, \quad i = 1, 2, \cdots, l$$

等式约束条件

$$h_j(x) = 0, \quad j = 1, 2, \cdots, k$$

船型方案的衡准指标可表示为

$$f(x) = f(x_1, x_2, \cdots, x_n)$$

$f(x)$ 称为目标函数。因此,最优化问题的数学提法就是:在满足约束条件下,求目标函数为极值时的解 x^*。例如,以最小货运费率为目标函数时,就是求 $f(x)$ 的极小值;以净现值为目标函数时,就是求 $f(x)$ 的极大值,而 $-f(x)$ 的极小点就是对应于 $f(x)$ 的极大点,因此,问题都可以归结为求目标函数的极小值。

2) 求解过程

用最优化方法求解最优方案,如图 6-1 所示。其基本框架分为设计模型与优化模型两大部分,优化模型的核心是所采用的最优化算法,即求解目标函数极值的过程与方法;设计模型即船型方案各项技术性能计算与经济分析的数学模型。求解过程:

(1) 根据具体设计问题确定设计变量、目标函数及约束条件,构造出描述有关技术性能及经济分析的数学模型,即设计模型。

(2) 选择适当的最优化算法,编制出正确有效的软件,即建立优化模型(许多算法都有现成的计算程序可供选用)。

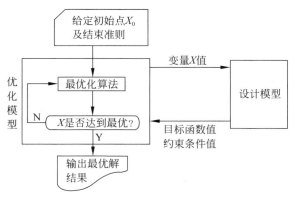

图 6-1　最优化方法框图

（3）给定变量的初始值 x_0 及结束准则，并将 x_0 输入设计模型开始计算，把算得的目标函数值和约束条件值送优化模型。

（4）优化模型按照一定的寻优规律产生的变量值 x_k 送设计模型，设计模型按 x_k 计算出新的目标函数值及约束条件值再返回到优化模型，优化模型判断是否最优，如是则结束计算、输出最优解，如否，再产生下一组变量值 x_{k+1} 送设计模型进行计算，如此反复，逐步逼近，直到满足结束准则，获得最优解为止。

常用的最优化算法是有约束多变量函数寻优方法，通常称为非线性规划问题。其常用的解题方法是罚函数法——将一个带约束的多维最优化问题转化为一个无约束的多维最优化问题。而解无约束的多维最优化问题已较成熟，具体算法有模矢搜索法、最速下降法、变尺度法等，详见有关优化算法的专著。

3. 其他方法

在船舶设计中求解最优方案的方法，还有正交设计法、遗传算法和神经网络等。

正交优化设计法是一种试验设计方法。它使用正交表这一工具从所有可能搭配的方案中很快就能挑选出若干个有代表性的设计方案，然后再用统计分析方法对计算结果进行综合处理，挑选出最佳设计方案。由于它利用正交表作为工具来安排试验设计、计算分析，因此计算直观、方法简便，工作量较小。

遗传算法（genetic algorithm，GA）是一种模拟自然界生物进化过程的算法。它把问题的解表示成"染色体"，即算法中以二进制编码的串；在执行遗传算法之前，先给出一群"染色体"，也即是假设解；然后，把这些假设解置于问题"环境"中，并按适者生存的原则，从中选择出较适应环境的"染色体"，进行复制，再通过交叉、变异过程产生更适应环境的新一代"染色体"群；这样一代一代地进化，最后就会收敛到一个最适应环境的"染色体"上，它就是问题的最优解。

人工神经网络是基于模仿人脑的结构和功能而构成的一种计算机信息处理系统，它是由许多简单的神经元组成的广泛并行互联的网络。BP（back-propagation）神经网络是目前发展比较成熟的一种人工神经网络，大约 80% 的神经网络采用 BP 网络。它具有较强的自学、联想、记忆和推理能力，特别是具有良好的非线性映射能力，可以以任意精度逼近非线性连续函数，且结构简单，易于编程。因此，BP 神经网络广泛用于离散型、非线性数据组的数学表达，构建解析表达式。在工程优化设计中，许多学者将人工神经网络与遗传算法结合在一起,利用神经网络进行数学建模,而采用遗传算法提供的通用型多参数优化框架进行优化设计分析,实践表明:这种综合优化算法能快速可靠地搜索到最优解,不仅具有足够的精度,而且实用方便、适用性强。

有关船舶设计优化方法的详细介绍可参阅相关文献。

6.5.5 实例——用变值法求 50 000DWT 油轮的最优主尺度方案

1. 设计要求

载重量不小于 50 000t;满载吃水不大于 12m;在主机最大持续功率 12 348kW 下,满载试航速率不低于 16.0kn;原油的密度为 0.84t/m³;压载航行时,尾吃水应浸没螺旋桨,首吃水不小于 $0.027L_{bp}$;专用压载水舱的容积不小于货油舱容积的 25%。

2. 设计构思

经分析后作出如下的设计构思:货油舱及专用压载舱的容积需保证 $V_{cb} \geq 74\,500\,m^3$(包括一定的裕度);其余船舱包括尖舱、首部干货舱、燃油舱、货油泵舱、机舱等所需的总长为 66m。

经与其他载重量相近的一些油船资料比较后,取 $L_{bp} = 200 \sim 220m$,$B = 30 \sim 31.5m$,固定 $D = 16.8m$,$T = 12m$ 进行分析。用 $L_{bp} = 200$、205、210、215、220m 等 5 个船长值,每个船长值再配以 $B = 30$、30.5、31、31.5m 4 种船宽,组合成表 6-6 所示的 20 种主尺度方案。

3. 设计计算与绘图

在表 6-6 中,各方案的 C_b 值系根据对各方案计算出的空船重量加载重量(50 000t)得出的满载排水量,用 $C_b = \Delta/(\rho k L_{bp} BT)$ 关系算得;各方案的货油舱及专用压载舱容积 V_{cb} 用模数 $(L_{bp} - 66)/(C_b BD)$ 从一个初始方案换算而得;各方案可达到的试航速度通过计算有效功率及推进系数后求出。

表 6-6 50 000t 油船变值方案

方案号	L_{bp}/m	B/m	T/m	D/m	LW/t	DW/t	Δ/t	C_b	V_{cb}/m^3	v_k/kn
1	200	30.0	12.0	16.8	13 290	50 000	62 390	0.853	71 800	15.32
2	200	30.5	12.0	16.8	13 450	50 000	63 450	0.842	72 000	15.47
3	200	31.0	12.0	16.8	13 610	50 000	63 610	0.831	72 200	15.69
4	200	31.5	12.0	16.8	13 770	50 000	63 770	0.820	72 400	15.80
5	205	30.0	12.0	16.8	13 640	50 000	63 640	0.837	73 000	15.64
6	205	30.5	12.0	16.8	13 800	50 000	63 800	0.826	73 200	15.73
7	205	31.0	12.0	16.8	13 960	50 000	63 960	0.815	73 400	15.83
8	205	31.5	12.0	16.8	14 120	50 000	64 120	0.804	73 600	15.92
9	210	30.0	12.0	16.8	14 010	50 000	64 010	0.822	74 200	15.92
10	210	30.5	12.0	16.8	14 180	50 000	64 180	0.811	74 400	15.95
11	210	31.0	12.0	16.8	14 350	50 000	64 350	0.800	74 600	16.02
12	210	31.5	12.0	16.8	14 520	50 000	64 520	0.789	74 800	16.11
13	215	30.0	12.0	16.8	14 390	50 000	64 390	0.808	75 500	15.94
14	215	30.5	12.0	16.8	14 560	50 000	64 560	0.797	75 700	16.05

续表

方案号	L_{bp}/m	B/m	T/m	D/m	LW/t	DW/t	Δ/t	C_b	V_{cb}/m^3	v_k/kn
15	215	31.0	12.0	16.8	14 730	50 000	64 730	0.786	75 900	16.15
16	215	31.5	12.0	16.8	14 900	50 000	64 900	0.775	76 100	16.20
17	220	30.0	12.0	16.8	14 790	50 000	64 790	0.795	76 820	16.07
18	220	30.5	12.0	16.8	14 960	50 000	64 960	0.784	77 050	16.11
19	220	31.0	12.0	16.8	15 130	50 000	65 130	0.773	77 250	16.17
20	220	31.5	12.0	16.8	15 300	50 000	65 300	0.762	77 450	16.24

　　将表 6-6 的结果经插值计算后,绘成图 6-2 所示的曲线。从此图可看出:$v_k \geq 16kn$ 及 $V_{cb} \geq 74\,500m^3$ 构成的约束条件使可行方案只能在图中 AC 以右取。经进一步分析可认为, 对这类油船而言,其稳性基本不会有问题,故可适当加大型深以满足舱容的要求。在适当加 大型深后,AC 以左附近的方案也满足舱容要求,故本设计的主要约束实际是航速要求。若 认为 C_b 不宜小于 0.80,舱容也不容超过 75\,000m³,以免造成浪费,这样可以看出,应在图的 阴影线所标出的区域内选取方案。此区域即为该船主尺度的可行域。

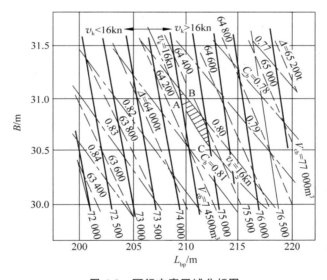

图 6-2　可行方案区域分析图

4. 方案选优

　　在可行域中,$v_k \geq 16kn$,$C_b \geq 0.80$,75\,000m³ $\geq V_{cb} \geq 74\,500m^3$,选择任何一点所对应的 方案,都符合设计要求。

　　图 6-2 中 A 点所对应的方案,其航速、舱容均处于临界状态,考虑到估算误差,A 点方 案就可能不满足设计要求。如取 B 点所对应的方案,船长增加少许,而航速和舱容都略有 增加,因此,宜选取 B 点所对应的方案为最佳方案。其主尺度要素如下:

　　$L_{bp} = 210m$,$B = 31.0m$,$D = 16.80m$,$T = 12.0m$,$C_b = 0.8$,$\Delta = 64\,350t$,$v_k = 16.02kn$, $V_{cb} = 74\,600m^3$。

6.6 确定船舶主尺度的实例

6.6.1 17 500t 多用途货船主尺度确定

本船是我国自行设计建造的第一艘出口多用途货船,船东先后为香港海洋船务有限公司、日本邮船公司;由中国船舶与海洋工程研究院设计、中华造船厂建造,于 1981 年 2 月交船。

1. 设计任务书提要

(1) 航区、航线 无限航区,不定线航行。

(2) 用途 本船适于装载下列货物:集装箱、包装杂货、散装谷物、大件货与工业成品、原材料、成形木材等;在装载重货时,载重量不低于 17 500t。

(3) 货舱容积 包装容积不低于 25 000m³。

(4) 船级 除须满足中华人民共和国船舶检验局颁发的有关规范外,还应符合有关国际公约及规则。

(5) 主机 主机型号:B&W6L67GF

主机台数:1 台

功率与转速:MCR 8 235kW(11 200hp)×119r/min

CSR 7 500kW(10 200hp)×115r/min

(6) 航速 在静水中、风力不超过蒲氏 3 级时的满载试航速度不低于 15.9kn。

(7) 续航力 12 000n mile。

(8) 起货设备 采用 25t 电动液压起重机,以便于集装箱装卸。

(9) 舱口盖负荷 上甲板舱口盖的设计负荷为 2.5t/m³。

(10) 船员定额 高级船员 14 人;一般船员 23 人;备员 2 人;总计 39 人。

2. 对本船的简要分析

多用途货船是 20 世纪 60 年代后期发展起来的一种新船型,是指能装运集装箱、一般杂货及散装货的船舶,适用于货种多变、货源不稳定、集装箱运输尚未充分发展的中间地带。

1) 多用途货船的特点

(1) 建筑特征 为充分利用中部的方整地位,便于装货,一般用尾机型或中尾机型。为便于装载杂货,一般设一层中间甲板,并以下甲板作为装载轻货和集装箱时的干舷甲板。

(2) 货舱开口大 为提高装卸效率,减轻劳动强度,货舱口采用大开口。之前建造的普通货船,其货舱口宽度约为 $0.40B \sim 0.60B$,而多用途货船货舱口普遍加大,最大有超 83% B 的。多用途货船的货舱口尺度要适应集装箱的装载要求:当舱内布置 3 列集装箱时,货舱口宽度一般不小于 7.6m,而布置 4 列时则不小于 10m;当舱内布置 2 行集装箱时,货舱口长度一般不小于 12.6m,而布置 4 行时则不小于 25.2m。

(3) 船型 由于多用途货船需要在甲板上装载集装箱和甲板货,重心升高、船宽较大;为提高经济性其 L/B 一般在 6.5 以下,C_b 较大。

(4) 稳性 考虑到各种载况的浮态调整和稳性要求,设置较多压载水舱,一般布置在首尾尖舱、舷边舱和双层底舱内。

2）设计中应解决的中心问题

（1）适应多用途的需要

考虑装运集装箱占相当比重，设计时首先应考虑有利于集装箱的布置及装卸，同时考虑兼运的要求。为此应采取下述措施：

① B、D 及舱口尺寸应考虑集装箱的布置。

② 设计成变吃水，船体结构按最小干舷时的结构吃水设计，以便在吃水允许时增加重货载运量。

③ 设置二层甲板，以利于装运集装箱和杂货，避免货物挤压。

④ 设置长、短货舱，长舱可装运大件货；而装载谷物及矿砂时，长、短舱易于配载。

（2）力求提高装卸效率

为此可采用尾机型，货舱数宜少，舱口应大，并用双列舱口。

（3）妥善处理好各种装载情况时的稳性

稳性是多用途货船设计中的一个难题。当装载达到结构吃水且装甲板货时，干舷低，最大静稳性力臂对应角度往往小于 30°，稳性消失角小于 55°，稳性不易满足，可考虑计入舱口部分的浮力来解决；而当满载集装箱时，载重量轻、吃水小，干舷高，静稳性曲线形状易满足要求；但经自由液面修正的初稳性高大于 0.15m 的要求不易满足，如加上结冰影响、重心提高，初稳性高更难满足；故应有足够的压载水舱容量。

3）本船船型构思（参见图 6-3）

（1）采用尾机型、二层甲板、四个货舱。第二、三货舱为长舱，布置四行集装箱；第一、四货舱为短舱，布置二行集装箱。本船机舱长度取 24m 左右。

（2）货舱口采用大开口。因船首底部线型较瘦，第一货舱设单列舱口；第二、三、四货舱设双列舱口，在双列舱口甲板间设纵舱壁，可增加总纵强度，装运散货时则可兼作止移板；且与单列相比，因开口跨距减半，舱盖的强度及刚度要求降低，其加工及船上的收放更容易；各舱口宽度相等，以便于舱口盖规格化。

（3）第二、三、四货舱甲板间设舷边压载水舱。其与上甲板一道构成"抗扭箱体"，提高了船舶总纵强度；在压载航行时加注压载水、提高重心，改善横摇性能。为确保装运集装箱时的稳性，设双层底压载水舱及局部边舱。

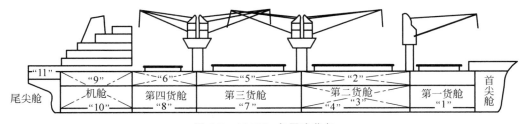

图 6-3　17 500t 多用途货船

1—燃油舱；2,5,6—舷边压载水舱；3—舷边边舱；4,7,8—中间设燃油舱，两侧设压载舱；9—机舱内设燃油柜、滑油柜、淡水柜；10—滑油柜、污油舱、压载舱；11—清水舱、压载舱

3. 初始排水量及主尺度确定

设计初期搜集了部分多用途货船及杂货船的主尺度及船型要素资料，见表 6-7，可作为确定设计船主尺度的参考。

1）排水量

多用途货船设有舷边水舱，其舱底因装重货而被加强，起货设备能力又较大，所以空船

表 6-7 装载量为 16 000～20 000t 的多用途货船及杂货船

序号	船名	船型	L_{oa}/m	L_{bp}/m	B/m	D/m	T/m	$\dfrac{DW/t}{\Delta/t}$	20' 装箱数	$\dfrac{\text{包装容积}}{\text{散装容积}}$/m³	货舱数	航速/kn	$\dfrac{\text{主机功率×转速}}{\text{MCR/CSR}}$/(kW×r/min)
1	WILRI	多用途	154	145	22.86	13.20	10.08	$\dfrac{16\,997}{24\,319}$	548	$\dfrac{22\,770}{23\,696}$	3	16.6	$\dfrac{11\,400\times150}{10\,260\times144.8}$
2	ELERDAWH	货	154.8	145	22.40	13.40	9.35	$\dfrac{17\,100}{23\,704}$	402	$\dfrac{23\,300}{24\,730}$	4	16.1	$\dfrac{11\,400\times150}{10\,260\times144.8}$
3	ZULIA	货	159.9	148	22.80	13.50	10.00	$\dfrac{17\,644}{25\,509}$	144	$\dfrac{22\,825}{25\,393}$	4	16.1	$\dfrac{12\,000\times122}{10\,800\times118}$
4	苦重丸	多用途	158	148	23.00	13.00	9.63	$18\,195$	304	$\dfrac{24\,641}{27\,046}$	4	15.5	$\dfrac{8\,250\times150}{7\,010\times142}$
5	KAMNIK	货	147.7	140	22.86	13.00	9.607	$\dfrac{18\,430}{24\,435}$	232	$\dfrac{23\,730}{25\,620}$	4	15.0	$\dfrac{9\,400\times144}{8\,600\times140}$
6	ARISTODIKOS	货	147.5	140	22.86	13.00	9.633	$\dfrac{18\,850}{24\,450}$	300	$\dfrac{23\,719}{25\,467}$	4	15.0	$\dfrac{9\,400\times144}{8\,600\times140}$
7	CROWN CHERRY	多用途	154	145	22.86	13.50	9.928	$\dfrac{19\,425}{25\,992}$	253	$\dfrac{24\,824}{26\,477}$	5	15.5	$\dfrac{11\,400\times145}{10\,260\times140}$
8	APOLLO PEAK	货	161	153	23.70	13.85	10.31	$\dfrac{20\,181}{26\,792}$		$\dfrac{25\,101}{27\,037}$	4	17.1	$\dfrac{11\,500\times150}{9\,820\times142}$
9	ATALANA	多用途	161.6	152	22.86	13.60	9.99	$20\,409$	454	$\dfrac{24\,945}{26\,873}$	4	16.25	$13\,100\times145$
10	VALERIA	多用途	167.8	155	22.86	13.85	10.20	$20\,523$	400	$26\,519$	4	16.8	$\dfrac{12\,800\times145}{10\,900\times137}$
11	VAN DVCK	多用途	164.1	153	25.80	13.70	9.999	$26\,032$	623	$\dfrac{30\,036}{31\,593}$	5	17.2	$\dfrac{14\,400\times122}{13\,000\times117.8}$
12	伊培利丸	多用途	161	150	25.00	13.30	9.624	$\dfrac{20\,700}{27\,455}$	车 344 箱 258	$\dfrac{24\,949}{27\,120}$	5	15.7	$\dfrac{11\,400\times145}{9\,700\times137}$

重量较普通货船大,其载重量系数 η_{dw} 就小一些。η_{dw} 与 DW 的关系为

$$\eta_{dw} = 0.64 + 0.055\,6\left(\frac{DW}{10\,000}\right) = 0.64 + 0.055\,6\left(\frac{17\,500}{10\,000}\right) = 0.737\,3$$

从表 6-7 可知,当 DW$=17\,000\sim20\,000$t 时 η_{dw} 在 $0.7\sim0.74$。本船暂取为 0.73,于是第一次近似排水量为

$$\Delta_1 = \frac{DW}{\eta_{dw}} = \frac{17\,500}{0.73} = 24\,000(t)$$

2)吃水

为增加通用性,使本船能进出世界上各主要港口,取设计吃水为 9.20m。

3)船宽

多用途货船由于需在甲板上装运集装箱或甲板货,考虑稳性需要,所以船宽都取得较宽。当装 6 列 8ft×8ft×20ft(1ft=0.304 8m)集装箱时,船宽应大于 22m;参考表 6-7 的实船资料,多艘船船宽都取 22.86m(75ft),即取当时圣劳伦斯航道的限制船宽。

本船取限制船宽 $B=22.86$m。

4)船长及方形系数

$$LC_b = \frac{\Delta_1}{\rho kBT} = \frac{24\,000}{1.025 \times 1.005 \times 22.86 \times 9.2} = 110.78$$

为了满足任务书对航速的要求,选取 L 为 145、150、155、160、165m,相应求得 5 个 C_b,逐一计算 5 组尺度方案的航速,所得结果如图 6-4 所示,其中,有效功率按陶德 60 系列资料计算,另加 8% 的附体阻力,总推进系数估算为 0.66。

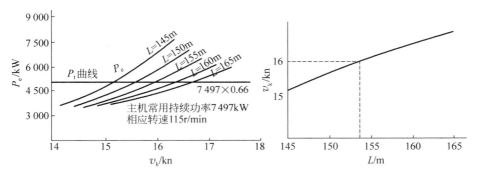

图 6-4 不同 L 所能达到的航速

从图 6-4 可见,为达到预定航速 15.9kn,L 应不小于 154m,相应求得 C_b 为 0.719。

校验 C_b 是否合适:根据亚历山大公式估算 C_b,即

$$C_b = 1.08 - 1.68Fr = 1.08 - 1.68(15.9 \times 0.514\,4/\sqrt{9.8 \times 154 \times 1.03}) = 0.731$$

根据多用途货船 C_b 与 Fr 的统计式算 C_b,即

$$C_b = 1.261 - 2.49Fr = 1.261 - 2.49 \times 0.207 = 0.745$$

故本船 $C_b=0.719$ 较一般船偏低。

5)型深

按任务书要求,包装容积应不小于 $25\,000$m³,故先按舱容估算所需要的型深。

参考表 6-7 实船资料中 1 号船：

$$L=145\text{m}, \quad C_b=0.71, \quad D=13.2\text{m}, \quad 包装容积=2\,277\text{m}^3$$

本船 C_b 与 1 号船相近，而 L_{bp} 增加 9m，初估可增加容积 $9\times22.86\times(13.2-1.5)=2\,407(\text{m}^3)$，即包装容积可达 $22\,770+2\,407=25\,177(\text{m}^3)$，满足舱容要求。

再从集装箱装载高度方面校核：

以 1CC 型标准箱为对象，单个箱高 2.591m，则 5 层箱总高 12.955m；如双层底高 1.50m，舱口盖变形预留间隙 0.20m，舱口围板高 1.50m，则布置 5 层集装箱要求的型深

$$D=1.50+12.955+0.20-1.50=13.155(\text{m})$$

因此，按舱容与集装箱装载要求初步选取 $D=13.2\text{m}$。

综上所述，第一次初估所得的船舶主尺度为 $\Delta=24\,000\text{t}, L=154\text{m}, B=22.86\text{m}, T=9.20\text{m}, D=13.20\text{m}, C_b=0.719$。

4. 重量校核

选用国产"大舱口"型货船为母型船，计算空船重量。该船技术要素为 $L=147\text{m}, B=20.8\text{m}, T=9.2\text{m}, D=12.8\text{m}, C_b=0.652, \Delta=18\,600\text{t}, W_h=3\,600\text{t}$（扣除球鼻），$W_f=1\,218\text{t}, W_m=1\,058\text{t}$，主机型号 6RND，$P_B=8\,826\text{kW}, n=122\text{r/min}$。

1) 船体钢料重量

$$W_h=C_h LBD\left(\frac{L}{D}\right)^{1/2}(1+0.5C_b)=C_h L^{1.5}BD^{0.5}(1+0.5C_b)$$

则

$$W_h=3\,600\times\frac{154^{1.5}\times22.86\times13.2^{0.5}(1+0.5\times0.719)}{147^{1.5}\times20.80\times12.8^{0.5}(1+0.5\times0.652)}=4\,428(\text{t})$$

对于一般多用途货船，

$$\frac{W_h}{L^{1.5}BD^{0.5}}=0.025\sim0.028$$

对于本船，

$$\frac{W_h}{L^{1.5}BD^{0.5}}=\frac{4\,428}{154^{1.5}\times22.86\times13.2^{0.5}}=0.028$$

此 W_h 值属统计值的上限。

2) 木作舾装重量

$$W_f=C_f LB$$

则

$$W_f=1\,218\times\frac{154\times22.86}{147\times20.80}=1\,403(\text{t})$$

对于一般多用途货船 $C_f=\dfrac{W_f}{L_{bp}B}$ 约为 0.45，则

$$W_f=0.45\times154\times22.86=1\,584(\text{t})$$

由于本船的起货设备、舱口盖等重量均较一般货船大，故本船 W_f 取 1 584t。

3) 机电设备重量

因本船的机型、功率、机舱位置与母型船相近，主机功率小 591kW，故取用母型船机电设备重量的值，也有一定的裕度，即

$$W_m=1\,058\text{t}$$

4) 空船重量

空船重量不再另加裕度,即
$$LW = W_h + W_f + W_m = 4\ 428 + 1\ 584 + 1\ 058 = 7\ 070(t)$$

则设计载重量
$$DW_1 = \Delta_1 - LW = 24\ 000 - 7\ 070 = 16\ 930(t)$$

DW_1 比任务书要求的 DW 少了 570t,也就是说初始排水量 24 000t 偏小,应予以修正。

应用诺曼系数求修正后的排水量:

因主机型号一定,$\dfrac{\partial W_m}{\partial \Delta} = 0$,若设 $W_h = C_h \Delta$,$W_f = C_f \Delta^{0.65}$,则可求得诺曼系数

$$N = \frac{1}{1 - \dfrac{\partial W_h}{\partial \Delta} - \dfrac{\partial W_f}{\partial \Delta}} = \frac{1}{1 - \dfrac{W_h}{\Delta_1} - 0.65\dfrac{W_f}{\Delta_1}} = \frac{1}{1 - \dfrac{4\ 428}{24\ 000} - 0.65\dfrac{1\ 584}{24\ 000}} = 1.294$$

若考虑主尺度成比例增加,应增加排水量
$$\delta\Delta = N \cdot \delta DW = 1.294 \times 570 = 737.58(t)$$

但考虑到 B 及 T 已限定,而 $L = 154$m 与同吨位型船舶相比已偏大,故保持 L、B、T 不变,仅增加 C_b 值。由于增大 C_b 时 W_h、W_f 的增量微小,故取 $\delta\Delta = 600$t。于是
$$\Delta = \Delta_1 + \delta\Delta = 24\ 000 + 600 = 24\ 600(t)$$

相应地
$$C_b = \frac{24\ 600}{24\ 000} \times 0.719 = 0.737$$

此 C_b 仍在适宜范围内,确认调整;由于 C_b 的增大,引起船体钢料重量变化
$$W_h = 4\ 428 \times \frac{1 + 0.5 \times 0.737}{1 + 0.5 \times 0.719} = 4\ 457(t)$$

相应有
$$LW = 4\ 457 + 1\ 584 + 1\ 058 = 7\ 099(t)$$

圆整取 7 100,则
$$DW = 24\ 600 - 7\ 100 = 17\ 500(t)$$

重量校核结果表明,经调整后的主尺度系数满足任务书规定的载重量要求;由于 C_b 增大应重新估算航速,这里不再赘述。

5. 舱容校核

采用全船容量方程式进行舱容校核。

1) 上甲板以下船主体实有总型容积估算
$$V_h = LB(D + 0.5c + S_m)C_{bD} \tag{6-21}$$

式中,梁拱 $c = B/50 = 0.45$(m);本船首部舷弧升高范围约 30m,首舷弧高为 1m,则平均舷弧 $S_m = 0.5 \times 30 \times 1.0/154 = 0.097$(m),$C_{bD}$ 为计算至型深处的方形系数
$$\begin{aligned}
C_{bD} &= C_b + (1 - C_b)(D - T)/3T \\
&= 0.737 + (1 - 0.737) \times (13.2 - 9.2)/(3 \times 9.2) \\
&= 0.775
\end{aligned}$$

于是可得

$$V_h = 154 \times 22.86 \times (13.2 + 0.45/2 + 0.097) \times 0.775 = 36\,893(\mathrm{m}^3)$$

2) 各种用途船舱所需容积估算

(1) 上甲板以下货舱所需型容积

货舱口部分的容积(各舱口的长×宽×高之和)为 1 700m³。包装容积与型容积之比为 0.91,则上甲板下货舱型容积为

$$V_c = (25\,000 - 1\,700)/0.91 = 25\,604(\mathrm{m}^3)$$

(2) 机舱部分型容积

$$V_m = K_m l_m B(D - h_{dm}) \tag{6-22}$$

取机舱长 $l_m = 24.75\mathrm{m}$,据型船换算得

$$V_m = 4\,799\mathrm{m}^3$$

(3) 燃油舱型容积

假定单位功率总油耗为

$$g_0 = 0.165 \times 1.15 \times 1.36 = 0.258(\mathrm{kg/(kW \cdot h)})$$

则燃油储备量为

$$\begin{aligned} W_0 &= 10^{-3} \times 1.15 g_0 \times P_s \times R/v \\ &= 10^{-3} \times 1.15 \times 0.258 \times 7\,497 \times 12\,000/15.9 \\ &= 1\,682(\mathrm{t}) \end{aligned}$$

设其中 20% 为轻柴油,密度为 0.84kg/m³,其余为重柴油,密度为 0.91kg/m³。油舱体积折扣系数(包括膨胀空隙)为 0.95,则燃油舱所需总型容积

$$V_0' = \frac{0.20 \times 1\,682}{0.95 \times 0.84} + \frac{0.80 \times 1\,682}{0.95 \times 0.91} = 1\,978(\mathrm{m}^3)$$

其中有 200m³ 设在机舱内(双层底以上),故实际燃油舱所占容积为

$$V_0 = V_0' - 200 = 1\,978 - 200 = 1\,778(\mathrm{m}^3)$$

(4) 滑油舱型容积

滑油储备量按燃油的 5% 计算,即

$$W_L = 0.05 W_0 = 0.05 \times 1\,682 = 84(\mathrm{t})$$

储存滑油约需 95m³ 的容积,但因机舱内可布置约 35m³ 的滑油柜,故滑油舱所需型容积

$$V_L = V_L' - 35 = 95 - 35 = 60(\mathrm{m}^3)$$

(5) 淡水舱型容积

因有制淡装置,取淡水 300t,型容积约需 310m³,其中有 70m³ 设在机舱内,还需型容积

$$V_w = 310 - 70 = 240(\mathrm{m}^3)$$

(6) 锚链舱、隔离舱等体积,取为 100m³。

(7) 压载舱的型容积

上甲板下总型容积减去各种用途的船舱型容积,即为压载舱的总型容积

$$V_b = 36\,893 - (25\,604 + 4\,799 + 1\,778 + 60 + 240 + 100) = 4\,312(\mathrm{m}^3)$$

为了保证压载工况的航行性能,对定期快速货船要求首吃水达到 3‰L_{bp} 左右,尾部螺

旋桨能充分浸没,则压载水重量 W_b 应达到 30%DW。目前多用途货船多为半定期性质,多用途又大大减少了船舶空放率,所以压载水量的要求可稍低些,一般取为 20%DW。按此要求,本船 $V_b = 4\,312\text{m}^3$(约 24.6%DW),超过一般多用途货船压载舱容积,故舱容满足要求。

6. 初稳性校核

校核前,应先画一总布置草图(见图 6-3),以便于计算出各部分的重心高度。

1)重心高度估算

(1)空船重心高度估算

按双甲板多用途货船统计关系式:

$$\frac{z_{gl}}{D} = 0.87 - 0.06\left(\frac{DW}{10\,000}\right) = 0.87 - 0.06 \times \frac{17\,500}{10\,000} = 0.765 \qquad (6\text{-}23)$$

国产的几艘远洋船 $z_{gl}/D = 0.73$ 左右。考虑到本船的货舱盖及起货设备重量大且重心高,故取为 0.76,则空船重心高 $z_{gl} = 0.76 \times 13.2 = 10\text{(m)}$。

(2)除货物外,其他装载物重心高度估算

除货物外,其他装载物重心高度见表 6-8。

表 6-8　除货物外,其他装载物重心高度

项　目	重量/t		重心高/m		重量矩/(t·m)	
	出港	到港	出港	到港	出港	到港
燃油	1 682	170	1.8	10	3 027.6	1 700
滑油	84	80	6.5	6.5	546	520
淡水	300	30	11	11	3 300	330
粮食	8	0.8	14.8	14.8	118.4	11.84
船员及行李	8	8	21	21	168	168
备品	80	80	14.6	14.6	1 168	1 168
空船	7 100	7 100	10	10	71 000	71 000
总计	9 262	7 468.8	8.57	10.03	79 328	74 897.8

注:到港时燃油绝大部分均在机舱油柜内,故重心提高。滑油循环使用,消耗 5%。

(3)货物重心高度估算

装运集装箱时,集装箱全部按 20ft 标准集装箱计算,在货舱内可放 378 只左右,在上甲板舱口盖上放置 152 只左右,共计 530 只。

舱内集装箱每只重量取为 13.5t,舱盖上集装箱每只重量取为 12t,则

舱内集装箱　总重 5 103t,重心高 7.5m;

舱盖上集装箱　总重 1 824t,重心高 18m;

集装箱货合计　总重 6 927t,重心高 10.26m。

装运杂货时,杂货总重为 $W_c = \Delta - 9\,262 = 24\,600 - 9\,262 = 15\,338\text{(t)}$,重心高取 7.94m。

2)几种典型载况时的重量及重心计算

几种典型载况的重量及重心计算,详见表 6-9。

表 6-9 几种典型装载时的重量及重心计算

装载情况 项目	满载集装箱					
	出港			到港		
	重量/t	重心高/m	重量矩/(t·m)	重量/t	重心高/m	重量矩/(t·m)
货物	6 927	10.26	71 100	6 297	10.26	71 100
空船及其他	9 262	8.57	79 328	7 468.8	10.03	74 912
压载水	3 550	4.3	15 265	3 550	4.3	15 265
总计	19 739	8.39	165 603	17 945.8	8.99	161 277

装载情况 项目	满载杂货						压载出港		
	出港			到港					
	重量/t	重心高/m	重量矩/(t·m)	重量/t	重心高/m	重量矩/(t·m)	重量/t	重心高/m	重量矩/(t·m)
货物	15 338	7.94	121 784	15 338	7.94	121 784			
空船及其他	92 62	8.57	79 328	7 468.8	10.03	749 112	9 262	8.57	79 375
压载水							4 890	6.15	30 074
总计	24 600	8.17	20 112	22 807	8.62	196 696	14 152	7.73	109 449

注：① 在装运集装箱时，由于重心较高($z_g=10.26\text{m}$)，故必须加足够压载水，以确保船的稳性。为了压低总装载重心，把双层底内的压载舱全加满。此外，还将第二货舱中底舱的舷边压载水舱及首尖舱也装满。

② 无货压载航行时，将船舶所有压载水舱及首尾尖舱全加满。

3) 满载杂货时的初稳性计算

(1) 出港

本船拟采用 U 形首尾横剖型线，估取 $C_w=C_p^{2/3}=(0.737/0.99)^{2/3}=0.82$，则

$$z_b=\frac{C_w}{C_w+C_b}T=\frac{0.82}{0.82+0.737}\times 9.2=4.85(\text{m})$$

$$r_i=\frac{1}{11.4}\frac{C_w^2}{C_b}\frac{B^2}{T}=\frac{1}{11.4}\times\frac{0.82^2}{0.737}\times\frac{22.86^2}{9.2}=4.55(\text{m})$$

$$GM=z_b+r-z_g=4.85+4.55-8.17=1.23(\text{m})$$

(2) 到港

非设计(满载)情况的 T_i、z_{bi} 及 r_i 按下式计算：

$$T_i=T\left(\frac{\Delta_i}{\Delta}\right)C_b/C_w=9.2\left(\frac{22\,807}{2\,469}\right)^{0.737/0.82}=8.62(\text{m})$$

$$z_{bi}=z_b\left(\frac{T_i}{T}\right)=4.85\left(\frac{8.60}{9.20}\right)=4.53(\text{m})$$

$$r_i=r\left(\frac{T_i}{T}\right)^{C_w/C_b-2}=4.55\left(\frac{8.60}{9.20}\right)^{0.82/0.737-2}=4.83(\text{m})$$

$$GM=z_{bi}+r_i-z_{gi}=4.53+4.83-8.62=0.74(\text{m})$$

4) 满载集装箱时初稳性计算

(1) 出港($\Delta = 19\ 739$t)

$$T = 9.2 \left(\frac{19\ 739}{24\ 600}\right)^{0.737/0.82} = 7.54 \text{(m)}$$

$$z_b = 4.85 \left(\frac{7.54}{9.20}\right) = 3.98 \text{(m)}$$

$$r = 4.55 \left(\frac{7.54}{9.20}\right)^{0.82/0.737-2} = 5.43 \text{(m)}$$

$$\text{GM} = z_b + r - z_g = 3.98 + 5.43 - 8.39 = 1.02 \text{(m)}$$

(2) 到港($\Delta = 17\ 945.8$t)

$$T = 9.2 \left(\frac{17\ 945.8}{24\ 600}\right)^{0.737/0.82} = 6.95 \text{(m)}$$

$$z_b = 4.85 \left(\frac{6.95}{9.20}\right) = 3.66 \text{(m)}$$

$$r = 4.55 \left(\frac{6.95}{9.20}\right)^{0.82/0.737-2} = 5.84 \text{(m)}$$

$$\text{GM} = z_b + r - z_g = 3.66 + 5.84 - 8.99 = 0.51 \text{(m)}$$

5) 压载航行出港初稳性计算

根据 $\Delta = 14\ 152$t,可得

$$T = 9.2 \left(\frac{14\ 152}{24\ 600}\right)^{0.737/0.82} = 5.60 \text{(m)}$$

$$z_b = 4.85 \left(\frac{5.60}{9.20}\right) = 2.95 \text{(m)}$$

$$r = 4.55 \left(\frac{5.60}{9.20}\right)^{0.82/0.737-2} = 7.07 \text{(m)}$$

$$\text{GM} = z_b + r - z_g = 2.95 + 7.07 - 7.73 = 2.29 \text{(m)}$$

由核算可知,本船各典型载况的初稳性高均满足法规要求。其大倾角稳性的校核可参照第 4 章所述进行。

7. 横摇周期估算

各种装载状态时的根摇周期 T_φ 按法规式计算。

例如,满载杂货出港

$$T_\varphi = 0.58 \sqrt{\frac{B^2 + 4z_g^2}{\text{GM}_0}} = 0.58 \sqrt{\frac{22.86^2 + 4 \times 8.17^2}{1.23}} = 14.69$$

全部计算结果见表 6-10。

表 6-10 各种装载状态的横摇周期   s

装载状态	$\sqrt{B^2 + 4z_g^2}$	$\sqrt{\text{GM}}$	$T_\varphi = 0.58 \dfrac{\sqrt{B^2 + 4z_g^2}}{\sqrt{\text{GM}}}$
满载集装箱出港	28.35	1.009	16.3
满载杂货出港	28.1	1.109	14.69
空船压载出港	27.6	1.513	10.58

主尺度论证小结：

根据以上计算可得设计船的主尺度：$\Delta = 24\,600\mathrm{t}$，$L_{bp} = 154\mathrm{m}$，$B = 22.86\mathrm{m}$，$D = 13.2\mathrm{m}$，$T = 9.2\mathrm{m}$(设计吃水)，$C_b = 0.737$；该尺度方案能满足任务书的各项要求，下一步可按此转入设计船的型线设计及总布置设计。

6.6.2   1 200/1 500t 江海直达货船主尺度确定

本船由华中科技大学船舶工程系设计，首制船船东是湖北省江夏轮船公司，1991 年 6 月交船；由于营运实绩良好，先后建造了 3 艘以上。

1. 设计任务书提要

(1) 航区、航线：长江中下游至我国东南沿海各港，稳性符合近海(Ⅰ类)航区的要求。

(2) 用途：主要运载钢材、煤、铁矿石、建材等干杂货。也可装 20′ 标准集装箱 30 只。

(3) 航速：航速不小于 9.0kn。

(4) 续航力：续航力为 2 400n mile。

(5) 主机：主机型号 $6\,160^{13}$，$6\,160^{14}$ 各一台，功率为 184kW×2。

(6) 船员人数：船员人数为 23 人。

(7) 载货量：1 200t(设计吃水)；1 500t(结构吃水)。

2. 设计构思

(1) 本船为江海直达船，既要满足在内河航道中航行时吃水浅、机动性能好的要求，也要满足在海上航行时对船体强度、适航性和稳性要求。

(2) 为了装运钢板和型材，货舱口长度应大于 12m，同时兼顾集装箱装载要求。

(3) 由于设计船尺度小，一般装卸码头都能停靠，可以利用码头的起货设备装卸货，因此设计船不设起货设备，这对减小空船重量和降低造价都有利。

(4) 为适应主机功率小而航速较高的要求，拟采用球首涡尾节能新船型。

(5) 设计成变吃水船，当装运重货时，可按最小干舷确定的结构吃水运营，以提高经济效益。

3. 初始排水量及主尺度确定

1) 母型船资料

由于我国对江海直达船的研究、设计工作开展较晚，在本船设计时只有黄鹤 2 号在营运，1 200t 江海联运船仅完成设计工作，所以可参考的资料较少。现将该两艘船的资料作为本设计船的母型船资料，将其主要技术参数列于表 6-11。

表 6-11   江海直达型船资料

船名 参数	1 200t 江海 联运船	黄鹤 2 号	船名 参数	1 200t 江海 联运船	黄鹤 2 号
L_{bp}/m	72	58.25	B/T	4	3.088
B/m	12	10.5	C_b	0.768	0.781
T/m	3	3.4	P_m/kW	265×2	165×2
T_s/m	3.35		V_k/kn	9.5	7.9
DW/t	1 290	1 178	螺旋桨旋向	内旋	外旋
Δ/t	2 071	1 674	海军部系数	193.5	154.5
L_{bp}/B	6	5.55			

2）排水量估算

按一般货船的排水量估算公式初步估算排水量 Δ，$\Delta = DW/\eta_{dw}$。

（1）载重量系数 η_{dw} 的选取

一般小型货船的 η_{dw} 在 $0.57\sim0.70$ 之间，参考型船资料取 $\eta_{dw}=0.67$。

（2）载重量 DW 估算

① 载货量

$$W_c = 1\,200\text{t（任务书给定）}$$

② 燃滑油重量　按所选主辅机油耗、功率及续航力等计算

$$\text{燃油 } W_O = 35\text{t}$$

$$\text{滑油 } W_L = 1.2\text{t}$$

③ 粮食、淡水重量　按每人每天淡水消耗量标准、船员人数、自持力等计算并圆整

$$\text{粮食、淡水 } W_F = 50\text{t}$$

④ 船员及行李、备品与供应品等　按标准计算并圆整

$$W_{cr} = 10\text{t}$$

则

$$DW = W_c + W_O + W_L + W_F + W_{cr} = 1\,296.2\text{t}$$

（3）排水量 Δ_1 估算

$$\Delta_1 = DW/\eta_{dw} = 1\,296.2/0.67 = 1\,934.6(\text{t}), \quad \text{取 } \Delta_1 = 1\,935\text{t}$$

3）主尺度初步确定

（1）吃水 T

为了能常年航行于武汉至我国东南沿海各港口，根据航道条件，吃水应不超过 3.6m。考虑航行时船舶一般略呈尾倾，以及稍有下沉现象，所以取设计吃水 $T = 3.5\text{m}$。

（2）船宽 B

由于吃水受限制，B/T 应取大值，以满足舱容的要求。根据一般江海直达船的资料，B/T 的范围在 $3\sim4$ 之间，参考母型船，设计船取 $B/T=3.3$，则 $B=11.55\text{m}$，取 $B=11.6\text{m}$。

（3）船长 L_{bp} 和方形系数 C_b

$$L_{bp}C_b = \frac{\Delta_1}{\rho kBT} = \frac{1\,935}{1.025\times1.006\times11.6\times3.5} = 46.3(\text{m})$$

按巴士裳宁公式

$$L_{bp} = 7.2\left(\frac{v_k}{v_k+2}\right)^2 \Delta^{1/3} = 7.2\left(\frac{9}{11}\right)^2 1\,935^{1/3} = 60.06(\text{m})$$

设计船为尾机型，又采用了涡尾船型，机舱需适当加长，以便主机、轴系的安装、维修、操作等。实取 $L_{bp}=60.9\text{m}$，则

$$C_b = \frac{\Delta_1}{\rho kL_{bp}BT} = 0.76$$

（4）型深 D

按规范，双层底中桁材的高度在任何情况下不得小于 700mm，且不得小于按下式计算所得之值：$h_d = 25B + 42T + 300 = 737(\text{mm})$，设计船考虑施工方便，以及压载水舱容积的

要求,实取 $h_d = 800mm$。

型深一方面要满足载货量对应的舱容要求,另一方面要能够在货舱口范围内布放 2 层 20ft 集装箱。按照箱高为 8ft(2.438m),箱脚垫板高度 0.05m,货箱顶与舱口盖的预留间隙 0.2m,取舱口围板高为 1.1m,则从集装箱布置出发,$D \geqslant 0.80 + 0.05 + 2.438 \times 2 + 0.2 - (1.1 + 11.6/50) = 4.59m$,再考虑适当加大货舱舱容及储备浮力,取 $D = 4.8m$。

据此,进行本船的最小干舷计算,确定设计船的结构吃水 $T_{max} = 4.0m$。

4. 性质校核

1) 重量校核

设计船属简易货船,总吨位小于 1 000GT,按母型船资料用百分数法估算,取钢料重量系数 $C_h = 0.23$,舾装重量系数 $C_f = 0.045$。

(1) 钢料重量 $W_h = C_h \rho k L_{bp} BTC_b = 445t$

(2) 舾装重量 $W_f = C_f \rho k L_{bp} BTC_b = 87t$

(3) 机电重量 $W_m = C_m P$

由型船资料,$C_m = 0.218t/kW$,则 $W_m = 0.218 \times 184 \times 2 = 80t$

则空船重量 LW

$$LW = W_h + W_f + W_m = 612t$$

(4) 排水量储备,取空船重量的 4% 计,即 $4\% LW \approx 25t$

载重量 DW = 1 296t

则排水量 $\Delta = 612 + 25 + 1\ 296 = 1\ 933(t)$

Δ 与 Δ_1 相差不大,仍取 $\Delta = 1935t$,初选主尺度不变。

后经实船倾斜试验测定,空船重量为 633t,与初估的空船重量 $612 + 25 = 637(t)$ 相差甚少。

2) 初稳性和横摇周期估算

(1) 初稳性高 GM

按公式估算:

$$GM = a_1 T + a_2 B^2 / T - \xi D$$

式中,$a_1 = 1/3(2.5 - C_b/C_w) = 0.535$;$a_2 = C_w^2/11.4C_b = 0.083$;

$\quad C_w$——水线面系数,可按统计回归式 $C_w = 0.408 + 0.577C_b = 0.85$;

$\quad \xi$——由型船资料取为 0.70。

算得

$$GM = 1.70m$$

(2) 横摇周期 T_φ

$$T_\varphi = 0.58 \frac{\sqrt{B^2 + 4Z_G^2}}{\sqrt{GM}} = 0.58 \frac{\sqrt{11.6^2 + 4 \times 3.36^2}}{\sqrt{1.7}} = 5.96(s)$$

由于江海直达船的 B/T 比较大,所以 GM 值较高,T_φ 较小,这是中小型江海直达船普遍存在的问题。在后续总布置设计中,设法提高重心来改善,例如将烟囱布置在驾驶甲板上,并在烟囱内布置重力水柜,又将燃油布置在机舱前端两档肋位间的深舱中,提高油水的重心,最终使本船设计状态的横摇周期达 6.7s,基本处于正常范围。

3）舱容校核

按照初选的主尺度绘制总布置草图完成设计船的货舱舱容校验，见图 6-5。本船为尾机型单甲板货船，设首楼和尾楼，尾部上层建筑内布置船员生活舱室、工作舱室和驾驶室；两个货舱位于船体中部，货舱区设双层底，舱口盖为水密滚动式，货舱舱口盖上可堆装集装箱；本船货舱容积 $V_c = k \cdot l_c B(D - hd)$，其中，货舱舱容系数 $K = 0.135 + 1.08 C_b = 0.956$，货船长度 $l_c = 40.8\text{m}$，估算船上所有设备按规范配齐。本船总布置草图见图 6-5。本船货舱总散装容积为 1 810m³，装载 1 200t 货时，积载因素可达 1.51，满足任务书对舱容的要求。

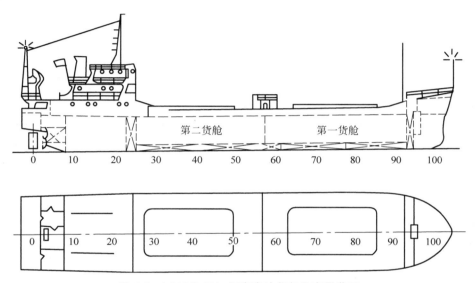

图 6-5 1 200/1 500t 江海直达货船总布置草图

4）航速校核

设计船与营运实船黄鹤 2 号尺度相近，先参照黄鹤 2 号用海军系数法估算本船航速：其海军系数 $C = \Delta^{2/3} V^3 / P = 1\ 674^{2/3} 7.9^3 / (165 \times 2 \times 1.36) = 154.9$，则本船航速 $V = (CP / \Delta^{2/3})^{1/3} = (154.9 \times 184 \times 2 \times 1.36 / 1\ 935^{2/3})^{1/3} = 7.93\text{kn}$。显然，按常规设计，本船航速很难满足要求。为适应主机功率小而航速较高的要求，拟采用球首涡尾节能新船型，并通过船模试验改形优化来达到任务书要求。

利用华中科技大学船型研究的成果，本船采用小球首、涡尾型线。小球首在满载时可降低舷涡阻力、在压载时可降低破波阻力且便于靠离内河码头，涡尾则可形成预旋流、配合内旋桨提高船身效率，同时又能够容纳较大直径螺旋桨、提高桨的敞水效率。采用双桨双舵，可减轻螺旋桨负荷，以提高内河航行时的机动性。本船球首、涡尾横剖型线见于图 6-6。

按照型线图加工船模，并先后两次改形，共进行了 3 条船模的快速性对比试验，最终确定采用梨形小球首涡尾型线。根据船模试验，本船有效马力曲线数据列于表 6-12，自航试验结果数据列于表 6-13。

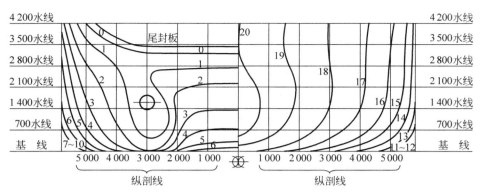

图6-6　球首涡尾船体横剖型线

表6-12　有效马力曲线数据

航速 v_s/kn	7.5	8.0	8.5	9.0	9.5	10.0
有效功率/kW	98.0	120.0	146.7	172.9	218.1	264.8

表6-13　自航试验结果数据

船模速度 v_m/(m/s)	1.0	1.1	1.2	1.3
实船航速 v_s/kn	7.776	8.554	9.331	10.109
ω	0.326	0.322	0.333	0.333
t	0.195	0.177	0.216	0.187
η_R	1.018	1.007	1.043	1.015
η_H	1.195	1.213	1.175	1.227
η_P	0.63	0.629	0.622	0.615
QPC	0.766	0.768	0.762	0.766

按照船模阻力和自航试验结果计算本船航速：

（1）实船有效马力 P_{es}

计入实船空气阻力和附体阻力等并略加储备，取 $P_{es}=1.1P_{em}$（P_{em} 为船模阻力试验换算值，即表6-12中的数据）。

（2）螺旋桨总有效推马力 P_T

$$P_T = 2P_D \times \text{Q.P.C}$$

式中，螺旋桨敞水收到马力 $P_D = 184 \times 0.9 \times \eta_g \times \eta_s$，齿轮箱效率 $\eta_g = 0.96$，轴系传送效率 $\eta_s = 0.97$，Q.P.C 取船模试验值见表6-13。

根据以上计算数据绘制实船有效马力 P_{es} 曲线和推马力 P_T 曲线，两曲线的交点即为实船可达到的设计航速。本船实测航速为9.3kn，满足任务书要求，与计算值吻合。

本船的海军部系数达251，远超母型船黄鹤2号的155，充分显示了球首涡尾节能新船型的优势和船模改形优化的效益。

主尺度小结：

$L_{bp}=60.9\text{m}$，$B=11.6\text{m}$，$D=4.8\text{m}$，$T=3.5\text{m}$，$T_{max}=4.0\text{m}$，$C_b=0.76$，$\Delta=1\,935\text{t}$。

6.6.3 平头涡尾600客位内河客货轮主尺度确定

1. 设计任务书提要

（1）航线 宜昌至重庆，B级航区及J级航段。

（2）载客量 旅客600人，其中卧铺不少于300人。

（3）尺度限制 总长$L_{oa} \leqslant 50$m，设计吃水$T \leqslant 1.6$m。

（4）主机 采用6200ZC型柴油机，左右机各一台；额定功率为316.5kW×2，持续功率为287kW×2；转速为750r/min；齿轮箱减速比为2.92∶1。

（5）航速 满载深静水航速不小于26km/h。

（6）稳性 满足ZC《长江水系船舶稳性和载重线规范》对B级航区J级航段船舶的要求。

（7）船员 30人。

2. 航线分析与船型选择

设计船航区为湖北宜昌至重庆，属于川江急流航段，滩多水急。在该急流航段内水流混乱，因此，设计船除满足B级航区对船舶的稳性要求外，还要满足川江急流段的稳性以及操纵性的要求；另外，长江上游有一些码头没有趸船，呈自然状态，要求船舶能方便地停靠；每年4—10月旅游季节，该船要能满足游览长江三峡游客的要求，旅客舱室要求宽敞、通风；对于航速的要求也较高，在深静水中航速不低于26km/h，同时船东要求船舶具有较高的节能效果。根据上述航线特点和船东要求，设计船拟采用华中科技大学船舶工程系研制的平头涡尾新船型。平头纵流首阻力低，适应浅水急流能压制泡漩水，并能方便地撬坡上下客；涡尾船型推进效率高，尾振性能好，新船型能较好地满足急流航段的稳性、操纵性、快速性及节能的要求。

3. 主尺度选取与排水量估算

1）主尺度选取

（1）母型船资料

根据航线调研，选取"川陵33号"作为母型船。该船为平头双尾船型，是当时同航线上营运不久的一艘新船，各项指标均较先进。型船主要参数列于表6-14。

（2）船长L

客船主尺度选取往往从总布置所需的地位入手。按任务书要求，本船载客600人，且卧铺不少于300人；对比母型船，本船净增卧铺客至少134人，同时在主机功率不变的情况下要求本船航速较母型船提高1km/h；结合布置地位与快速性两方面的要求，均需要取较大的船长。因任务书规定$L_{oa} \leqslant 50$m，故选取$L_{oa} = 50$m。

按照平头涡尾船型特征，扣除首压浪长度及尾部主甲板伸出长度后，得设计水线长$L_w = 44.5$m，相应的垂线间长$L_{bp} = 42.55$m。

（3）船宽B

客船船宽B主要按舱室内部布置需要并考虑稳性要求来确定。本船规划采取二层半形式，将三等舱和部分四等舱设于驾驶甲板上，大部分四等舱设于升高甲板，五等卧席和座席布置在底舱内。驾驶甲板上四等舱的舱室布置是：舱内横向布置五张上、下铺双人床，按

表 6-14　型船与设计船主要参数

船舶 参数	川陵 33	600 客平头涡尾
总长/m	46.5	50
设计水线长/m	41.0	44.5
型宽/m	7.2	9.23
总宽/m	8.0	11.6
型深/m	2.2	2.2
吃水/m	1.6	1.6
排水量/t	284.5	360
方形系数	0.597	0.546
棱形系数	0.615	0.608
中剖面系数	0.97	0.902
水线面系数	0.844	0.825
主机功率/kW	316.5×2	316.5×2
航速/(km/h)	25	27.3
客位：三等/人	24	36
四等/人	142	216
五等(卧)/人	0	90
五等(座散)/人	300	258
合计/人	466	600
载货量/t	21	25

内河客船硬卧标准,床铺的净尺度为 1.85m×0.7m;外走道宽度为 1m;两舷舱壁内装厚度 0.1m,则驾驶甲板总宽=1.85×5+2×1+2×0.1=11.45(m)。考虑到与船邻靠时上层建筑避碰要求,驾驶甲板每舷较主甲板内缩 50mm,则主甲板总宽相应为 11.45+0.05×2=11.55(m),实取主甲板总宽为 11.60m(即最大宽度 B_{max})。

按长江客船的普遍结构形式,本船采用舷伸甲板,并取其宽度约 1.2m。考虑到客船稳性要求,船宽可略取大些,综上所述,取船宽 $B=9.23$ m。

(4)吃水 T

根据任务书要求,$T \leqslant 1.6$ m,参考同航线母型船,取 $T=1.60$ m。

(5)型深 D

考虑到方便撮坡上下客,型深不宜高;为尽可能减轻空船重量以降低船舶初投资,型深也不宜高;因此,从干舷要求与强度要求出发参考母型船,选取 $D=2.2$ m。

2)排水量估算

(1)空船重量估算

参考有关型船重量资料,采用分部估算法估算之:

船体钢料重量　$W_h = C_h L(B+D) = 0.28 \times 42.55 \times (9.23+2.2) = 136.2$ (t)

木作舾装重量　$W_f = C_f (LBD)^{2/3} = 0.718 \times (42.55 \times 9.23 \times 2.2)^{2/3} = 65.11$ (t)

机电设备重量　因主机与母型船相同,故计入本船机电设备与母型船的差别加以修正,取 $W_m = 45.5t$。

考虑到稳性与纵倾调整的需要,取固定压载为2t,排水量裕度取 4%,则

$$LW = (136.2 + 65.1 + 45.5 + 2) \times 1.04 = 258.75(t)$$

(2)载重量 DW 估算

① 乘客及行李重量　每人按 75kg 计,乘客重量为 $75 \times 600 \times 10^{-3} = 45(t)$。

② 载货量　载货量为 25t。

③ 船员　每人按 75kg 计,船员重量为 $75 \times 30 \times 10^{-3} = 2.25(t)$。

④ 燃油重量　根据船东要求,取 10t。

⑤ 淡水重量　短途旅客按 15kg/人计,取 9t;船员饮水和用水按 50kg/人计,取 1.5t。

⑥ 食品　食品按每人每天 3kg 计,加上小卖部食品并适当放宽,取 5.5t。

⑦ 备品及供应品　取 3t。

则载重量

$$DW = 45 + 25 + 2.25 + 10 + 9 + 1.5 + 5.5 + 3 = 101.25(t)$$

(3)排水量与方形系数 C_b

排水量 $\Delta = LW + DW = 258.75 + 101.25 = 360(t)$

方形系数 $C_b = \Delta/(\rho k L B T) = 360/(1.0 \times 1.008 \times 42.55 \times 9.23 \times 1.6) = 0.568$

本船 $Fr = v/\sqrt{gL} = 26/(3.6\sqrt{9.8 \times 44.5}) = 0.346$

按本船 Fr 查表 6-5,得出与 Fr 配合的 C_b 可达 0.55,由于本船为纵流船型,C_b 略大一点对阻力影响不大,并于经济性有利。

4．性能校核

1)初稳性校核

按照前述常规方法进行初稳性计算,校核结果列于表 6-15。

表 6-15　初稳性校核结果

装载情况 项目	满载客货 出港	满载客货 到港	满客无货 到港
平均吃水/m	1.60	1.52	1.44
排水量/t	360	333.7	308.7
初稳性高/m	2.95	3.00	3.13

2)航速校核

航速校核可按合适的母型船用海军系数法预估,或按泰洛法估算阻力并用船模试验资料选取推进因子,进而较精细地求取航速。本船因航速要求高,采用后一种方法。

应用泰洛法估算阻力的步骤如下:

(1)计算船型参数值 B/T、C_b、Fr

$B/T = 9.23/1.6 = 5.77$,C_b 和 Fr 前面已求出。

(2)求湿表面积值 S

按照第二代平头涡尾船湿表面积计算公式:

$$\frac{S}{L_{bp}T} = 1.21\left(2 + \frac{B}{T}C_b\right) \tag{6-24}$$

则
$$S = 1.21(2 + 9.23/1.6 \times 0.568) \times 42.55 \times 1.6 = 434.7 (\text{m}^2)$$

（3）计算摩擦阻力系数 C_f 值

在泰洛法中，C_f 值是按桑海公式进行计算的，雷诺数 Re 计算时船长取水线长，粗糙度附加值 $\Delta C_f = 0.4 \times 10^{-4}$。

$$\text{Re} = \frac{v_s L_{WL}}{\nu} \tag{6-25}$$

式中，v_s——航速，取 $v_s = 26\text{km/h} = 7.22\text{m/s}$；

ν——水的运动黏性系数，按 $t = 15℃$，$\nu = 1.139\,02 \times 10^{-6}\text{m}^2/\text{s}$。

则
$$Re = 7.22 \times 44.5/(1.139\,02 \times 10^{-6}) = 2.82 \times 10^8$$

摩擦阻力系数
$$C_f = 0.463\,1/(\lg Re)^{2.6} = 0.463\,1/(\lg 2.82 \times 10^8)^{2.6} = 1.80 \times 10^{-3}$$

（4）求剩余阻力系数 C_r 值

利用平头涡尾船型系列试验绘制的剩余阻力系数图谱求取 C_r 值。

本船 $L_{WL}/T = 44.5/1.6 = 27.8$，$B/T = 9.23/1.6 = 5.77$，$Fr = 0.346$，$C_b = 0.568$，根据 L_{WL}/T、B/T、Fr、C_b 查图谱，进行插值计算可得：$C_r = 2.01 \times 10^{-3}$。

（5）计算总阻力 R_{ts} 和有效功率 P_e 值

总阻力系数
$$C_{ts} = C_f + \Delta C_f + C_r \tag{6-26}$$
$$C_{ts} = 1.8 \times 10^{-3} + 0.4 \times 10^{-3} + 2.01 \times 10^{-3} = 4.21 \times 10^{-3}$$

总阻力
$$R_{ts} = C_{ts} \cdot 0.5 \rho v^2 S \quad (\text{N}) \tag{6-27}$$

式中，ρ——水的质量密度，$t = 15℃$ 时，为 999.04kg/m^3；

v——航速，取 $v = 26\text{km/h} = 7.22\text{m/s}$ 进行校核。
$$R_{ts} = 4.21 \times 10^{-3} \times 999.04 \times 7.22^2 \times 434.7/2 = 47\,643 (\text{N})$$

有效功率
$$P_e = R_{ts} v/1\,000 (\text{kW}) \tag{6-28}$$
$$P_e = 47\,643 \times 7.22/1\,000 = 344 (\text{kW})$$

（6）航速预估

本船主机额定功率为 $P_S = 2 \times 316.5\text{kW}$，收到功率 $P_D = P_S \times \eta_g \times \eta_s$，取减速箱效率 η_g 为 0.96，机舱位于中尾部，取轴系效率 η_s 为 0.96，并取额定功率的 90% 进行计算：
$$P_D = 316.5 \times 2 \times 0.90 \times 0.96 \times 0.96 = 525 (\text{kW})$$

第二代平头涡尾船的似是推进系数 Q.P.C 为 0.65～0.83，现取 Q.P.C = 0.75，则本船螺旋桨的有效推进功率
$$P_T = 525 \times 0.75 = 393.75 (\text{kW})$$
$$P_T > P_e$$

因此，航速预计可满足任务书要求并有相当富裕。

3）功能校核

本船为客货船，是典型的布置地位型船舶，应通过草图布置来进行功能校核。检验初选的主尺度能否容纳各类客舱、各类工作舱室及公共处所的布置。

按照总长 50m、主甲板宽 11.6m、型深 2.2m 的尺度，结合平头涡尾船型特点勾画设计船的总布置草图，如图 6-7 所示。本船自上而下设顶篷甲板、驾驶甲板、升高甲板、主甲板（干舷甲板）及底舱。

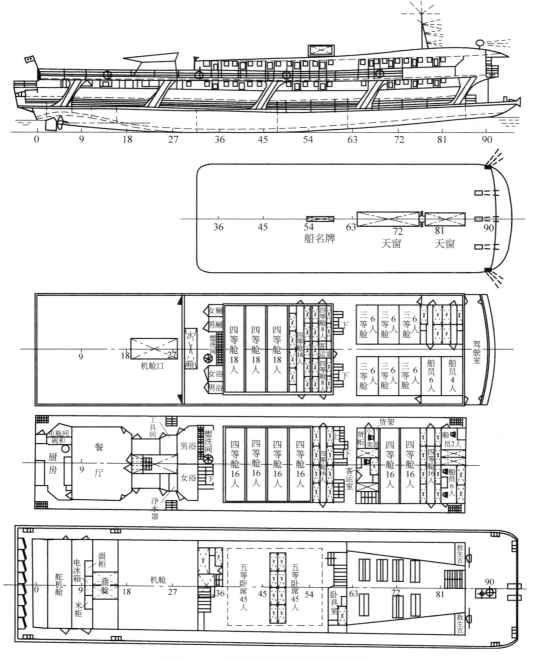

图 6-7　600 客平头涡尾客货轮总布置图

在舱室布置上,根据实际情况,注意区别短途与中长途旅客的需要,将短途旅客和货物布置在升高甲板下的底舱中,分别设有座席舱与五等卧席舱。

升高甲板这一层从尾至首设有厨房、配餐室、餐厅、盥洗室及浴室、四等客舱、小卖部和客运室,最前端设两间船员室,方便水手工作与生活。

驾驶甲板这一层设有驾驶室、报务室、大部分船员室,并设有三等客舱、四等客舱及厕所与盥洗室,后部设有观景区。船员室与客舱有走道门分隔。

本船采用中尾机舱,把底舱中部让给五等客舱,使其能布置 3 层卧铺,充分利用了舱室空间,增加了卧铺数。

本船总布置,船东要求载客 600 人、卧铺不少于 300 个,实际布置有 342 个卧铺;船员 30 人,设有备铺 2 个;各类主要工作舱室及公共处所布置齐全,较好地满足了任务书的功能要求。

此外,本船总布置有如下突出特点:

(1)采用升高甲板 与一般两层半结构的客船相比,相当于上层建筑钢结构和人员的重心都降低了半层,增加了稳性,使得本船稳性裕量大、超载能力强;同时在升高甲板两侧装玻璃窗,解决了底舱的通风和采光,充分利用了底舱空间,加大了载客量,改善了旅客舒适度,也改善了机舱船员的工作条件。

(2)驾驶室布置在船舶最前端 驾驶视野好、零盲区,方便船员操船,提升了航行安全性。

(3)全船布置紧凑 把船舶尺度(长、宽、深)都用到了极致,充分利用了甲板面积和舱室空间,既尽量增加载客量、又注意提升舒适度。

主尺度小结

$L_{OA} = 50\text{m}, L_{W} = 44.5\text{m}, L_{bp} = 42.55\text{m}, B = 9.23\text{m}, T = 1.60\text{m}, D = 2.2\text{m}, C_{b} = 0.568, \Delta = 360\text{t}$。

6.6.4　3 234kW 海洋救助拖船主尺度确定

首先介绍拖船的分类和设计特点,然后阐述 3 234kW 海洋救助拖船主尺度与排水量的确定方法。

1. 拖船分类

拖船按其主要使用任务可分为以下四类。

(1)运输型拖船 它是以拖带驳船队为主要任务的内河及海上拖船。这种一拖多运输方式的优点是经济性好。随着拖驳运输的发展,借鉴国外运用顶推船队的经验,在航道条件较好(宽阔、弯度小)的内河(如长江中下游)和风浪较缓和的沿海采用了顶推船队,拖船演变为推轮。顶推船队较之拖驳船队具有明显优点:船队的总阻力降低,因拖船螺旋桨的尾流对驳船队的冲击阻力和拖索阻力消除了,同时推轮位于驳船队的前行尾流中,推轮阻力降低且推进效率提高,因而水动力性能比拖驳船队好;驳船上船员人数可减少,甚至可做成无人驳,更经济。我国自 20 世纪 70 年代后期起研究和推广推驳船队运输,并在汉水、长江、黑龙江、黄河及渤海的河海联运中都取得了较好的使用效果,现已成为内河货运的主要方式。

(2)辅助作业拖船 其中包括协助大船进出港、靠离码头、掉头等用的港作拖船,船厂用来调动船舶泊位、供修造船进出坞、协助试航等用途的拖船等。

(3)救助拖船 主要用于救助海上失事船舶,配备有对失事船舶进行排水、灭火、潜水作业等设施,具有向失事船舶供油、供水、供电的能力,并能拖回失事船舶。

(4) 海洋开发用拖船　为海上钻井平台服务、用于海上钻井平台的拖曳、抛锚、物料供应与人员交通以及拖带工程船舶等,一般通俗地称为海上三用拖船。

以上是按其用途来划分的,如按照航区又可划分为内河拖船、港口拖船与海洋拖船。

2. 拖船的设计特点

(1) 主机功率是影响拖船功能和尺度的关键因素,各型拖船都以其主机功率命名(例如3 234kW 海洋救助拖船,2 640hp 港作拖船等)。拖船的拖带能力随主机功率的增加而加大,其主尺度及排水量也随主机功率的增加而增加,其原因是:

① 主机功率大,则外形尺寸大,相应要求增大机舱的布置与维修空间,加大船的尺度。

② 稳性的要求。因急牵力矩正比于机器功率而增加,故需相应地增加回复力矩,从而要求相应地增大排水量和船宽。

③ 型深需增大。主机功率加大,为保证螺旋桨的效率,要加大螺旋桨直径,相应增加吃水和型深。

④ 因拖带能力的增加,驳拖队的吨位加大,相应需更大的船长 L 及吃水 T,以增加拖船的控制能力。

⑤ 船员人数及相应舱室设施增加,需要更大的布置地位,也需要相应增大船长 L 及船宽 B。

⑥ 机器重量、燃料重量、船上设备及舱室设施和生活供应品等重量增加,需更大的浮力来平衡,也促使船的主尺度增加。

(2) 在同样的主机功率下,主尺度仍有相当大的变化范围,尤其在不同类型的拖船之间相比时其变化范围就更大。如以港作拖船与救助拖船为例,由于港作拖船主要着眼于操纵灵活,而对耐波性及自由航速的要求不像救助拖船那样重要;加之港作拖船的续航力较小,生活设施也较简单等,故港作拖船 L 较短,L/B 和排水量偏小。而救助拖船对自由航速及耐波性的要求较高,其 L 较长、L/B 和排水量则偏大。

(3) 拖船的空船重量占其排水量的比重大。而空船重量中的船体结构、舾装重量又与船的主尺度密切相关,因此,拖轮初始设计阶段,要力图准确地估算其空船重量以确定合理的排水量,然后进行船型设计。

(4) 因拖船的空船重心相对较高,为保证稳性,通常会适当加大 B,并采用固定压载。沿海拖船及救助拖船可考虑采用水压载,或将淡水舱与压载舱结合起来,增加淡水的携带量。设计实践表明,与增加 B 满足稳性要求相比,采用固定压载的措施对船的快速性、耐波性以及造价可能更有利。深水内河拖船和沿海短程拖船常因 C_b 过小而不利于内部布置和施工建造,为使型线不过分纤瘦并保证有足够的吃水,也常常采用固定压载。

(5) 拖船在性能上的共性要求是拖带时的稳性要求较高,且需操纵灵活。同时,依各类型拖船的使用任务的差别,又相应有不同的设计特点:

① 运输拖(推)船　应以保证拖带或顶推时有最大的拖(推)力为基本前提,并应具有良好的航向稳定性、舵力和倒车性能(尤其推船)以控制驳船队。

从快速性角度看,拖带或顶推时,拖(推)船本身阻力占船队总阻力百分比较小,故设计重点是保证拖船有较好的推进性能。为此,应力求保证尾吃水能容纳最佳直径的螺旋桨,并保证水流的流畅性。

从操纵性考虑,较大的尾吃水及较纤瘦的尾体有助于增加舵面积,从而有利于航向稳定性、倒车性能和回转性;推(拖)船为改善其倒车性能,可用倒车舵;为改善操纵性一般都用双桨,有的采用可360°回转的导管螺旋桨。

结构形式上,内河拖船一般为单甲板船,海拖一般均设首楼,推船常设多层上层建筑以利驾驶视野。

拖钩纵向位置或海拖用的自动拖缆机宜布置在中后$(0.15\sim0.25)L_{bp}$范围内。这有助于拖船拖带时的航向稳定性,拖钩以后为空敞甲板,拖钩距甲板宜低,以利安全。

② 辅助作业拖船 因限于港口或船厂内作业,续航力小、故燃油、淡水、生活供应品等数量较少,船员人数不多、居住舱室所需地位也较小,故其尺度与排水量相对较小;而辅助作业对其操纵灵活性、倒车性能要求较高,故船长宜短,并宜采用360°全回转导管螺旋桨;设计时除注意拖带时的拖力外,还应适当兼顾自由航速;布置上应保证上甲板空敞,以利作业。

③ 救助拖船 一般要求在恶劣海况时能尽快赶到失事海区实施救助,故对自由航速、抗风能力和耐波性的要求较高,拖曳时的拖力也较重要。因此,这类型拖船常配功率较大的主机且采用双桨或可调螺距螺旋桨。因主机功率较大、续航距离远,需配置各类施救设备、并装载救助供应油、水、食物,船员也相对较多,因而其排水量和主尺度都较大。建筑形式常采用长首楼型,有较大的压载舱体积(调整油水消耗后的浮态与稳性),当船长大于50m时,应满足一舱不沉的要求。

④ 海洋开发用拖船 应具备海洋拖船的性能要求(拖力、稳性、操纵性)外,还应具备小型运输船的一些技术性能。为此,上层建筑应尽可能集中在前部,以留出较大的后部开敞甲板以便堆放甲板货;主机功率主要取决于钻探平台的拖带要求,推进器也宜采用可调螺距螺旋桨。

3. 确定拖船主尺度及排水量的一般过程与方法

1) 初选主尺度

分析主机功率相近的同类型拖船的主尺度、排水量范围及其变化规律,然后根据设计船的主机尺度与重量、续航力、船员人数、航线环境条件等因素,初步选取主尺度。

(1) 船长 L 参考主机功率相近的一些母型船资料,从总布置入手,逐一考虑各种用途的船舱长度、上层建筑形式与长度、拖钩位置等,确定满足总布置要求所需的最小船长;然后,结合自由航速、耐波性及操纵性等要求,初步选取船长。

根据我国内河拖船及港作拖船的资料,有人提出了如下的 L 和主机功率的统计公式,可用来粗略地估算 L:

$$对于内河拖船 \quad L=14+0.036P_{B} \quad (m) \tag{6-29}$$

$$对于港作拖船 \quad L=22.8+0.0056P_{B} \quad (m) \tag{6-30}$$

式中,P_{B}——主机制动功率(kW)。

至于海洋拖船,则难以简单地只用 P_{B} 来反映,需结合总布置及耐波性等因素,综合加以考虑。

（2）吃水　选取 L 之后，可先估算一下尾吃水 T_a 以保证螺旋桨的效率。相应于最佳桨径的尾吃水 T_a 与 P_B 及螺旋桨转数 $n(\mathrm{r/min})$ 之间的近似关系为

$$
\begin{cases}
对于单桨船 & T_a \approx (29 \sim 30) P_B^{0.2} / n^{0.8} \\
对于双桨船 & T_a \approx (32 \sim 36) P_B^{0.2} / n^{0.6}
\end{cases}
\tag{6-31}
$$

采用导管螺旋桨时，可根据简易设计图谱估算导管外径再决定尾吃水。

如估算的尾吃水超过限制吃水，就用限制吃水为尾吃水。

对于非浅水航道拖船，常采用一定的设计尾倾 $\delta T = T_f - T_a = (0.02 \sim 0.05)L$，在选取了 δT 后，就可初定出船中平均吃水 T。若在重量核算后得出的 C_b 不适宜，还须对吃水作调整。

（3）型深 D 或干舷 F　D 或 F 根据主体内舱室高度、机舱布置的要求及稳性、抗沉性的要求来确定。内河拖船尚需注意对水面以上高度的限制条件，结合舱面天篷的高度来确定。

从拖索急牵力矩以及重心高度考虑，希望拖船的干舷低些；但从大倾角稳性方面（大倾角形状矩臂、静稳性曲线最大点的倾角及消失角）及抗沉性方面考虑，又希望干舷大些。因此，最好分析一些同类型的 P_B 相近的拖船资料来选取干舷。各型拖船干舷的大体范围是：对于内河及港口小型拖船为 $0.4 \sim 0.5\mathrm{m}$；对于港作拖船为 $0.85 \sim 1.20\mathrm{m}$；大功率的海拖对干舷的要求比港拖更高。

干舷值与船宽关系密切，一般在 $(0.10 \sim 0.11)B$ 范围，有长首楼的海洋拖船，干舷可取低些。

（4）船宽 B　一般根据稳性条件来选取。据稳性条件决定 B 时，可参考相近的同类型拖船的 B/T 值及稳性情况，并注意到上层建筑的大小、层数和 D/T 值，先选取一个 B/T，以初步确定 B 值。港作拖船及海拖的 B/T 一般在 2.5 左右即可满足要求。但 D/T 偏大、上层建筑层数较多时，B/T 需取大些，而采用的固定压载量较多则可取小些。小型拖船的船宽常需从舱室布置角度加以校核，双桨船还需注意机舱布置对宽度的要求。

2）估算排水量及 C_b

按第 2 章所述，参考母型船用分部估算法求 LW，但应注意新船与母型船在建筑、设备、结构等方面的差别加以修正；按设计任务书要求，逐一计算新船载重量；将二者相加即得设计排水量。

由设计排水量可算出相应的 C_b 值。如 C_b 值偏大（这一般只发生在浅水拖船、海洋开发拖船及自由航速要求较高的远程救助拖船）可先调整 L_{bp}、B 或 T（如允许增加）；如 C_b 偏小，就可适当增加固定压载来调整，按选用的 C_b 值计算出固定压载量，或同时适当改变尺度。

3）性能校核

对一般拖船，先核算初稳性，以便及时调整固定压载量或主尺度。为此，一般要先绘制总布置草图，明确油、水舱及固定压载的布置位置，以便估算重心高，进行纵倾调整，然后按照第 4 章关于拖船初稳性的衡准方法进行计算校核。应当特别指出的是：用母型资料按 $z_{g1} = \xi_1 D$ 关系换算空船重心高度时，最好采用计入第一层上层建筑影响的相当型深 D 进行换算，并根据上层建筑及甲板设备的主要差别对算得的空船重心高度加以修正；另外，还应注意母型资料中空船重量是否有固体压载及其数量大小；拖船初稳性估算宜保留大一些的裕度，以便后续设计有可调节的余地，以免以后被动。

对于自由航速要求较高的拖船,还应进行航速校核。

最后,综合性能校核的结果适当调整主尺度。

4. 3 234kW 海洋救助拖船的主尺度确定

1) 设计任务书提要

(1) 任务　具有救助、拖带、消防、潜水作业等多种功能的无限航区海洋拖船。

(2) 主机　两台 12VE300ZC 柴油机,每台功率为 1 617kW,转速为 285r/min,双螺旋桨,可调螺距。

(3) 航速及拖力　自由航速不低于 15kn,最大系柱拖力不小于 400kN。

(4) 续航力　按服务航速计算,续航力不小于 10 000n mile,自持力为 40d。

(5) 稳性及抗沉性　稳性满足 CCS 稳性规范的规定,抗沉性满足一舱不沉。

(6) 吃水　不超过 5.5m。

(7) 结构　满足 Ⅱ 级冰区加强的规定。

(8) 船员定额　50 人。

2) 主尺度分析选取

首先,搜集了几艘拖船的重量及重心资料体为设计参考,见于表 6-16。

表 6-16　几艘拖船的重量及重心资料

船　　名	$L \times B \times D$ $(m \times m \times m)$	W_h $/t$	$C_h =$ $W_h/(L_{bp}$ $BD)$	$\xi_h =$ z_{gh}/D	W_f $/t$	$C_f =$ $W_f/(L_{bp}$ $BD)^{2/3}$	$\xi_f =$ z_{gf}/D	W_m $/t$	裕度	$LW \times$ z_{gl}/D
红救 6 号	$50 \times 10.5 \times 5.3$	323	0.116 2	0.775	226	1.141	1.25	202	51	802×0.938
1912kW 救拖	$54 \times 11.6 \times 5.7$	460	0.128 8	0.78	253	1.08	1.242	172	42	927×0.886
1912kW 破冰拖船	$50 \times 11.2 \times 5.8$	450	0.138 2	0.746	195	0.887	1.172	145		790×0.81

注：裕度值系按倾斜试验资料与原计算值之差计算,即 W_h、W_f 及 W_m 为原计算值;1912kW 型船为双桨。

(1) 船长 L

从总布置上分析,与表 6-16 中的 1 912kW 海洋救助拖船相比较:1 912kW 拖船的主机 8NVD48A—ZU 的尺度为 6 115mm(长)×1 696mm(宽)×2 778mm(高),每台主机重 17.8t,机舱长度为 12.6m;本船主机 12VE300ZC 的尺度为 4 900mm×2 700mm×3 800mm,每台主机重 30t,故本船的机舱长度可取与 1 912kW 拖船的相同;但是,本船船员比 1 912kW 拖船增加 13 人,需较多的上层建筑地位;另外,燃油比 1 912kW 拖船增加 300t,淡水、粮食等的数量也有所增加;相应地,压载舱的体积也应有所增加以保证稳性和浮态(估计需增加 150t)。因此,本船主体部分的体积应比 1 912kW 拖船有相应的增加(参看后面的总布置草图,油水舱主要布置在稍低于设计水线的平台甲板下)。

综合布置地位上的要求,考虑到救助拖船的耐波性、自由航速较重要,本船的功率又大,故船长也应适当取大些。经初步估算与布置,船长比母型需增加 4～6m,即 L 在 58～60m 范围。

根据以上分析,可取 L=58m、60m 及 62m 进行变方案分析。以下取 L=60m 为例作方案计算。

(2) 吃水 T

按式(6-31),本船尾吃水大致为

$$T_a = 34\ P_B^{0.2}/n^{0.6} = 34 \times 1\ 617^{0.2}/285^{0.6} = 5(\text{m})$$

考虑到救助拖船可能需要进入礁、浅水域执行任务,此外,船随油水的消耗也难免发生尾倾,故不采用倾斜龙骨,吃水 T 取为 5.0m。

(3)型深 D

大型救助拖船的干舷 F 在 1.2~1.5m 范围。考虑到抗沉性和稳性,暂取 $F=1.3$m,这样便得

$$D = T + F = 5.0 + 1.3 = 6.3\ (\text{m})$$

(4)型宽 B

暂取诸大型拖船的平均值 $B/T=2.5$,则

$$B = 2.5 \times 5 = 12.5(\text{m})$$

这时 B/D 值(1.984)稍低于 1 912kW 拖船(2.036),尚属合适。

3)空船重量及重心估算

以表 6-16 的几艘大型国产拖船的资料为母型进行估算。

(1)W_h 及 z_{gh} 取 C_h 稍低于 1 912kW 救助拖船(因按 LBD 换算重量偏大),ξ_h 则取 1 912kW 救助拖船的,可得

$$W_h = 0.128 \times (60 \times 12.5 \times 6.3) = 605(\text{t})$$
$$z_{gh} = 0.78 \times 6.3 = 4.91(\text{m})$$

(2)W_f 及 z_{gf} 取 C_f 及 ξ_{gf} 等于红救 6 号的(偏保守),可得

$$W_f = 1.141 \times (60 \times 12.5 \times 6.3)^{2/3} = 321(\text{t})$$
$$z_{gf} = 1.25 \times 6.3 = 7.87(\text{m})$$

(3)W_m 及 z_{gm} W_m 用 1 912kW 救助拖船的资料来修正,其 $W_m = 172$t。

本船主机重量增加了 $2 \times (30-17.8) = 24.4(\text{t})$,又增加辅机及轴系重量 53.4t,故本船 $W_m = 172 + 24.4 + 53.4 = 249.8(\text{t})$,取 $W_m = 250$;考虑到 V 形机的重心较高,且本船的主机高度大,取 $z_{gm} = 0.6D = 3.8\ (\text{m})$。

(4)裕度:1 912kW 救助拖船的裕度为 42t,本船取为 45t。

空船重量及重心高度为

$$LW = 605 + 321 + 250 + 45 = 1\ 221(\text{t})$$
$$z_{gl} = (605 \times 4.91 + 321 \times 7.87 + 250 \times 3.80)/1\ 176 = 5.482(\text{m})$$

4)载重量估算

(1)燃油 按服务航速 14kn,单位油耗取为 0.272kg/(kW·h)(主机为 0.238kg/(kW·h))计算,则燃油储备量为:10 000/14 × 0.272 × 3 234 = 628.3t,取为 630t(由于主机功率按 3 234kW 计算,已保留了相当裕度)。

(2)滑油 取为 35t。

(3)淡水 以每人每天 80kg、自持力 40d 计算,共需 160t,取为 170t(考虑向施救船援助)。

(4)粮食 以每人每天 5kg 计,共需 10t,取为 14t(考虑向施救船援助)。

(5)人员及行李 以每人 120kg 计,共 6t。

(6)备品及供应品 取为 15t。

(7)救助器材 参考同类船,取为 45t。以上共计载重量 DW=915t。

5) 满载排水量及 C_b 估算

由上述估算可得

$$\Delta = LW + DW = 1\,221 + 915 = 2\,136(t)$$

$$C_b = 2\,136/(1.01 \times 1.025 \times 60 \times 12.5 \times 5) = 0.55$$

在自由航速为 15kn 时,本船 $Fr = 0.514\,4 \times 15/(9.8 \times 60)^{1/2} \approx 0.32$,相应的 C_b 按表 6-4 可达 0.56。故 $C_b = 0.55$,可认为合适。

6) 性能校核

(1) 初稳性校核

① 绘制总布置草图　根据舱室布置、油水舱、压载舱体积等的要求,绘制了总布置草图(见图 6-8),其中压载舱体积参考型船,取为油水总重量的一半,即控制在 400m³ 左右。

② 估算重心高　根据图 6-8 估算,具体计算数据见表 6-17。

③ 估算稳心距基线高 z_m　满载出港时,参照 1\,912kW 救助拖船,取 $C_w = 0.76$。

表 6-17　各载况重心高度估算

项目	装载情况	满载出港			中途			到港		
		重量 /t	重心高 /m	重量矩 /(t·m)	重量 /t	重心高 /m	重量矩 /(t·m)	重量 /t	重心高 /m	重量矩 /(t·m)
空船		1\,221	5.482	6\,694	1\,221	5.482	6\,694	1\,221	5.482	6\,694
载重量		915	4.002	3\,662	470	3.683	1\,731	170	2.394	407
压载水								400	2.6	1\,040
合计		2\,136	4.848	10\,356	1\,691	4.982	8\,425	1\,791	4.545	8\,141

$$z_{M\text{出}} = z_{b\text{出}} + r_{\text{出}} = \left(\frac{5}{6} - \frac{C_b}{3C_w}\right)T + \frac{C_w^2 B^2}{11.4 C_b T} = \left(\frac{5}{6} - \frac{0.55}{3 \times 0.76}\right) \times 5.0 +$$

$$\frac{0.76^2 \times 12.5^2}{11.4 \times 0.55 \times 5} = 5.84(m)$$

中途:

$$T_{\text{中}} = T\left(\frac{\Delta_{\text{中}}}{\Delta}\right)^{C_b/C_w} = 5.0\left(\frac{1\,691}{2\,136}\right)^{0.55/0.76} = 4.22(m)$$

$$z_{M\text{中}} = z_{b\text{中}} + r_{\text{中}} = z_{b\text{出}}\left(\frac{T_{\text{中}}}{T}\right) + r_{\text{出}}\left(\frac{T_{\text{中}}}{T}\right)^{\frac{C_w}{C_b}-2}$$

$$= 2.96 \times 0.844 + 2.88 \times 0.844^{\frac{0.76}{0.55}-2} = 5.697(m)$$

到港(压载)时,同理可算得 $z_{M\text{到}} = 5.722$m,因 $z_{g\text{到}}$ 最低,故不再计算其 GM。

④ 估算初稳心高度:满载出港时,$GM_{\text{出}} = z_{M\text{出}} - z_{g\text{出}} = 5.840 - 4.848 = 0.992(m)$

中途时,$GM_{\text{中}} = z_{M\text{中}} - z_{g\text{中}} = 5.697 - 4.982 = 0.715(m)$

⑤ 初稳性校核:计算中取拖钩中心距上甲板为 1.7m,螺旋桨直径为 2.75m,则满载出港时,拖钩中心距水动力中心为

$$l = T/2 + F + 1.7 = 2.5 + 1.3 + 1.7 = 5.5 \text{ (m)}$$

中途时

$$l = 2.11 + 2.08 + 1.7 = 5.89(m)(干舷为 2.08m)$$

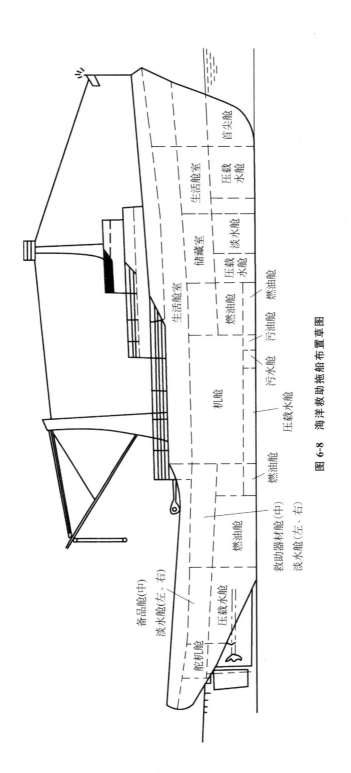

图 6-8　海洋救助拖船布置草图

具体计算见表 6-18。

表 6-18　初稳性高度衡准

载况 衡准	满载出港	中　途
洛欺	$GM_{出} \geqslant \dfrac{4\,400 \times 5.5}{149 \times 2\,136 \times 1.3/12.5} = 0.732(m)$	$GM_{中} \geqslant \dfrac{4\,400 \times 5.89}{149 \times 1\,691 \times 2.08/12.5} = 0.618(m)$
伍德	$GM_{出} \geqslant \dfrac{(4\,400 \times 2.75)^{2/3} \times 5.5}{24 \times 2\,136 \times 1.3/12.5} = 0.738(m)$	$GM_{中} \geqslant \dfrac{(4\,400 \times 2.75)^{2/3} \times 5.89}{24 \times 2\,136 \times 2.08/12.5} = 0.628(m)$
日本作业船规范	$GM_{出} \geqslant \dfrac{0.013\,5 \times 4\,400 \times 5.5}{2\,136 \times 2 \times 1.3/12.5} = 0.741(m)$	$GM_{中} \geqslant \dfrac{0.013\,5 \times 4\,400 \times 5.89}{1\,691 \times 2 \times 2.28/12.5} = 0.625(m)$
孟洛-斯密兹	$GM \geqslant (0.088 \sim 0.096)B = 1.1 \sim 1.2(m)$	

从表 6-18 的数字可见,本方案满足绝大多数衡准要求,故可认为初稳性高合格。中途以后,如不加压载,吃水会偏低,稳性会不足。为此,布置上应将部分燃油舱设在机舱双层底内,以降低重心。

(2) 横摇周期核算

因 $GM_{出}$ 最高,只核算满载出港的横摇周期,即

$$T_{\varphi 出} = 0.58 \sqrt{\frac{B^2 + 4z_g^2}{GM}} = 0.58 \times \sqrt{\frac{12.5^2 + 4 \times 4.848^2}{0.992}} = 9.2(s)$$

(3) 抗沉性核算

本船有一舱不沉的要求,故初始设计阶段应作抗沉性校核,包括一舱淹水不沉计算及破舱稳性计算。

① 校核一舱淹水不沉　由图 6-8 可见,机舱近船中且舱长最大,故一舱淹水不沉应以机舱为校核对象。取分舱深度 $T_分 = 6.30 - 0.076 = 6.224(m)$,满载水线下机舱部分体积的方形系数为 0.855,机舱体积渗透率为 0.85,进行近似核算。

平均下沉到分舱吃水时的排水体积为

$$\nabla_分 = \nabla \left(\frac{T_分}{T} \right)^{\frac{C_w}{C_b}} = \frac{2\,136}{1.025} \times \left(\frac{6.224}{5.0} \right)^{\frac{0.76}{0.55}} = 2\,820(m^3)$$

$$\delta \nabla = 2\,820 - 2\,084 = 736(m^3)$$

所以,许可舱长

$$l_m = \frac{736}{(5 \times 12.5 \times 0.855 + 12.5 \times 1.224) \times 0.85} = 12.6(m)$$

基本符合要求,若考虑到估算公式的误差,加适当裕度,取 $D = 6.4m$。

② 校核破舱稳性:以航行中途机舱受损且假定双层底未破情况来检验(此时完整稳性最差,破舱稳性损失也最大)。

破舱后稳心半径的损失:

设面积渗透率 $\mu_A = \mu_V = 0.85$,则

$$\delta r = \frac{\mu_A l_m B^2}{12 \nabla_中} = -\frac{0.85 \times 12.6 \times 12.5^2 \times 1.025}{12 \times 1\,691} = -1.057(m)$$

浮心升高：

设双层底高度为 1.0m，则

$$\delta \nabla \geqslant 0.85 \times 12.6 \times (4.22 - 1.0) \times 12.5 = 431 (\mathrm{m}^3)$$

$$\delta T = 431/(0.76 \times 60 \times 12.5 - 12.6 \times 12.5 \times 0.85) \approx 1.0 (\mathrm{m})$$

$$\delta z_\mathrm{b} = [431 \times (1.61 + 0.5) \times 1.025]/1\,691 = 0.551 (\mathrm{m})$$

$$\delta \mathrm{GM}_{中} = \delta r + \delta z_\mathrm{b} = -1.057 + 0.551 = -0.506 (\mathrm{m})$$

$$\mathrm{GM}_{破} = 0.715 - 0.506 = 0.209 (\mathrm{m}) > 0.05 (\mathrm{m})$$

破舱稳性符合法规要求。

（4）航速及系柱拖力检验

按常规方法参考《船舶阻力与推进》进行，不再赘述。

主尺度小结

上述计算表明，主尺度方案满足各项要求，后续工作按照 $L \times B \times D \times T \times C_\mathrm{b} = 60\mathrm{m} \times 12.5\mathrm{m} \times 6.4\mathrm{m} \times 5.0\mathrm{m} \times 0.55$ 绘制正式总布置图、型线图、横剖面结构图等深入进行本船设计。

复习思考题

1. 何为船舶主尺度？确定船舶主尺度应满足哪些基本要求？

2. 简述确定船舶主尺度的一般步骤和特点。

3. 选取船舶主尺度（L、B、D、T、C_b）时，各自应综合考虑哪些因素？实船设计时着重考虑的主要因素是什么？

4. 名词解释：经济船长、经济方形系数、载重型船、布置地位型船、载重量系数 η_dw、诺曼系数 N、可行方案、可行域。

5. 试用框图描述载重型船确定主尺度的步骤。

6. 试用框图描述布置地位型船确定主尺度的步骤。

7. 载重型船初估排水量 Δ 后选取主尺度的方法有哪些？

8. 简述载重型船主尺度初选后性能校核的步骤与方法。

9. 何为主尺度选优？主尺度选优的途径有哪两大类？选优衡准如何确定？

10. 优化船舶主尺度的方法有哪些？各有何特点？

11. 船东要求设计小型远洋货船，主要要求如下：$\mathrm{DW} = 20\,000\mathrm{t}$，航速 $v_\mathrm{k} \geqslant 14\mathrm{kn}$，主机功率为 $5\,648.6\mathrm{kW}$，转速 $150\mathrm{r/min}$，限制吃水 $T \leqslant 9.5\mathrm{m}$。试完成：

① 初选设计船的主尺度（可取 $B = 22.86$，$L/B = 6.9$，$D = 13\mathrm{m}$）；

② 重量校核，调整与确定主尺度；

③ 设计船满载出港的初稳性高 GM（$z_\mathrm{g} = 0.62D$）；

④ 设计船满载出港的横摇周期 T_φ；

⑤ 设计船满载试航速度 v_k（用瓦特生公式估算）。

提示：按母型船资料，可取 $\eta_\mathrm{dw} = 0.77$，附体系数 $k = 1.005$，机电设备重量 $W_\mathrm{m} = 616\mathrm{t}$；$C_\mathrm{h} = 0.020\,2$，$C_\mathrm{f} = 0.262\,4$，$W_\mathrm{h} = C_\mathrm{h} L^{1.5} BD^{0.5} (1 + 0.5C_\mathrm{b})$，$W_\mathrm{f} = C_\mathrm{f} LB$；$C_\mathrm{w} = 3/8 + 5C_\mathrm{b}/8$。

12. 远洋散货船如单程空放时,一般须加压载水作压载航行,其压载水量 $W_b \approx DW/3$,在上题中续求:

　　① 设计船压载出港的平均吃水;

　　② 压载出港的 $GM(z_g = 0.5D)$ 和 T_φ;

　　③ 压载出港的 v_k。

13. 新设计一艘散货船,要求载重量为 45 000t,服务航速不小于 14.0kn,假设没有尺度限制。试估算:

　　① 该船的主尺度 L、B、D、T、C_b;

　　② 所需的主机功率 CSR;

　　③ 满载出港的初稳性高 GM 和横摇周期($C_w = 3/8 + 5C_b/8$)。

　　提示:按母型船资料,估取 Δ 及主尺度,可不进行重量校核和舱容校核。

　　母型船要素为: $L \times B \times D \times T \times C_b = 180\text{m} \times 31.0\text{m} \times 16.6\text{m} \times 10.5\text{m} \times 0.82$; $DW = 40\,000\text{t}$;主机常用功率 $CSR = 7\,182\text{kW}$,服务航速 $V_S = 14.5\text{kn}$;满载重心高度 $Z_g = 10\text{m}$。

14. 以 1 200t 江海直达货船为母型设计 1 300t 货船。假设: $W_h \propto \Delta$, $W_f \propto \Delta^{2/3}$, $W_m \propto \Delta^{2/3}$

　　试求:① 设计船的排水量 Δ;

　　　　　② 设计船的 W_h、W_f、W_m;

　　　　　③ 设计船的 η_{dw}。

15. 以 11 000t 沿海货船为母型设计 12 000t 沿海货船,要求保持母型船良好的快速性,试求新船的排水量与主尺度。

　　(附:母型船要素 $L = 126\text{m}$, $B = 22.4\text{m}$, $T = 7.50\text{m}$, $C_b = 0.69$)

16. 什么是多用途货船? 它有哪些设计特点?

17. 江海直达货船与内河船、海船有何不同?

18. 平头涡尾船型为什么能降低阻力、提高推进效率?

19. 对照 600 客平头涡尾客货轮布置图说明该船总布置有哪些特点?

20. 拖船按其主要任务分为哪几类? 各有哪些设计特点? 长江中下游的大宗货(煤炭、黄砂)运输为什么都采用推驳船队?

21. 为什么拖船是以主机功率命名? 简述拖船确定主尺度及排水量的过程与方法。

第 **7** 章

船舶型线设计

7.1 概述

　　船舶主尺度是表示船舶特征的主要技术参数,而确定船舶形状、决定船舶性能的则是船舶的型线。船舶型线设计是船舶总体设计的核心内容之一,船舶型线设计的好坏对船舶的技术性能和经济性有重大影响。型线设计的终极表达是船舶型线图,型线图是后续的结构设计、性能计算、模型试验、舱室布置和放样建造的基础和依据,因此,新船设计中对于型线设计一直都予以极大的重视。在新船设计中,继调查研究、确定主尺度之后,紧接着就要做型线设计和总布置设计,二者往往是平行或交叉进行的。型线设计时必须注意以下几点。

　　(1) 保证新船快速性、兼顾其他航行性能　型线设计师的首要任务是使新船满足航速要求,为此,新船型线要尽可能降低阻力(低速船侧重降低摩擦阻力,高速船侧重降低兴波阻力)、提高推进效率、适配最佳效率螺旋桨;当然,型线还影响船舶的其他航行性能,例如,船体水下型线还影响新船的耐波性、稳性和操纵性,船体水上型线也影响耐波性、稳性和抗沉性等;但是一般都把快速性放在首位来考虑,同时兼顾其他航行性能。

　　(2) 满足总布置要求　与总布置有关的甲板地位、船舱尺度、机舱和设备的布置、浮态调整等的要求都应在型线设计中加以考虑。当总布置与性能对型线的要求发生矛盾时,往往以适当地降低某些性能的要求来满足总布置的适用性。

　　(3) 注意船体结构合理、方便施工与维修　复杂多变的船体形状,不仅增加建造工时,多耗材料,而且不易保证施工质量,影响结构强度;过长过浅的尾悬体影响尾部的强度和刚度;外飘过度、底部平坦的船首会增加波浪的冲击和船底的砰击;上翘过大的首尾龙骨影响进坞搁墩和强度等,所有这些都是型线设计中值得注意的问题。

　　型线设计的内容包括船舶主要形状特征和参数的选择、型线图的生成过程与方法。

　　按照实船型线设计的先后次序,船舶主要形状特征和参数的选择包括:横剖面面积曲线、设计水线、横剖线、首尾轮廓线和甲板线。型线设计的方法归纳起来有自行绘制法、母型改造法、系列型线和数学型线等。无论采用哪种方法,都必须掌握船体主要形状特征和参数对船舶性能、总布置等的影响规律,以此作为型线设计的基础。

本章首先研究船舶主要形状特征和参数的选择,继而讨论型线生成方法,再简要介绍几种特殊型线,最后给出型线设计举例。

7.2 横剖面面积曲线

船舶型线设计,首先从横剖面面积曲线的设计绘制开始。因为它表征了浮力沿船长的分布,它将决定设计船的排水量,进而影响船舶载重量。

横剖面面积曲线是以船长为横向坐标、设计水线下各横剖面面积为竖向坐标所绘制的曲线,其形状如图 7-1 所示。

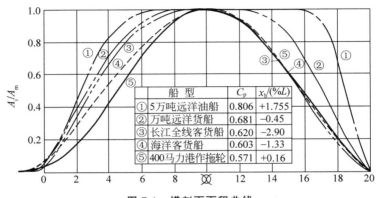

船 型	C_p	$x_b(\%L)$
① 5万吨远洋油船	0.806	+1.755
② 万吨远洋货船	0.681	-0.45
③ 长江全线客货船	0.620	-2.90
④ 海洋客货船	0.603	-1.33
⑤ 400马力港作拖轮	0.571	+0.16

图 7-1 横剖面面积曲线

该曲线具有下列特征:

(1) 横剖面面积曲线与横向坐标轴所包围面积相当于设计水线下船的型排水体积 ▽。

(2) 横剖面面积曲线的丰满度系数等于船在设计水线下的纵向棱形系数 C_p。

(3) 横剖面面积曲线与横轴所包围的面积的形心横向坐标,等于船的浮心纵坐标 x_b。

(4) 曲线的最大纵坐标值代表最大横剖面面积 A_{max}。

(5) 丰满船的横剖面面积曲线的中部有一平行段,称为船的平行中体长 L_p,平行中体前后的两段长度分别称为进流段长 L_e 和去流段长 L_r。方形系数小的船一般没有平行中体,其最大横剖面常在舯后。

1. 棱形系数 C_p 和中剖面系数 C_m 的选择

棱形系数 C_p 反映浮力沿船长的分布。因 $C_p = C_b/C_m$,所以 C_b 一定时,C_p 小表示浮力相对集中在船体中部、船体两端较尖瘦;反之,C_p 大表示浮力分布较均匀、两端较丰满。

通常,C_p 的选择主要考虑阻力、经济性和总布置。

棱形系数 C_p 对船的剩余阻力 R_r 影响很大,而对摩擦阻力 R_f 影响小。理论上对剩余阻力最有利的 C_p 值如图 7-2 实线①所示,当 $Fr < 0.30$ 时,C_p 约为 0.52;$Fr = 0.3 \sim 0.45$ 时,C_p 由 0.52 线性增大到 0.65;当 $Fr \geqslant 0.45$ 时,C_p 保持在 0.65 不再增加。

然而,对中低速运输船而言,阻力最低的 C_p 显然是不可接受的。从实用和经济性出发,实际选取经济 C_p,如图中阴影区所示。此时,船舶尺度较小、摩擦阻力和总阻力低,船体重量轻、装载量大、经济性好。

对高速船($Fr \geqslant 0.3$),C_p 的选取应接近实线①,C_p 与 Fr 的配合关系参见表 6-5。

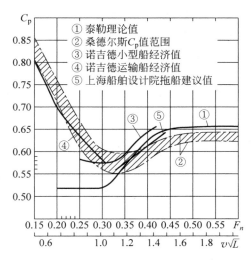

图 7-2　C_p 与 Fr 的关系曲线

从总布置考虑，C_p 较小，船舶两端尖瘦，不利于船舶的布置，特别是尾机型船和双桨船，C_p 过小，机舱与轴系布置困难。为满足布置要求，有时需适当牺牲快速性。

实船设计中，低速船因兴波阻力的比例很小，因此 C_p 对阻力的影响小，通常先参考母型船选取 $C_m(\geqslant 0.99)$，则 $C_p = C_b/C_m$；中速船则选取经济 C_p，既使船体两端较为尖瘦，又能保证船体水线能从尖瘦的两端顺滑地向舯部过渡，不产生明显的突肩；高速船一般选取阻力最佳的 C_p。

C_m 对阻力的影响不大，C_m 的选择很大程度上是考虑与 C_p 的配合。

由于船舶初始设计阶段确定主尺度时 C_b 已经确定，所以型线设计时也可按 C_b 值由统计曲线估计 C_m 和 C_p。图 7-3 给出了 C_m、C_p 与 C_b 的关系曲线，可供船舶设计时参考。

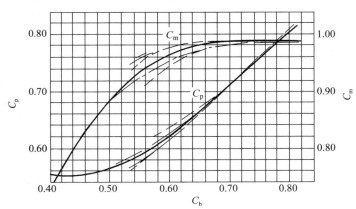

图 7-3　C_b、C_m 与 C_p 的关系曲线

2. 浮心纵坐标 x_b 的选择

在一定的棱形系数下，浮心纵向位置决定了船的前半体和后半体的相对丰满度。

1）从阻力方面考虑

当浮心位置改变时，前体兴波阻力和后体形状阻力的相对比例也发生变化。例如，浮心

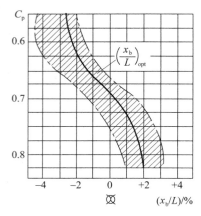

图 7-4 巴甫连柯最佳 x_b 范围

位置向后移动,相当于前体丰满度减小,后体丰满度增大,因而形状阻力由小变大,而兴波阻力则由大变小。因此,对应于给定速度的船,存在着一个阻力最低的最佳浮心位置。

图 7-4 给出巴甫连柯建议的最佳浮心位置 x_b 变化范围。当 x_b 在图中阴影区域变化时,其对总阻力的影响不超过 1%。

图 7-5 给出了单桨船最佳浮心位置的资料,而双桨船的最佳浮心位置要比相应的单桨船稍后些(如 1% L_{bp}),快速双桨船的最佳浮心位置约在船中后(2.0% ~ 3.5%)L_{bp}。

从推进效率上看,浮心位置稍后于阻力最佳位置(如向后(0.2% ~ 0.3%)L_{bp})是合适的。

2) 从布置方面考虑

浮心位置的选取,还应注意与满载出港时的重心纵向位置相配合,使船不致产生首倾和不允许的尾倾(尤其是吃水受限制的情况)。对于中机型船,这种配合一般困难不大。对尾机型或中尾机型船,则需要认真分析对待。

另外,某些尾机型船,为了便于机舱布置,缩短机舱长度,或为了避免桨轴伸出过长和轴包架或轴支架尺度过大,将浮心适当取后一点比起将棱形系数 C_p 适当地取大,在总体效果上更为有利。

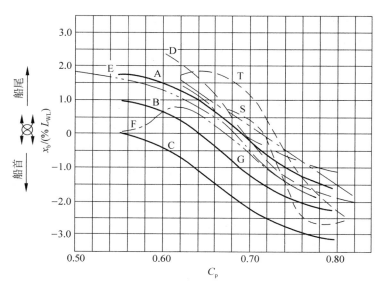

图 7-5 单桨船最佳浮心位置与棱形系数的关系(以 % L_{WL} 计)

A、C—荷兰试验水池,两曲线间为服务航速下的浮心位置范围;B—荷兰试验池船模的平均值;

D—爱尔;E—德国造船年鉴(1935 年);F—海克休;G—陶德(1954 年);S—60 系列(服务

航速 v_{ks});T—60 系列(试航航速 v_{kt})($v_{ks}/(gL)^{1/2} = 0.551 - 0.476C_p$;$v_{kt} = 1.06v_{ks}$)

3. 平行中体的长度和位置、最大横剖面位置

1）平行中体的长度和位置

在 Fr 较低（$Fr<0.24$）时，采用一段平行中体，对于前体，可使进流段（L_e）型线尖瘦些，降低兴波阻力；对于后体，可削瘦去流段（L_r）的船体型线，有利于改善形状阻力。在实用上，平行中体一段的横剖面形状完全相同，使得中部的船舱方整，便于装卸货物。设置平行中体还可简化工艺和降低建造成本。总之，适当采用平行中体不但在经济性、实用性上有利，在阻力性能上也是有利的。

平行中体的长度，一般是取不使阻力性能恶化的最大长度。平行中体沿船长的位置，决定着船体进流段和去流段的长度。船体进流段过短，会产生首肩波的不良干扰，而对肥大型船而言，还会带来严重的碎波阻力；若去流段过短，将使后体过渡区反曲太大，水流分离过早而产生漩涡。

对一定的船型来说，棱形系数和浮心纵向位置选定以后，就基本上决定了前后体的棱形系数 C_{pf} 和 C_{pa}，因此，平行中体长度和位置的选择，就是对前体和后体的排水体积沿船长进行合理的再分配。

目前，L_e/L_{bp}、L_r/L_{bp} 及相应的平行中体长度和位置主要根据船模试验资料得出的规律来决定，新船设计时可参考合适的船型试验资料或母型船选取。

为了避免前肩波的不良干扰，由理论分析和模型试验导出的适宜的进流段长度为

$$(L_e/L_{bp}) = 6.3Fr^2 + 0.14 - 5(C_p - 0.7)^2 \tag{7-1}$$

为了避免后体过渡区反曲太大、水流分离过早而产生注漩涡，去流段长度不应过短。按贝克理论，最短的去流段长度为

$$L_r = 4.08\sqrt{A_m} \tag{7-2}$$

实践表明，对于肥大船型或短而丰满的船舶，一般难以满足式（7-2）的要求。

根据实船统计，将不同 C_b 船舶的平行中体长度和位置列于表 7-1。

表 7-1　不同 C_b 船舶的平行中体长度及进、去流段长度　　　　　　　　　%

方形系数 C_b	进流段长度 L_e	平行中体长度 L_p	去流段长度 L_r
0.81	24.0	44.0	32.0
0.80	24.0	43.5	32.5
0.79	24.5	42.0	33.5
0.78	25.5	39.0	35.5
0.77	26.0	37.0	37.0
0.76	27.0	34.5	38.5
0.75	28.0	33.0	39.0
0.74	29.0	31.5	39.5
0.73	31.0	29.5	39.5
0.72	33.0	27.0	40.0
0.71	36.0	23.0	41.0
0.70	39.0	19.0	42.0

2）最大横剖面位置

无平行中体的船舶，其最大横剖面位置决定了进流段和去流段的长度。由于前体兴波

阻力随 Fr 的增大而增大,所以最大横剖面位置应随 Fr 的增大而后移。如:

$Fr < 0.30$ 时,可在中后 $(0 \sim 3\%) L_{bp}$;

$Fr > 0.30$ 时,则在中后 $(3\% \sim 4\%) L_{bp}$,高速军舰甚至更后。

4. 横剖面面积曲线两端的形状

首、尾端部形状分别与前体棱形系数 C_{pf} 和后体棱形系数 C_{pa}、进流段和去流段长度密切相关。图 7-6 表示进流段棱形系数 C_{pf} 相同的三种典型横剖面面积曲线的首端部形状,

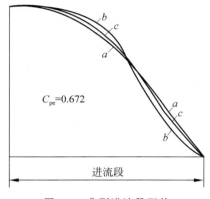

其中 a 为直线形,b 为凹形,c 为微凹形。显然,三种不同形状表示排水体积在进流段范围内的三种不同的分布情况,从而影响船的兴波阻力。与进流段相似,去流段也有三种形状,其排水体积沿去流段的不同分布影响船的形状阻力。

(1) 对 $Fr < 0.2 \sim 0.22$ 的低速船,兴波集中在首端部,从这点出发,虽然希望面积曲线的首端尖瘦,即成凹形,但这种低速船的 C_p 一般较大,相应的 C_{pe} 也较大,这样可能会使其与平行中体连接处出现肩点,反而增加兴波阻力,因此常用直线形的首端。

图 7-6　典型进流段形状

(2) $Fr = 0.22 \sim 0.28$ 时,兴波逐渐加剧,范围不断扩大且后移,为此,进流段应增长,以保持整个进流段内曲线呈和缓的变化,以便降低增长着的兴波高压区内的阻力。所以,横剖面面积曲线首端宜取微凹形或凹形。

(3) $Fr > 0.28$ 时,首部兴波范围继续增大且后移,进流段则应更长。所以,首端形状由凹形过渡到微凹或直线形为宜。

(4) 去流段的横剖面面积曲线形状,主要考虑减少水流分离而产生漩涡。一般应使平行中体向后和缓过渡,并保持曲度变化均匀,故尾端段一般取为直线形或微凹形。

实际设计中,端部形状往往根据母型或系列船型资料,结合设计水线的形状、首尾轮廓线形状和端部横剖面形状统一加以考虑,以获得适宜配合。

横剖面面积曲线确定之后,就要分别完成型线三视图中基础型线的设计与绘制,它们是:设计水线与甲板半宽线、中横剖面线、中纵剖线。

7.3　设计水线

设计水线是船舶满载出港时的载重水线。设计水线的特征和参数包括:设计水线首端形状及半进流角 i_e(近首垂线处水线与中心线的夹角)、平行中段长度、尾端形状及去流角、水线面系数 C_w 等。设计水线形状对船的阻力、稳性和耐波性影响较大。

1. 首端形状与半进流角

设计水线首端形状对兴波阻力的影响,与前述的横剖面面积曲线首端相类似。它的选取与 Fr 密切相关,通常设计水线首端形状特征如下:

$Fr = 0.16 \sim 0.19$　　　由凸形到直线形;

$Fr = 0.20 \sim 0.22$　　　直线形或微凹形;

$Fr = 0.23 \sim 0.32$ 　　微凹形;

$Fr > 0.32$ 　　　　　直线形,整个进流段保持和缓的曲度。

设计水线的半进流角 i_e 对水线首端形状有决定性影响,进而影响兴波阻力。适宜的半进流角 i_e 主要与 Fr(或 C_p)相关,其次与 L/B、C_w 等有关。在 C_p 与 Fr 成合理配合的情况下,半进流角 i_e 可参照图 7-7 选取。该图资料源于 $L/B = 7.0$ 左右的船舶,当 L/B 较小时,i_e 应随 L/B 的减小而适当增大。当 C_w 较大时,i_e 也应适当增大。据统计,高速船的 i_e 约为 $6° \sim 12°$,中速船为 $15° \sim 25°$,低速船可达 $36°$ 以上。

从耐波性看,设计水线首端适当丰满些较有利,而呈 S 形的则不利。小型船舶常从稳性和总布置的要求考虑,设计成较丰满的首部水线。

2. 平行中段长度

设计水线平行中段的长度取决于水线面系数的大小和水线首尾端的形状。通常单桨船约为横剖面面积曲线平行中体长度的 2 倍。速度较高、C_b 小的船没有平行中体,但设计水线在船中偏后部仍有一段平行中段,因为首部瘦削尾部丰满的设计水线对快速船具有更小的阻力。图 7-8 给出了 60 系列和 57 系列(60 系列的前身)以及日本肥大船系列 SR98 的平行中段长度与 C_p 的关系。图中纵坐标为平行中段长 L_{wp} 占 L_{WL} 的百分数。

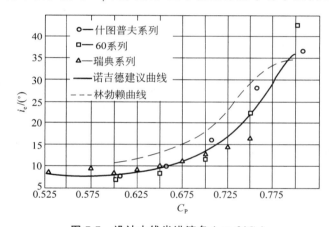

图 7-7　设计水线半进流角 $i_e = f(C_p)$

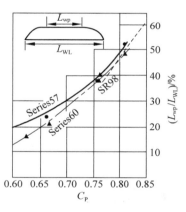

图 7-8　平行中段长度与 C_p 的关系

3. 尾端形状

设计水线尾端的形状,从阻力上看,主要是影响形状阻力。在一般情况下,它对总阻力的重要性次于首端形状。为了避免水流分离而发生漩涡,尾端水线应顺滑,通常以直线型为佳,而不宜成凹形,尾端的去流角应不大于 $30°$。单桨船螺旋桨区的水线应力求平直,终端(尾柱处)水线形状不应钝阔,纵向斜度不要超过 $20°$;水线反曲处也应避免斜度过大,注意顺滑过渡。此外,设计水线应盖住螺旋桨和舵,以利安全。尤其是多桨船,其设计水线尾端宽度应能够遮盖住外侧螺旋桨桨叶叶梢,以避免空气吸入,降低推进效率。

4. 水线面系数 C_w

水线面系数 C_w 与多种因素相关,包括快速性、稳性、耐波性、总布置与型线协调等。

从快速性考虑,随着 Fr 增大 C_w 应减小以利于静水阻力;从稳性考虑,取较大的 C_w,初稳性高 GM 增大;同时,船舶水上部分的水线加宽,稳性复原力臂增大,有利于大倾角稳性;

对耐波性的影响,在横剖面面积曲线一定的前提下,增大 C_w,横剖面形状呈 V 形(反之呈 U 形),V 形横剖面的纵摇、升沉阻尼大,有利于耐波性;同时,增大 C_w,随着水线面面积的增大甲板面积也增大,从而有利于甲板设备的布置,但对于船体端部的空间布置可能不利。

实船设计中,C_w 的选取一般从快速性着眼,然后校核稳性、总布置及型线配合等方面,看是否合适。据 BSRA 和 60 系列等资料,通常 C_w 与 C_p 大体有如下关系:

$$C_w = (0.97 \sim 1.01)C_p^{2/3} \tag{7-3}$$

实践表明,C_w 在此范围内变化对快速性影响不大,可供初步设计时应用。

5. 甲板半宽线

在完成了设计水线的绘制后,要在水线图上绘制甲板半宽线,作为横剖线设绘的铺垫。

甲板半宽线是甲板边线在水线图上的投影线,它给出甲板在首、尾端各站的半宽。某货船首部的设计水线和甲板半宽线见图 7-9。

甲板半宽线是根据新船的使用要求、按总布置草图上甲板平面轮廓线勾画的。例如:船舶首部的甲板半宽取决于锚泊设备的布置、货舱口的尺度以及甲板上的作业空间,还应考虑使首部横剖线有适当的外飘,以保证锚链筒出口处起锚时不致碰伤船壳;尾部甲板宽度应考虑系泊设备和舵机舱的布置地位以及尾部的作业要求等。

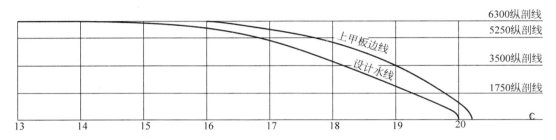

图 7-9 某货船首部的设计水线和甲板半宽线

7.4 横剖线

7.4.1 中横剖面线

船舶中横剖面的形状由中剖面系数 C_m、平板龙骨半宽 f、舭部升高 h 和舭半径 r 等参数决定。其中,C_m 已与 C_p 协调确定(见 7.2 节);平板龙骨半宽 f 根据建造规范的要求,并结合钢材的规格来决定;舭部升高 h 值,对于较丰满的中低速船舶一般都很小,约 $0.1 \sim 0.3$m,多数船舶为简化工艺取其为零,即采用平底型;圆舭形船舶的舭半径 r 由式(7-4)或式(7-5)确定。

中横剖面,按其 C_m 的大小可分为丰满的中横剖面和 C_m 较小的中剖面两种。

(1)丰满的中横剖面 中低速船舶,C_m 较大,其中横剖面采用小的 h 值或平底,直壁式横剖面形状,如图 7-10(a)所示。

当 $h \neq 0$ 时,圆舭半径 r 如下:

$$r = \left\{ \frac{BT(1-C_m) - (B/2-f)h}{2[1-\pi/4 - h/(B-2f)]} \right\}^{1/2} \tag{7-4}$$

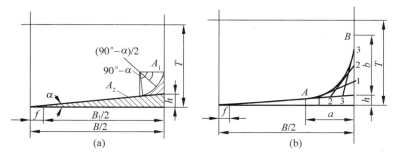

图 7-10 中横剖面线及有关参数

当 $h=0$ 时,则

$$r = \left[\frac{BT(1-C_m)}{2(1-\pi/4)}\right]^{1/2} \tag{7-5}$$

(2) C_m 较小的中剖面 中高速船舶的 C_m 较小,其中剖面多为斜底(h 较大,俗称尖底)型。如设双层底,则 h 和 r 应协调配合,既遵循规范对双层底高度的要求,又考虑施工方便和内底对舭部的保护。对于无内底的小型船舶如拖轮、渔船、小艇等,因 C_m 较小,为避免底升过大,舭部采用抛物线形,如图 7-10(b)所示。由图中面积关系可知,抛物线外围面积约为 $ab/6$,可得

$$ab = 3BT(1-C_m) - 3(B/2-f)h \tag{7-6}$$

设计时,一般在求得 ab 值后,可先选取几种 a、b、h 的组合,试绘几个剖面形状,经比较后选取其中最合适的一个中剖面。

C_m 较小的小型船舶,除采用斜底外,有的还采用外倾式舷侧结构,以加大甲板宽度,超载稳性也更好。

7.4.2 首、尾部横剖线

1. 横剖线形状

图 7-11 给出了 4 种常规船型的横剖线,其形状特征分别为 V 形、中 V、中 U、U 形。

设计船首尾端的横剖线形状在很大程度上取决于横剖面面积曲线和设计水线的配合情

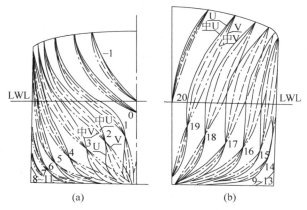

图 7-11 首、尾部横剖线

(a)尾部;(b)首部

况,当面积曲线确定后,尖瘦的端部设计水线将对应产生 U 形的横剖线;反之,丰满的端部设计水线将对应产生 V 形的横剖线。

不同形状的横剖线,其水动力性能是不同的:

(1) U 形　在首部,U 形剖面使排水量沿吃水高度分布较均匀,设计水线瘦削,半进流角小,有利于减小兴波阻力;在尾部,U 形剖面使伴流较均匀,有利于提高船身效率,改善螺旋桨的工作条件,降低螺旋桨的激振力。但相对于 V 形,U 形剖面的湿面积较大,摩擦阻力会大些,耐波性也差些。一般大型运输船及中、高速船舶采用 U 形剖面。

(2) V 形　V 形剖面的面积分布偏于上部,湿表面积较小,对减小摩擦阻力有利。在尾部,V 形剖面使去流段水流顺畅,可减小漩涡阻力。V 形剖面可增加纵摇和升沉的阻尼,对耐波性有利。小型船舶多采用 V 形剖面。

(3) 中 U 形或中 V 形　兼顾阻力和耐波性两方面的要求,为大多数中型船舶所采用。

水上部分的横剖线应与水下部分光顺过渡;首部适度外飘,可缓和纵摇运动和甲板上浪,并可提供足够的甲板面积。

2. 首部横剖线

首部横剖线形状主要考虑静水阻力和耐波性两方面。

1) 静水阻力

V 形横剖面形状湿表面积较小,可减小摩擦阻力,同时它的舭部较瘦,有利于减少丰满船($C_b > 0.75$)的舭部漩涡。但 V 形剖面设计水线首端丰满、半进流角大,兴波阻力较大;U 形剖面则反之。由此,从静水总阻力考虑,对低速船舶宜采用 V 形横剖面,而中、高速船舶宜采用 U 形横剖面。

2) 耐波性

V 形横剖面,当船舶在纵摇和升沉运动时,浮力和阻尼力矩增大,能明显减小纵摇和升沉运动,且能缓和船底抨击(尤其当 $\lambda/L > 1.0$ 时),但 V 形剖面会增加波浪中航行的阻力(尤其是 $\lambda/L < 1.2$ 时)。

综合静水阻力和耐波性两方面的影响,低速船采用 V 形横剖线既有利于降低总阻力,也有利于耐波性;对于船长较大的中高速船,航行中较少遇到波长超过船长的波浪,可偏重静水阻力考虑,采用 U 形横剖面形状;小船则偏重耐波性考虑,加之 L/B 通常较小,故多采用 V 形的横剖线形状。

此外,现代货船从使用要求和总布置考虑,为适应甲板装载集装箱或大开口等,人们更倾向于首部采用较 V 形或中 V 形的横剖线形状。

首部横剖面在设计水线以上应有适度的外飘,以减缓船舶在海浪中的纵摇、升沉运动及甲板上浪。需要注意的是,横剖线在设计水线附近向上应平顺过渡,不可急剧变化,以免引起海浪的拍击,增加航行阻力。

3. 尾部横剖线

从阻力看,V 形剖面湿面积小,船底纵剖线及斜剖线较平顺,能使进入去流段的水流较顺畅地向后沿斜剖线流动,阻力较小;U 形剖面船尾容易引起舭涡而且湿面积也大;因此,U 形尾部横剖线在各种 Fr 下的阻力性能都比 V 形差些。

但从推进性能和振动看,V 形尾不仅轴向伴流的脉动量大,而且平均伴流沿径向分布也不均匀;而 U 形尾的轴向伴流分布较均匀,可以提高推进效率,并能减少螺旋桨叶梢部分的空泡和激振力,对于肥大型船这种差别更为显著。

相对而言,尾部横剖线对推进效率的影响大于对阻力的影响,加上对尾部振动的考虑,因此,现代中、低速运输船尾部大多采用 U 形剖面并有不少配球尾。

常规双桨船船尾形状对推进效率和振动的影响较小,因此可采用阻力性能优良的 V 形横剖面。

除考虑上述的阻力和伴流因素外,船尾水下型线设绘还应特别重视以下两点:

(1) 尽量减少水流分离。水流分离形成漩涡,造成能量损失。船模试验发现:当水流在流动方向上与船体表面的夹角达到 15°时,水流开始发生分离,夹角达到 20°时,水流分离无法避免。因此尾部型线的纵向斜度应尽量控制在 20°以内并避免出现 S 形。此外,适当延长水线,可减少尾端水流分离的程度。对于 B/T 大的船,尾部水流更多地沿纵剖线流动,因此,其船尾底部的纵剖线斜度应尽量减小,以接近直线形为佳。

(2) 保证螺旋桨有充足的供水。螺旋桨前方的水线末端应尽可能尖削,水线形状呈直线或微凹形,有利于螺旋桨供水,减小螺旋桨推力减额,推高推进效率。对于丰满船,应尽量将螺旋桨后移,并适当加大桨与船体之间的间隙。这样虽然螺旋桨的伴流分数会有所降低,但推力减额分数会减小更多,有利于提高船身效率。螺旋桨供水不足会使推进效率急剧下降,设计船尾型线时,保证螺旋桨来流顺畅,供水充足是最基本的要求。

7.5　中纵剖线

中纵剖线由首轮廓线、尾轮廓线、船底线和甲板线组成。

7.5.1　首轮廓线

船舶首轮廓线形状有前倾首、球鼻首、航行于内河的纵流首、航行于冰区的破冰首等。

船舶最常见、最经典的首轮廓是前倾首,如图 7-12 所示。前倾首的首柱在水线以上做成前倾 15°～30°而得名。前倾首的优点:使得设计水线以上的首部水线更尖瘦,减少了首端激浪;又使设计水线以上的水线面积迅速增加,有利于减小船在迎浪航行时的纵摇和升沉;减少了两船碰撞时水下部分破损的危险,提高了船舶碰撞时的安全性;增加了储备浮力和甲板面积,有利于抗沉性和首部甲板设备的布置;并且外型显得较美观。

从经济性和实用性来看,前倾不宜过大,以免增加总长和造价,同时增加靠离码头时首端碰撞的危险性。首轮廓线的水下部分形状应注意与横剖线形状的配合,前倾大的首轮廓线一般与 V 形的横剖线相配合,前倾小或接近垂直首柱的往往与 U 形的横剖线相配合。

7.5.2　尾轮廓线

船舶常见的尾轮廓形状有巡洋舰尾、快艇的高速方尾、内河浅水船舶的隧道尾等。

现代运输船一般都采用巡洋舰尾(如图 7-13 中实线所示)。其尾悬体浸入水中一定深度,增加了尾部水线长,改善了船尾水流,减小漩涡阻力;在设计水线处,尾悬体在尾垂线后的长度大体为 $(0.025～0.035)L_{bp}$;在上甲板处的长度,则按尾部甲板布置的需要来考虑,一般为 $(0.035～0.045)L_{bp}$。当吃水较浅且螺旋桨直径较大时,为了布置螺旋桨,不得已只好减小浸深,使尾悬体的轮廓线比较平坦,如图 7-13 中点划线所示;此时应注意尾悬体横剖线的形状应具有一定的 V 形,否则容易引起尾部砰击和较大的螺旋桨激振力。

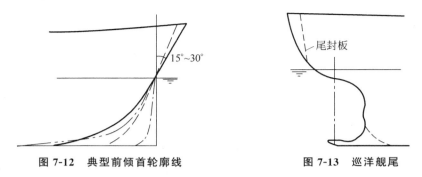

图 7-12　典型前倾首轮廓线　　　　　　图 7-13　巡洋舰尾

为简化工艺,节省钢材,现代货船在设计水线附近切除了巡洋舰尾的曲面尾端,改用一块后倾 10°～15°的平板作为尾封,如图 7-13 中的虚线所示,这种尾形也俗称"方尾"。后倾的尾封板可防止倒航时上浪,外形也美观些。

尾框设有底骨(也称舵托)的称为闭式尾框;不设底骨的称为开式尾框,如图 7-13 底部双点划线所示。开式尾框的优点是:可使螺旋桨轴线下移,增大尾悬体的浸深,对阻力有利;消除了螺旋桨对底龙骨的振动脉冲;简化了建造工艺,节约了钢材。而闭式尾框的好处是在船搁浅或拖底时增加了对舵和螺旋桨的保护,减少了渔网等杂物对螺旋桨的缠绕。我国沿海渔场较多,因此沿海船舶,其船东大多要求采用闭式尾框。

当螺旋桨以一定速度转动时会产生流体动力脉冲,这种脉动压力通过外板和桨轴传到船体,引起船体振动。设计尾轮廓线时必须规划好船—桨—舵之间的间隙(如图 7-14 所示),以防止产生螺旋桨对船体的过大激振力,同时兼顾推进效率。图中:间隙 c 对船体的激振力影响最大,增大 c 对减小振动有利;间隙 a 小些,可使螺旋桨柱后移,对阻力有利,并可使舵更多地回收螺旋桨尾流中的旋转能量,但应保证满舵(35°)时能装、卸螺旋桨;间隙 b 适当大些,虽然伴流减小但桨的吸水效果增益比伴流减小更大,从而有利于提高船身效率,同时增大 b 有利于增大 c,并有利于尾轴密封装置的安装;间隙 d 小可增大螺旋桨直径有利于推进性能。此外,为避免船舶纵摇时螺旋桨出水及螺旋桨吸入空气产生空泡,应保证螺旋桨有足够的沉深,对单桨船,$e \geqslant (0.25 \sim 0.30)D$;对双桨船,$e \geqslant (0.45 \sim 0.50)D$。

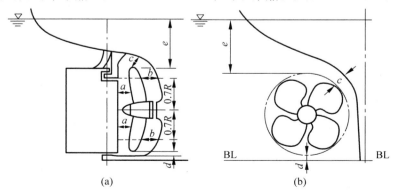

图 7-14　尾部船体与螺旋桨、舵间的间隙
(a) 单螺旋桨;(b) 双螺旋桨

表 7-2 给出了各间隙取值范围和 CCS《钢质海船入级规范》对最小间隙的建议值。

表 7-2　单桨船螺旋桨和尾型、舵的间隙

船 舶 类 型	间隙(与螺旋桨直径之比)			
	a	b	c	d
货船、拖船及其他低速船	0.10～0.12	0.15～0.22	0.12～0.20	0.03～0.05
CCS(建议值)	0.12	0.20	0.14	0.04
快速船	0.15～0.30	0.18～0.25	0.14～0.22	

注：货船、拖船及其他低速双桨船舶的间隙 c 值范围是 0.16～0.20。

在初步设计阶段，如果螺旋桨和舵的尺寸尚未确定，对于闭式尾框，螺旋桨柱与尾垂线的距离可取 $0.03L$ 左右，开式尾框可取 $0.04L$ 左右，或参考母型船选定，见图 7-15。对正式的型线图要按上述内容详细校核螺旋桨与舵及尾部船壳之间的间隙。

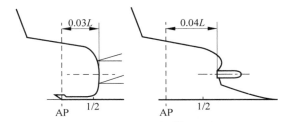

图 7-15　单桨船的尾轮廓尺寸

7.5.3　船底线

船底线也称龙骨线。一般船舶的龙骨线与设计水线平行而与基线重合，叫作水平龙骨，如图 7-16(a)所示。

有些小型船舶(如拖船、渔船)其龙骨设有初始尾倾，即设计成倾斜龙骨，如图 7-16(b)所示，其目的是设置大直径螺旋桨，以提高推进效率。拖船由于主机功率大，如果吃水不受限制，多设计成倾斜龙骨以增大螺旋桨直径，吸收主机功率，增大船的拖力；同时，可增大舵高从而增加舵面积和舵压力，提高拖带时的航向稳定性(船尾不易为拖索所摆动)。这类船舶的龙骨初始纵倾约为船长的 2%～5%。

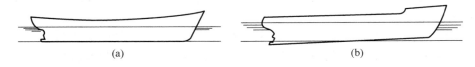

图 7-16　船底(龙骨)线形状
(a)水平龙骨；(b)倾斜龙骨

7.5.4　甲板线

甲板线包括甲板边线和甲板中心线。甲板边线是一条空间曲线，甲板中心线则是一条平面曲线。在型线图上，甲板线用纵剖线图中的舷弧线和脊弧线以及水线图中的甲板半宽线来反映。舷弧线是甲板边线在纵中剖面上的投影线，脊弧线则是甲板面与纵中剖面的交线。

（1）舷弧线　标准舷弧线为二次抛物线，其形状由首舷弧（S_F）和尾舷弧（S_A）所确定。首、尾舷弧分别指首、尾垂线处舷弧线高度减去型深后所得的值。首舷弧的大小，一般是由甲板上浪和淹湿性的要求来决定；尾舷弧通常为首舷弧的一半。但在实船设计中，只要首垂线处包括首楼高度在内的干舷，不低于载重线规定的最低值，也可取其为非标准舷弧。

（2）脊弧线　与标准舷弧线相应的脊弧线也是二次抛物线；现代大中型船舶为简化施工工艺，脊弧线大都采用折线，距首垂线 $0.15L_{bp}$ 左右处向前一段为斜直线、向后为水平线，尾端一段也为斜直线。

设计新船时，通常是先确定脊弧线，反过来再根据每站处甲板边线宽度、梁拱等确定舷弧线。这样在建造时可简化施工工艺，又可保证脊弧线在首部不致出现下弯现象。

（3）梁拱　通常指中横剖面上甲板中心线相对甲板边线拱起的高度（f_M）。一般取为 $(1/50\sim1/100)B$。海船常用 $B/50$；内河船也有取 $B/100$ 的。梁拱线一般为抛物线形状。现代船舶为简化工艺，也有用大圆弧线或折线或二者结合的。为了方便施工，通常整个甲板的梁拱取为相同的形状（即一块样板），这样，在甲板宽度不变的中段、其梁拱均为 f_M，而船舶首、尾段的甲板变窄，其梁拱也相应减小。

图 7-17 直观地表示了舷弧线、脊弧线、首/尾舷弧和梁拱。

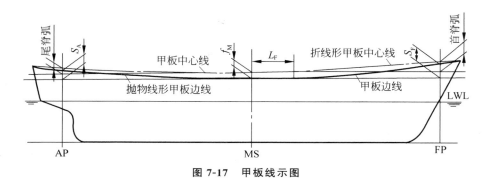

图 7-17　甲板线示图

7.6　型线生成

在明确了新船的型线特征，选取了相关的型线参数后，接下来便可绘制型线图。型线设计与生成方法主要有自行绘制法、母型改造法、系列船型法等。自行绘制法是型线设计的基本功；拥有合适的母型船型线资料时，常用母型改造法来快速有效地生成新船型线；当设计船的主尺度系数在系列船型范围内时，采用系列船型法可更快地绘制出新船型线。实际上，以上三种方法也不是孤立的，常常会交叉融合，例如，参考母型船型线，借鉴系列船型法自行绘制出新船型线。

此外，还有数学船型法（分为曲线法与曲面法）生成型线，有兴趣者可查阅相关的图书，本书不作赘述。

7.6.1　自行绘制法

在缺乏相近母型船型线图及合适的系列船型资料时，可参考型线特征类似的优秀型线，根据新船的具体要求和前几节中所叙述的一些基本原则，自行凑绘。

1．绘制网格线

参阅《船体制图》的方法、步骤，在计算机辅助设计软件 AutoCAD 环境下绘制网格线，既方便又精准。其步骤是：

（1）安排好图面布局，按 1∶1 比例绘图，如果有合适的型线图模板则更为方便。

（2）首先打开"正交"工具画出纵剖线图的基线、半宽水线图上的中心线；利用软件的"阵列"，分别自基线和中心线向上平行绘出若干水线和纵剖线（按照设计船的需要，一般是等间距绘制）；分别在基线和中心线上确定尾垂线位置并画出 0 号站线，再次"阵列"出 1～20 号站线；至此，纵剖线和半宽水线图的格子线绘制完成。

（3）同理，绘制横剖线图的格子线。

2．绘制横剖面面积曲线、设计水线、侧面轮廓线、甲板线和中横剖面线

横剖面面积曲线、设计水线、侧面轮廓线、甲板线和中横剖面线是绘制船体型线的重要控制线，必须首先绘出。其中，设计水线、侧面轮廓线、甲板线和中横剖面线可按前述几节所述的原则和方法自行绘出。

在棱形系数 C_p 和浮心纵坐标 $x_b(\%L_{bp})$ 已定的情况下，横剖面面积曲线可按 7.2 节介绍的一般规律来绘制：先选取适宜的前、后体棱形系数 C_{pf} 和 C_{pa}（可按一般统计规律，$C_{pf}=C_p+(1.4+C_p)x_b$，$C_{pa}=C_p-(1.4+C_p)x_b$，式中 x_b 取 $\%L_{bp}$）、平行中体长度、进流段和去流段的形状，自行凑绘；然后，对 C_p、x_b 进行验算，看其符合情况，逐步加以修改，最后得出符合要求的横剖面面积曲线。

绘制横剖面面积曲线时必须注意曲线的光顺性、C_p 和 x_b 的准确性，因为它是保证船体型线光顺、排水体积和船舶性能的前提，需要认真、仔细地加以检验。

3．绘制横剖线、水线与纵剖线

设绘横剖面面积曲线和设计水线时，一般应考虑横剖面的形状，尤其是端部的形状。横剖线图和水线半宽图是以横剖面面积曲线和设计水线为基础绘制的。

1）绘制横剖线

绘制各站横剖线所需的设计水线半宽 y_i 及设计水线下的面积 A_i，可分别从设计水线及横剖面面积曲线上量得。上甲板半宽 y_{id} 由甲板半宽线找出。舷侧顶点距基线高度为甲板中心线（脊孤线）高度减去该站梁拱 $C_i=C[y_{id}/(B/2)]^2$，其中 C 为最大梁拱值；在先定甲板边线高度的情况下，此高度可从侧面轮廓图上直接量得。为了控制各站船底切点连线的光顺性，最好先绘制此切点连线。切点连线可在先试验一二个典型剖面的基础上，参照母型资料来决定。对于底部升高的船，还需绘制平板龙骨半宽线。此线也可参照母型资料和规范的规定（包括首尾柱尺寸）来决定。而后再按图 7-18 所示的方法绘制横剖线。

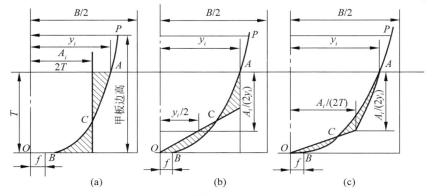

图 7-18　横剖面的绘制方法

图 7-18 中,直线段包围的面积应等于 $A_i/2$,称为面积控制线。图 7-18(a)、(b)、(c)分别适用于绘制 U 形、V 形及中间形状的横剖线。绘制各站横剖线时,首先绘出面积控制线;接着抓住几个控制点光顺地绘出该站的横剖线、靠目测法使得上下两部分阴影线的面积相等;然后应用计算机绘图软件的面积工具校验该站的面积,视校验结果对横剖线作适当调整,直至该站面积与横剖面面积曲线要求值吻合为止。设计水线以上的横剖线,瞄准甲板边线点从水下横剖线光顺地向上延伸。首尾横剖线应注意控制外飘的程度。绘制各相邻横剖线时要注意恰当过渡、趋势匀称。

绘图时,可每隔一站绘出一个横剖面,待水线光顺后,再从水线半宽图上转绘其他各站横剖线,这样既可节省工作量,也较容易使各剖面图互相协调,并控制其光顺性。

2) 绘水线半宽图

根据横剖线图可以很方便地绘制水线半宽图:读取各站横剖线在某一水线(如 $T/2$)上的半宽值并将其分别移植到水线图各相应站线上,再用样条连成曲线即成一水线。如该水线不光顺,就用样条调顺,使样条尽可能通过该水线上绝大多数点,对于少数不在水线上的点要修改相应的横剖线。而后,再用同样的办法绘制 $T/4$、$3T/4$ 水线及设计水线以上的水线。

绘制水线(包括平底线)时,水线的首尾端点应与侧面轮廓线一致。首尾端的形状和尺寸,应符合首尾柱的结构形式和尺寸,故水线的首端都用圆弧与半宽水线图中心线连接,同时圆弧与水线的切点连线也应为一条光顺的曲线。

3) 绘制纵剖线

绘制纵剖线,可检验型线的三向光顺性,如果纵剖线不光顺,则需要修改水线和横剖线。对于高速船和纵流型船,纵剖线的形状对阻力性能影响甚大。

纵剖线是根据水线图和横剖线图来绘制的。方法是:从横剖线图上量取某纵剖线与各站横剖线交点的高度值并移植到侧视图上;同时,从水线图上找出该纵剖线与各水线及甲板边线的交点,并将它们投射到侧视图的相应水线及甲板线上,然后将这两组点(高度点和交点)连成一条曲线即得纵剖线。如该纵剖线不够光顺,一般可先检查不光顺处水线的光顺性,因水线稍差一点,交点就会变动不少。然后,再检查横剖线的交点,并作局部修改,直至三个投影点吻合、曲线光顺为止。用同样方法绘制其余纵剖线。

为了检查船体曲度较大的艉部的纵向光顺性,还要在侧视图上加绘斜剖线。如果斜剖线不光顺,可修改对应站的艉部来加以调整。

最后,量取型值、编制型值表、标注尺寸。

7.6.2 母型改造法

由母型改造法得到新船型线,可保持母型船的型线特征,对新船的阻力、推进等性能会更有把握,因此母型改造法设计型线是快捷有效的方法。值得注意的是,选择母型船时一要考虑母型船型线的优良性,二要注意设计船与母型船诸要素(如 Fr、C_p、C_m、x_b、L/B、B/T 等)的接近程度,否则修改量太大,而且很难保持母型船的优良性能。

下面介绍具体的改造方法。

1. 主尺度改造

当新船与母型船的主尺度不同时,需作尺度变换,常用的是线性变换,即:

$$长度:x = (L/L_0)x_0 \tag{7-7}$$

$$宽度:y = (B/B_0)y_0 \tag{7-8}$$

$$吃水：z = (T/T_0)z_0 \tag{7-9}$$

式中，带有下标 0 者为母型船参数。事实上，如果新船的站线和水线的划分与母型船的相对应，则长度和吃水就无须另作换算。

尺度经线性变换后，母型船的船型系数和相对浮心纵坐标 x_b 将保持不变。

2. 横剖面面积曲线的改造

实际上，母型船的船型系数及 x_b 往往与新船不一致，因此需将母型船的面积曲线加以改造。经过改造后的横剖面面积曲线应符合新船的 C_p 和 x_b 的要求，但改造前后的中剖面系数是相同的。

1）"$1-C_p$"法

将横剖面面积曲线在船中剖面处分成前、后半体，分别无量纲化，如图 7-19 所示。前半体曲线下的面积即为前半体棱形系数 C_{pf}，后半体曲线下的面积即为后半体棱形系数 C_{pa}。若将母型船的前半体棱形系数 C_{pf} 改变 δC_{pf}，可将这种改变看成是母型的横剖面面积曲线在各 x 处平移一段距离 δx。显然，平移距离 δx 是船型要素的函数，这种函数关系称为形变函数。$1-C_p$ 法采用的形变函数是线性函数：

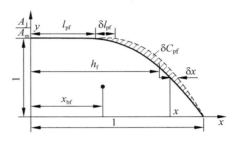

图 7-19 前半体横剖面面积曲线的无因次表示

$$\delta x = a(1-x) \tag{7-10}$$

该函数满足 $x = 1.0$ 时 $\delta x = 0$ 的端点边界条件。由约束条件

$$\delta C_{pf} = \int_0^1 \delta x \, \mathrm{d}y = \int_0^1 a(1-x)\,\mathrm{d}y = a(1-C_{pf})$$

得

$$a = \delta C_{pf}/(1-C_{pf}) \tag{7-11}$$

将式(7-11)代入式(7-10)，可得

$$\delta x = (1-x)\,\delta C_{pf}/(1-C_{pf}) \tag{7-12}$$

式中，δx——母型船第 x 站处横剖面面积曲线的平移量；

$\quad\quad\delta C_{pf}$——新船前半体棱形系数的增量（=新船前半体棱形系数 $C_{pfn}-C_{pf}$）；

$\quad\quad C_{pf}$——母型船前半体棱形系数。

依据母型船面积曲线，在计算机上用绘图软件的"工具——查询面积"，经简单计算可得到母型船前（后）半体棱形系数 $C_{pf}(C_{pa})$。而新船通常还只知道 C_p 和 x_b，需要应用经验公式估算新船的 C_{pfn}、C_{pan}，然后求得 δC_{pf}、δC_{pa}。文献资料给出的经验公式见式(7-13)，陶德 60 系列给出的近似公式见式(7-14)。二者计算结果略有差别，其精度均满足工程要求。

$$\begin{cases} C_{pfn} = C_p + [(x_B + 0.89)/43 - 0.027C_p] \\ C_{pan} = C_p - [(x_B + 0.89)/43 - 0.027C_p] \end{cases} \tag{7-13}$$

式中：x_B 以 L_{bp} 的百分数计（即 $x_B = 100x_b/L_{bp}$，x_b 的单位为 m），中前为正，中后为负。

$$\begin{cases} C_{pfn} = C_p + (1.4 + C_p)x_B \\ C_{pan} = C_p - (1.4 + C_p)x_B \end{cases} \tag{7-14}$$

式中：$x_B = x_b/L_{bp}$，x_b 的单位为 m。

对于后半体，同理可得修改量 δx 的表达式，只要将式(7-12)中的下标"f"改为"a"（表示后半体)即可。

1—C_p 法的优点：变换公式简单，能很好地满足设计船 C_p 要求；当母型船的横剖面面积曲线和水线光顺时，修改所得设计船的横剖面面积曲线和水线也一定光顺；因此，1—C_p 法广泛用于有平行中体、丰满型船的 C_p 改造。该方法的主要缺点是：最大移动量限定在平行中体的端部（$\delta l_{pf}=(1-l_{pf})\delta C_{pf}/(1-C_{pf})$），故对于无平行中体船舶、减小棱形系数时就不能采用此方法。

2）莱肯贝（Lackenby）法

为了克服 1—C_p 法的缺点，莱肯贝提出了用二次多项式作为形变函数。这种变换对有、无平行中体船都能适用，可灵活多样地改变横剖面面积曲线各要素；但计算过程较复杂，一般需编程上机完成。

莱肯贝二次多项式形变函数：
$$\delta x = a(1-x)(x+b) \tag{7-15}$$

以前半体为例，其边界条件有：$x=1.0$ 时，$\delta x=0$；$x=l_{pf}$ 时，$\delta x=\delta l_{pf}$。

其约束条件为
$$\int_0^1 \delta x \, \mathrm{d}y = \delta C_{pf} \tag{7-16}$$

可求出 a 和 b，代入式（7-15）得
$$\delta x_i = (1-x)\left[\frac{\delta l_{pf}}{1-l_{pf}} + (x-l_{pf})\frac{\delta C_{pf}-\delta l_{pf}\frac{1-C_{pf}}{1-l_{pf}}}{A_f}\right] \tag{7-17}$$

式中
$$A_f = C_{pf}(1-2x_{bf}) - l_{pf}(1-C_{pf})$$

其中，x_{bf} 为母型前半体横剖面面积曲线的形心距舯无量纲值，即
$$x_{bf} = \frac{\int_0^1 xy \, \mathrm{d}x}{C_{pf}}$$

式（7-17）可直接用于有平行中体船、同时修改 C_p 和平行中体长度 l_p。

对于无平行中体船、修改 C_p 并加入一段平行中体长时，令式（7-17）中的 $l_{pf}=0$，可得
$$\delta x = (1-x)\left\{\delta l_{pf} + \frac{x}{B}\left[\delta C_{pf}-\delta l_{pf}(1-C_{pf})\right]\right\} \tag{7-18}$$

式中，$B=C_{pf}(1-2x_{bf})$。

对于无平行中体船、仅需修改 C_p 时，令式（7-18）中的 $\delta l_{pf}=0$，则得
$$\delta x = x(1-x)\delta C_{pf}/B \tag{7-19}$$

对于无平行中体船、仅需加入一段平行中体时，令式（7-18）中的 $\delta C_{pf}=0$，则得
$$\delta x = (1-x)\left[\delta l_{pf} + x\delta l_{pf}(C_{pf}-1)/B\right] \tag{7-20}$$

综上所述，对于有平行中体丰满型船可利用 1—C_p 法完成横剖面面积曲线的 C_p 改造，而对于无平行中体的船舶则可利用莱肯贝法按需采用式（7-18）～式（7-20）完成横剖面面积曲线的 C_p 改造，然后再进行浮心位置的改造。

3）改造浮心位置——迁移法

当仅改变浮心位置 x_b 而不改变棱形系数 C_p 时，可将横剖面面积曲线向前或向后推移，保

持曲线下面积不变,使曲线下的形心纵向位置满足新船 x_b 的要求。迁移法的形变函数为

$$\delta x = by \tag{7-21}$$

式中,y——面积曲线在 x 处的纵坐标;

$b = \dfrac{BB_0}{KB_0} = \tan\theta$,$BB_0 = \delta x_b$,$KB_0$ 为曲线下面积形心的纵坐标(见图 7-20),可用以下近似公式估算:

$$KB_0 = C_p/(1+C_p) \quad \text{或} \quad KB_0 = 0.3C_p + 0.21 \tag{7-22}$$

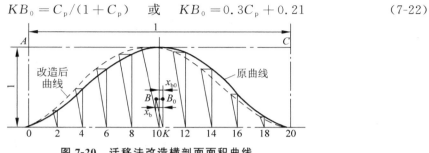

图 7-20 迁移法改造横剖面面积曲线

3. 其他参数的改造及型值的产生

1)C_m 相同时型值的产生

根据前述的方法进行了母型船的横剖面面积曲线改造后,得到的面积曲线已满足新船的棱形系数 C_p 和 x_b 的要求。若新船的中剖面系数 C_m 与母型船相同,则新船的方形系数 C_b 也已满足要求;当母型船型线的其他参数不需作修改时,新船的船体型值可按下述的方法求得。

为方便起见,将母型船横剖面面积曲线和经改造后所得新船横剖面面积曲线绘在一幅图上。从母型的横剖面面积曲线上,找出与新船第 i 站横剖面面积(按百分数计)相等的母型船的对应横剖面位置(参见图 7-21);再从母型的水线半宽图上找到对应剖面处的各水线

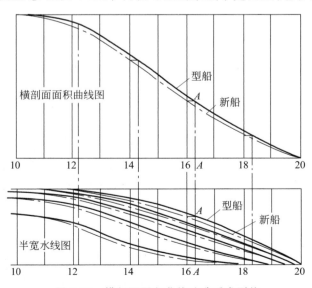

图 7-21 横剖面面积曲线改造后求型值

半宽值 y_{ij0}；然后，按正比于船宽的关系式求得设计船第 i 站各水线半宽值 $y_{ij} = y_{ij0} \times B/B_0$，即可绘出新船第 i 站的横剖线；再根据横剖线图绘出水线半宽图和纵剖线图。有时为了新船的水线划分整齐起见，可在由改造所得的横剖线图上按需要重新划分水线，再按新的水线绘制水线半宽图和纵剖线图。用上述方法产生型值时还需注意，由于改造横剖面面积曲线是通过母型的剖面移动来进行的，因此，首尾轮廓线也要作相应修改，否则与水线端点不易配合。

以上方法所产生的型线，其水线面系数已相应地被确定了，不能任意改变。

2）修改中剖面系数

如果新船的中剖面系数 C_m 与母型船不同，则需要对母型船的中剖面进行改造，各站横剖线也要作相应修改。改造时应注意 C_m 和 C_p 及 C_b 之间的关系。一般改造 C_m 时，应保持 C_p 和 x_b 基本不变，即无量纲的横剖面面积曲线保持不变。此种情况实际上是通过改造 C_m 来使两船的 C_b 相等。如果情况并非如此巧合，母型船 C_m 改变后，C_p 或 x_b 不符合新船的要求则需要对横剖面面积曲线先进行改造，用上述 1）的方法求得各站横剖面型值后，再进行中剖面系数的改造。

改造中剖面系数的方法很多。如果要求改造后 C_p 和 x_b 保持基本不变，且中剖面上的平板龙骨半宽和船底升高修改甚少，可用下面的简单方法进行：先根据新船 C_m 的要求，参照母型船中剖面形状的特征，绘出新船的中剖面线。然后，根据两船中剖面对应水线的半宽 y_{mj} 及 y_{mj0} 与其他各站半宽成正比的关系，即 $y_{ij} = y_{ij0}(y_{mj}/y_{mj0})$（其中，$i$、$j$ 分别为站号和水线号），求得其余各站的型值。这也可用图 7-22 所示的作图法绘出新船的各站横剖线。现以图中上部的一根水线为例，O_1E_1 及 O_1E_1' 为母型及新船的中剖面第 j 条水线的半宽，即 y_{mj0} 及 y_{mj}，O_1A_1、O_1B_1 等则为 y_{ij0}，因 $A_1A_1' \parallel B_1B_1' \parallel C_1C_1' \parallel E_1E_1'$，所以，$O_1A_1'$、$O_1B_1'$、$O_1C_1'$、……为 y_{ij}，其他水线按同样方法来进行绘制。将改造所得的新船各站剖面的点连成光顺曲线，即得新船的横剖线。再配合水线图的光顺，对各剖面（尤其底部）作适当修正，最后得新船的型线图。

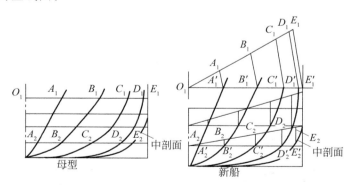

图 7-22　改造中剖面

3）横剖面形状的改造

改造横剖面的形状（或称剖面的 UV 度改造），实际上是修改母型船的水线面系数或其形状。在用手工方法改造时，为使修改有的放矢，最好先用前面的方法改造出符合 C_b、C_p 和 x_b 要求的横剖线，在此基础上再进行必要的横剖面形状的修改。通常，先选择 1～2 个较典型的剖面,按需要对其进行形状改造,并保持其横剖面面积不变,求得该剖面设计水线半宽的改变量;然后,根据该改变量并参考母型船的设计水线形状绘出新船的设计水线,并使水线面系数 C_w 等水线参数符合新船的要求。这样,其余各剖面在设计水线处的半宽改变量就都被确定,然后逐个改造各站横剖线,改造中均应保持剖面面积不变,如图 7-23 所示。横剖线改造后,按新的型值光顺水线,最后绘出符合要求的新船型线图。

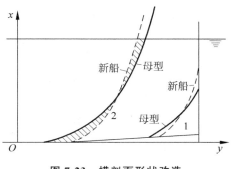

图 7-23　横剖面形状改造

7.6.3　系列船型法

在常规船型的型线设计中,另一种常用的方法是直接选用优秀系列船型的型线资料。由于系列船型一般都经过大量的系列模型试验,其阻力、推进等试验资料较全面。因此,如果系列船型能符合新船的设计要求,则可采用系列船型的型线,这样既简单可靠,又经济。但必须指出,应用系列船型资料时应特别注意它们的适用范围(尺度比、船型系数及 Fr 等),若超出其范围,则系列船型可能不适用,其性能优越性也不能保证。

系列船型有许多种,其中比较著名的有系列 60、BSRA 系列、SSPA 系列、日本 SR45 快速货船系列和 SR98 肥大船系列(带球首)以及国内开发的长江客货船系列、肥大船系列等。系列船型可以灵活应用,例如根据新船特点和要求,可以对前、后半体型线采用两个系列组合而成。此外,选用系列船型通常主要是采用其设计水线以下的型线,而上部型线则根据新船要求用自行绘制法产生,当然也应注意与水下型线的配合。

本节侧重介绍 Todd 60 系列的型线特征、适用范围以及利用系列 60 图谱生成设计船型线的步骤方法,并对 SSPA 系列船型的型线资料作简单介绍,供型线设计时参考。

1. Todd 60 系列

系列 60 是美国海军部泰勒水池(DTMB)进行的单螺旋桨运输船船模试验系列。研究工作的主持者陶德(T. H. Todd)将试验结果整理成册,故习称"陶德系列"。系列 60 的试验范围较广,资料较完整,其阻力性能好,适于单桨运输船,在国际上应用较广泛。

方形系数 C_b 是该系列的基本参数。系列 60 船模由 C_b 分别为 0.60、0.65、0.70、0.75 和 0.80 的 5 个母型为基础、各母型按各自的船模浮心纵向位置 x_b、中剖面系数 C_m、L_{bp}/B 和 B/T 的系列变化,完成船模系列试验。由于提供的阻力值为裸船体阻力,在实船快速性预报时要加以修正。

1) 型线特征

系列 60 的尾轮廓为巡洋舰尾,首柱略带前倾,在满载水线以下的部分几乎是垂直的;该系列的横剖线为 U 形;中横剖面没有舭部升高;中剖面系数 $C_m = 0.975 \sim 0.995$,随 C_b 的增大而线性增大。$C_b = 0.70$ 的横剖线图和首尾轮廓如图 7-24 所示。

2) 系列船型的参数范围

方形系数:$C_b = 0.60 \sim 0.80$。

浮心纵向位置 x_b:不同的 C_b 对应各自的 x_b 范围,见表 7-3。

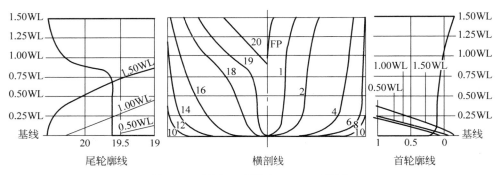

图 7-24   系列 60 船模($C_b = 0.70$)型线

表 7-3   系列 60 的 x_b 范围

C_b	x_b 的范围/($\%L_{bp}$)	C_b	x_b 的范围/($\%L_{bp}$)
0.60	$-2.48 \sim 0.52$	0.75	$0.48 \sim 3.46$
0.65	$-2.46 \sim 1.37$	0.80	$0.76 \sim 3.51$
0.70	$-2.05 \sim 2.55$		

宽度吃水比：$B/T = 2.5 \sim 3.5$。

长宽比：C_b 和 B/T 小者，L_{bp}/B 的范围为 $6.5 \sim 8.5$；C_b 和 B/T 大者，L_{bp}/B 范围为 $5.75 \sim 7.75$。

$Fr = 0.12 \sim 0.30$。

3）型线生成步骤方法

（1）按设计船的主尺度和 C_b 查系列图谱得出：C_p、C_m、平行中体长度 L_p 及舭部半径 R；

（2）按设计船的 C_b 及 x_b 查系列图谱得出：L_e、L_r、C_{pe}、C_{pr}；

（3）在水线半宽图上将进流段长及去流段长分别 10 等分，画出每个等分点的站线；

（4）根据 C_{pe}、C_{pr} 查某一吃水——如 0.50WL 下的水线半宽系数图，则可得各辅助站的 0.50WL 半宽的相对值 y'_{ij}（宽度/该水线的最大宽度值 $b_{j\max}$），由设计船的 C_b 查系列资料可得各水线的最大宽度值 $b_{j\max}/B$，则各辅助站上 0.50WL 半宽的绝对值

$$y_{ij} = y'_{ij} \times (b_{j\max}/B) \times B;$$

（5）按照系列 60 给出的首尾轮廓图绘制首尾轮廓线，或参照其他母型船绘制，可得出水线端点；

（6）光顺连接各辅助站上 0.50WL 半宽值点，即可绘出 0.50WL；

（7）同理，可绘制其他各水线；

（8）由水线半宽图读取型值，绘制各横剖线图；

（9）由水线半宽图和横剖线图，绘制纵剖线图；

（10）型线三向光顺，编制型值表。

2. SSPA 系列

SSPA 系列船型是瑞典国家船模试验池的货船系列。该系列适用于较高航速的船舶。该系列中方形系数为 0.675 的母型船，代表了 20 世纪 50 年代载重量为 10 000t 左右的中速

定期干货船形式。其他船模多半是根据母型船利用"$1-C_p$"法改造获得。该系列未对浮心纵向位置的变化进行系列试验,在所试验的船模中,浮心位置相对方形系数的取值见表 7-4。

表 7-4　SSPA 系列的 x_b 值

C_b	$x_b/(\%L_{bp})$	C_b	$x_b/(\%L_{bp})$
0.525	−2.0	0.675	−0.75
0.575	−1.85	0.725	0.45
0.625	−1.5		

1)型线特征

该系列的首轮廓是由前倾的首柱和向后延伸很长的水下部分构成,尾轮廓为巡洋舰尾;横剖线基本特征为中 U 形,但对于 $C_b \leqslant 0.60$ 的瘦船,其横剖线为偏 V 形,C_m 亦较小。图 7-25 给出了 SSPA 系列中方形系数 $C_b=0.675$ 的型线图。

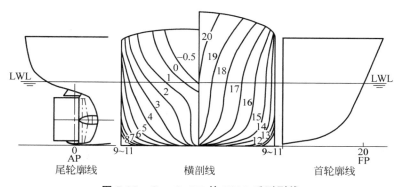

图 7-25　$C_b=0.675$ 的 SSPA 系列型线

2)参数变化范围

方形系数:$C_b=0.525 \sim 0.750$。

长宽比:$L_{bp}/B=6.18 \sim 8.35$。

宽度吃水比:$B/T=1.5 \sim 3.0$。

$Fr=0.16 \sim 0.3$(阻力资料:$Fr=0.16$ 时,$0.55 \leqslant C_b \leqslant 0.75$,而 $Fr=0.3$ 时,$0.52 \leqslant C_b \leqslant 0.60$)。

7.7　特殊型线

传统的船舶型线多是前倾首、巡洋舰尾型式。为了改善船舶性能,特别是提高快速性,船舶设计和研究人员不断探索与创新,开发出了多种特殊的船体型线。这些型线的特殊性主要体现在船舶的首尾部分,本节介绍非常规的首、尾型线的基本特征,简要分析其减阻节能机理,并给出设计要点。

7.7.1　球鼻首

现代运输船舶中球鼻首的应用已相当广泛,并获得了较为满意的减阻效果。

1. 球鼻首的种类和形状特征

球鼻首的种类很多,图 7-26 所示为几种典型球首的形状特征。其中,水滴形球鼻出现最早,其特征是体积小且集中于近底部,常用在船型较瘦、船速较高的船上;撞角形球鼻和圆筒形球鼻均前伸较长、浸深较大,常用于低速肥大船型,在满载和压载状态下都能获得较好的减阻效果。二者的形状差别是撞角形前端较尖,球首体积较小,而圆筒形前端呈半球形,球首体积较大;"SV"型球首的首柱呈 S 形,球首下部的横剖面呈 V 形,适配于首部剖面形状为 V 型的船舶。"SV"型球首在较宽广的速度范围内均能降低船体阻力,且能显著改善首底的砰击,并有较好的破冰性能。梨型球首因其横剖面呈梨形而得名,也适用于首部剖面形状为 V 型的船舶。

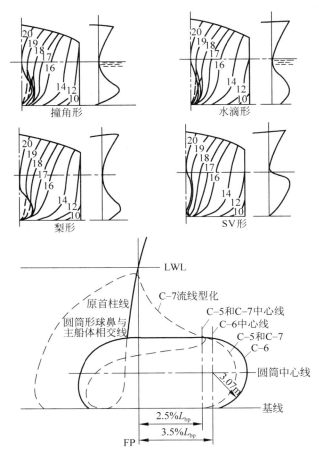

图 7-26　几种常见的球鼻首形状

2. 球鼻首的减阻机理

不同速度和形状的船舶,其球鼻首的减阻机理是不同的。

(1) 减小兴波阻力　早期发现,对于 Fr 在 $0.27 \sim 0.34$($C_b < 0.7$)之间的中高速船,安装球鼻首可以减小兴波阻力。这是因为当球鼻的大小和位置选择恰当时,在一定的速度范围内,球鼻兴波的波谷与船体波系的波峰正好处于相同位置,发生有利的兴波干扰,使合成波的波高明显降低,从而减小了兴波阻力。

　　20 世纪 60 年代,为提高船舶经济性产生了肥大船型。为改善其快速性也进行了加装球鼻首的研究,试验证明,低速肥大船($Fr<0.20$、$C_b>0.78$)加装合适的球鼻首,满载时可减小舭涡阻力,压载时可减小破波阻力。当然,它与中高速船的球鼻首形状是不同的。

　　(2) 减小舭涡阻力　肥大船型在满载航行时,船首舷侧水流绕过舭部斜向进入船底,与船底向后的水流交叉相混,产生大量漩涡,出现埋首现象,从而增加阻力。安装具有整流作用的合适球鼻首后,可以改善首部流场,较大幅度地减少舭涡的发生,明显降低舭涡阻力,减小埋首现象。

　　(3) 减小破波阻力　肥大型船首柱偏于陡直且水线半进角大,航行时阻塞作用明显,首柱附近形成一个高压区,产生陡峭的船首波,其不稳定、易破碎,在首柱附近及两侧形成白色泡沫带,称为破碎波。压载航行时,船速增加,船首下方水流速度扰动增大,导致船首波更易破碎,破波阻力较满载大。安装球鼻首后,压载航行时首部船体前伸,首柱附近横剖面面积曲线的陡度和首部水线半进角明显减小,从而改善了船首柱附近的水压力分布,较大幅度地减少了船首波的发生,降低了破波阻力。

3. 球鼻首的设计

　　船舶采用球鼻首可能会减阻,但也有不利影响,如建造工艺复杂,建造成本提高,锚泊设备的布置及停靠码头操作困难等。所以,采用球鼻首前应综合权衡利弊得失。

　　(1) 采用球鼻首的"界限速度"

　　球鼻首的减阻效果与航速有关,只有当航速大于某一值时,球鼻首才有减阻效果,该航速值称为球鼻首的"界限速度"。根据已有资料,对于中、低速船舶所对应的"界限速度"的傅汝德数 Fr_b 可用如下公式估算:

中速货船 $$Fr_b=0.644-0.641C_b \tag{7-23}$$
低速肥大型船 $$Fr_b=0.582-0.493C_b \tag{7-24}$$

所以,只有当新船设计航速时的 $Fr>Fr_b$ 才考虑采用球鼻首。

　　(2) 球鼻首特征参数及其选择

　　表征球鼻首的特征参数通常有以下 5 个(见图 7-27):

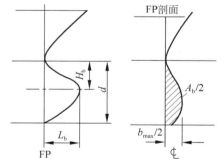

球鼻面积比　$s_b=A_b/A_m$
球鼻长度比　$l_b=L_b/L_{bp}$
球鼻宽度比　$b_b=b_{max}/B$
球鼻高度比　$h_b=H_b/d$
球鼻体积比　$v_b=\nabla_b/\nabla$

图 7-27　球首特征参数示意图

　　球鼻首特征参数的选择是一个比较复杂的问题。定性地说,从减小阻力考虑,球首参数的选取主要取决于主体型线的特征(C_b、L/B 和 B/T)和 Fr。对于快速船,球首的作用是产生一个有利干扰的球首波系,球首的长度参数主要影响球首波系的相位,而首垂线处的球首面积比和体积比决定球首波系的强度。一般来说,航速越高,兴波阻力越大,设置产生强波系的球首效果越明显。对于低速肥大船型,球首参数的选择主要根据主体型线的特征,使设置的球首能最有效地改善船首流场;对于破波阻力大的船(肥大船随 Fr 增大破波阻力迅速增加),

球首长度参数适当取大些较为有利。球鼻首特征参数的量化有两个途径：一是参照性能优秀的母型船，采用其球首参数；二是设计几种球鼻首方案，通过船模阻力和自航试验来选优决定。

应当指出，装在一艘船上的优良球首，若改装到另一艘船上不一定有好的效果；一个特定的球首通常仅在某一工况(装载和航速)下具有最佳的阻力性能，而在其他工况，球首的效果可能发生显著变化，甚至会产生负作用。

表 7-5 给出了货船随着 C_b、Fr 的变化相应球鼻首参数的范围，可供设计参考。

表 7-5　货船球鼻首特征参数的范围

球鼻首参数　　　　　船型	低速丰满船 ($C_b \leqslant 0.8$, $Fr \leqslant 0.22$)	中速货船 ($C_b=0.67$, $Fr=0.22\sim0.26$)	高速货船 ($C_b=0.55\sim0.58$, $Fr=0.27\sim0.38$)
$v_b = \dfrac{\nabla_b}{\nabla}$	0.002~0.005	<0.014	
	设计航速超过界限速度越大，在操船使用允许情况下选用大些的 v_b 值有利，对尺度小的低速丰满船，取 v_b 值小些好，反之应取大些		
$f_b = \dfrac{A_b}{A_m}$	0.15~0.12	≤0.11	
	此项与 v_b 有密切关系。对中、高速船，较大的 f_b 在速度较高时阻力收益大，但在压载状态时将引起阻力恶化		
$l_b = \dfrac{L_b}{L}$	圆柱形球鼻首：球鼻首中心应在首柱(1.0%~1.5%)L；SV 形和水滴形：$L_b/l_{max}=1.0\sim1.4$	0.03~0.035	0.025~0.05
$h_b = \dfrac{H_b}{d}$	水滴形：0.7~0.65 SV 形：0.55~0.65	SV 形：0.40~0.50	水滴形：0.75 SV 形：0.35~0.40 圆柱形：0.65~0.70
	此项与球鼻首形式有关。过大的 h_b 在低速时效果不明显		

7.7.2　球尾

和首部采用球鼻首的情况相比，球尾的研究和应用相对少些，至今尚未得出普遍性的结论。最早提出的球尾型线是 1932 年的霍格纳(Hogner)雪茄形球尾(如图 7-28 所示)，希望在阻力上优于 V 形剖面，在推进上优于 U 形剖面，但这一设想未获成功。

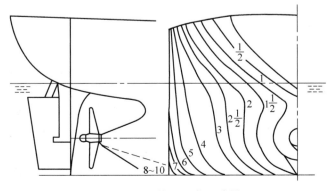

图 7-28　霍格纳雪茄形球尾

荷兰船模水池和瑞典船模试验水池(SSPA)相继对球尾船型进行了阻力、推进和伴流测量等系列试验研究,并与普通的 U 形和 V 形尾型进行了对比分析。研究表明:球尾在阻力上没有优势;但由于球尾的整流作用,其推进因子较常规的 V 形和 U 形均有所改善。满载时伴流分数增大、推力减额下降,船身效率提高;此外,伴流测量结果表明,球尾型线尾部伴流均匀,可明显降低螺旋桨激振力,改善船体振动。

设计球尾时,应选择适宜的球尾特征参数。球尾的主要特征参数有:特征站(距尾垂线 $5\%L_{bp}$,即第 1 站)的宽度比 a/b、高度比 h_b/h_s,如图 7-29 所示,此外还有,球尾体积、尾球体浸水深度等。

经过试验研究并得到应用的常见球尾有:

(1)霍格纳雪茄形球尾 最早用于快速运输船"航海者"上,当 $Fr>0.28$ 时,主机功率稍有收益。荷兰船池对 $C_b=0.774$ 的油船所做的系列船模试验发现,这种球尾在 $Fr=0.194$ 时,阻力(满载)及主机功率比普通尾形分别增加了 7.3% 和 3.2%,但如果配以导管螺旋桨,则可获得较大收益。

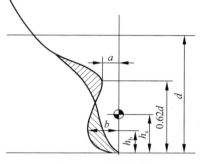

图 7-29 球尾参数

(2)同心球尾 英国造船研究协会对渔船系列船型采用的同心球尾进行过研究。对 $C_b=0.571, L_{bp}/B=5.70, L_{bp}/\nabla^{1/3}=4.85$ 船型的研究表明,与普通尾型相比,这种尾型在试验速度范围内可降低阻力 2%,主机功率可减小 3%。

图 7-30 和图 7-31 分别称为汤姆逊(Thomson)球尾和尼茨基(Nitzki)球尾。试验研究认为,在许多情况下,这类球尾主机功率的收益可达 $3\%\sim5\%$。

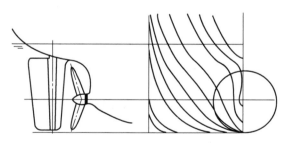

图 7-30 汤姆逊型球尾

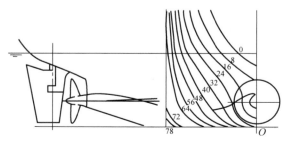

图 7-31 尼茨基型球尾

实际上,快速性是否有利很大程度上取决于球尾与尾部横剖线的配合,由图可见,霍格纳球尾与极 U 形横剖线配合,而汤姆逊球尾则与 V 形横剖线配合。

国内上海船舶设计研究院和上海交通大学对肥大型单桨货船进行了球尾线型的试验研究。以 35 000t 散货船为对象($L/B=6.5$、$B/T=2.7$、$C_b=0.80$),以中 V 型常规线型为母型,保持横剖面面积曲线和前体型线不变,改变其特征站的横剖面形状,形成 U 型常规尾和 $a/b=0.50$、0.75、0.90 及 $h_b/h_s=1.0$、0.5 共 7 条模型进行阻力、自航试验与伴流场测量。试验速度 $Fr=0.14$、0.16、0.18、0.20,试验结果表明:

(1) 最佳球尾参数 $a/b=0.75$,$h_b/h_s=1.0$。

(2) 阻力性能 满载状态时最佳球尾比 U 型和中 V 型常规尾分别降低 5% 和 2%,压载状态时比 U 型和中 V 型常规尾分别降低 5% 和 4%;如球尾设计不当,则阻力将增加 1%~3%。

(3) 推进性能 几乎所有的试验球尾都比中 V 型、甚至比 U 型尾优越;满载状态时最佳球尾的收到功率比 U 型和中 V 型常规尾分别降低 3% 和 6%,压载状态时则比 U 型和中 V 型常规尾分别降低 10% 和 8%;如球尾设计不当,则满载状态时比 U 型和中 V 型常规尾分别增加 6% 和 3%,而压载状态时仍可比 U 型和中 V 型常规尾分别降低 8% 和 5%。

(4) 伴流 所有球尾的伴流峰值都小于常规尾、伴流的周向分布均匀,因而可降低螺旋桨的激振力,减小尾部振动。

7.7.3 高速方尾

高速舰艇采用的方尾如图 7-32 所示。它具有阔而平坦的船底、平直的尾部纵剖线,从而使高速舰艇的尾部水流能平顺地离开船体,减小尾流的能量损失,形成了相当于增加水线长的"虚长度",故能减小高速舰船的阻力。

桑德斯提出:方尾浸深为 $v^2/200$(v 为航速,m/s)或不小于 0.25 设计吃水,浸没面积不小于中横剖面面积的 0.15 倍,吃水处的尾封板宽度不小于船宽的 80%~90%。方尾型线的尾部水线宽,水线面系数大,有利于提高舰艇的稳性及防止螺旋桨吸入空气;宽敞的尾部甲板,便于布置和建造施工。但倒车性能较差,且倒车时尾部甲板易溅水。

双桨船尾部水下部分的轮廓线必须结合桨、轴、舵的数目和位置、桨径、轴支架(或轴包

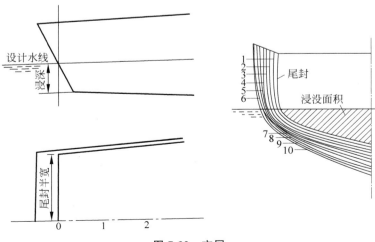

图 7-32 方尾

架)和尾部横剖型线的设计综合加以考虑,避免桨叶与船体、附体间的间隙过小,产生激烈的振动;保证来流顺畅,以提高推进效率。

7.7.4 平头涡尾与不对称尾

1. 平头涡尾

平头涡尾船型是华中科技大学在继承古代优秀的平头船基础上,吸取国外 20 世纪 70 年代研究的"涡槽尾"船型的优点后发展起来的一种内河新船型。

平头涡尾新船型在国内研发的内河新船型中,节能效果显著。它除了具有良好的快速性外,还具有良好的稳性、操纵性、甲板面积大、船体振动小,在一般的江河湖泊航运时能撤坡上下客货等优良性能。现已推广应用到客船、货轮、推拖轮的实船设计中,取得了良好的经济效益。

1)船型特征

平头涡尾(PW)船型的主要特征是平头纵流压浪首与涡尾的有机结合。平头纵流压浪首船体型线如图 7-33 所示。所谓平头纵流压浪首,是指继承了我国民间平头船的外形,又采用相当宽而平坦的首底型线以形成纵流,同时采用与设计水线成小角度(φ)的平直的纵剖线,并在首垂线前方伸出相当长度(l)以起到压浪作用。纵流压浪首轮廓线及其参数如图 7-34 所示。所谓涡尾,指从横剖线看,存在自船中向尾延伸的中央隧道,并在桨盘前方形成明显的外漩涡槽,涡尾横剖线如图 7-35 所示。

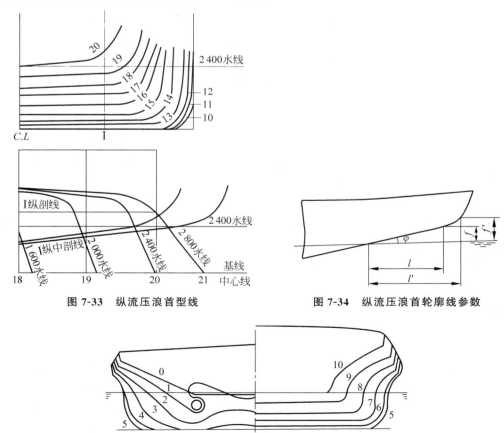

图 7-33 纵流压浪首型线　　　　　　图 7-34 纵流压浪首轮廓线参数

图 7-35 平头涡尾船横剖线

2）节能机理

内河船因受航道水深的限制，其 B/T 较大而 L/B 较小，致使常规内河船型的阻力性能较差。同时，常规船型的来流主要绕船体两舷侧流动，为侧流型。侧流型船的首波（尤其是首散波）较大，高速时对小船的航行安全及堤岸的保护极为不利，对在浅水急流航道航行时逆水冲滩也很不利。

平头纵流压浪首型线，可使阻力与消波性能获得显著改善。平坦的船底横剖线和平顺的纵剖线，使船的来流沿船底以纵流方式经较短路径流向船后（即纵流型），同时由于船底纵剖线与水线面成相当小的夹角（φ），且船首又有一段压浪长（l），从而制约了来流在船首附近的升高并压迫水流向船底流动，起到压浪消波的作用。从实船航行情况看，平头涡尾船船首波的波高大大降低，首散波几乎消失。因此，根据阻力理论，船首段的兴波阻力与总阻力有大幅度减小。

涡尾，经大量船模试验与实船航行发现有下列五种作用：

（1）形成假尾　涡尾与中央隧道的纵流作用，能使船模自航试验在 $Fr>0.20$ 左右时就形成假尾，从而使船体阻力显著降低。

（2）削减尾浪　由于平头涡尾船型的相对速度 Fr 随假尾的生成（相当水线长的增加）而减小，加之尾流平顺，实船测试显示，涡尾的兴波高度比常规船尾有明显降低。

（3）提高推进效率　由于水流流经涡槽尾后形成了一股与螺旋桨旋转方向相反的预旋流，以螺旋面的形式流入桨盘，它能明显地改善螺旋桨的周向诱导涡流，产生反桨效率，使 Q.P.C 值有较大提高。理论分析与试验表明，平头涡尾船型与常规船型的相对旋转效率 η_R 相当，在 D/T 相同时敞水效率 η_0 也没有明显提高，因此，其 Q.P.C 值主要依靠推力减额 t 的减小、伴流分数的加大和涡尾的反桨效率而获得提高。

（4）回收螺旋桨尾流中的旋转能量　由于涡尾能诱导反桨的预旋流，从而将旋转尾流变成向后喷射的直流，减少了螺旋桨尾流因旋转而带走的大量能量。换言之，涡尾回收了螺旋桨尾流中的旋转能量损失。

（5）削减振动　由于在涡槽尾处轴向与周向的伴流大体上都沿着以涡尾中心为圆心的圆周上均匀分布，而且，桨轴中心线和涡尾的中心线重合，故螺旋桨各叶片上同一半径处的叶原体旋转一周所遇到的水流基本上也是均匀的，加上消耗在螺旋桨尾流中的功率大量减少，因此，作用在船体上的机械振动显著减小。

综上所述，平头涡尾船型具有阻力低、推进效率高、振动小，此外还有稳性好、可撮坡上下客、使用方便等显著优点，是一种优秀的节能新船型。

平头涡尾船型的主要缺点是平坦的首底和尾隧道在风浪较大的水域将产生拍击，对船体结构不利，且倒车性能欠佳；因而在长江下游和江海直达运输中研究开发了尖头涡尾和球首涡尾船型，在实船设计和营运中也收到了良好效果。

3）船型设计要点

（1）横剖面面积曲线的绘制

由船模系列试验和实船证明，与常规船型相比，PW 船型兴波阻力因纵流压浪首而显著降低。因此有理由将更多的排水量（相对于常规船型而言）放到船舶的前体，以尽可能削瘦后体、减小形状阻力。平头涡尾船型的横剖面面积曲线，其前体棱形系数和后体棱形系数的比值较常规船型大，横剖面面积曲线前体比较丰满，浮心位置一般设计在船中略偏前处。

（2）船首型线设计

在横剖面面积曲线决定后船首型线设计中主要考虑下列几点：

① 纵流角 φ

平头涡尾船型系列改变纵流角的试验结果如图 7-36 所示。由图可见，在 $0.27 < Fr < 0.36$ 范围内，存在一个最佳的纵流角 φ，大约在 $6°$ 左右。

② 首压浪长度 l

当航速较高时，首压浪长度稍微变小，这主要是压力中心后移引起的。另外，航速增加时，尾倾现象开始显著起来，这时实际的 φ 角会增加，所需的压浪长度变小。船模和实船实验证实；一般情况，选取 $5\%L$ 作为压浪长度，可以保证有较好的阻力性能；若考虑到超载航行，则可略长些。

在船舶首封板和压浪长度端线间用圆弧光顺过渡，以防止浪花飞溅甲板。

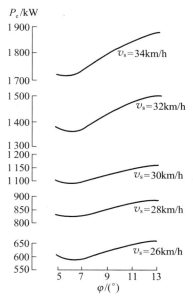

图 7-36 纵流角 φ 系列试验曲线

③ 流场协调原则 平头涡尾船首部横剖面形状一般为矩形，船底水平，船侧为直壁，二者间用圆弧过渡。为了避免水流在舭部发生紊乱、产生漩涡，造成不必要的能量损耗，为此必须遵循流场协调原则，从船首到船中将各横剖面的舭圆弧半径渐次加大。

④ 船首纵剖线优先原则 由于 PW 船型的水流主要沿纵剖线方向从船首流向船底，因而船首纵剖线的设计和光顺应放在优先的地位。船首纵剖线在水面附近宜采用直线形，并与船底光顺过渡。

⑤ 船首处的满载水线形状 船首处舷侧满载水线的半进角一般略小于纵流角 φ。

（3）船尾型线设计

首先介绍船尾线型的一些名称。

涡   体 和螺旋桨相接的突出的船体。

涡顶线 涡槽内最高点的连线。

外切线 涡体上圆台部分和舷侧面相切的切线。

内切线 涡体上圆台部分和船底相切的切线。

圆心线 涡体上圆台部分的轴线。

平底线 PW 船型水平船底和舭弧相切的切线。

根据流线试验可知，水流从舷侧绕经涡体流向船底和螺旋桨，若螺旋桨桨盘处的轴向和周向伴流是均匀的，则可以防止振动和提高推进效率，为此尽可能将涡体设计成圆台形状。这样不但有利于提高推进效率、防止振动，而且圆台的表面便于滚压成形，有利于施工建造。条件许可时，可尽可能扩大涡体外形的圆台形表面部分。圆台表面部分位于外切线和内切线之间。一般来说，焊缝安排在内切线和外切线位置有利于施工建造。

在平头涡尾船型上，螺旋桨的安装位置通常在 1.5 站附近（按设计水线长来划分为 20 个站），这和隧道尾船型相似。因为螺旋桨是靠螺旋面来工作的，只有使涡槽表面形成螺旋面才能有效地抵消螺旋桨的周向诱导速度，因此，涡槽处的表面基本上应该用螺旋面来构成。其与平底相接的部位用圆弧来过渡。

由于涡体直接与螺旋桨桨毂连接,故涡体的后端必须是个圆。此圆略微大于螺旋桨桨毂的前端圆面,以免水流发生扰动。通常,涡体末端的圆直径等于0.22~0.25倍螺旋桨直径为宜。

对PW船型设计感兴趣的读者可详细参阅文献[36]。

4) 实船应用

第一艘平头涡尾实船于1979年在浙江下水,实船试航结果表明,与常规船型相比,节能效果达15%。

1986年,平头涡尾船型增加宽吃水比(B/T)且吸收了隧道船型的优点,使船身效率由原先的1.1左右提高到1.26以上,称第二代平头涡尾船型。其实船代表是600客位客货船"丰都16号",其节能效果达31.8%。

1989年研究了用于内河推、拖船的平头涡尾新船型,它采用了深隧道尾和盆式横剖面形状,径深比达到1.4。试验表明,船模的似是推进系数在中、高速时,达到0.80以上。在拖航状态,航速为11~17km/h时,似是推进系数可达0.55~0.75,称第三代平头涡尾船型。

此外,平头涡尾船型应用于豪华旅游船,建造了"伯爵号"船;应用于机驳,建造了100t液货船;还有四川奉节的移民工作船等。这些实船均获得了明显的节能效果,得到了船东的赞誉。

2. 不对称尾

20世纪60年代中期,西德的南尼克提出了不对称后体的设想,并在汉堡船模试验池(HSVA)作了4艘船模试验,证实可获得5%~7%的节能效果。由于当时油价较低,没有一个船东肯冒险使用他的不对称尾型。70年代后油价急剧上涨,节能的需要使人们重新考虑对不对称尾型的探索和应用。1980年,西德研究与技术部(BMGT)又在HSVA进行了一系列新的不对称尾型试验,并应用于实船设计。1982年6月21日,世界上第一艘不对称尾的502TEU集装箱船"Thea-S"号试航成功。"Thea-S"号船模试验表明,不对称尾比常规对称尾在设计吃水时节省功率约8%,而在压载吃水时节省功率约6%;实船试航速度甚至还略高于船模试验预报值。

中国船舶及海洋工程设计研究院等单位也进行了不对称尾型的试验研究,得出了与"Thea-S"号船模相近的结论。

1) 船型特征

将常规单尾左右舷对称型线向一侧加以扭曲,即生成不对称尾船型。常规对称尾与不对称尾横剖线如图7-37所示。

2) 节能机理

(1) 阻力性能

常规单桨船(对称尾)船模流线试验结果表明,当螺旋桨顺时针旋转,即采用右旋桨时,在螺

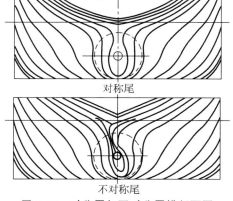

对称尾

不对称尾

图7-37 对称尾与不对称尾横剖面图

旋桨盘面前左上方的船体表面往往有明显的分离流动出现,而在船尾右舷侧不易产生流动分离。分离区出现的大量漩涡使能量消耗显著增加,即船舶剩余阻力R_r加大。

采用不对称尾型,将螺旋桨上方船尾中线向左扭曲以减小水线左侧的去流角,桨左上前方船体表面沿水线面向尾方向的纵向梯度也减小,因而,该区域内的分离流动减弱、分离区缩小,减少了能耗,从而降低了船舶阻力。

（2）推进性能

如上述,常规单桨船由于其桨盘前左上方存在明显的流动分离,导致螺旋桨进流不均匀、推进效率下降,并且螺旋桨尾流中也有大量的旋转能量损失。

采用不对称尾后,桨前流动分离的明显减弱使得螺旋桨进流均匀化,有利于推进效率的提高；同时,扭曲的尾型使得桨轴上方的进流叠加了一个向左的切向分量,桨轴下方的进流叠加了一个向右的切向分量,上下合成的结果使螺旋桨进流产生了一个与桨旋向相反的预旋流,也使得螺旋桨推进效率提高。

综上所述,不对称尾型以其扭曲形状成功地改善了桨前、后的流场,降低了船舶阻力,回收了部分船后尾流旋转能量损失；同时,由于其桨前预旋流的产生获得反桨效率使螺旋桨推进效率提高,取得了较好的节能效果。

（3）设计与应用

不对称尾型设计,目前还主要依赖于通过船模试验来摸索,未见有成熟而快捷的设计方法。

实船采用不对称尾的主要问题是设计与建造较复杂、初始投资较大,设计与建造周期加长。因此,不对称尾应用还不广泛。

7.7.5　双尾鳍

随着近代船舶的大型化和浅吃水船的出现,螺旋桨负荷大幅提高,从推进性能、操纵性和减小尾部振动考虑,都需采用双桨。但常规双桨船的附体阻力大、船身效率低。怎样破解常规双桨船的缺点,是造船工作者的一项重大研究课题,双尾鳍船型就是顺应这一要求而研制出来的。

1943 年,瑞典船模试验水池（SSPA）首次对 17 500t 双尾鳍油船进行了试验研究。之后,在 20 世纪 70 年代 SSPA 又进行了大量双尾鳍船型的模型试验,试验结果显示,双尾鳍船型对小 L/B、大 B/T 的低速丰满船有很好的应用前景。

1983 年,上海交通大学与上海船舶设计院合作成功地开展了 3 800t 沿海双尾鳍货轮的设计与试验研究,该船的海军系数高达 524。其后,我国造船企业将双尾鳍广泛应用于沿海浅吃水肥大船、江海直达货船、车客渡船、登陆舰、大型 LNG 船等,都取得了较好的效果。

1. 船型特征

双尾鳍船型是为了改善常规双桨船的快速性发展而来,常规双桨船的尾部型线如图 7-38 所示。由于常规双桨船的螺旋桨尾轴悬伸在船外较长,需要安装轴支架和轴包套,因此,附体阻力较大、推进效率较低,且对船体尾部振动不利。采用双尾鳍船型后,螺旋桨尾轴被包含在尾鳍内,削减了长轴支架和轴包套等的附体阻力,伴流增强且均匀化,提高了推进效率并改善了尾部振动。双尾鳍尾部型线见图 7-39。

双尾鳍线型由两个片尾和一个纵流型中央隧道组成。按照尾鳍的倾斜方式分为外倾式和内倾式,按尾鳍横剖面是否对称于其中线分为对称尾和非对称尾。内倾式双尾鳍见图 7-40。

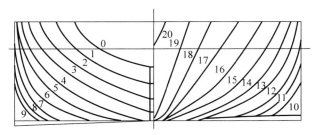

图 7-38 常规双桨船的尾部型线

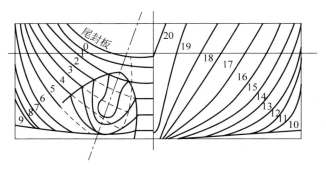

图 7-39 双尾鳍尾部型线

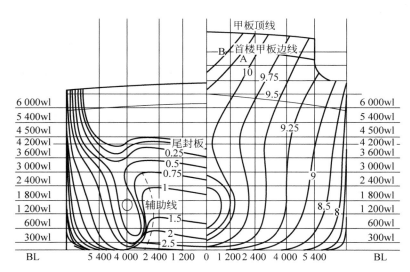

图 7-40 球首内倾双尾鳍型线

外倾式尾鳍可使轴向伴流峰值增加约 50%,故实船从推进考虑采用外倾式尾鳍的居多。上海船舶设计院做了 700t 沿海客货船常规双桨与外倾双尾鳍(轴间距 $0.32B$)的对比试验,结果表明:双尾鳍船型的总阻力比常规双桨低 $4\%\sim8\%$,配内旋桨可节约主机功率 12.8%,或在相同功率下可提高航速 0.7kn。对比船模的型线图见图 7-41。

由于实船多为外倾式双尾鳍,以下分析论述均按外倾式双尾鳍展开。

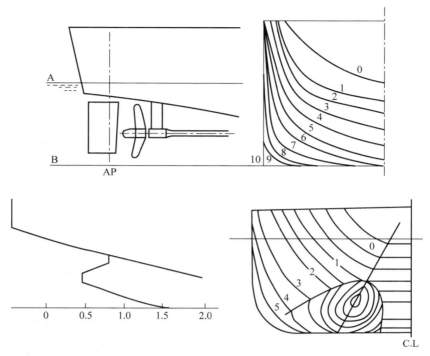

图 7-41　外倾双尾鳍与常规双桨对比船模

2. 节能机理

1）阻力性能好

图 7-42 为某双尾鳍滚装船与普通单尾船型的阻力性能比较。图中给出了单尾和双尾鳍船型的总阻力系数 C_t 与剩余阻力系数 C_r 随 Fr 的变化曲线。

从图 7-42 可以看出，当傅汝德数 $Fr > 0.2$ 时，双尾鳍船型的阻力比常规单尾船型低，原因是，双尾鳍的中央隧道为纵流线型，对减小阻力有利；双尾鳍的两个尾体，可分别看成一个细长体，若两桨尾轴间距为船宽的一半，则细长体的长宽比为原船的 2 倍、宽吃水比为原船的 1/2，船体瘦长度的增加，可减小尾部兴波、降低兴波阻力；同时，由于尾部线型纵向梯度小，可避免或减少界层分离，从而减小黏压阻力，所以总阻力比常规单尾船型小。

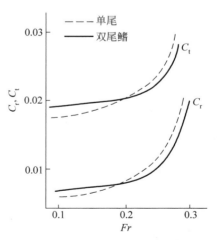

图 7-42　单尾、双尾鳍滚装船阻力试验曲线

当 $Fr < 0.2$ 时，由于船舶总阻力中摩擦阻力占比可达 80%，该阻力正比于船体湿表面积，而双尾鳍的湿表面积较大，所以低速时双尾鳍船型的总阻力比常规尾型高一些。

双尾鳍与常规双桨船型相比，由于湿表面积增加使得裸船体的摩擦阻力约增加 5%，但常规双桨船的轴包套、尾轴尾管和人字架等水下附体的阻力，可占总阻力的 8%～10%；而双尾鳍的尾轴从片体穿出后直接与螺旋桨相联接，削减了附体阻力，从而使总阻力减小约 4%。

此外,双尾鳍船型由于中央隧道平顺,船体的去流段可以缩短,允许最大横剖面自船中后移(10%~15%)L,这样使前体更趋瘦长,兴波阻力系数也减小。

2) 推进效率高

表 7-6 是双尾鳍与常规船型阻力和推进性能对比数据。可以看出,双桨船对提高螺旋桨效率 η_0 具有显著效果,这是因为双桨船每一个桨上所承受的负荷只有单桨船的 1/2,螺旋桨的负荷减轻,有利于提高螺旋桨敞水效率。因此在相同的转速下,螺旋桨敞水效率 η_0 比单桨船有较大幅度提高。但是从表 7-6 亦可看出,常规双桨船的推进效率 $\eta_0\eta_H$ 反而比单桨船低,这是因为常规双桨船的螺旋桨离船体较远,不能很好地利用船体伴流,引起船身效率显著下降,导致常规双桨船的推进性能比单桨船差。

表 7-6　双尾鳍与单尾船阻力和推进性能比较

船型	螺旋桨转速 n /(r/min)	敞水效率 η_0	船身效率 η_H	黏压阻力 R	$\eta_0\eta_H$	$R/(\eta_0\eta_H)$
常规双桨	120	0.63	1.00	$1.05R_0$	0.63	1.67
常规单桨	120	0.54	1.24	R_0	0.67	1.49
双尾鳍	60	0.74	1.02	$0.94R_0$	0.75	1.25

双尾鳍船型的片尾形状接近于单桨尾型,较常规双桨船有较高的伴流分数及船身效率 η_H;同时,双尾鳍后体比较纤细,故螺旋直径可以做得较大,因此可降低螺旋桨转速,获得比常规双桨更高的螺旋桨敞水效率 η_0。双尾鳍船型内侧是有限流场,外侧是无限流场,两侧不对称,故通常会在桨前产生一外旋流,根据这一特性可将螺旋桨设计成内旋,以利用反桨效应获得更高的推进效率。

此外,与单桨船相比,双尾鳍船型螺旋桨负荷小、桨径减小,其空泡、螺旋桨激振力引起的船体振动及航行时空气吸入等问题都明显改善;由于采用双桨双舵,增加了船舶后体水下侧面积,改善了航向稳定性;转船力矩增大、配合满舵可实现原地回转,操纵性明显改善、安全性提高。

3. 设计要点

大量的船模试验和实船应用表明,双尾鳍特别适用于 L/B 较小、B/T 较大、x_b 位于舯后、后体丰满的船舶。

双尾鳍设计应选择适宜的特征参数,主要包括尾鳍倾斜方式(内倾、外倾)、尾鳍形状(轴对称、非对称)、中纵剖线形状、尾鳍底切点位置、尾鳍轴间距和螺旋桨旋向。

(1) 尾鳍倾斜方式与形状　从实船应用看,尾鳍大多取外倾式,外倾角在 30°以内(20°左右为佳)以利于加强桨前预旋流,L/B 越小或 b/B 越大,则尾鳍的倾斜角越小;尾鳍横剖面形状有轴对称和非对称的,如采用非对称形,一般取尾鳍轴内侧略薄于外侧,以减小尾部水流分离和纵向涡。

(2) 中纵剖线形状　从船舶快速性考虑,中纵剖线形状应尽量平坦,尾部中央隧道应尽可能向前延伸,以减小阻力,并使螺旋桨来流畅顺、提高推进效率。双尾鳍受船型参数的制约,中纵剖线不可能向前延伸很远,中纵剖线的底切点一般随 C_b 的增大、x_b 的后移而后移,底切点附近中纵剖线的反曲角(反曲点处切线与基线的夹角)一般取 12°~15°。

（3）尾鳍底切点 双尾鳍片尾中剖线与船舶基线相切的位置，称为双尾鳍的底切点，如图 7-43 所示。底切点越前，中剖线越平顺，与基线的夹角也越小，可使水流分离现象减少、降低船舶黏压阻力，而且螺旋桨来流顺畅，推进效率较高；反之，底切点后移，将使得两个片尾的湿面积增加，摩擦阻力增大；中剖线切线的斜率增大，使得尾鳍附近流体分离、黏压阻力也增大；同时，引起螺旋桨来流不顺畅，降低了螺旋桨的推进效率；因此，底切点前移对船舶快速性有利。但是，若底切点太前会对机舱布置不利，有研究显示，中剖线与基线的夹角应控制在 13°以下为宜。

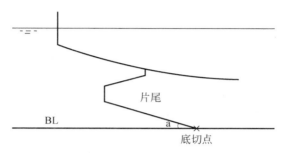

图 7-43 尾鳍中纵剖线与底切点

（4）尾鳍轴间距 尾鳍轴间距 b/B 值的选取，对阻力、推进、操纵和耐波性都有一定影响。b/B 值增加，可改善螺旋桨舷侧来流、减少漩涡阻力，同时转船力矩加大，有利于操纵性，但中央隧道加宽，使海浪对平坦船底的冲击加剧，于耐波性和船底结构不利；b/B 值减小，螺旋桨的轴向伴流加大，尤其是内旋桨的伴流增加明显，有利于提高船身效率；对于内河船，从减阻和操纵性考虑通常取 $b/B=0.5$ 左右；对于海船，从推进和耐波性考虑一般取 $b/B=0.30\sim0.35$。

（5）螺旋桨旋向 双尾鳍船舶的双桨旋向，有外旋与内旋，实船以外旋居多。双尾鳍的尾部伴流场对尾鳍中心是不对称的，其平均周向伴流为外旋，如配内旋双桨则可利用反桨效应提高螺旋桨推进效率。试验表明，对同一船型，轴间距越小，内旋桨的伴流值越大，船身效率越高；但另一方面，对同一船型，内旋桨的回转性、应舵性和直航稳定性都比外旋桨差；且单机倒航时出现反常转向，双桨一进一倒时虽转向正常，但应舵慢、转向速率很低。所以，实船设计时船东往往大多提出采用外旋桨。

设计双尾鳍型线时首先要绘制本体型线，本体的折角点应当尽可能迎合流线，尾鳍中心线应通过本体的折角点，如图 7-44 所示。尾鳍的纵向线型应平顺，尽可能接近直线。

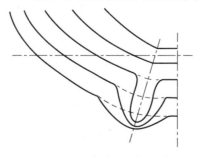

图 7-44 尾鳍与本体的线型关系

4. 实船应用

20世纪80年代，日本佐野船厂将一艘13万t级散货船设计为双尾鳍船型，试验结果表明，其阻力下降6%、节约主机功率17%。同期，上海船舶设计院设计了3800t双尾鳍沿海货船，其主尺度 $L \times B \times T \times C_b = 92 \times 14 \times 5.2 \times 0.76$，主机 2×900 马力，满载航速 11kn。与常规双桨船相比，满载状态（$Fr = 0.19$）下，实船裸体有效马力降低 10.5%，剩余阻力系数下降 38.2%。该船横剖线见图 7-45（尾鳍外倾角 22°，轴间距 $b/B = 0.329$）。首制船"浙海 304"于 1982 年交船，这是我国第一艘双尾鳍船，前后共建造了 6 艘。1984 年，将双尾鳍船型用于秦申线 35 000t 级浅吃水肥大型运煤船，该船外倾角约 25°，尾鳍轴间距约 0.34B；与常规优秀实船相比，在相同排水量和航速下节约主机功率 8%。该型船批量建造了 14 艘，首制船"宁安 1 号"1991 年交船，图 7-46 为该船尾部型线。

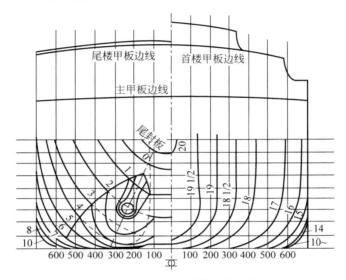

图 7-45　3 800t 双尾鳍沿海货船

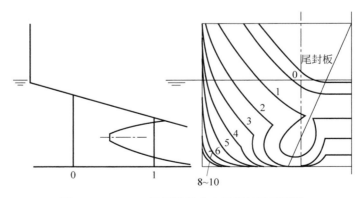

图 7-46　35 000t 双尾鳍浅吃水运煤船尾部型线

20 世纪 80 年代中后期，国内先后建造了双尾鳍型的 3 000t 级、5 000t 级江海直达货船、4 000t 级化学品液货运输船、多型沿海客船和登陆舰艇等。90 年代，国内第一艘内倾式双尾鳍货轮"春江海"号于 1994 年 12 月交船，该船为万吨级浅吃水肥大型江海直达货船，其总阻力系数仅为 BSRA 系列船型的 85.6%,QPC 达 0.704,具有优秀的快速性能,比相近吨位货船节能 25%;略显不足的是,由于采用内旋双桨,倒航可操性较差、响应慢、转首速率小。

2015 年 1 月,沪东中华造船集团建造的 17.2 万 m³ 双尾鳍 LNG 船交付使用,其能耗比第一代 14.7 万 m³ 蒸汽推进的 LNG 船下降了 25%;该型船完全由沪东中华造船集团自主设计和建造,是我国第一艘具有完全自主知识产权、达到国际先进水平的新型 LNG 船,为保障我国 LNG 能源运输的安全提供了有力的支撑。

7.7.6　双尾与双球尾

当一对双尾鳍的中心线倾斜角为 0°且尾鳍横剖面为对称形状时,即称为双尾线型。我国造船界对双尾与双尾鳍的研究差不多是在 20 世纪 80 年代同期进行的,双尾鳍主要应用于海船,而双尾则主要应用于内河船。

双尾与双尾鳍二者有很多共同点,例如其节能机理、设计要点等。以下对双尾船型作简要介绍。

1. 船型特征

双尾船型后体由中央隧道和两个片尾构成。中央隧道为纵流型、水流顺畅;两个片尾在船体尾部形成两个尾体,减小了船尾水线梯度,有利于降低后体阻力;船后两个螺旋桨的工作环境类似于单桨船,伴流分数较大、推力减额较小、船身效率高。双尾船型最初是针对长江客货船($Fr=0.30$)开发的,其方形系数一般在 0.6 左右。航行于川江的某双尾客船型线如图 7-47 所示。随着双尾船型的不断开发,其后出现了改进型——双球尾,其快速性优于双尾。双球尾型线如图 7-48 所示。

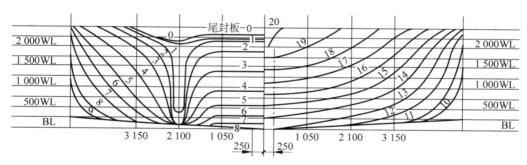

图 7-47　双尾型线

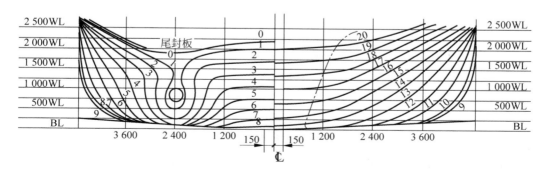

图 7-48　双球尾型线

按照图 7-47、图 7-48 制作船模进行了模型试验。其中，双球尾船型比双尾排水量大 1.83%，湿面积大 10.18%，而在 $Fr=0.30$ 时，双球尾的总阻力比双尾小 4.6%，推进效率高 3%(配外旋桨)，且双球尾配桨内、外旋的推进性能基本接近，外旋桨推进效率高达 0.715。

2. 节能机理

双尾船的阻力性能好，其原理与双尾鳍相同，不再赘述；双尾船的推进性能亦与双尾鳍相似。与常规单桨船相比，双尾船单桨的负荷小、螺旋桨效率 η_0 高；而与常规双桨船相比，双尾船的螺旋桨直径较大(通常，常规双桨的桨径为(0.65~0.75)T，而双尾船的桨径可达(0.80~0.85)T)，由于大直径的收益使 η_0 进一步提升。同时，模型试验表明，双尾船的伴流分数 ω 和船身效率 η_H 较常规双桨船高得多，而与优秀单桨船系列 60 接近(常规双桨船的 η_H 为 0.93~0.98，系列 60 的 η_H 为 1.1~1.24，而双尾船为 1.14~1.27，如采用内旋桨则可达 1.31)。故双尾船的推进效率高。

双尾船因阻力低、推进效率高，所以不少更新换代的双尾新船较原型节能 20% 以上。

3. 双尾船型线设计要点

双尾型线由中央纵流隧道和片尾两部分组成，以尾部中央隧道的中纵剖线形状和尾轴间距作为主要特征参数。

中央隧道的中纵剖线形状 尾中纵剖线由两段二次抛物线 $y=ax^2$ 拟合而成，如图 7-49 所示。二次抛物线的斜率的变化率取常数 $2a$，意味着水流方向的变化均匀。隧道尾取开式，中纵剖线尾端略高于载重水线。中纵剖线前端与基线相切的位置称"底切点"，在一定的 L/T 下，底切点的位置决定中纵剖线的最大斜率，因此底切点是一个重要参数。底切点越前，中纵剖线越平坦，切线与基线的夹角 α 就越小，其水流平顺、螺旋桨供水充足，有利于减小剩余阻力、提高推进效率；但是，隧道较长、湿面积较大，对低速船的总阻力不利，同时对船主体舱容和舱内布置也不利。因此，中高速船舶的底切点应适当前移，而低速船舶的底切点应适当后移。通常，高速船($Fr \approx 0.30$)的底切点会延长至距尾垂线 40% 船长以上、中纵剖线最大倾角 α 控制在 10°~12° 范围；低速船($Fr \leqslant 0.20$)受较大方形系数的制约，其底切点最多只能延长至距尾垂线 1/3 船长附近、最大倾角 α 约为 12°~15°。此外，研究表明，隧道尾波的幅值与中纵剖线出水处的倾角 α_0 有关，为抑制尾波应减小 α_0、最好控制在 5° 以内；隧道尾出口的高度以 1.1T 为佳。

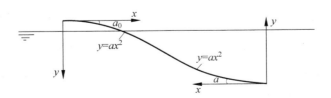

图 7-49 中央隧道的中纵剖线

双尾的尾轴间距 尾轴间距适当增大则尾隧道加宽、两侧片尾变瘦，中央隧道纵流加强、两侧水线去流角减小、水流更为顺畅，剩余阻力降低；同时，尾轴间距增加可加大转船力矩,有利于操纵性。但片体间距过大对机舱布置不利,现有经验一般取尾轴间距与船宽比值 $b/B=0.50\sim0.55$。

片尾线型主要着眼于有优良的推进性能,故通常将其肋骨线设计成 U 形,以获得较高的伴流分数和船身效率,而不惜在阻力方面略作牺牲。片尾外侧一般按系列 60 设计,内侧基本对称于尾体中心线并与隧道顶线光顺连接。

4. 实船应用

双尾船型因其在较高 Fr 时具有明显的节能效果,故大量应用于客船设计,成为长江第三代客船的换代船型。20 世纪 80 年代中期,长江船舶设计院最先将双尾船型用于长江"东方红 46"型客船的更新设计,首制船 820 客位沪渝线双尾客轮"江汉 57 号"于 1984 年 8 月建成投产,实船营运证实了模型试验的结论,双尾新船型较常规船型阻力降低 8%～12%、推进效率提高 20%～25%,节能 25%以上。该船获交通部 1987 年科技进步一等奖。图 7-50 是该船横剖线和首尾轮廓。

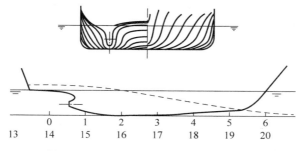

图 7-50 "江汉 57 号"横剖线和首尾轮廓

长江下游 1 600 客位双尾客船于 1986 年 6 月投入营运,该船与原型"东方红 119"(曾获交通部优秀船型一等奖)相比:主机功率相同,排水量增加 31.6%,载客量增加 1/3,航速还提高了 1km/h。与其类似的还有,长江中游 700 客位双尾区间客船"江汉 134"号、"昭君"号、"扬子江乐园"号长江旅游船、江西"滕王阁"号 150 客位客船、湖南沅江 100 客位"金龙"号客船以及 4 000t 级江海直达集装箱船、5 000t 级江海直达运粮船等,都是长江船舶设计院设计的优秀节能双尾船舶。

同期,武汉理工大学设计了航行于川江的"川陵 55"号双尾客船和黑龙江双尾外事工作船;其后,1992 年又设计建造了 600 客位纵流首双球尾渝宜客船,该型船因快速节能、操纵灵活,先后在四川、湖北建造了 10 余艘。

华中科技大学 1996 年设计了纵流首双球尾的川南 450t 机动驳,次年 10 月建成投运。该船 $L/B=4.6$、$B/T=5.0$、$C_b=0.737$,主机 $2\times135kW$,航速要求 18km/h。显然,主尺度系数对降低空船重量和船价有利,对快速性则不利。由于成功地进行了船型设计,航速达到 18.24km/h,各项航行性能优良、经济效益好,该船获 1999 年四川省科技进步三等奖。图 7-51 是该船横剖型线。

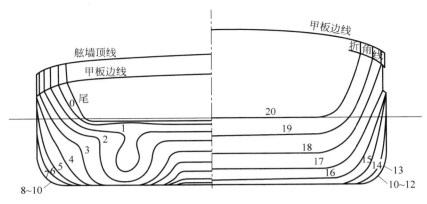

图 7-51 纵流首双球尾机动驳型线

7.7.7 隧道尾

航行于浅水或极浅水航道中的船舶,由于船的吃水太小,常规尾型的螺旋桨直径受到很大的限制。为了装置较大直径的螺旋桨,常采用隧道尾型线。

1. 船型特征

隧道尾型线的形式有以下几种:从纵剖面图看,隧道有开式和闭式,前者指隧道顶线尾端露出水面,后者则浅埋在水线下,如图 7-52 所示;从横剖线图看,有深隧道和浅隧道(或称全隧道和半隧道);对应于单桨船和双桨船,又有单隧道和双隧道之分。

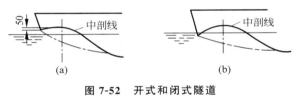

图 7-52 开式和闭式隧道

(a) 开式;(b) 闭式

闭式隧道的阻力比开式大,但倒车性能较开式好。闭式隧道一般适用于螺旋桨直径与吃水之比 $D/T=1.0\sim1.1$ 的浅隧道。开式隧道则适用 D/T 更大的情况,相对应的一般为深隧道,它较多用于单隧道船。

2. 节能机理

采用隧道尾型线的主要原因是适应浅水航道要装置较大直径的螺旋桨以提高敞水效率 η_0,改善船舶推进性能的需要。这在利用图谱设计螺旋桨时很容易明白这一点。

3. 船型设计要点

1)隧道尾设计基本要求

无论哪种形式的隧道尾,均应保证螺旋桨有充足的供水,使尾部水流能顺畅地流向螺旋桨并充满整个隧道,这是隧道尾设计的基本要求。

对于单桨船(单隧道),流入隧道的水流基本上是沿船底纵向流动的,因此,隧道顶线的设计应尽可能平顺(斜度小)。特别是航行于极浅航道的船,如果螺旋桨供水不足,会引起抽空现象,螺旋桨推力发不出,船的尾倾加大。

对于双桨船(双隧道,如图 7-53 所示),为使螺旋桨能更多地获得两舷的水流,在双隧道

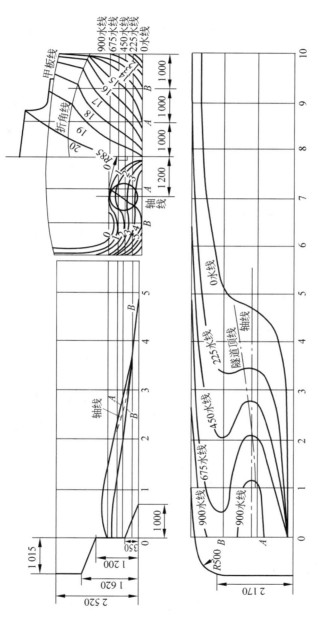

图 7-53　双隧道尾型线

型线设计时其隧道顶线应向两舷适当弯曲,例如隧道顶线在半宽水线图上的投影应与轴线成 $3°\sim5°$ 的夹角,越是浅水航道弯曲应越大。

  2) 隧道尾型线主参数(图 7-54)的选择

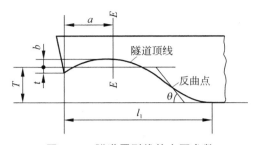

图 7-54 隧道尾型线的主要参数

  (1) 隧道长度 l_1 隧道顶线与船体基线的切点至船尾隧道出口处的水平距离,称为隧道长度。l_1 是一个重要参数,它决定着隧道起升角 θ 的大小、水流能否充满隧道空间以及能否平顺地流向螺旋桨。隧道太短则螺旋桨供水不良、推进效率低,并且隧道中易产生漩涡、增加阻力;隧道太长则使船的湿面积增加,不利于船舱布置,还会影响船的航向稳定性、加大舵工的劳动强度。一般可取 $l_1=(0.33\sim0.45)L$。

  (2) 隧道顶线起升角 θ 即隧道顶线反曲点处切线的夹角,隧道顶线越平坦越好,顶线的曲率不允许突变。因此,对于高速船,$\theta<15°$,希望 $\theta<12°$;对于低速船,$\theta<18°$。

  (3) 隧道顶线最高点 位于桨盘处,其至水线的高度 b 为 $(0.06\sim0.12)T$;至隧道出口的距离 a 为 $(1.1\sim1.3)D$,负荷大者可取稍大些。这样就有足够的长度使隧道顶线向船尾徐徐下降,不致突然下跌造成正车时的阻力大增。为此,有人建议隧道顶线出水角应小于 $12°$。

  (4) 闭式隧道尾封板在水下的浸沉深度 t 约为 $(0.05\sim0.10)D$,至少为 50mm,以免倒车时吸入空气而使螺旋桨效率降低。

  (5) 浅水双桨船的轴间距 一般约为 $B/3$,如机舱布置许可可加大至 $0.4B$,内河推船可达 $0.5B$。这样,螺旋桨除可获得舷侧来流、避免桨间干扰外,还可改善船舶回转性。

  4. 实船应用

  隧道尾型线主要应用于内河浅水航道中航行的船舶,如推、拖轮,小机驳及小型客船等。近些年来也有见于海船的,目的在于装置低转速、大直径螺旋桨以增加推力,达到经济节能的目的。

7.8 型线设计举例——15 000t 级货船

  设计船为 15 000t 级货船,其主尺度要素如下:$L_{bp}=138.0m$,$B=21.0m$,$D=11.2m$,$T=8.0m$,$C_b=0.80$,$x_b=1.50\%\ L_{bp}$。

7.8.1 母型船选择

  大量试验和实船证实,Todd 60 型线的阻力性能好,其横剖面形状较 U、尾部线型对提高推进效率有利,故本船后体采用 Todd 60 为母型(简称"母型$_{60}$");前体采用 16 000t 级货船为母型(简称"母型$_{16}$"),该船采用球鼻首,阻力性能好。

  设计船与母型船的船型系数列于表 7-7。

表 7-7 设计船与母型船的船型系数

船 名	C_b	C_m	C_p	$x_b(\%L_{bp})$
16 000t 货船	0.828	0.994	0.833	1.57
Todd 60	0.80	0.994	0.805	2.50
设 计 船	0.80	0.994	0.805	1.50

7.8.2 横剖面面积曲线绘制

1. 前体横剖面面积曲线

首先,根据母型$_{16}$的横剖线图测量其前体各站的横剖面面积,计算各站面积与中横剖面面积之比,绘制母型$_{16}$的前体面积曲线;然后采用"$1-C_p$"法进行改造、求得设计船前体的面积曲线。

由母型$_{16}$的面积曲线可得,其前体的棱形系数为 $C_{pf16}=0.864$。

设计船的前体棱形系数 C_{pf},按近似公式估算:

$$C_{pf}=C_p+(1.4+C_p)x_b/L_{bp}=0.805+(1.4+0.805)2.07/138=0.838$$

根据 C_{pf16} 和 C_{pf},用"$1-C_p$"法计算母型船各站横剖面应移动的距离

$$\delta x=(1-x)\,\delta C_{pf}/(1-C_{pf})$$
$$=(1-x)(0.838-0.864)/(1-0.864)$$
$$=-0.191\,2(1-x)$$

将各站的 x 坐标代入上式得到各站的平移量 δx,列于表 7-8。

表 7-8 母型$_{16}$ 面积曲线各站的平移量

站 号	x	δx	$\delta x'=\delta x\times L_{bp}/2(m)$
15	0.5	$-0.095\,6$	-6.596
16	0.6	$-0.076\,5$	-5.278
17	0.7	$-0.057\,4$	-3.961
18	0.8	$-0.038\,2$	-2.636
19	0.9	$-0.019\,1$	-1.318
20	1.0	$0.000\,0$	0.000

母型船前体的 10～15 站为平行中体,其 δx 不需计算。

按照表 7-8 的平移量将母型船前体面积曲线各站作相应移动再光顺连接即得设计船的前体面积曲线,见图 7-55。

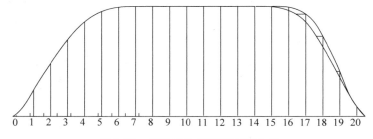

图 7-55 设计船的横剖面面积曲线

2. 后体横剖面面积曲线

设计船的方形系数 $C_b = 0.80$、浮心坐标 $x_b = 1.5\% L_{bp}$，据此分别查 Todd 60 图谱求得平行中体长度、进(去)流段长度及 C_{pe}/C_{pr}。图 7-56 是 C_b 与 C_p、C_m、K_R、L_p/L_{bp} 的关系曲线，图 7-57 是 x_b、C_b 与进流段相对长度 L_e/L_{bp} 的关系曲线，图 7-58 是 x_b、C_b 与 C_{pe}/C_{pr} 的关系曲线。

由图 7-56 查得：$C_m = 0.994$、$C_p = 0.805$、$K_R = 0.113$(舭部半径 $R = K_R \sqrt{BT}$)、$L_p/L_{bp} = 0.30$；

由图 7-57 查得：$L_e/L_{bp} = 0.299$，故有去流段长度 $L_r/L_{bp} = 0.401$；

由图 7-58 查得：$C_{pe}/C_{pr} = 1.016$

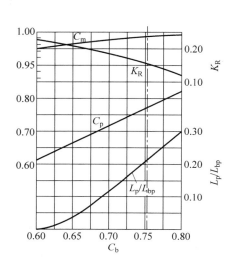

图 7-56　C_b 与 C_p、C_m、K_R、L_p/L_{bp} 的关系曲线

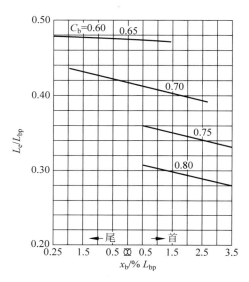

图 7-57　x_b、C_b 与 L_e/L_{bp} 的关系曲线

求设计船去流段棱形系数

$$C_{pr} = \frac{C_p - L_p/L_{bp}}{L_r/L_{bp} + L_e/L_{bp}(C_{pe}/C_{pr})} = \frac{0.805 - 0.30}{0.401 + 0.299 \times 1.016} = 0.717$$

据 $C_{pr} = 0.717$ 查图 7-59，得到去流段 10 等分点处的横剖面面积与最大剖面面积(即中横剖面面积)之比 $S_i : S_0 = 0.025$(参考母型$_{16}$)，$S_1 = 0.172$，$S_2 = 0.374$，$S_3 = 0.541$，$S_4 = 0.695$，$S_5 = 0.860$，$S_6 = 0.907$，$S_7 = 0.967$，$S_8 = 0.981$，$S_9 = 1.000$，$S_{10} = 1.000$。

查得的去流段长度与船长之比 L_r/L_{bp} 为 0.401，为方便起见实取去流段长度为 $0.4L_{bp}$(即 0~8 站)，并将其 10 等分。按各等分点处的相应 S_i 值绘出面积曲线的去流段部分，再连接 S_{10} 到船中的平行中体部分，即得到设计船后体的面积曲线，见图 7-55。

设计船面积曲线绘出后，必须进行校核、检查其棱形系数 C_p 和浮心坐标 x_b 是否符合设计要求。通常可采用梯形法做近似计算，方法简单，精度符合工程要求。本船面积曲线计算见表 7-9。

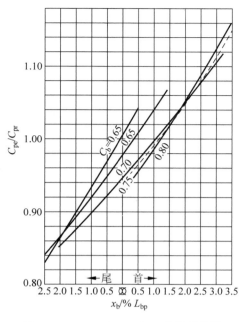

图 7-58 x_b、C_b 与 C_{pe}/C_{pr} 的关系曲线

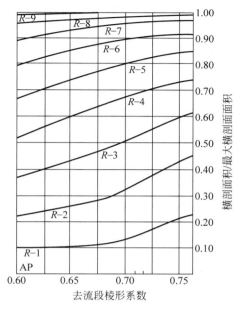

图 7-59 去流段横剖面面积系数曲线

表 7-9 设计船的棱形系数 C_p 和浮心坐标 x_b 校核

站 号	面积值 A_i/A_m	力臂乘数 m	体积矩函数
0	0.025	-10	-0.250
1	0.235	-9	-2.115
2	0.479	-8	-3.832
3	0.692	-7	-4.844
4	0.860	-6	-5.160
5	0.953	-5	-4.765
6	0.992	-4	-3.968
7	1	-3	-3
8	1	-2	-2
9	1	-1	-1
10	1	0	0
11	1	1	1
12	1	2	2
13	1	3	3
14	1	4	4
15	1	5	5
16	0.968	6	5.808
17	0.863	7	6.041
18	0.646	8	5.168

站　号	面积值 A_i/A_m	力臂乘数 m	体积矩函数
19	0.356	9	3.204
20	0.089	10	0.890
总和 $\sum{}'$	16.158		5.177
修正值 ε	0.057		0.320
修正后和 $\sum = \sum{}' - \varepsilon$	16.101		4.857
$C_p = \sum / 20 = 0.8051$		$x_b = \sum / (20^2 \times C_p) = 0.015\,08(1.51\%L)$	

实船设计中,面积曲线往往需要进行多次调整以保证其 C_p 和 x_b 的准确度。因为面积曲线的 C_p 值对应着设计船的排水量,直接影响新船装载量,面积曲线的 x_b 影响新船的性能(阻力、浮态和使用效能等),必须精准校核之。通常,C_p 与设计船预定值的误差应控制在 0.5% 以内,而 x_b 的误差应控制在 0.1%。

根据表 7-9 计算结果,本船面积曲线的误差:

$$\delta C_p = (0.805\,1 - 0.805)/0.805 = 0.000\,12(0.012\%)$$

$$\delta x_b = 0.015\,08 - 0.015 = 0.000\,08(0.01\%L)$$

本船面积曲线符合设计要求,可转入型线图绘制。

7.8.3　绘制新船型线图

新船型线图绘制的一般步骤如下。

1. 绘制格子线

格子线绘制详见 7.6.1 节。值得注意的是,设计水线以下的水线尽可能等分以便于静水力电算(近基线处可加密),设计水线以上至少要有 1~2 根水线;双桨船的纵剖线之一应通过轴心。

2. 绘制中纵剖线

参考母型船资料:选择球首长度比、高度比和面积比,绘制球首侧轮廓;选取首、尾舷弧高,绘制甲板线和船底线;进行螺旋桨图谱设计估算螺旋桨直径,并按船-桨-舵间隙要求绘制船尾轮廓线,尾轴出口到尾垂线的距离取与母型船相同。

3. 绘制水线半宽图

(1)前体水线

在图 7-55 的前体面积曲线上,找出与新船第 i 站横剖面面积相等的母型船的对应横剖面位置,再从母型船的水线半宽图上找到对应剖面处的各水线半宽值 y_{ij_o},然后按正比于船宽的关系式求得设计船第 i 站各水线半宽值 $y_{ij} = y_{ij_o} \times B/B_o$,将第 j 根水线各站点光顺相连,即可绘出前体各水线图。

(2)后体水线

首先,在水线图上将去流段长度(0~8 站)十等分,画出每个等分点的辅助站线;

继而,换算某水线 j 在各辅助站的水线半宽:由设计船的 $C_b = 0.80$ 查系列资料可得各水线的最大宽度与船宽之比 $b_{j\max}/B$；以满载水线（1.0WL）为例，再据 $C_{pr}=0.717$ 查图 7-60 得到 1.0WL 在各辅助站的水线半宽系数 C_{ij}（＝宽度/该水线的最大宽度值 $b_{j\max}$）；则各辅助站上 1.0WL 半宽的绝对值

$$y_{ij}=C_{ij}\times(b_{j\max}/B)\times B/2$$

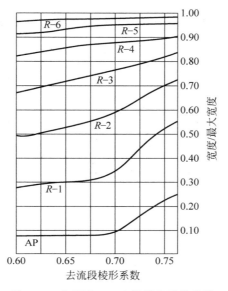

图 7-60 去流段 1.0 水线半宽系数曲线

将算得的半宽值量到各辅助站上，光顺连接各点并与平行中体相连即得后体 1.0 水线图。

同理，可求得 0.25WL、0.5WL、0.75WL 及 1.25WL 的水线图。

4. 绘制横剖线图

在水线半宽图上，量取某理论站（0～20 站）各水线半宽并驳到横剖线图上，光顺连接即得某站横剖线图；接着完成各站横剖线图。

5. 绘制纵剖线图

在横剖线图上，读取某纵剖线与各站横剖线交点的高度值；在水线半宽图上，读取该纵剖线与各水线交点的 x 值；将这两组点驳到侧面图上，连接并三向光顺，完成各纵剖线绘制。

6. 绘制水上部分型线

参考母型船，按总布置要求，在侧面图上绘制上甲板边线、首楼甲板边线和舷墙顶线，在水线图上绘制各甲板半宽线；由侧面图量取某站甲板高度值，由水线图量取该站甲板半宽值，得到横剖线图上的甲板点；在横剖线图上将各站水下部分光顺向上延伸直至甲板点，完成水上部分型线绘制。

7. 读取型值表，进行静水力电算、填写主尺度和实际的船型系数

本船型线简图如图 7-61 所示。

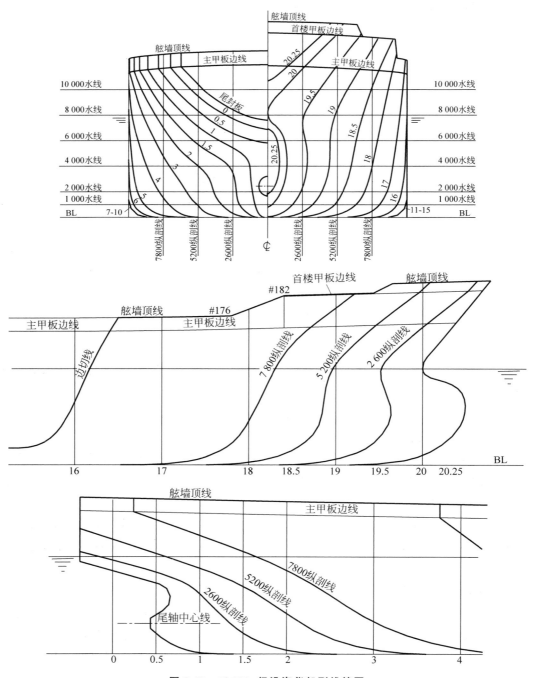

图 7-61 15 000t 级沿海货船型线简图

复习思考题

1. 型线设计应着重注意哪几点？

2. 表征船体外形的特征参数主要有哪些？船体横剖面面积曲线具有哪些特征？

3. 选取棱形系数 C_p 时应考虑哪些因素？实船设计中对不同 Fr 船舶如何选取 C_p？

4. 为什么浮心纵向位置 x_b 的改变会引起阻力性能的变化？选取 x_b 时着重考虑哪些因素？实船设计中如何选取 x_b？

5. 什么样的船舶采用平行中体？采用平行中体有何优点？如何确定平行中体长度？无平行中体船舶的最大横剖面位置如何确定？

6. 横剖面面积曲线的首尾端部形状有哪几种？如何选择？

7. 描述设计水线的形状特征与参数有哪些？如何选择？设计水线的丰满度与横剖线的形状有何联系？

8. 船舶首、尾横剖面形状有哪几种形式？其对性能(快速性、稳性、耐波性及船体振动等)影响如何？实船设计时怎样选择首、尾横剖面形状？

9. 为什么大量船舶都采用前倾首？

10. 简述商船巡洋舰尾与高速艇方尾的形状特征。

11. 何谓舷弧线、脊弧线和梁拱？船舶舷弧线是如何设绘的？

12. 说明自行绘制法设绘型线的思路。

13. 利用母型改造法设绘新船型线的前提是什么？分为哪几种不同情况？分别怎样进行改造？

14. 采用系列船型法设绘型线有什么优点？应特别注意什么问题？简述采用系列 60 生成新船型线的方法步骤。

15. 简述球首减阻机理,常见的球首有哪几种？各适用何种船型？球首的设计参数主要有哪些？

16. 球尾在性能上有何优点？其设计参数有哪些？

17. 平头涡尾船型特征是什么？为什么能节能？其设计要点有哪些？

18. 不对称尾的船型特征是什么？为什么能节能？

19. 双尾和双尾鳍的船型特征是什么？为什么能节能？其设计要素有哪些？

20. 隧道尾船型有哪几种形式？隧道尾设计的基本要求是什么？其主参数有哪些？

21. 某 1 300 TEU 集装箱船,其主要数据有：船长 $L_{bp}=157.6\text{m}$,型宽 $B=26.0\text{m}$,型深 $D=13.5\text{m}$,吃水 $T=9.0\text{m}$,排水量 25 600t,航速 $V=18.6\text{kn}$,单机单桨。简要说明该船型线设计如何处理以下问题：

(1) 计算本船的方形系数,试确定其棱形系数和中剖面系数；

(2) 如何设计本船首部和尾部型线(含横剖面、侧轮廓)？为什么？

22. 甲、乙两船的横剖面面积曲线(已规格化)如图所示。其中,甲船以实线表示,乙船以虚线表示。求解：

(1) 计算甲船的棱形系数 C_p、前体棱形系数 C_{pf}、进流段棱形系数 C_{pe}；

（2）以计算数据来对比分析两船在船型特征和船型参数方面的异同点。

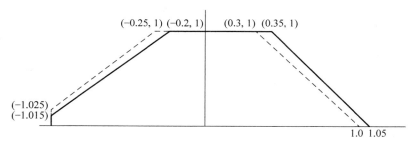

第 22 题图

第 **8** 章

船舶总布置设计

8.1 概述

所谓总布置设计,是以满足船东提出的使用要求和航行性能为前提,合理经济地确定新船整体布置,具体地说,就是要完成新船总布置图的设计与绘制。船舶总布置图,一般包括侧面图、各层甲板、舱底平面图及平台平面图,有的还要绘出横剖面图和阴影图。

总布置设计是船舶设计中极为重要的一环。总布置设计的好坏对船舶的使用效能与经济性、航行性能与安全性以及结构工艺性都有直接的影响;同时,总布置设计与型线设计一样,会影响全局,是后续设计绘图与计算工作的主要依据。

总布置设计的特点是涉及面广、考虑因素多、实践性强。虽然是设绘一张总布置图,但涉及船、机、电三个专业,其中,船体又包括总体性能、船体结构及舾装等三个方面;考虑的因素包括船舶使用要求、航行性能与经济性;同时,总布置又因船舶类型、用途、航区条件等的不同可有很大差异。例如:客船上层建筑发达、外观造型美、生活舱室与公共处所庞杂;而货船则简洁朴实、货舱区长、显出任重道远的风貌;同是客船,用于客运与用于旅游的豪华客轮,二者在外观造型、内部装潢、舱室面积与生活服务设施标准等方面就大为不同;此外,沿海客船与长江客船、南方客船与北方客船,彼此也是差之甚远,各具一格。因此,进行总布置设计时必须注重调查研究。通过调查,透彻了解使用者的意见与要求,了解同航线上同类船舶的舱室布置、设备配置及布置要求,把握设计船布置上的特殊性;通过分析研究,统筹处理好设计船的各种矛盾,抓住主要矛盾,拟订设计措施,发挥创造性,形成设计特色。

在总布置设计中,除了注意各类船舶的特殊布置要求外,一般应遵循下述基本原则:

(1)最大限度地提高船舶的使用效能。例如:客船应合理分区,客舱布置应经济实用,保证旅客的舒适安全,交通方便;货船应充分利用舱容,提高装卸效率,确保货运量;拖船、渔船应保证拖力与航速以及拖带与捕捞作业的安全和方便,等等。

(2)保证船舶的航行性能。合理地进行船上各项重量分布,以保证船舶在各种装载情况下有良好的浮态;降低重心,减小受风面积及合理设计干舷甲板上的开口位置以改善大倾角稳性;合理地布置水密舱壁以改善船舶抗沉性与结构强度;采用舷弧或升高甲板保证首部干舷以减少甲板上浪;良好的驾驶视线和航行信号设备布置以减少航行事故;此外,还要注意当事故发生时便于船员对船舶及乘客进行施救与逃生等。

(3) 满足各有关规范、规则及公约的要求。例如:布置上要考虑结构合理性以满足建造规范的要求,保证船体结构强度(诸如:注意主要构件的连续性,避免纵向构件截面的突变;注意开口对强度的不利影响;上层建筑内的纵、横隔壁和支柱应与甲板纵桁和横梁相对应;起重柱(或桅)应位于主隔壁上等;救生、消防、航行和信号等设备的配置和布置要满足相应规范的要求;生活舱室、公共处所的面积与设备配置应满足乘客定额与舱室设备规范的要求;国际航行船舶还要满足各种国际公约、规则及规范的要求。

(4) 便于建造、检查、维修及设备的更换,船上各处所应有良好的可达性。确定结构空间(如双层底高度、舷边舱宽度)时要注意装配与焊接工艺的方便;确定机舱开口时,要考虑主机吊出和吊入所需的空间。

(5) 舱室布置时,要努力改善船员与旅客的工作和生活条件。

(6) 在经济适用的前提下,注意外部造型与内部装潢,给人以"美"感。

总布置设计一般分两步进行:

第一步,在调查研究和分析母型船资料的基础上,根据新船的使用特点和设计技术任务书的要求,确定船舶主尺度并进行总布置草图设计。这时,对于主体部分,只作总体区划,画出各种不同用途船舱的位置;对于上层建筑,则根据舱室面积、驾驶视野、梯道和设备等的布置要求,只确定其外形尺寸,然后,再根据总布置草图对船的某些典型载况的浮态与稳性、大船的静水弯矩等性能进行校核,并根据核算结果对布置作适当的调整,直至符合设计要求为止。初步设计时,往往要绘制几种具有不同特点的总布置方案,供方案会审时选用。

第二步,根据方案审查的意见,修改总布置并进行草图的深化细化工作。具体设绘全船梯口、通道与机(炉)舱棚,参照有关规范与标准进行各种设备与舾装的选型,最后,根据型线图绘制船的侧轮廓和各层甲板轮廓线,并在各甲板平面内布置各类舱室和设备,绘出正式的总布置图。值得说明的是,正式的总布置图(简称"总图"),往往要到技术设计中后期,协调好总体性能、轮机、电气各部分意见经反复修改完善后才能绘制完成,正式的总图,其线条与符号要按照船体制图的标准绘制。

总布置设计的工作内容主要包括:

(1) 主船体与上层建筑的总体区划;

(2) 浮态计算与纵倾调整;

(3) 全船梯道与通道的规划、各类舱室的布置;

(4) 舾装设备的选型与布置。

8.2 总体布局区划

所谓总体区划,就是根据船的技术特点及使用要求,参考有关型船资料,对全船空间进行合理的区域划分。如对主船体区划出各种不同用途船舱的位置及大小;对上层建筑则主要是规划其形式及尺度。图 8-1 所示为 6 000t 级货船的总布置图,该图反映了船舶总布置图的基本内容,显示了货船主船体和上层建筑总体区划的概貌。

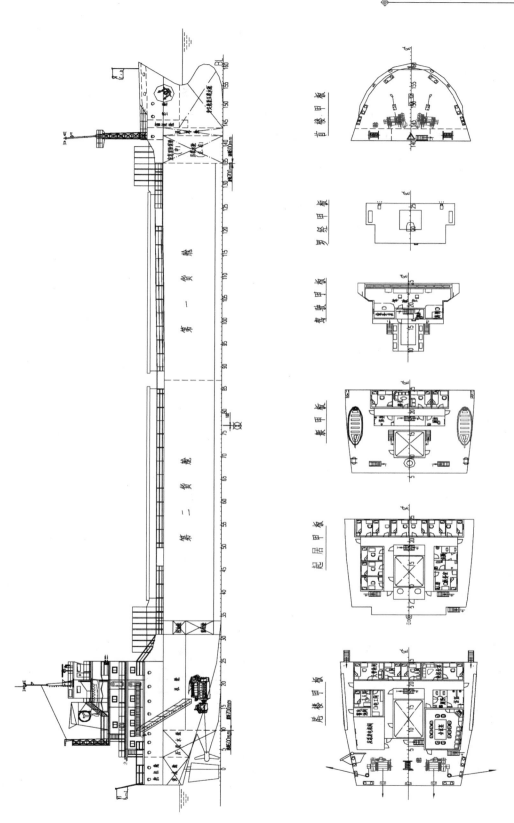

图 8-1 6 000 t 级货船总布置图

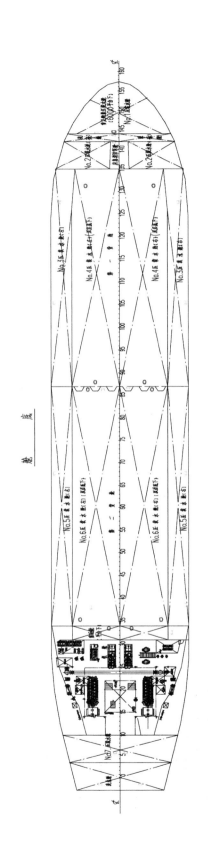

图 8-1（续）

总体布局区划,关系错综复杂。下面分主船体及上层建筑两部分进行讨论。

8.2.1　主船体内的船舱划分

所谓主船体是指船的连续露天甲板(通常为上甲板)以下的部分。主船体内的船舱划分,沿船长方向通过水密横舱壁进行纵向区划,沿垂向通过甲板或平台作出竖向区划,沿船宽方向则有舷边舱与顶边舱之别。以下逐一讨论之。

1. 纵向区划

对一艘普通货船来说,主船体沿 L 方向由水密横舱壁划分为首尖舱、货舱、机舱与尾尖舱。水密横舱壁的数目和位置,结合规范与总体布置要求确定。由于横舱壁必须置于肋位上,所以首先要确定全船肋骨间距并排定肋位。

1)肋骨间距

CCS《国内航行海船建造规范》(以下简称"规范")规定,肋骨、横梁或纵骨(船底、舷侧、甲板)的标准间距 S_b 按式(8-1)计算:

$$S_b = 0.001\,6L + 0.5\,(\text{m}) \tag{8-1}$$

式中, L ——垂线间长(m);

规范还规定, S_b 不得大于 0.7m,首、尾尖舱范围内的 S_b 不大于 0.6m。

CCS《钢质内河船舶建造规范》规定:"船长小于 50m 时,肋骨或纵骨间距应不大于 0.6m,船长大于等于 50m 时,肋骨和纵骨间距应不大于 0.7m。"通常,内河船的肋骨间距 S_b 可取为 0.6m,全船统一。

民船的肋骨号一般自尾向首编排,舵杆中心线或其前 0.25~0.35m 为 0 号,然后,按规范计算与确定各段肋距并依次向船首排列。船舶设计中,当算得的标准肋距 $S_b \leqslant 0.6$m 时,通常需将数值圆整,取全船统一的肋距,如取 0.60、0.55、0.50m 等;而当 $S_b > 0.60$m 时,则中段圆整取一种肋距,如取 0.63、0.65、0.68、0.70m 等,而在首、尾尖舱内取肋距为 0.60m。某些船为了布置紧凑,在船的不同部位(如货舱与机舱)采用不同的肋距;集装箱船的货舱区域还需结合集装箱和导轨的布置来选定肋距。

2)水密舱壁的数目

从保证船体横向强度出发,规范规定了海船的水密横舱壁一般不少于表 8-1 所列的数目。并且规定首防撞舱壁、机舱的前/后端壁及尾尖舱壁应为水密舱壁;当尾尖舱内设有位于水线以上的水密平台甲板时,尾尖舱壁可通至水密平台甲板为止;除尾尖舱舱壁外,其他水密舱壁均应通到舱壁甲板。货舱舱壁应合理设置,如货舱长度超过 30m 或 0.15L 之大者,则横向结构需加强;对于特种用途的船舶,如车辆渡船、长大件搬运船等,如采取了足够的结构加强,经船级社同意,可适当减少舱壁的数目,但仍应满足法规对分舱与破舱稳性的要求。

3)首尖舱长 l_f 和尾尖舱长 l_a

规范规定:首防撞舱壁至首垂线的距离即首尖舱长 l_f 不小于 0.05L 或 10m 之小者,同时首防撞舱长 l_f 应不大于 0.08L 或 0.05L+3m 之大者;对于具有球鼻首的船舶,计算 l_f 长度的起点为球首长度的中点;防撞舱壁应通至干舷甲板,当船首有长的上层建筑时,还应延伸至干舷甲板的上一层甲板,这些都是从船碰撞后的安全考虑的。

表 8-1　海船水密横舱壁的最小数目

船　型	船长/m						
	$L \leqslant 60$	$60 < L \leqslant 85$	$85 < L \leqslant 105$	$105 < L \leqslant 125$	$125 < L \leqslant 145$	$145 < L \leqslant 165$	$165 < L \leqslant 190$
中机型	4	4	5	6	7	8	9
尾机型	3	4	5	6	6	7	8

尾尖舱舱壁距尾垂线的距离(l_a)主要取决于布置尾轴管所需的长度及尾尖舱舱容要求,一般取 $l_a = 0.035 \sim 0.045L$,小型船舶可取到 $0.05L$。据统计资料,一般干货船首、尾尖舱长度之和($l_f + l_a$)占垂线间长 L 的 9%～12%。

《钢质内河船舶建造规范》规定:$L > 30\text{m}$ 时,首防撞舱壁 l_f 应在($0.05 \sim 0.1$)L 范围内;$L \leqslant 30\text{m}$ 时,$l_f \leqslant 3\text{m}$。其他各水密横舱壁的间距一般应不大于 6 倍舱深。

4) 机舱部位与长度

机舱部位是总布置设计中应着重研究的一个问题。因为它影响到货舱(或客舱)的布置、船的浮态与抗沉性、船体结构、上层建筑形式与驾驶视线等诸方面,从而影响船舶使用效能与技术、经济性能。

通常,按机舱部位的不同可将船分成尾机型船、中机型船与中尾机型船,等等。总布置设计时,应根据新船的具体任务与使用特点选择合理的机舱部位,下面简要分析之。

(1) 尾机型　货船大多采用尾机型,其中,油船、散货船全部为尾机型,而杂货船、集装箱船、多用途货船等也多采用尾机型。

尾机型得到广泛采用,是因为它具有突出的优点。如对于货船,采用尾机型布置时,可使中部方整的船体用于设置货舱,便于装载理货。装载散装货物时易于清舱,且有利于货舱口的布置及船体空间的利用,还可提高装卸效率,这些对于提高货船的经济效益非常有利。此外,尾机型可缩短轴系长度,提高轴系效率,降低造价,且不需设轴隧而使舱容有所增加;有利于结构的连续性与工艺性。对于油船,尾机型船的轴隧可不通过货油舱,使货油舱都相毗邻设置,便于管路布置,有利于防火安全。

尾机型船也存在一些问题,如:浮态调整比较困难,因机舱的单位体积重量比货舱的轻,船满载时重心偏前,易出现首倾;而压载航行时重心又偏后,易出现尾倾;此外适居性差,因上层建筑位于机舱之上,尾部的振动、纵摇与升沉幅值及加速度均较大,使船员容易感到不舒适。对于型线较瘦的集装箱船、滚装船及快速杂货船,机舱布置较困难,特别是双机双桨船更是这样。另外,对于有抗沉性要求的船舶,因机舱相对较长,不易满足规范的要求。

由于舱容和装卸效率是货船要求的中心,因此,尽管有上述各种缺点,现代大多数货船仍然采用尾机型。而且针对上述缺点可相应采取如下设计措施:与轮机人员协商、尽量压缩机舱长度,将船体型线的浮心纵向位置适当前移,不得已时在船首防撞舱壁后设置空舱;协调主机缸数和螺旋桨叶数,注意主机减振,优化尾部型线(如采用球尾或涡尾)以减小尾部振动;尾部横剖型线取接近 U 形,适当增大尾舷弧或采用尾升高甲板以改善机舱布置。

(2) 中机型　中机型布置的优缺点正好与尾机型船相反。通常多为客船所采用,对于拖船、渔船,根据舱面作业要求并考虑纵倾调整一般也采用中机型。

（3）中尾机型　当主机功率加大或采用双机双桨时,尾机型布置上的困难就更加突出,这时可将机舱及上层建筑前移,尾部保留一个货舱,构成中尾机型,例如大型集装箱船舶。

（4）中前机型　中小型滚装船、尾滑道拖网渔船等,因其使用要求与尾部甲板布置地位的需要,有采用中前机型的。有的小型交通艇因考虑机驾合一等因素,也有将机舱布置在艇首的较前部位,即为首机型的。

机舱的长度,一般参照母型船(船舶尺度、机舱位置、主机类型及功率、螺旋桨数目等相同或相近者)按 3.1.2 节所述加以确定,既满足布置要求,方便轮机人员的操作与维修,又使布置紧凑、节省船上空间、提高舱容利用率。

5）货舱及客舱的划分

对于货船,当确定了首、尾尖舱舱壁的位置及机舱的部位和长度后,根据规范规定的最少舱壁数,便可确定货舱的数目。

（1）干货船的货舱舱长　散货船多按等舱容划分货舱,以均衡装卸作业时间;对于杂货船、多用途船,首先应满足使用要求,例如要满足载运钢轨、机车等长大件货的要求(但当舱长大于 30m 时,应采取措施保证船体横向强度),其次考虑装卸时间的均衡性;对于运输谷物、兼运矿砂的散货船,可采用长短舱结合的布置方式,长舱装谷物,短舱装矿砂,这样不致在载运矿砂时因重心过低而引起剧烈的横摇;集装箱船的舱长主要取决于舱内集装箱的行数。

（2）油船的货油舱舱长　为防止油船海损造成海洋环境污染,MARPOL 和我国法规对油船的货油区横剖面结构、货油舱舱长及单舱容积都有具体规定,可参见 8.3 节中"油船"部分。

客船主体内船舱的划分,一般根据分舱与破舱稳性的要求并结合防火主竖区长度的规定来确定。

2. 竖向区划

主船体部分甲板或平台的设置,涉及层数、层高(甲板间高)及双层底等三方面。

1）甲板层数

油船、散货船、矿砂船、运木船、集装箱船只设单层连续上甲板(参见图 8-2)。对于小型货船、拖船、渔船及许多内河船,由于其舱深较小,通常也只设单层连续上甲板,或称单甲板。

大、中型杂货船,因货物种类和包装不同,为防止混杂、挤压和沾污并便于理货,依船深的大小多设两层(或三层)甲板;多用途货船,多设置一层全通上甲板及一层中间甲板、中小型多用途船则仅设一层全通甲板;滚装船、车客渡船则设置多层连续甲板(参见图 8-2)。

客船,根据主体内设置旅客舱室层数(我国规范规定客舱顶甲板不宜在水线以下)以及其他舱室的要求,可以有二、三层及多层甲板或平台。

船上局部的甲板称平台,主要考虑局部的需要。

中间甲板及平台,多趋向于不用梁拱与舷弧,以利于施工与使用。

2）层高(甲板间高)

对于货船,主体部分的甲板间高主要根据货种及作业条件等使用特点来定。杂货船甲板间高一般在 2.45m 以上,因为太低将不利于充分利用布置地位。具体设计时,应综合考

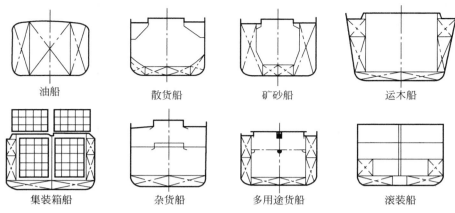

图 8-2 运输船货舱的建筑特征

虑船的型深、货种(如载运汽车等要求有一定的净高)、码头理货机械(铲车)的高度、货舱口纵桁材高度等因素加以决定。目前甲板间高有加大的趋势,有的达到 2.75m 甚至 3m 左右,大型远洋杂货船趋向于增大到 3m 以上。运输水果及其他冷藏货的船舶,则以 2.35～2.45m 为宜。客船设双层铺时,其甲板间高不宜低于 2.4～2.5m,以保证有适宜的舱室净高度,特别是设置空调管的客舱更是这样。按规定,客船双层铺从地板到下铺铺面高度应不小于 0.3m,下铺顶面到上铺底面,及上铺顶面到天花板或横梁下缘高度不小于 0.9m(对航行时间大于 12h 的船)和 0.85m(航行时间小于 12h 的船)。

3) 双层底

双层底的设置,主要是为了保障船底触礁或搁浅时船舶的不沉性,同时可作为燃油、淡水储存舱或压载水舱。

双层底沿 L 的设置范围,对于各种船舶,规范均作了相应的规定。一般要求尽可能从首防撞舱壁到尾尖舱舱壁间都设置双层底。

关于双层底高度 h_d,规范规定不小于按下式计算所得之值,且不小于 760mm,也不必大于 2000mm:

$$h_d \geqslant 25B + 42T + 300(\text{mm}) \tag{8-2}$$

式中,B、T 的单位均以 m 计。

《钢质内河船舶建造规范》对内河船双层底规定:船长在 40m 以上、常年航行于长江急流航段的机动船应设双层底,且其高度不小于 700mm。

确定双层底高度 h_d 应考虑的因素为:①对内底起保护作用;②便于人员施工,满足管路安装、检修的要求;③计及油、水舱容积的需要;④对船舶重心高和结构重量的影响。双层底高度过高,将增加结构部分重量,减小货舱容积。因此,对一般船来说,双层底高度以满足规范要求,并兼顾施工及油水舱容需要,等于或略大于式(8-2)计算的值为宜。有时,为了便于主机(柴油机)的安装、首尾狭窄部分的施工以及油水舱容量等方面的需要,可适当增加局部双层底的高度,但必须注意各区段结构过渡的连续性,如图 8-3 所示。

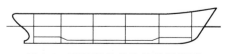

图 8-3 双层底结构连续性示意图

双层底的形式因船舶种类不同而有别。例如：杂货船的内底常做成水平的，或从舯部向下倾斜的；散装谷物船及运煤船的内底，常做成向两舷升高的，与外板和船底边纵桁一起，构成底边舱，以便减少清舱工作量；矿砂船因货物积载因数小，为避免货物重心过低，初稳性过高，横摇周期过短，其双层底常抬高很多，且舷边舱内不设内底，如图8-2所示。

3．舷边舱与顶边舱

矿砂船、运木船、集装箱船及多用途货船，常设置舷边舱；顶边舱则为散货船所采用，如图8-2所示。

整个舷侧自上而下设置舷边舱，大多用于单甲板船或载运重货的船，即容量要求不高、压载量要求大且船体强度要求高的船。矿砂船的货舱，因矿砂密度大，所需舱容小，所以双层底高度和边舱尺寸都很大，这样可避免货物重心过低，初稳性过高，横摇周期过短。

多用途船的舷边舱，尚有图8-4所示的形式。这种形式的主要优点是在上部形成箱形结构，对总纵强度及扭转强度有利，故该舷边舱亦称为抗扭箱；空载航行时它用作压载舱可提高重心，改善压载航行时的耐波性；同时甲板间货舱的宽度减小，有利于载运谷物，改善谷物装载稳性；并且船体结构重量较轻，大舱舱容较大，经济性较好。但这种形式的舷边舱对稳性紧张的船，在满载集装箱时无法用加注压载水来改善稳性，为了弥补这一缺点，有的船则在1～2个大舱内也增设舷边舱，大舱内的舷边舱还可用于调整装重货或装集装箱时的横倾或作减摇水舱用。

散货船为便于装载谷物都采用顶边舱。散装谷物落舱时有一自然堆角（休止角），该角度因货物类别而异，一般为$30°\sim35°$。由于散装谷物的这一物理特性，就使得装载谷物时货舱的舷侧顶部出现三角形空隙地带。设计时通常把这部分空间做成顶边舱，用来作压载水舱。设置顶边舱，能使装货较满实，谷物因摇荡下沉的距离较小，下沉后谷物的顶面仍保持在缩小了的舱宽范围内，所以，大大地减小了谷物移动力矩。如果不设置顶边舱，则很难满足国际海上人命安全公约中关于谷物的下沉和移动引起的船舶静横倾角$\theta\leqslant12°$的规定。此外，占据舱容不多的顶边舱用来装压载水，可提高压载时船的重心高度，改善了船的横摇性能，这对几乎有一半空放的船更显得有利。谷物船顶边舱及其货舱内部的适宜尺寸，如图8-5所示，图中：$e=0.6\sim1.2\mathrm{m}$，$f=0.7\sim0.8\mathrm{m}$，$\alpha\geqslant30°$，$h=b+(4\sim8)\mathrm{m}$，$\beta=35°\sim50°$。

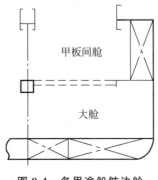

图8-4　多用途船舷边舱

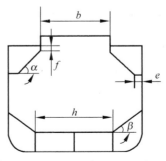

图8-5　散装谷物货舱特征

4. 油、水舱(柜)的布置

1) 油、水舱(柜)的布置原则

(1) 充分利用不便装货的狭窄处所装载液态的油、水,在满足使用要求的同时,力求缩短管路以提高船舶经济性。

(2) 注意油、水分离。各种油舱与清水舱之间、清水舱与压载水舱之间、燃油舱与滑油舱之间均应设置隔离空舱;燃油舱与淡水舱均应分舱布置,以免集中于一舱,一旦该舱破损进水后油或淡水失去供应。

(3) 尽可能将燃油、淡水舱的公共重心布置于近船中处,以免油、水消耗后产生大的纵倾。

(4) 注意防火安全,避免燃油舱与居住舱相邻布置(小船不得已时应按规范涂设防火敷料),燃油舱的出气管不要通过生活舱室。

2) 实船油、水舱(柜)布置的一般规律

(1) 燃油舱　燃油分为轻柴油和燃料油(重油)。重油大部分布置在双层底内,一小部分则储放在机舱前端深油舱或两舷边舱内;并在靠近机舱的双层底内划出一个沉淀舱,向日用油柜供油;日用油柜一般都布置在位置较高的机舱平台上,以便利用重力使燃油直接流向主、辅机油泵。辅机及主机启动和进出港时用的轻柴油通常都布置在机舱双层底内。因重油需要加热才能抽出,其热源一般为锅炉的蒸汽,所以希望双层底内的重油舱离机舱近些,以缩短管路和减少热量损耗。但尾机型船燃油消耗后容易首倾,因此也有将部分重油舱布置在较前的双层底内。小船因考虑重油加热管的敷设,重油常布置在深舱或局部升高的双层底内;其日用油柜也常设在机舱内。

(2) 滑油舱(柜)　滑油储存柜、沉淀柜、汽缸滑油柜的容积不大,一般都放在机舱平台上;滑油循环柜、污油柜和溢油柜的容积也不大,一般设在主机下的双层底内。

(3) 淡水舱　淡水舱包括锅炉水舱、饮用水舱和洗涤水舱。这些水舱通常布置在双层底、深舱以及尾尖舱上方等处所。容积较小的日用水柜常设于机舱平台上及机舱棚顶或烟囱内等处。小型船舶、内河船常采用重力式水柜,一般设在厨房以上的较高层甲板上。

(4) 压载水舱　压载水舱可设在双层底、首尾尖舱、边舱(底边舱、顶边舱及双壳体的边舱)等处,其数量及位置应根据压载水量及保证船舶在不同装载情况下有适宜的浮态和稳性,并尽量减小中垂和中拱弯矩。

8.2.2　上层建筑的规划

在总布置设计中,上层建筑的规划包括其形式、尺度、层数及内部各舱室的划分与布置等。下面作简单介绍。

1. 形式

上层建筑是上甲板以上各种围蔽建筑物的统称。上层建筑分船楼和甲板室两种,如图 8-6 所示。

船楼是指上甲板上伸至两舷或距舷边距离小于 4% 船宽的上层建筑。依其位置的不同分为首楼、尾楼及桥楼。船楼的优点是增加了上层建筑的内部面积,有利于舱室布置,可抵御甲板上浪,提高船的安全性,因此,多为海船所采用。

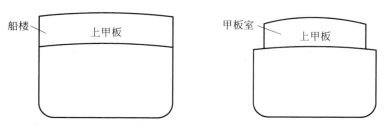

图 8-6　船楼与甲板室

甲板室是两侧壁不延伸到船两舷的上层建筑,即留有外走道。外走道的设置,方便于人员在甲板上的首尾通行,上下船方便,还有利于旅客在外走道观赏风光。因此,内河船舶的上层建筑多采用甲板室。

2. 确定上层建筑尺度应考虑的因素

上层建筑尺度包括整个上层建筑的长度与高度,确定上层建筑尺度应考虑的因素有:

(1)甲板面积要求　船舶的居住舱室(包括客舱与船员舱)大都布置在上层建筑内,此外,生活、工作、储藏及某些机电设备舱室也需要有足够的甲板面积。这些是决定上层建筑尺度的主要因素。

(2)浮态与稳性　上层建筑的丰满度影响其结构重量与空船重量,其重心纵向位置将影响船舶浮态;上层建筑太发达,则船舶重心升高,对初稳性及使用性能不利,同时受风面积过大、风压力矩大,于大倾角稳性也不利;此外,受横风作用时船的横漂严重,增加操船与靠离码头的困难。

(3)驾驶视线　对驾驶视线的要求无确切的标准。通常把从驾驶员眼睛到船首端舷墙顶点所引的直线与水面的交点到首柱的区域称为"盲区",盲区长则驾驶视线差,盲区短则便于航行时及早发现船首附近的障碍物并采取相应的避让措施。船舶设计时对盲区长度的控制:客船大体为$(0.6 \sim 0.7)L$,货船及油船满载时平均为 $1.25L$ 左右,压载航行时约为 $2L$;集装箱船不大于 $2L$ 等。内河船尤其是港口作业船的盲区长度应尽可能短些,盲区较大的船舶进出港时要有专人瞭望来加以补救。显然,驾驶视线取决于驾驶室的高度及位置。

(4)其他尺度限制因素　上层建筑总高度受桥梁或船闸高度的限制;上层建筑各层的长度受露天甲板上的设备(如锚泊、系缆、救生艇等)布置及其操作地位的影响;此外,上层建筑尺度还须顾及建筑造型的需要。

3. 上层建筑的设置与尺度的确定

新船上层建筑的设置,应根据船的使用要求与特点,参考同类型船进行考虑。但各船又往往各有其具体特点,下面从一般意义上作简要介绍。

1)首楼

首楼的设置主要考虑船迎浪或斜迎浪航行时的甲板上浪。严重的甲板上浪将威胁首甲板上船员、货物、设备和甲板开口封闭装置等的安全。因此,载重线法规对首部露天甲板的最小干舷高度提出了明确要求,并规定凡设置首楼以满足该要求的船舶,自首垂线算起的首楼长度应不小于 $7\%L$。

一般海船的首部干舷都不够高,故多设置了短首楼,短首楼长度的统计值是$(8\% \sim$

10%)L。

除短首楼外,也有少数船舶设置长首楼。如海洋拖船和海洋调查船,为布置众多舱室而采用自船首延伸到船中后的长首楼;有的货船为弥补货舱舱容不足,将首楼延长至第一货舱的后壁,把货仓范围内的首楼空间也用于装货,如我国的"东风""风光""岳阳"等货船即属此型。

现代大型油船,因为有大量的专用压载水舱和其他一些非载油处所,已成为富裕干舷船,故多设计成无首楼的平甲板船。大型遮蔽甲板船,即在干舷甲板上再设一层连续甲板的船舶,因为有较高的首部干舷,也不设首楼,客船、客货船均多属此类,如我国的"长征""天山"等型。

首楼甲板的宽度应顾及首部型线的光顺,又要满足布置锚泊及其他设备的要求。首楼内部用作锚机控制室、灯具间、油漆间、木工间、缆索舱及其他储藏舱。

内河船因航区风浪小,一般不设首楼,但有的船因干舷较低而采用首升高甲板,以利于首锚的布置并可避免锚穴进水。

2) 中部与尾部上层建筑

对于中机型和中尾机型船舶,其上层建筑往往设置在船中和中后部,以布置各种工作和生活舱室,同时,可对机舱开口形成保护。客船及其他需要较大舱室地位的船舶,上层建筑常从中部向首尾延伸相当的长度,如图 8-6(a)所示;其形式可以是甲板室,也可以是船楼。海洋调查船及海洋拖船等,因性能及布置地位的需要,常采用自船首延伸到船中后的长首楼形式。

尾机型货船,一般不设中部上层建筑,而在尾部机舱上方设置较为发达的上层建筑,如图 8-7(b)所示。它用于布置工作舱室、船员生活舱室及某些储藏室等,这样容易解决内部通道及电缆、管路的布置,节省地位与造价,方便船员工作与生活,也有利于机舱棚的布置和进出通道的安全。同时,也保证了货舱结构的连续性,有利于加大货舱口尺度,提高装卸效率。

图 8-7   客船和货船的上层建筑示意图

(a) 客船;(b) 货船

3) 上层建筑尺度的确定

上层建筑尺度,要根据设计船的具体情况综合考虑上述 2. 中各因素而定,一般有如下规律。

(1) 层数   小船的上层建筑为 1~2 层;中型船为 3~4 层;大型船(如尾机型远洋货船)为 5 层或更多。

(2) 层高   小船的层高常取为 2.1m 左右;中型以上船舶的层高常取为 2.3~2.6m。对于设置了中央空调的船舶,因需敷设风管,其层高常不低于 2.4m,以满足舱室净空高度的要求。此外,也应注意甲板横梁及纵行对舱室净空高度的影响。

（3）长度与宽度　上层建筑各层的长度，一般是自下而上递缩，使整体呈流线型外观；上层建筑各层的宽度，一般也自下而上逐层内缩 50～100mm，以免靠趸船或与船邻靠时发生碰撞，损坏轻型上层建筑。

4）上层建筑的舱室划分与布置

上层建筑各层舱室的划分与布置，应根据各舱室的使用要求、特点进行考虑。具体勾画总布置平面草图时，一般参考母型船进行，但应注意结合新船特点加以改进，使之更适用、美观。

8.3　典型运输船舶的总布置特征

船舶的类型很多，就运输船舶而言，就有散货船、集装箱船、多用途船、油船、滚装船、冷藏船、运木船、化学品船、液化气船、客船、车客渡船等各种船舶，它们有各自的总布置特点。设计不同类型的船舶时，掌握好该船型的总布置特征，对于设计船的方案构思和草图布置会大有裨益。限于篇幅，本节仅对散货船、集装箱船、多用途船和油船四种船舶的总布置特点作简要说明。

8.3.1　散货船

散货船以运输大宗货物为主，主要有煤、谷物、矿砂等，也可以装运木材、钢材、纸浆、重货等。设计时一般以其中的一、二种货物为主来考虑。超大型散货船的载重量在 20 万 t 以上，主要装运矿砂；大型散货船为 13 万～17 万 t（好望角型）；6 万～8 万 t 级的巴拿马型（型宽限制约为 32.3m）；4 万～5 万 t 级的灵便型以及 3.5 万 t 级以下的浅吃水船。国内沿海也有 5 000t 级左右的小型散货船。图 8-8 所示为一艘载重量为 27 000t 级的散货船。

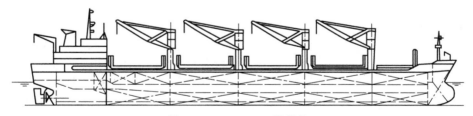

图 8-8　27 000DWT 散货船

载运大宗货物的散货船都是低速船，所以船体都比较丰满，大多为单桨推进，宽浅吃水型船舶也有的采用双桨的。现代散货船一般都设置具有整流作用、并能兼顾压载航行工况的球首。

散货船的总布置有以下特点：

（1）现代散货船都采用尾机型（机舱设在尾部）。这样中部方整的部位都可以用于货舱，有利于货舱口的布置和提高舱容利用率，也有利于结构的连续性，提高总纵强度。机舱的长度在机舱布置许可的情况下应尽量缩短。

（2）散货船货舱的数量根据船的大小、装卸设备的配备以及破舱稳性的要求确定。货舱数多可减少装卸时间，但增加了钢料重量和造价。据统计，不同类型的散货船货舱数目大致如表 8-2 所示，每舱长度一般不超过 30m。

表8-2 各种散货船的货舱数

船 型	货舱数	船 型	货舱数
好望角型散货船	9	2万~4万t级散货船	5
巴拿马型散货船	7	1万~2万t级散货船	4
185~200m船长散货船	6	万t级以下的小型散货船	2~3
灵便型散货船	5		

（3）散货船的货舱通常设有顶边舱和底边舱。顶边舱在满载时有利于将散货装满实，减少平舱工作量；空载时装载压载水，增加了压载量，提高了压载重心，可增加压载航行的首尾吃水和改善压载状态的横摇性能；而底边舱则减少了卸货时的清舱工作量。有的散货船在顶边舱下端和底边舱上端增设了舷侧的内侧板，从而形成了一个完整的双壳体结构，增加了船体的强度和刚度，对破舱稳性也有利，但对货舱舱容有一定的损失，也增加了船体钢料。

（4）散货船一般都是单甲板（仅有一层连续露天甲板）。大型散货船大多仅设甲板室，无首楼和尾楼，也有些仅设首楼，无尾楼；中小型船则一般都设有首楼和尾楼。驾驶室以及船员生活舱室等都设置在船尾。甲板室的层数和高度根据所需的布置地位及驾驶盲区的要求确定。

（5）散货船大多设有甲板起重机，主要用于卸货。对于主要用于定线运输煤、矿砂等的散货船，如码头有装卸设备，则船上一般不设起重机。现代散货船根据需要有的采用自动卸货设备，称为自卸散货船，采用重力喂料、皮带输运方式。这种设备一般由料斗、斗门、舱底输送带、横向输送带、提升带以及悬臂输运带等组成，故自卸船的造价比较昂贵。

8.3.2 集装箱船

集装箱船的大小通常以20ft标准集装箱（TEU）的装载量来表示。一般，装箱数超过2 500TEU为大型船，载箱数在500TEU以下的为小型船。巴拿马型集装箱船的载箱数在2 500~4 400TEU，超巴拿马型的集装箱船都在4 000TEU以上。目前，我国已经自主设计建造了23 000TEU的超大型集装箱船，领跑世界。图8-9所示为一艘小型集装箱船的布置概况。

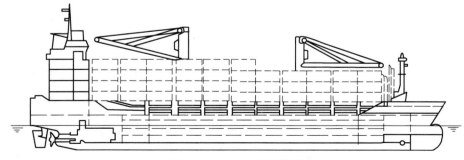

图8-9 365TEU集装箱船

集装箱船的航速一般较高,大多为中速船(Fr 大多在 $0.22\sim0.26$),现代集装箱船有向更高航速发展的趋势。集装箱船为了快速离靠码头,除了小型船以外,大多设有首侧推装置。

集装箱船的总布置有以下特点:

(1)集装箱船的机舱部位,中小型船大多采用尾机型,大型船有的采用中尾机型(即机舱后面还设一个货舱)。由于集装箱船航速较高,方形系数较小,所以船尾一般比较瘦削,如采用尾机型则机舱需要较大的长度,而中尾机型船的机舱长度相对可减小。

(2)集装箱船的货舱形状,由于大开口的要求,绝大多数采用双壳体结构。为了提高甲板大开口船的抗弯、抗扭强度,双壳体的上部都设有平台,形成箱形抗扭结构。由于货舱盖上要堆装多层集装箱(一般在 4 层以上),所以舱盖要有足够的强度。吊装式舱口盖(集装箱船绝大多数采用这种形式的舱盖)因每块盖板的重量要控制在起货设备的起吊能力范围内,所以舱盖的大小、布置和支撑形式与货舱的设计也有密切关系。图 8-10 所示为集装箱船货舱横剖面形式。

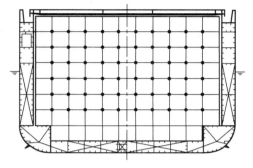

图 8-10 集装箱船货舱横剖面形式

无舱盖集装箱船是近年来发展起来的船型。它的优点是没有甲板上需要绑扎的集装箱,无须开启和关闭舱口盖,因此可大大缩短停港时间。无舱盖集装箱船设计中必须考虑货舱进水的问题,对此规范有专门的规定。为了防止甲板上浪时货舱的大量进水,无舱盖集装箱船的型深都特别大。设计中对货舱上浪进水量的考虑一般需要通过船模试验确定,此外船舶还需配备较强的舱底水排放系统。

(3)集装箱船的上层建筑具有长度短、层数多的特点。长度短是为了节省甲板面积,层数多是驾驶室高度的需要,目的是为了解决驾驶盲区的问题。IMO 规定集装箱船驾驶盲区应不大于 2 倍船长。有些集装箱船为了解决驾驶盲区的问题,将驾驶室和整个居住舱室设于首部,以求有大的载箱数,但造价会有所增加,且机舱人员工作不便。集装箱船因航速较高,船首容易上浪,所以一般都设有首楼,并在首楼上设置一定高度、具有足够强度的挡浪板,以便保护首部甲板上集装箱免受波浪的正面冲击。

(4)大中型集装箱船通常利用集装箱码头的岸吊设备装卸,船上不设起货设备。而小型集装箱船为适应一般中、小型港口的需要,常设置甲板起货机。为了便于集装箱的布置,往往将起货机布置在舷侧。

(5)集装箱船由于重心很高,为解决稳性问题,满载情况也常需要用压载水来降低重心高度,所以双层底舱几乎全部用作压载水舱。此外,首尾尖舱、两舷双壳体内一般也用作压载水舱。为了平衡装卸集装箱时的横倾,两舷边舱中的左右一对压载水舱通常各装 50% 压载水,用作调整横倾。集装箱船在装卸舱内集装箱时横倾不能超过 5°,以免集装箱被导轨卡住。

8.3.3 多用途船

多用途船一般是指多用途干货船,其用途不包括装载液体货。多用途船是从杂货船演变而来的。由于集装箱运输的迅速发展,一般包装杂货(如百货、五金、一般机械设备等)几乎都采用集装箱运输,普通件杂货的货源已很少,因此以往的杂货船已经淘汰,取而代之的是多用途船。多用途船可以看成是杂货船、集装箱船、散货船几种船型的混合型船。由于不同货物性质上的差别,多用途船不可能对各种货物都有最高的运输效率。设计多用途船通常以某一类货物为主,兼顾其他货物,例如以集装箱为主的多用途船,或以散货为主的多用途船等。

多用途船的优点是灵活,在货源不稳定的情况下,具有适应性强的特点,特别适应中短途的货物运输。对于长航线的运输,多用途船显然没有大型专用船舶效率高。所以多用途船的吨位一般都不大,载重量大多在 25 000t 级以下,大于 25 000t 级的多用途船大多以散货为主。

多用途船的航速一般介于同吨位的散货船和集装箱船之间。不同吨位的多用途船经济航速为表 8-3 所列之值。船东从提高揽货能力考虑,常希望服务航速比经济航速再提高 1 节左右,特别是以集装箱为主的多用途船。

表 8-3 多用途船的经济航速

DW/t	v/kn	DW/t	v/kn
5 000~8 000	12~13	18 000~22 000	15~16
8 000~10 000	13~14	25 000 以上(散货多用途船)	14.5~15
13 000~15 000	14~15		

多用途船的建筑特征与散货船或中小型集装箱船相似,一般都采用尾机型,上层建筑位于尾部,船首设有首楼。多用途船的主要特点是货舱形式与散货船和集装箱船有所区别。图 8-11 所示为一艘 20 000t 吨级的多用途船,货舱设有双层甲板和双列货舱口。

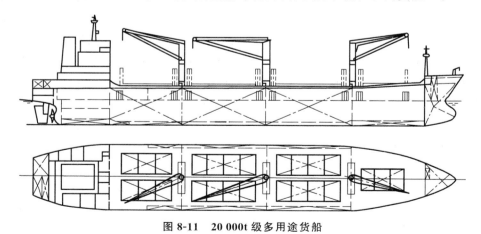

图 8-11 20 000t 级多用途货船

多用途船的货舱主要有以下特点:

(1) 设置双层甲板。船舶装载多种货物时,为了便于理货和防止货物堆高太大,压坏下层货物,杂货船的货舱一般都设有多层甲板。为了仍能适应装载多种货物的需要,万吨级及以上的多用途船大多也设有双层甲板。小型多用途船因型深不大,故一般不设置双层甲板。在设双层甲板的情况下,如兼顾装载集装箱,下甲板至上甲板的舱口盖板下缘的距离以能装载两层集装箱为宜。双层甲板间的层高可作如下考虑:如果上甲板舱盖上与舷墙间的集装箱下面的高度能让人通行,假设其高度为 h_1(一般不小于 1.9m),舱盖厚度为 h_2,上甲板梁拱为 f(下甲板无梁拱),集装箱与舱盖下缘以及集装箱之间的总间隙为 h_3,则甲板间高(甲板边线处)最小值为 $2.591\times 2+h_2+h_3-h_1(\text{m})$。总之,下甲板上考虑装载集装箱时,甲板间高要与上甲板的舱口围板高度和梁拱等因素综合起来考虑。

(2)货舱大开口。多用途船为适应装载多种货物的需要,货舱一般为大开口。船宽方向仅设一个货舱口的称为敞开式货舱结构,如图 8-12 所示,其开口宽度一般在 $0.8B$ 左右,大的可达 $0.83B$ 以上。为补偿结构上甲板剖面积的损失,大开口货舱的船侧一般都采用双壳体结构。

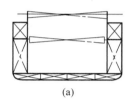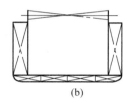

(a)　　　　　　　　　　　　(b)

图 8-12　敞开式舱口的货舱结构形式

(a) 双甲板;(b) 单甲板

为了减轻舱盖的重量及便于开闭和收藏,对于船宽较大的多用途船,不少采用双列式货舱口。双列式货舱口保留了中心线处的甲板,并与舱口围板一起形成箱形的甲板纵桁。对于双层甲板的船,甲板间有些设有纵舱壁,甚至双层纵舱壁,如图 8-13 所示。有些仅以支柱支撑甲板纵桁。甲板间设置纵舱壁的好处是增加了总纵强度,在装运散装谷物时可以减少谷物移动引起的横倾力矩。

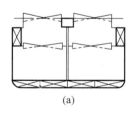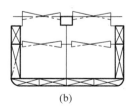

(a)　　　　　　　　　　　　(b)

图 8-13　双层甲板双列舱口的货舱形式

(a) 单壳双层纵舱壁;(b) 双壳单层纵舱壁

(3)减少货舱数和设置大小货舱。为了提高装卸效率和增加载箱数,减少货舱数是多用途船的一个特点。采用较少的货舱数可以加大货舱和货舱口尺寸,减少起货设备和船口盖的数量。不利之处是同一航次货种较多时理货困难。多用途船为了适应装载大件货的需要,也有采用大小货舱的形式。例如设置 3 个货舱时,可采用一小二大,设置 4 个货舱时为一小三大或二小二大。设置大舱时要注意满足破舱稳性的要求。

8.3.4 油船

油船是用来载运石油(原油或成品油)的液货船。石油是闪点为60℃左右的易燃品,有高度的失火危险,故油船的结构防火有其特殊性;油船发生海难事故的概率远大于其他货船,而一旦发生海难造成的海洋环境污染及所承担的索赔可能远高于油船本身的价值,故油船防污染问题突出;为预防海难及在事故发生后能把损失降低到最小程度,《法规》对货油舱区结构、货油舱单舱长度和容量、起居处所、机器处所、货油泵舱和货油舱的位置与分隔等都提出了明确的限制和要求。此外,油船通常采用低速大直径螺旋桨,而MARPOL要求压载航行时尾吃水必须浸没螺旋桨,导致油船压载水量增大,相应舱容要求也较高。

1. 油船分类

油船按照载重量(DW)大体分为:DW<40 000t 中小型油轮;DW=40 000～50 000t 灵便型(Handymax)油轮;DW=60 000～80 000t 巴拿马型(Panamax)油轮;DW=80 000～100 000t 阿芙拉型(Aframax)油轮;DW=120 000～220 000t 苏伊士型(Suezmax)油轮;DW=220 000～320 000t 巨型(VLCC)油轮;DW>320 000t 超级(ULCC)油轮。图 8-14 所示为一艘 30 000DWT 级油轮简图。

油船一般为单甲板、尾机型货船,货油舱区具有双底双壳体保护,机舱与货油舱之间采用货油泵舱或隔离舱进行隔离,起居处所和工作舱室一般都设在尾部上层建筑中。

2. 油船的《法规》要求和总布置特点

1) 货油舱结构、单舱舱长与容积

为了防止油船造成海洋环境污染,《法规》做了如下规定。

对于 600t<DW<5 000t 的油船,在整个货油舱区域必须设置双层底,其高度 $h=B/15$ 但不小于 0.76m。对于 DW≥5 000t 的油船,必须设置双层底舱和双壳体,其双层底高度 $h=B/15$ 或 $h=2$m,取小者,但不小于 1.0m;其双壳(边舱)宽度 $b=0.5+DW/20\,000$ 或 2m,取小者,但不小于 1.0m。

对于 $L>90$m 的油船应在整个货油舱区设置两道纵舱壁,$L≤90$m 的油船可仅在纵中剖面设置一道纵舱壁。每一货油舱的长度应不超过 10m 或下列之一值,取大者:

未设置纵舱壁者,$0.2L$。

仅在纵中剖面设置一道纵舱壁者,$(0.25b/B+0.15)L$。

设置两道或两道以上纵舱壁者,按如下公式计算:

边货油舱,$0.2L$。

中间货油舱,如 $b/B≥0.2$,$0.2L$。

如 $b/B<0.2$,纵中剖面设置纵舱壁者,$(0.25b/B+0.15)L$;纵中剖面未设纵舱壁者,$(0.5b/B+0.10)L$。

遵循 MARPOL 规定,货油舱单舱容积不超过 30 000m³ 或 400(DW)^(1/3) m³,取大者,但不得超过 40 000m³;任何一个边舱的容积不得超过上述限额的 75%,任何一个中央货油舱的容积不得超过 50 000m³。

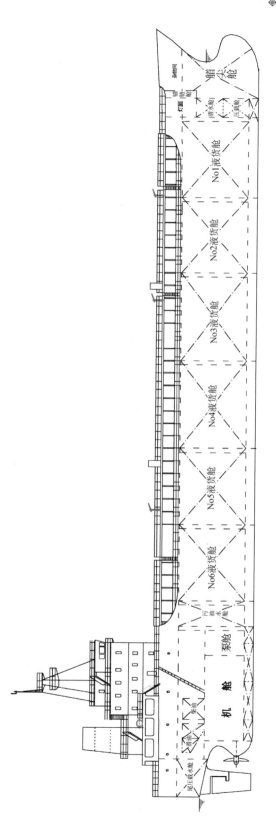

图 8-14　30 000DWT 级油轮

典型的油船货舱横剖面结构如图 8-15 所示。

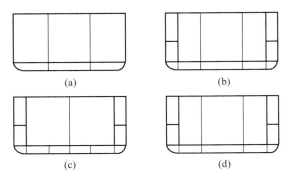

(a)   (b)

(c)   (d)

图 8-15　油船货舱横剖面结构

2）油船的泵舱、污油水舱及隔离舱

泵舱是用来布置货油泵、压载泵、扫舱泵设备的舱室。泵舱的布置位置要便于轮机人员操作管理、能减轻泵系统重量以及有利于油船总强度考虑，多数布置在机舱前面，也有布置在中部区域的。

污油水舱是用来留存洗舱后的污油水、残油或污压载水的舱室，其总容量一般不小于货油舱容积的 3%；载重量 DW≥70 000t 的油船至少应设置两个污油水舱；污油水舱通常对称地布置在货油舱区后面两舷各设一个。

隔离舱　货油舱前后两端应设有隔离舱，以便与机舱、居住舱室等隔开；隔离舱舱壁间应有足够的距离，至少不小于 0.76m；泵舱、压载舱、燃油舱可兼作隔离舱。

3）油船防火布置要点

（1）机器处所，应位于货油舱和污油水舱的后方，但不必位于燃油舱的后方。机器处所应用货油泵舱（或燃油舱或隔离空舱）与货油舱和污油水舱隔开。

（2）起居处所、货油主控制站及服务处所均应位于所有货油舱、污油水舱、货油泵舱（或隔离空舱）的后方。

（3）环围起居处所的上层建筑和甲板室，其面向货油舱的全部限界面以及面向货油舱边界端面之后 3m 之内的外表面，应隔热至 A—60 级。

（4）起居处所、服务处所、控制站和机器处所的出入门、通风口和其他开口，均不应面向货油区域，一般位于上层建筑或甲板室的外侧，其距离面向货油区边界端部至少为船长的 4%，但不小于 3m，也不必大于 5m，如图 8-16 所示。

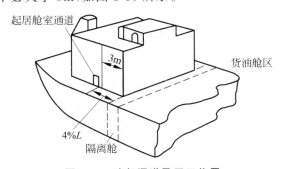

图 8-16　油船通道及开口位置

4) 专用压载水舱的容量要求

遵循 MARPOL 规定,凡载重量为 20 000t 及以上的新原油船及载重量为 30 000t 及以上的新成品油船,均应设置专用压载水舱。专用压载舱的容量应能装载足够多的压载水,使得船舶压载状态的吃水满足下述要求:

船中部型吃水 $d_m \geqslant 2.0 + 0.02L$(m)

首、尾垂线处吃水差不得大于 0.015L(m)

尾垂线处吃水必须全部浸没螺旋桨。

油船的首尖舱、尾尖舱、两舷边舱及双层底舱容积之和应不小于专用压载舱的总容量。

5) 典型油船的分舱长度

典型油船的各分舱长度占 L 的百分比见表 8-4。

表 8-4 典型油船的各分舱长度

%L

船 型	尾尖舱	机泵舱	货油舱	首尖舱
巨型油轮	4.65	12.2	78.6	4.55
苏伊士型	4.40	12.4	78.3	4.90
阿芙拉型	4.20	12.8	77.6	5.40
巴拿马型	4.10	13.5	76.7	5.70
灵便型	4.50	14.8	74.6	6.10

6) 压载舱的布置与纵倾调整

原油密度有可能在 0.83~1.0 之间变化,当装载重质油时常有可能产生首纵倾,一般采取减小载油量并在尾部加压载水予以平衡;如果设计时能够装载较大密度的原油,满载出港时不用压载水平衡纵倾,浮心又落在阻力最低范围,是比较理想的。

压载舱的布置位置除满足上述压载状态的吃水要求外,还应满足下列纵倾调整的要求:

(1) 满足部分装载时平浮、无纵倾的要求;

(2) 满足航行状态时驾驶视线的要求;

(3) 满足整个装卸油过程中纵倾调整的要求;

(4) 满足原油洗舱时为保证舱内液体有效排出所期望的纵倾要求;

(5) 加压载水后产生的船体静水弯矩尽可能处于较低值。

8.4 浮态计算与纵倾调整

船舶在各种装载情况下的浮态(指首、尾吃水与纵倾)对船舶的快速性与安全性有较大影响。一般在完成了总体布局区划后即要对船的浮态进行计算(或估算),根据计算结果调整总布置,直到浮态满足要求为止。这种浮态计算与调整的过程称为纵倾调整。本节将介绍船舶在航行中对浮态的要求、浮态计算及纵倾调整的方法。

1. 船舶浮态要求

船舶装载情况变化,船的浮态也随之发生变化。如船舶产生较大首倾,则阻力增加、首甲板上浪,同时尾吃水减少,螺旋桨推进效率降低并可能发生空泡现象,严重时可导致"飞车";反之,如产生较大尾倾,则首部船底可能出水并产生抨击;在限制航道中行驶可能发生搁浅或触礁。因此,营运船舶在各种装载情况下应有适宜的浮态。

船舶满载出港和空船压载工况的浮态是设计时要重点考虑的。

1)满载出港

这是决定船的主尺度和技术经济性能的状态。很明显,这一状态的平均吃水较大,螺旋桨的埋深不成问题,主要需解决适宜纵倾问题。对货船,一般要求船舶正浮或略带尾倾。

2)空船压载状态

空载时,船的平均吃水较小,这时为达到适宜的平均吃水和纵倾,主要借助加注压载水及其在船上的合理布置来解决。一般希望首吃水 $T_f \geqslant (2.5\% \sim 3.0\%)L$,尾吃水 T_a 保证螺旋桨全部浸没于水中。普通杂货船由于压载舱容不足,往往达不到常规要求,其首吃水可能仅有 $2\%L$,尾吃水淹没桨径的 $3/4$。对载重量 $DW \geqslant 20\,000t$ 的原油船压载时的浮态尚须满足国际防污染公约及其议定书中的规定。

2. 浮态计算

随着设计的深入,有了总布置图、型线图、静水力曲线和邦戎曲线,就可以进行各种装载情况的浮态计算,其一般步骤如下:

(1)绘制容量图并编制舱容要素汇总表,其具体方法和图例见3.3节。

(2)按容量图及舱容汇总表计算各货舱、油舱及水舱的重量重心;计算中,各货舱及油、水舱的装载量＝该舱净容积×货物(或液体)密度,其重心则可取在该舱型容积的形心处。

(3)计算空船重量重心。初步设计阶段,可按第2章所述方法结合总布置图估算空船重量重心;技术设计后期,空船重量重心应按船、机、电的全套图纸分部分项详细计算后汇总确定;当然,如果有倾斜试验结果,则能提供空船重量重心的精确值。

(4)按总布置图计算人员及行李、食品、备品及供应品的重量重心。

(5)编制成载况重量重心计算表(见表8-5)。

表8-5 载况重量及重心计算

重量项目	重量 W_i/t	重心高度 z_{gi}/m	垂向矩 M_{zi}/(t·m)	艏前(＋) 重心距艏 x_{gi}/m	纵向矩 M_{xi}/(t·m)	艏后(－) 重心距艏 x_{gi}/m	纵向矩 M_{xi}/(t·m)
Ⅰ 空船							
Ⅱ 货物							
1号货舱							
2号货舱							
⋮							
合计							
Ⅲ 燃油							
1号燃油舱							
2号燃油舱							
⋮							
合计							
Ⅳ 滑油							
合计							

续表

重量项目	重量 W_i/t	重心高度 z_{gi}/m	垂向矩 $M_{zi}/(\text{t}\cdot\text{m})$	舯前（＋）		舯后（－）	
				重心距舯 x_{gi}/m	纵向矩 $M_{xi}/(\text{t}\cdot\text{m})$	重心距舯 x_{gi}/m	纵向矩 $M_{xi}/(\text{t}\cdot\text{m})$
Ⅴ 淡水 饮食用水 洗涤水 合计							
Ⅵ 食品							
Ⅶ 人员行李							
Ⅷ 压载水 1 号压载舱 2 号压载舱 ⋮ 合计							
总计							
	$\Delta=\sum W_i$	$Z_g=\sum M_{zi}/\Delta$		$X_g=\sum M_{xi}/\Delta$			

（6）浮态与初稳性计算。计算列表进行,计算表格见表 8-6。表中各静水力参数取自静水力曲线计算结果,各计算公式详见《船舶静力学》。通常一并算出载况的初稳性高及横摇周期。

表 8-6　载况浮态及初稳性计算

序号	项　目	单位	符号及公式	数　值
1	排水体积	m^3	∇	
2	排水量	t	Δ	
3	平均吃水	m	d	
4	重心距船中	m	x_g	
5	浮心距船中	m	x_b	
6	每厘米纵倾力矩	t·m	MTC	
7	纵倾值	m	$t=\dfrac{\Delta(x_g-x_b)}{100\text{MTC}}$	
8	漂心距船中	m	x_F	
9	首吃水变化	m	$\delta d_F=\left(\dfrac{L}{2}-x_F\right)\dfrac{t}{L}$	
10	尾吃水变化	m	$\delta d_A=-\left(\dfrac{L}{2}+x_F\right)\dfrac{t}{L}$	
11	首吃水	m	$d_F=d+\delta d_F$	
12	尾吃水	m	$d_A=d+\delta d_A$	
13	重心距基线	m	Z_G	
14	横稳心距基线	m	Z_M	
15	初稳性高	m	$\text{GM}_0=Z_M-Z_G$	
16	自由液面修正值	m	$\delta\text{GM}=\dfrac{1}{\Delta}\sum w_i i_x$	
17	修正后的初稳性高	m	$\text{GM}=\text{GM}_0-\delta\text{GM}$	
18	横摇周期	s	T_φ	

注：①纵坐标规定船中前为正,中后为负；②横摇周期的计算公式取法规计算式,详见第 4 章。

根据表 8-6 的计算结果,就可知道该载况的浮态,如不符合要求,则应进行调整,使之达到适宜的浮态。

3. 货船纵倾调整的方法

1) 满载出港状态

船舶纵倾调整主要是解决重心 x_g 与浮心 x_b 二者的关系问题。当 $x_g \neq x_b$,且 x_g 与 x_b 差异较大时,会造成船舶浮态不符合要求。因此,纵倾调整方法的实质,就是采取适当措施改变重心纵向位置 x_g 和型线设计时合理选择浮心纵向位置 x_b 的问题。

货船通常以满载出港时的浮态作为纵倾调整的基础状态。如出现尾倾偏大或首倾,则可用下列一种方法或几种方法进行调整。

(1)改变油舱、淡水舱的布局

设将某一油(水)舱移动一下位置,其移动重量为 W_i,移动距离为 x_i,则移动力矩为

$$M_{xi} = W_i \cdot x_i \qquad (8\text{-}3)$$

由于某一舱的移动引起其他舱的移动或者同时移动几舱时,移动力矩为

$$M_x = \sum W_i \cdot x_i \qquad (8\text{-}4)$$

该移动力矩使船的重心移动 δx_g,

$$\delta x_g = \sum W_i \cdot x_i / \Delta \qquad (8\text{-}5)$$

通常,油(水)舱向首移动时,x_i "+";向尾移动时,x_i 取 "−"。

例如,调整首倾需要后移某一油水舱时,最好将最前部的油水舱后移。若取 $W_i/\Delta = 0.005$,$x_i = -50\text{m}$,则 $\delta x_g = -0.25\text{m}$。可见改变油水舱布局,不失为一种有效的调整措施。但须注意,这种调整方法需考虑油水消耗后船的浮态的变化。

(2)适当移动机舱位置

中机型及中尾机型船为调整首倾,可将机舱适当前移,如图 8-17 所示。此时,船舶重心变化量为

$$\delta x_G = \frac{-l_m \rho_c \delta x_m A_m + \delta x_m W_m}{\Delta} = \frac{\delta x_m A_m l_m}{\Delta} \left(\frac{W_m}{l_m A_m} - \rho_c \right) \qquad (8\text{-}6)$$

式中,A_m——机舱横剖面积;

$\quad l_m$——机舱长度;

$\quad W_m$——包括机舱上方上层建筑在内的机舱区域总重量;

$\quad \rho_c$——货物密度;

$\quad \delta x_m$——机舱移动距离。

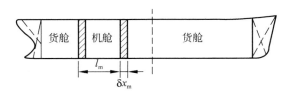

图 8-17 移动机舱位置调整首倾

一般货船的机舱区域平均重度 $W_m/(l_m A_m)<\rho_c$，故 δx_G 为负，即机舱前移、船的重心后移，可缓解船舶首倾。

（3）压缩机舱长度

尾机型船为调整首倾可设法压缩机舱长度。如能将机舱长度压缩 δl_m，则移动货物的重心后移 $\delta l_m/2$，产生的移动力矩为 $\delta l_m W_c/2$，其中 W_c 为移动货物的重量。这样，船的重心后移量至少为

$$\delta x_g = W_c \delta l_m /2\Delta$$

可见，尾机型船机舱长度对纵倾调整影响很大，故设计时应特别注意。目前，机舱布置向立体化发展，这是缩短机舱长度的有效方法。

（4）设置首部空舱

尾机型货船满载出港时因货物密度较大、船舶重心偏前，容易出现首倾。如机舱长度难以压缩时，则需要设置首部空舱。该舱满载时空着，可起到使船舶重心后移、缓解首倾的作用；空载时可加注压载水，使船舶重心前移，避免出现过大的尾倾。

应该指出，设置首部空舱损失了货舱容积、增加了空船重量，往往是后期不得已才采用的办法。

（5）改变浮心位置

当船舶型线图完成后，若改动浮心纵向位置 x_b，就等于重新设绘型线图。所以，只有当改变布置有很大困难时，才考虑改变型线。这就要求在型线设计时，浮心纵向位置的选择不能单从快速性角度考虑，必须结合总布置的合理性和纵倾调整的需要，参考型船加以全面权衡，避免在设计后的返工。

上述满载出港状态的纵倾调整方法，对各种类型的运输船、各种装载情况都适用，是普遍的方法。

由于浮心通常随吃水减小而前移，所以只要布置时使燃油、淡水的公共重心距船中不太远，满载中途及满载到港的浮态一般不成问题；半载情况更易于靠压载来调节纵倾。因此，下面只需讨论压载出港的情况。

2）压载出港状态

设压载出港的排水量为 Δ_b、重心纵向位置为 x_{gb}。用类似于满载情况的计算，将表 8-5 中货物重量取为零，并计入压载水的重量和纵向力矩，就可求得压载出港时的首、尾吃水。

如所得的首尾吃水不符合要求，应重新分配压载舱并重复上述计算。在重新分配的过程中，有时要变动货舱及油、水舱的位置，这又需对满载情况重新计算。如此反复，一直调整到各种载况都满意为止。在调整过程中要注意自由液面对稳性的影响，一般都将所用的压载舱灌满，否则就空着，不要采用半舱压载的办法。如果嫌某压载舱太大，则可将其大小加以调整，如分割成两个舱。

最后必须指出：有时，船有适当的纵倾并不是坏事。例如，在非设计载况下，从船舶快速性与经济性出发往往存在一个最佳纵倾值。因此有人建议，除对船模进行设计载况的平浮试验外，还应进行扩充试验，即对船模进行变排水量、变航速、变纵倾的试验，然后根据试验资料，利用微机程序求出航行时的最佳纵倾值，指示出油、水分布，以提高船舶航

行时的经济性。

4. 其他类型船舶的纵倾调整

其他类型的船舶,载重量占排水量的百分比要小得多,一般不需要很大的压载水量。这给利用燃油、淡水及压载水舱来调整纵倾提供了方便,纵倾调整也容易得多。如客船,其重心通常与机舱位置同向纵移,故合理确定机舱位置可控制船舶纵倾;同时,内河客船通常要采用固体压载来保证满客无货(或超客无货)到港状态的稳性,变换布置在船底的固体压载的纵向位置可以灵活方便地调整船舶的纵倾。海洋客船利用少量的压载水舱来调整纵倾更为方便,这里不再赘述。

8.5 舱室及通道的布置

在完成纵倾调整、确定了新船总体布局区划后,就要规划全船上下及前后左右的梯道与通道,对全船舱室进行划分并对其内部进行布置。

我国海事局《国际航行海船法定检验技术规则》及《国内航行海船法定检验技术规则》(以下简称"法规")在"船员舱室设备"和"乘客定额与舱室设备"两篇中对船员舱和客舱的设备配备和布置作了一系列具体规定,是船舶舱室与通道布置的指导性文件,必须遵守。此外,舱室与通道布置还必须满足法规和规范有关消防及救生的规定。

船上的舱室可以分为生活舱室、工作舱室、机械仪器设备舱室、各种用途的储藏室等。舱室设计的基本要求是在适用、经济的前提下,按实际可能尽力改善乘员的工作、生活条件,尽量做到舒适、方便、安全,特别是客船更应如此。由于不同船舶的任务要求不同,舱室布置没有统一的模式。本节就生活舱室布置、工作舱室布置、机舱棚的布置及通道和扶梯的布置等共性问题作简要介绍。

8.5.1 生活舱室布置

生活舱室包括居住舱室、公共舱室及其他舱室。生活舱室的面积和设备标准,一方面要考虑乘员的工作和生活条件,另一方面也要照顾经济性和实际可能性。由于各船的档次、吨位大小、航线、用途及乘员人数的不同,实船实际布置情况可有很大差异,但都必须满足法规给出的最低标准。设计新船时可参照《法规》并参考近期建造的同航线母型船来进行。

1. 居住舱室

1) 船员舱室

船员舱室的面积和设备标准根据船员职务、人数、船舶类型、吨位大小以及航运公司的习惯、航线、航距等情况而定。

(1) 船员等级的划分

船员一般分高级船员及普通船员两个级别,在每一级别内再区分若干等级。表 8-7 给出了不同船员的等级。表中高级船员舱室配置的标准适用于大船,小型船舶因布置地位有限难以达到这样的标准,但高级船员的卧室应尽量做到 1 人 1 间,普通船员卧室的最高定员,对于货船为 2 人 1 间,对于客船为 4 人 1 间。

表 8-7 船员等级

级别		船员职务	舱室配置	级别		船员职务	舱室配置
高级船员	船长级	船长、轮机长	大办公室、卧室、卫生间	普通船员	水手长级	水手长、木匠、厨长	单人间、独用或双人合用卫生间
	大副级	大副、大管轮、报务主任	办公室、卧室、卫生间		一般船员	水手、机匠、电工、厨工、服务员	单人间或双人间
	干部级	二副、三副、二管轮、三管轮、电机员、报务员、业务员、事务长、客运员、医生、引航员	卧室、卫生间				

（2）居室面积

我国法规对除渔船外的船员卧室甲板面积给出了最低标准值，见表 8-8。同时还规定，对于≥3 000 总吨位的船舶应为船长、轮机长、大副各配备一间与卧室相邻的办公室，该室面积至少应与表 8-8 中普通船员（单人间）的要求相同。卧室净高不小于 1.98m。

表 8-8 船员人均卧室面积   m²

总吨位 船员级别	≥1 000 <3 000	≥3 000 <10 000	≥10 000
普通船员（单人间）	3.75	4.25	4.75
普通船员（双人间）	2.75	3.25	3.75
高级船员	6.50	7.50	
客船普通船员	2.35	单人间：3.75；多人间：3.00	

（3）设备配置

法规规定：船员床铺的最小尺寸（自床架的内边缘量度）为 1.98m×0.8m；每个船员应配备一个衣柜，其横截面积不小于 0.2m²。每间卧室至少配备一张桌子和适当数量的座椅或沙发。

法规要求卫生间的数量一般应满足：船舶总吨位≥1 600,应分别在驾驶室和机舱人员易于到达的处所设置独立的卫生间；5 000≤总吨位<15 000,至少在 5 个高级船员居室内设独用卫生间；10 000≤总吨位<15 000,除上述要求外,还应为其他高级船员设独用或两室合用卫生间；总吨位≥15 000,每个高级船员设独用卫生间。卫生间内应配有 1 只抽水大便器,1 只浴缸或淋浴器,以及 1 只有冷热水龙头的洗脸盆。如不能满足该要求,则应按每 6 人或少于 6 人配 1 只大便器和 1 只淋浴器或浴缸。且大便器的最小量应满足：总吨位≥3 000,每船 6 只；1 000≤总吨位<3 000,每船 4 只。

（4）船员舱室区划

通常船员居室布置在船的中部或尾部的上层建筑内；船员居住位置应便利于他们的日常工作,力求接近工作地点,并有方便的通道；业务性质相近的船员舱室应相邻布置；习惯上,船长室常布置在驾驶室后面或下一层的右舷,驾驶部船员也按职务高低自上而下地布置在右舷,轮机部船员则自上而下居住在左舷。对客船或渔船等船员居室确因布置困难而设置在主船体内位于满载水线以下者,需得到主管机关认可。

船员居住区应与旅客生活区相分隔。

(5)舱室布置

船员舱室的布置应根据舱室划分情况进行精心设计,使之既充分利用甲板面积,又尽可能创造一个有利于船员生活、休息的环境。图 8-18 给出了几种不同类别船员舱室的布置。在可能的情况下,床位应尽可能沿船长方向布置。

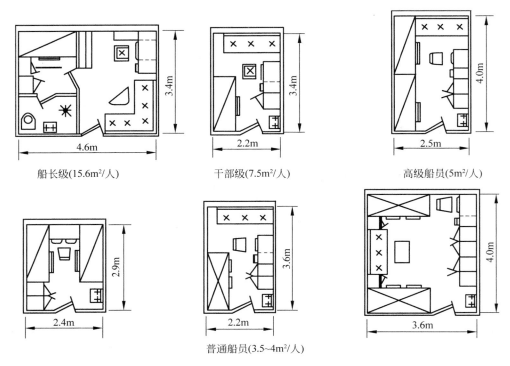

图 8-18　船员舱室布置图例

2)乘客舱室

(1)国际、国内航行海船

法规对国际、国内航行海船的客船分类、客舱等级、乘客最小居住面积等都有明确规定。

① 客船的分类

国际航行客船分为两类:第 1 类为航行时间 $t \geqslant 24h$ 的客船;第 2 类为航行时间在 24h 以下的客船。国内航行客船分为四类:第 1 类为航行时间 $t \geqslant 24h$ 的客船;第 2 类为航行时间在 4h 以上、24h 以下的客船;第 3 类为航行时间不超过 4h 的客船;第 4 类为航行时间不超过 1h 的客船。

② 客舱等级与载客数

国际航行客船的客舱可分为三个等级:一等客舱为单层软席卧铺,二等客舱为单层或双层软席卧铺,三等客舱为双层硬席卧铺。

国内航行客船卧席客舱分为五等,一、二、三等客舱与国际客船相同,四、五等客舱亦为双层硬席卧铺;座席客舱分为软座和硬座。

卧铺床铺的尺寸为 1.90m×0.70m(长×宽),座席座椅的尺寸为 0.50m×0.45m(宽×深)。各等级客舱的载客人数见表 8-9。

表 8-9 海船客舱等级及规定的载客数

客舱等级		一等	二等	三等	四等	五等
每客舱载客数	国内沿海	≤2	≤4	≤8	≤50	≤100
	国际	≤2	≤4	≤8		

③ 乘客最小居住面积

国际航行客船不同等级客舱每位乘客的最小居住甲板面积列于表 8-10。

表 8-10 国际航行客船每位乘客占有净甲板面积

客船种类 \ 客舱等级	每位乘客最小居住甲板面积/m²		
	一等客舱	二等客舱	三等客舱
第1类客船	4.5	3.0	1.7
第2类客船	3.5	2.2	1.4

国内沿海客货船旅客舱室每人占有的净甲板面积列于表 8-11。对于 1 000～3 000GT 的客船,如航行时间大于 24h 者,其净甲板面积最小值应按 3 000～10 000GT 选取。

表 8-11 沿海客货船每位乘客占有净甲板面积   m²/人

客舱等级 船舶总吨位/GT	一等		二等		三等		四等		五等	
	适宜值	最小值	适宜值	最小值	适宜值	最小值	适宜值	最小值	适宜值	最小值
1 000～3 000	6.0	3.0	2.3	1.7	1.3	1.3	1.24	1.1	1.1～1.3	1.1
3 000～10 000	6.0	3.5	3.0	2.2	1.4	1.4	1.25	1.2	1.2～1.4	1.2

④ 禁止布置客舱的处所

为了保证旅客的舒适和安全,法规规定对于下列狭窄处所、危险处所和舒适程度差的处所不应布置旅客舱室:

a. 净高不满 1.9m 的舱室;

b. 船首防撞舱壁之前的处所;

c. 最深分舱载重线以下超过 1.2m 的第一层甲板上的处所;

d. 设置救生艇及无舷墙或栏杆的处所;

e. 与危险品(CO_2 室、燃油舱等)相邻的处所。

⑤ 客舱的区划和布置

a. 客舱的区划   为改善旅客生活条件,除大型客船外,客舱尽量不要布置在主甲板以下;客船上旅客与船员的生活舱室尽可能各自独立、互不干扰;旅客舱室尽可能分级分区布置,高级客舱布置在上层建筑的较上层,再逐级向下安排;公共处所(如餐厅、俱乐部)的地位应适中,方便各区的旅客来往,也应注意不要集中于一处,以免过于拥挤;同时应注意结合防火区划分、梯道布置等综合考虑客舱分区;各区应尽可能有独立的卫生设施。

b. 客舱布置 每间客舱的纵横尺寸,不仅要满足最小面积的要求,而且要结合家具的配置、床铺的安排来考虑。具体设计时,应先对不同等级的典型客舱进行布置,再扩展到各区域的客舱布置。上层建筑内客舱的分隔壁一般是轻型木作结构,可不位于肋位上。

Ⅰ)家具的安排 在符合使用习惯的前提下,家具的相互位置尽量匀称协调,高大的家具最好布置在较隐蔽的角落里,便于客舱的通风与采光,并便于清扫。

Ⅱ)床铺的布置 有纵向和横向两种布置方式,在可能条件下应尽可能沿船长纵向布置。船横摇时纵向布置要比横向布置舒适些,但所占的舱室地位较大,中小型船舶常因地位限制而采用横向布置。非单床的舱室,纵、横结合有时更有利于合理安排各种家具,充分利用地位。

Ⅲ)居住舱室门的布置 客舱门的宽度一般统一为0.6m,设在内舷围壁上的门向室内开,通向露天甲板的门则向外开。座席客舱门、餐厅及公共舱室门的宽度应不小于0.8m,门应向外开或设置可向两面开关的活动门。所有客舱和公共舱室不准设置滑动门。根据建造规范的要求上层建筑的底层要设置水密门,上层设置一般门。大的公共处所应有两个出口,相距位置应远些,以利于安全。

Ⅳ)窗的形式与布置 海船各舱室的窗的形式应根据建造规范及载重线要求采用水密舷窗或普通方窗。居住舱室窗的尺寸尽可能大些,以利于通风、采光和危急时逃生;但也不宜过大、以免过多地打断肋骨,于围壁结构强度不利,窗的大小一般应位于两根肋骨或扶强材之间。

图8-19为各等级旅客舱室布置图,可供设计时参考。

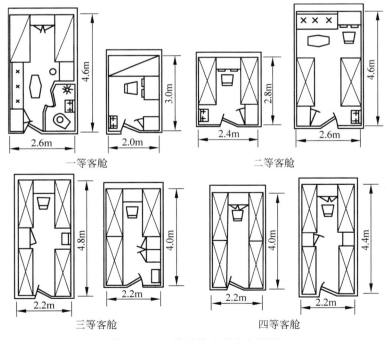

图 8-19 各等级旅客舱室布置图

（2）内河客船

我国海事局对内河客船也相应颁布了《内河船舶法定检验技术规则》，在"乘客定额与舱室设备"一篇中对内河客船的客舱布置诸问题也有明确规定。

① 客船分类

法规按航行时间将内河客船分为 5 类：

a. 第 1 类客船——自出发港至终点港，其逆水延续航行时间超过 24h 的客船；

b. 第 2 类客船——自出发港至终点港，其逆水延续航行时间在 12h 以上至 24h 的客船；

c. 第 3 类客船——自出发港至终点港，其逆水延续航行时间在 4h 以上至 12h 的客船；

d. 第 4 类客船——自出发港至终点港，其逆水延续航行时间在 0.5h 以上至 4h 的客船；

e. 第 5 类客船——航行时间不大于 0.5h 的客船。

法规还按总吨将内河客船分为大、中、小型 3 类：

a. 大型客船——GT≥1 000 总吨位的客船；

b. 中型客船——200 总吨位＜GT＜1 000 总吨位的客船；

c. 小型客船——GT≤200 总吨位的客船。

② 客舱等级与设置要求

客舱分为卧席和座席两种。座席客舱分为软座和硬座两种，而卧席客舱分为下列三种：

a. 软卧客舱　单层软席卧铺，每个房间乘客数不多于 2 人；

b. 甲种硬卧（三等或四等）客舱　双层硬席卧铺；

c. 乙种硬卧（五等）客舱　三层硬席卧铺。

第 1、2 类客船应设置软卧客舱或甲种硬卧客舱或是二者的组合；第 3 类客船和逆水延续航行时间超过 1h 的第 4 类客船可设置座席客舱或组合设置座席客舱和卧席客舱。逆水延续航行时间不超过 1h 的第 4 类客船和第 5 类客船可组合设置座席客舱和散席（无固定座椅）客舱。

③ 乘客居住舱室

a. 法规规定了乘客舱室的净空高，见表 8-12。

表 8-12 内河船舶乘客舱室净空高度　　　　　　　　　　　　　　　　m

船 舶 类 型	要 求
第 1、2 类大型客船	≥2.1
第 1、2 类中小型客船和第 3 类大型客船	≥2.0
其他客船	≥1.9
航行小河支流的小型客船	≥1.8

b. 床铺与通道

床铺的最小尺寸为：软席卧铺 1.98m×0.8m；硬席卧铺 1.98m×0.7m。下层卧铺铺面至上层卧铺下表面或上层卧铺铺面至甲板横梁下缘或天花板的垂直距离应不小于0.85m；下层卧铺距甲板的高度，应确保乘客方便使用下铺。

床铺对向排列,床铺间的通道宽度应符合下列规定:通道两边床铺数不大于 12 个时,通道宽不小于 0.6m;通道两边床铺数大于 12 个或设三层铺时,通道宽不小于 0.8m。

座席舱室的座椅如沿船舶横向布置,舱内所设纵向通道的宽度应不小于 0.7m;纵向通道的布置数,应满足任一座位到通道的距离不大于 2.5m;通向舷边的横向通道宽度也应不小于 0.7m,如两边或一边座椅面向通道,则该通道宽度应不小于 1.0m。

c. 座椅

软座座椅的椅面尺寸应不小于 0.5m×0.48m(宽度×深度),硬座椅面的最小尺度为:第 1 类客船 0.45m×0.45m,第 2、3 类客船 0.45m×0.40m,第 4 类客船 0.40m×0.38m;第 2、3、4 类大型客船 0.45m×0.45m。

座椅之间的净距离应符合表 8-13 的规定。

表 8-13　内河客船座席椅与椅间的最小距离　　　　　　　　　　　　　　m

船舶类别	第 1 类	第 2 类	第 3 类	第 4 类
对向排列	0.60	0.55	0.50	0.45
同向排列	0.38	0.35	0.30	0.28

注:第 2、3、4 类大型客船的椅间距离应按第 1 类要求。

2. 公共处所

1) 餐厅及厨房

(1) 船员餐厅　我国一般船上通常只设一个船员餐厅。大、中型船的船员餐厅面积应尽可能满足全体人员同时进餐,一般至少满足 2/3 人员同时就餐。餐厅面积按每人 1.0～1.5m² 考虑。餐厅常兼作会议室。

(2) 旅客餐厅　与客船种类有关,按法规的要求,第 1、2 类客船应设置旅客餐厅,每批进餐乘客人数占乘客总数应分别不小于 25% 和 20%,平均每位进餐乘客占的最小甲板面积应不小于 0.8m²。餐桌的宽度,对向而坐的不得小于 0.6m,同向而坐的不得小于 0.4m,每一乘客占餐桌的长度不得小于 0.5m。餐厅近厨房一端常设置配餐室和餐具洗涤间。

(3) 厨房　考虑相互配套,厨房通常与粮食库、食品库、餐厅及配餐间相邻布置以利于取送食物、输送饭菜;考虑到厨房的环境和工作情况,为防止厨房的油烟、蒸汽影响其他处所,一般将厨房布置在上层建筑底层的后端部,或在机舱棚的一侧。厨房面积按供膳人数和设备情况,参考相近的实船确定。

2) 卫生处所

船上的卫生处所主要有浴室、盥洗室和厕所。浴室、盥洗室和厕所最好上下层对齐,并尽可能布置在一舷,这样可简化管路,避免污水管穿过其他舱室,便于污水及粪便排出口集中于一舷,有利于海底门吸入清洁的海水(若按防污染要求,设置粪便柜,就不存在此问题)。浴室、厕所、盥洗室不应布置在厨房、餐厅及客舱之上。浴室、厕所、盥洗室、厨房等必须用钢围壁与其他处所分隔开,此种钢围壁也用来分隔防火区。法规对旅客卫生设施的最低要求如下:

(1) 浴室　第 1、2 类客船的一等客舱应设有单独的浴室;1 类客船的二等客舱公共浴室内淋浴喷头至少按每 40 人设一只,其他客舱和 2 类客船至少按每 80 人设一只;每个淋浴喷头下的面积应不小于 0.8m²。航行于热带的客船,建议增加淋浴器数目。盆浴室的面积应不小于 2.5m²,设有更衣室的单独淋浴室的面积不小于 1.6m²。

（2）盥洗室　法规建议一、二等软席客舱设专用盥洗盆,并尽可能与厕所分开。公共盥洗室应与厕所分开,并有良好的通风与照明设备。公共盥洗室的最少水龙头数为:乘客不超过 100 人者,每 20 人应设 1 副("1 副"指冷热水龙头各 1),总数不得少于 2 副;超过 100 人者,每超过 40 人增添 1 副。

（3）厕所　大便器数按每一分隔的旅客居住区内旅客人数设置,500 人及以下不少于旅客人数的 1/40;500 人以上到 1 000 人以下,不少于 13＋(旅客人数－500)/60;1 000 人以上不少于 21＋(旅客人数－1 000)/80。另外,还规定公共厕所内每个被分隔的大便器的面积应不小于 0.8m²,男厕所内应设小便器,小便器的间距应不小于 0.6m;每一分隔的旅客居住区至少应设男女大便器各一具,设置单人大便器的厕所尺寸应不小于 0.8m×1.0m。公共厕所的门应向内开,并有良好的通风与照明设备。

各类客舱应设置生活污水处理装置和集污舱(柜)。

3. 其他舱室

除上述必须设置的舱室外,视各船的具体情况和用船单位的要求,还需设置其他用途的一些舱室,如客船设置为旅客生活服务的小卖部、阅览室、休息室、文娱室等,客船和远洋船需设医务室和病房,货船常设码头工人休息室,油船需设吸烟室等。

（1）船员娱乐场所　每艘船舶都应为船员设置有适当设备的娱乐场所,当餐厅兼作娱乐场所时,则应配备相应的设备;总吨位≥8 000 的船舶,应设一间能看电影、电视的图书室,并设一间专用活动室,如有可能还应提供一个游泳池。

（2）广播室　广播室面积的适宜值,对于 1 000～3 000GT 的客货船,约为 5m²,对于 3 000～10 000GT 级约为 8.5m²。广播室内配有广播桌、椅子、音响设备等。广播员可居住在广播室内,其生活设备应配齐。

（3）客运办公室　应布置在乘客易见和易到之处,面积不小于 4m²。

（4）小卖部　小卖部应设在旅客易于到达的处所,不应设在厕所、浴室、医务室等出入口附近,小卖部应设有良好的通风与照明设备。

（5）乘客阅览室　1、2 类客船应设乘客阅览室,阅览室的门应向外开,并有良好的通风与照明设备。阅览室内配有图书书柜、杂志架、报架以及供乘客阅读用的桌子、椅子、沙发等。

（6）医务室　医务室应设在船舶中部。第 1 类客船应设有医务室和病房,门宽均不小于 0.8m;第 2 类客船应设有医务室,第 3 类客船应备有急救药箱。第 1、2 类客船的病床数:乘客总数 500 人以下设 1 张,500 人以上设 2 张,1 000 人以上设 3 张;病床尺寸不小于 2m×0.8m。

具体设计时可参考近期设计建造的型船,结合设计船的使用特点进行。

表 8-14 所示为我国几艘沿海及长江客货船的旅客舱室及公共活动舱室实际面积,可供设计时参考。

表 8-14　几艘沿海及长江客货船旅客舱室及公共活动舱室面积

项目 \ 船名	7 500t级沿海客货船	5 000t级沿海客货船	3 000t级沿海客货船	长江申汉线客货船	长江汉渝线客货船	长江渝申线客货船	长江中游短途客货船
总长/m	138	120	106.67	113	77	68.5	45.5
甲板宽/m	17.6	18.8	15.8	19.6	15.4	13.2	8.66
型深/m	8.4	8.4	7.7	4.7	3.4	3.5	2.9
甲板间高	2.3~2.5	2.5~2.55	2.2~2.4	2.3~3.1	2.25~2.4	2.3~2.4	2
甲板层数	6	7	5	5	5	4.5	3
载客人数/m　总数	820~824	1 302	915	1 182	800	960	651
特等	4~8	2	1				
二等	8	64	12	32	20	4	
三等	204	546	318	234	222		
四等	344	690	280	674	342	302	28
五等	260		304	252	216	(座)654	(座)623
人均面积/(m²/人)　特等	21.2~10.6	10.08	9.7				
二等	4.19	3	2.85	4.3	3.8	5.4	
三等	1.77	1.65	1.4~1.78	2.16	1.92		
四等	1.54	1.26	1.4	1.46	1.3	1.2	1.06
五等	1.75		2	0.87	0.88	(座)0.524	(座)0.315
公共处所　餐厅面积/m²	195.6	374.4	132	210	174	90	
人均面积/(m²/人)	0.237	0.288	0.144	0.174	0.218	0.094	
文体室俱乐部等面积/m²	203.5	173.95					
人均面积/(m²/人)	0.247	0.133					
二等客休息室面积/m²	75.6	83.2		56.0	40		
人均面积/(m²/人)	4.73	1.26		1.75	2		
阅览室面积/m²	140.1		74.9	62			
人均面积/(m²/人)	0.17		0.082	0.052			
厨房总面积/m²	96.1	106.2	80.3	117	78*	85*	26*
人均面积/(m²/人)	0.117	0.082	0.088	0.099	0.098	0.089	

＊表示船员与旅客合用的厨房。

随着人民生活水平的日益提高,国内旅游热方兴未艾,旅游船因此应运而生,尤其是游览长江三峡的旅游船。以长江轮船海外旅游总公司(简称长江海外公司)为例,至今已拥有豪华旅游船十余艘。

长江豪华旅游船,较之普通客船有两个显著特征:

(1) 客舱档次提高,人均面积加大。其标准客房为一等舱2人间,人均客舱面积大于$6.5m^2$。

(2) 游乐性公共处所及其总面积大大增加。如长江海外公司的超豪华游轮"长江明珠",按国际四星级标准装潢,船上设有风味餐厅、酒吧、舞厅、健身房、露天游泳池、高尔夫球场、音乐喷泉、钓鱼台、桌球室、麻将室、电子游戏机室、美容室、超级商场、室内观景厅、室外观景坪及日光浴场等游乐处所。

表8-15给出了部分长江旅游船客舱及公共舱室与国外同型船的比较。

表 8-15　长江旅游船客舱及公共舱室与国外同型船的比较

项目＼船名		昆仑	神女	扬子江	峨眉	长城	白帝	尼罗河	密西西比皇后
总长/m		84	68.5	84.5	79	79	79	80	96
甲板宽/m		15	13.2	16.4	15.8	16	16	14	18
型深/m		3.4	3.5	3.5	3.5	3.5	3.2		
吃水/m		~2.8	2.4	~2.6	2.4	2.5	2.45	2.4	
航速/(km/h)		~28	~28	~29	29.7	28.6	29.2	~22	
主机功率/kW		2×1 471	2×721	2×1 471	2×971	2×971	2×971	2×1 298	
发电机功率/kW		2×250+90	4×100	3×360	3×250	3×250	3×200		
船员铺位/人		85	98	112	120	110	110	80	
客位/人		36	66	150	100	204	160	110	406
客舱面积/m²		19~55	14.6	15.4	15		13.4	12.5	6.5~28
客舱总面积 A_1/m²		404	482	1145	750	1 086	1 099	727	1 530
餐厅面积 A_2/m²		95	110	200	160	150	160	200	440
室内公共处所面积 (A_3/m²)	门厅		70	60	60	100	100	70	
	舞厅	100	150	200	200	100	240	220	440
	酒吧						120		160
	其余		70	60	180	200	130	40	200
	休息室	110			100	100	80	50	
	总和	210	290	320	540	500	670	380	800
	人均面积/(m²/人)	5.83	4.4	2.13	5.4	2.44	4.8	3.45	1.97
室内总面积/m² $A=A_1+A_2+A_3$		709	882	1 675	1 450	1 736	1 929	1 307	3 770
人均面积/(m²/人)		19.7	13.4	11.17	21.4	8.5	12.6	11.88	9.29
$A/(L×B)$		0.56	0.98	1.21	1.16	1.37	1.53	1.17	2.18
游泳池面积/m²					~16	~15	~18	~13	
船东		武汉长江轮船公司	重庆长江轮船公司	湖北省旅游局	重庆长江轮船公司	长江万里轮船公司	重庆长江轮船公司		美国

8.5.2 工作舱室布置

船上的工作舱室分属于不同的部门：驾驶部有驾驶室、海图室、报务室、蓄电池室、理货室、货油控制室以及油漆间、木工间、缆索间等处所；轮机部则有机舱集控室、舵机舱、应急发电机室、应急消防泵舱、消防控制室、CO_2 室、各种泵、机械和电器的控制室、空调机室、冷冻机室、计程仪和测深仪围阱等。此外，属于客运部门的还有客运办公室、民警办公室、值班室及广播室等。

本节仅对主要的工作舱室布置作简要说明。

1) 驾驶室、海图室、报务室、雷达室

驾驶室一般都位于最上层驾驶甲板上。视设备情况，大船上驾驶室前后方向的长度一般有 2.5～3.0m，内河小拖船则只有 1m 左右；驾驶室横向一般不通到两舷，留着的两舷驾驶甲板，用于驾驶员瞭望观测。驾驶室两边设有扶梯通往罗经甲板，为保证驾驶员的视野，驾驶室的窗应尽可能大些，窗框尽可能细些，并应在船体中心线上开有一扇窗。驾驶室应有通海图室的门和到报务室便捷的通道。

海图室一般设在驾驶室后紧邻着的右舷，与驾驶室直接相通。室内设置海图桌、航海资料文件柜、测位仪表等，面积一般有 6～16m²。小型船舶不单设海图室，而在驾驶室布置海图桌。

报务室一般设在驾驶室后左舷。室内配置无线电通信设备，从事船—船、船—岸通信联系。其面积根据设备台数及工作台的大小来决定，从小船 5m² 左右，大船 11～20m²。报务室有良好的隔音设施和直通露天甲板的门；报务用的变流机，多放在报务室同层的变流机室内，有直通露天甲板的门。

雷达室是布置和操纵雷达装置的部位，通常设在驾驶室同层、靠近雷达天线下的地方。有些船因受地位限制，不单独设置雷达室，而将雷达装置放在海图室或驾驶室内。雷达显示器则一般布置在驾驶室内。

2) 应急发电机室、应急蓄电池室

应急发电机是船舶发生海难时的应急电源。小船则多用应急蓄电池。应急配电板等附属设备通常也一起布置在应急发电机室内。规范要求应急发电机室应布置在较高且安全的位置，故一般多设在艇甲板上，并有直通露天甲板的单独的门，供应急时使用。

3) 应急消防泵舱

1 000 总吨位及以上的客船和 2 000 总吨位及以上的货船，为保证任一舱失火时不使所有的消防泵同时失去作用，规范规定应设置固定独立驱动的应急消防泵舱。由于应急消防泵的排量和压头均有要求，因此固定应急消防泵的位置应尽可能低些。

4) CO_2 室

法规规定，船上的 A 类机器处所和油船的货油泵舱、1 000 总吨位及以上的客船和 2 000 总吨位及以上货船的装货处所均应设置固定式灭火系统。固定式灭火系统有气体灭火系统、高倍泡沫灭火系统和压力水雾系统三种，使用中可任选一种，目前通常采用的是 CO_2 气体灭火系统。CO_2 气体灭火剂是以液态储存在钢瓶内，CO_2 钢瓶的储存室称为 CO_2

室或灭火站室。CO_2 室应位于船上较安全和随时可到达的地方,应能从开敞甲板进入,并必须与被保护处所分开,通常布置在桅室或上甲板专门的房间内,绝不可布置在人员生活区。

5) 其他工作舱室

灯具间、油漆间、木工间、缆索索具间一般都设在首楼内,灯具间和油漆间应用钢隔壁分开,并有良好的通风设备及直通露天甲板的出口。其他储藏室则根据其不同用途而安置在不宜做生活舱室的地方。

机修间供修理主辅机及各种设备配件之用,通常设置在机舱平台上。

理货室是接待外界商务人员的舱室,为了方便接待又不影响船上的工作,一般布置在上甲板层,并设有直通的出入口。

此外,还有一些为各种用途而设的其他工作舱室,可根据其设施特点和工作要求参考近期母型船进行布置,这里不再赘述。

8.5.3 机舱棚的尺度与布置

机舱棚的作用有:方便地吊进(出)主机、锅炉和其他设备;把机舱围蔽起来,保证机舱的安全;减少机舱的噪声、热气对舱外的影响;有利于机舱的通风采光等。上层建筑甲板间机舱棚的最小尺度应能方便地吊机,但考虑到主机、锅炉等大件吊进后一般不再吊出,因此,也可采用先吊进主机、锅炉等大件设备,再安装舱棚的施工工艺。这时舱棚的尺度大小只需供布置某些设备(如日用热水箱、风管、烟道、主机及锅炉的突出部分,格栅及扶梯等)、维修时有便于柴油机吊缸的空间即可,这样,可节省地位,缩小上层机舱棚的尺度。

滚装船、尾甲板作业渔船、车辆渡船等船舶,因需要大的尾部甲板地位,故一般不在主机上方设置大的机舱棚。而利用甲板上可拆船盖来封蔽吊进主机的开口,采用尺寸较小的机型,以保证主机顶部到甲板之间有必要的维修间隙,在其他部位(如两舷)设置小的舱棚,作为进出机舱、吊送物料、配件的通道。

按规范规定,机舱应有两个出口,一般在机舱棚左右舷各开一个。此外,还在轴隧后端设置直通上甲板的逃生口。

救生艇甲板上设置整体可拆式天窗用于通风采光。

8.5.4 通道与扶梯的布置

通道与扶梯的布置是总布置设计中一个十分重要的问题,对客船更是这样。通道与梯道设置应便捷、安全、实用,并节省地位,具体设计时应注意以下几点。

(1) 满足法规的有关规定。表 8-16 是法规中"乘客定额及舱室设备"关于通道宽度的规定。乘客座椅之间通道的最小宽度,同向而坐为 0.5m,对面而坐为 0.75m。表 8-17 是法规对扶梯数目和宽度的规定,表中所列人数是指相邻上下两层中较多一层的人数;只有少数人使用的扶梯可更窄些、陡些,以至于用直梯来节省地位。

表 8-16　通道净宽度　　　m

客船类别 位置	第1类	第2、3、4类
露天甲板两舷	≥1.2	≥1.0
由客舱至露天甲板	≥1.0	≥1.0
客舱内：50人及以下	≥0.8	≥0.8
50人以上	≥1.0	≥1.0
乘客铺位之间	≥0.8	≥0.8

表 8-17　扶梯数目宽度

乘客人数	扶梯数/部	扶梯最小宽度/m
≤100	2	0.8
101～150	2～3	1.0～0.8
151～200	2～3	1.3～1.0
>200	2～3	1.5～1.0

注：如乘客不超过30人的处所设两个扶梯有实际困难，经验船部门同意，其中一个可以用应急出口代替。

扶梯的斜度 α 一般应不大于 45°，经船检同意可放宽到 50°；扶梯踏步高度 h 应不大于 0.25m，踏步深度 b 应不小于 0.25m，踏步板上应有防滑装置；当扶梯的高度大于 1m 时应设置扶手，如图 8-20 所示。

为了安全，海船的扶梯宜纵向布置。因为横向扶梯在横摇时倾角显著增加，不利于安全。任何扶梯的台阶高度均应在同层内取相同的数值。在起步和终了的最末一个台阶可取半个台阶高度或任何不等值的台阶高度。梯口至客舱的门、走廊应有一定的距离，例如至少等于梯宽的距离，以避免船舶摇摆时走在走廊上或刚跨出舱门的乘客跌到梯口里。

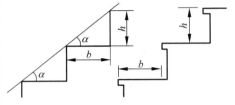

图 8-20　扶梯的倾角及其尺寸

（2）建筑内部各处所之间、内部与外部之间的通道要直通，不要迂回曲折。单出口的走廊要短，根据法规的防火要求不应超过 7m。各层间扶梯尽可能上下对齐，扶梯的位置应明显易寻。

（3）梯道要分主次，主梯道应宽敞。客船主梯道应保证旅客上下船、去公共场所、登艇甲板方便，但不宜过分集中。每一个大的下层客舱尽可能在两端各设一部扶梯，以便利交通，避免拥挤，保证安全。

此外，除机舱外的一切人员处所都应设有通达救生甲板的方便脱险通道，并符合法规的规定；船上的室外通道主要供船员通行，其扶梯倾角一般不大于 60°，进入货舱或深舱的直梯宽度一般为 0.4m；船后舷梯应考虑在 55° 倾角时，梯子下端距轻载水线以上约 0.7m。

表 8-18 是法规对内河客船卧席客舱通道最小宽度、通道出入口最小数目及宽度、舱室出入口最小数目及宽度的规定，设计时必须满足。

表 8-18　内河客船卧席客舱通道、出入口数及宽度

舱室内床铺数	纵向内通道			横向通道				舱室出入口	
	宽度/m	出入口		通道数	宽度/m	出入口		数目	宽度/m
		数目	宽度/m			数目	宽度/m		
<12								1	0.6
12～30								2	0.6
31～100	1.2	1	1.2	1	1.2	2	0.8		
101～200	1.3	2	1.0	2	1.1	4	0.8		
≥201	1.4	2	1.2	2	1.2	4	1.0		

注：表列床铺数，当核算舱室出入口时是指一个舱室内的床铺数；当核算纵向或横向通道时是指纵向通道通过的所有各舱室床铺数的总和。

8.6　舾装设备的选型与布置

　　为了满足船舶在航行和操作过程中的各种要求,船上应配置各种必要的设备,诸如:锚泊设备、操纵设备、起货设备、救生设备、消防设备、航行信号设备等。在推拖船上还有顶推、拖曳设备。鉴于舾装设备的重要性,对它的设计与研究已经引起人们的重视,并且已形成了一门专门的学科。进行设备选型与布置时可参考有关专著和资料,本节仅就几项主要设备作简要介绍。

8.6.1　锚泊设备

1. 舾装数 N 与锚泊设备配备

各种类型船舶的锚泊和系缆设备,均按舾装数的大小,依据船舶入级与建造规范选定。

CCS《钢质海船入级规范》的舾装数公式为

$$N = \Delta^{2/3} + 2Bh + \frac{A}{10} \tag{8-7}$$

式中,Δ——夏季载重水线以下的型排水量(t);

　　　B——船宽(m);

　　　A——船长 L 范围内夏季载重水线以上的船体部分和上层建筑以及各层宽度大于 $B/4$ 的甲板室侧投影面积的总和(m^2);

　　　h——从夏季载重线到最上层舱室顶部的有效高度(m),$h = a + \sum h_i$。其中:a 是从船中夏季载重水线量至上甲板的距离(m);h_i 是各层宽度大于 $B/4$ 的舱室在中心线处量计的层高(m)。

　　《钢质内河船舶建造规范》的舾装数公式为

$$N = K_1(2d + B)L_s + K_2(bH + 0.1S) \tag{8-8}$$

式中,L_s——满载设计水线长度(m);

　　　B——船宽(m);

　　　d——满载设计吃水(m);

　　　b——上层建筑及甲板室围壁的最大宽度(m);

　　　H——在船体中纵剖面处满载水线以上主体及上层建筑(甲板室)各层宽度大于 $B/4$ 舱室的高度之和(m);

　　　K_1、K_2——系数,按表 8-19 选取。

表 8-19　内河船舶舾装数公式中的系数 K_1、K_2

航区　系数	A		B		C	
	河流	湖泊、水库	河流	湖泊、水库	河流	湖泊、水库
K_1	0.53	0.25	0.50	0.10	0.60	0.05
K_2	6.0	6.0	5.0	5.0	3.1	3.1

S——满载设计水线以上侧投影面积(m^2)

$$S = FL_s + \sum_{i=1}^{n} l_i h_i \tag{8-9}$$

式中，F——船长中点处干舷高度，m。

    l_i——各层上层建筑及宽度大于$B/4$的甲板室围壁侧投影长度(m)；甲板货船和集装箱船干舷甲板上货物装载区的长度应计入，舷墙、烟囱、栏杆、桅杆等的长度不计入。

    h_i——各层上层建筑及宽度大于$B/4$的甲板室围壁的高度(m)；甲板货船和集装箱船干舷甲板以上载货高度取货物装载区的围壁高度，如围壁高度低于载货高度，取载货的平均高度。舷墙、烟囱、栏杆、桅杆的高度不计入。

根据总布置图，按上述公式计算出舾装数 N 后，查表 8-20 就可以确定规范要求的锚的总数、总重量及锚链的尺寸和长度，同时还可查出拖索、系船索的规格和数量。再根据锚泊和系泊设备的标准或设备样本来选择实际设备。要求配 3 只首锚时，其中 1 只为备锚。表 8-20 是海船部分舾装数的锚泊和系泊设备配备要求。

表 8-20 部分舾装数的锚泊和系泊设备

序号	舾装数 N		首锚		有挡首锚链					拖索		系船索			
	超过	不超过	数量	每个重量/kg	总长度/m	直径/mm			长度/m	破断负荷/kN	数量	每根长度/m	破断负荷/kN
						AM1	AM2	AM3							
1	150	175	2	480	275	22	19		180		98.1	3	120		54.0
2	175	205	2	570	302.5	24	20.5		180		111.8	3	120		58.8
3	205	240	3	660	302.5	26	22	20.5	180		129.4	4	120		63.7
4	240	230	3	780	330	28	24	22	180		150	4	120		68.6
5	280	320	3	900	357.5	30	26	24	180		173.6	4	140		73.6
6	320	360	3	1 020	357.5	32	28	24	180	6×24	206.9	4	140	6×24	78.5
7	360	400	3	1 140	385	34	30	26	180		223.6	4	140		88.3
8	400	450	3	1 290	385	36	32	28	180		250.1	4	140		98.1
9	450	500	3	1 440	412.5	38	34	30	180		276.5	4	140		107.9
10	500	550	3	1 590	412.5	40	34	30	190		306.0	4	160		122.6
11	550	600	3	1 740	440	42	36	32	190		338.3	4	160		132.4
12	600	660	3	1 920	440	44	38	34	190		370.7	4	160		147.1
13	660	720	3	2 100	440	46	40	36	190		406.0	4	160		156.9

锚的种类有很多，如斯贝克锚、霍尔锚、无杆锚、海军锚等。设计中根据不同船舶对锚的要求来选用，一般运输货船采用较多的是斯贝克锚。有关各种锚及锚链的特点可参阅船舶舾装设计手册。

2. 锚链舱与锚链管

锚链舱的布置和尺寸，应能满足自动堆放锚链的要求。锚链舱的形状一般为圆筒形或方形，截面积宜小而舱宜深，使锚链自然堆码以减轻船员进入舱内用钩整理锚链的劳动强度。圆筒形锚链舱的内径约为链径的 30 倍。锚链舱容积依链径及其长度而定，可用下式估算：

$$V = (0.000\ 85 \sim 0.001)d^2 \tag{8-10}$$

式中，V——每 100m 锚链所需的容积（m^3）；

d——锚链直径（mm）。

确定锚链舱容积时，尚需计入锚链堆满后上部至少留 1.2m 的空间，以便船员进入整理锚链。小型船舶因地位不足，此项要求可变通处理。锚链舱的位置应尽可能低些，以改善稳性。

锚链管的内径为 $(6.5\sim7.5)d$，布置时应力求竖直并对准锚链舱的中心。

3. 锚链筒的位置与尺度

锚链筒位置的选择与设计，应使抛锚与起锚方便，锚链筒的长度应能储放锚杆。锚链筒的位置由 b、b'、A、l、α 及 θ 所决定，详见图 8-21。

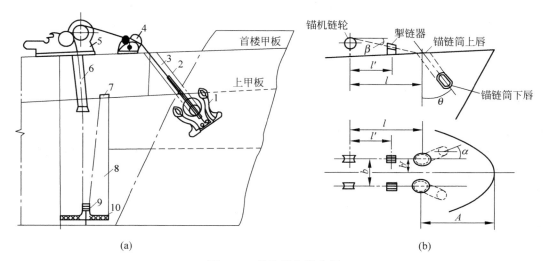

图 8-21　锚泊设备的布置

（a）锚泊设备的组成；（b）锚链筒的位置

1—锚；2—锚链筒；3—锚链；4—掣链器；5—起锚机；6—锚链管；7—弃锚器；8—锚链舱；9—转向器；10—木铺板

锚链筒在甲板上开口的横向距离 b' 应与起锚机链轮的间距 b 相适应。当 $\alpha\leqslant15°$ 时，$b'=b/2$；当 $\alpha>15°$ 时，$b'=b/2-(1\sim2)d$（d 为锚链直径）。A 取决于前部布置的需要，首部丰满船可取 $(80\sim90)d$，瘦削船可取 $(90\sim110)d$。l 取决于甲板地位，一般取为 $(60\sim70)d$。θ 角不仅与起锚、抛锚有关，而且影响锚出口离水线的高度。太小则锚易着水，增加阻力，一般以 $35°\sim45°$ 为宜。α 影响起锚、抛锚时的阻力，以小为宜，一般取 $5°\sim15°$，最大不超过 $20°$。

α 及 θ，尤其是 α 决定了锚链筒下口距中线的距离，设计时要求船在反向横倾 4° 起锚时，锚爪不能钩住首部底龙骨或撞击壳板，希望这一距离有足够大；另外，还要求锚收起后，锚与船壳紧贴。因此，锚链筒位置的最后确定，应根据型线图来作详细校核。对于大球首船，为使 α、θ 适度，有时需加大链轮距离或采用两部锚机。

锚链筒长度应使锚卸扣在锚爪紧贴船壳板时不露出锚链筒，标准无杆锚取其为 $(15\sim16.5)/G^{1/3}$（cm）（G 为锚重（kg））。锚链筒的内径按锚链直径决定，一般为 $(9.5\sim10.5)d$。

对于干舷较低的船如内河船，锚链筒舷侧出口距设计水线的高度受到限制，不便按最佳倾角定位，可按具体情况变通处理。

4. 系缆设备的布置

系缆设备由系船索、拖索、导缆孔、导缆器、带缆桩、绳车、绞盘和绞缆机等组成。图 8-22 所示为系缆设备布置示意图。

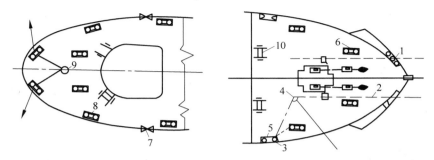

图 8-22　系缆设备布置示意图

1—三滚轮导缆器；2—拖索；3—系缆索；4—导向滚轮；5—双滚轮导缆器；
6—拖缆桩；7—导缆孔；8—带缆桩；9—绞盘；10—绳车

（1）带缆桩　带缆桩的配置、数目及规格一般可参考使用要求相近、大小相差不大的母型船来确定。表 8-21 为带缆桩配置的大体情况。首部和尾部需各设一对与船中线平行的兼作拖带用的带缆桩，首部布置在锚机前的外侧，尾部布置在尾甲板绞车的前面；系缆用的缆桩布置在靠两舷舷侧，与舷墙保持操作的距离，此距离一般不小于 1.5 倍桩柱直径；首部布置在锚机略后的两舷，尾部在绞盘前面的两舷。

表 8-21　全船各部位带缆桩配置数

船长/m		30～60		60～100		100～150		150 以上	
主上层建筑位置		中部	尾部	中部	尾部	中部	尾部	中部	尾部
首楼甲板（长首楼除外）		2～4	2～4	4	4	4	4	4～6	4～6
上甲板	前部	0～4	0～4	4	4	4	6	4	8
	后部					4～6			
尾部		2～4	2～4	2～4	2～4	2～6	4	4～6	4～6

（2）绞缆机械及绳车　首部通常用锚机绞缆卷筒来绞缆，尾部设绞车或立式绞盘。货船中部用起货机绞缆，油船常另设绞车。绳车设在便于收藏又不影响系缆操作和交通的地方。

（3）导缆器（孔）每只带缆桩配 1～2 只导缆器（在舷墙处则设导缆孔），小船可采用无滚轮导缆钳，大船则采用带滚轮导缆钳，以减少钢索的磨损。导缆孔、导缆器、导向滚轮的布置，应结合绞缆机械卷筒及带缆桩的位置而确定，以充分发挥绞缆机械的作用。例如：首楼甲板首端的三滚轮导缆器的中心和导向滚轮应与锚机卷筒中点成一直线且高度相当。导缆器（孔）与邻近的带缆桩应保持不小于 6 倍桩柱直径的距离。

带缆桩、导缆孔、绳车、导向滚轮等可根据绳索直径按标准选用；由于系缆设备的布置对系泊作业影响很大，因此实船设计中应多征求船员意见。

8.6.2　起货设备

船上常用的起货设备有起货吊杆和旋转式吊车（克令吊）两种类型。克林吊的优点：占地小、跨距大,有利于甲板设备的布置,可以加长舱口,有利于装卸;操作方便、吊臂仰角可自行调整,落舱点好。缺点是速度较慢,一般认为适宜于用抓斗来卸散装货。起货吊杆的优缺点正好与克令吊相反。

目前,起货吊杆仍是一种主要的起货设备,起货吊杆有双杆联吊和单杆吊两种操作方式,双杆联吊的起重能力小,但速度较快。有的船既装吊杆,又在首尾的小货舱装小型克令吊。图 8-23 为双杆联吊示意图。

图 8-24 是克令吊简图,图中各尺寸数据是选用克令吊时应重点考虑的主参数。

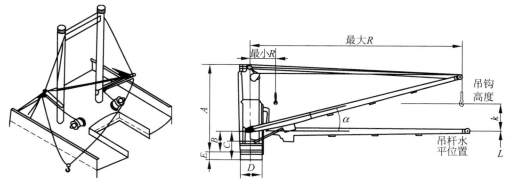

图 8-23 双杆联吊示意图   图 8-24 克令吊及其主参数

1. 起货设备的能力与配置

(1)起重能力 起货设备的起重能力应根据使用要求决定。杂货船主要装运轻泡货,加大起重能力对提高装卸效率作用不大,故一般中型杂货船常用 3/5t 安全负荷的起货吊杆,双杆操作时为 1.5~3t,单杆操作时为 3~5t。散货船因用抓斗卸货,为提高吊卸货物的重量,宜采用 5/10t 的起货吊杆。对装卸重大件货物的船舶,配置的重型吊杆起重能力可达 30~120t。而小型货船则可配起重能力小的起货设备。现代散货船、集装箱船及多用途船普遍采用克令吊,为考虑能起吊 40ft 集装箱,克令吊的起重能力需达到 35~40t。

(2)起货设备的配置 通常,每货舱配 1 副吊杆或 1 台克令吊。当舱口长度较长时,可在舱口两端各设 1 台起货设备。也有在两舱之间设 1 台起货设备,两舱共用。设有重吊的船舶宜将重吊设于船中部,以利于配载。

2. 货舱口尺度

货舱口面积与舱底面积之比值,通常称为货舱敞开系数。增大敞开系数对提高装卸效率有利,合理确定货舱口尺度是货船设计的重要问题之一。

(1)舱口宽度 货舱口宽度增大,将削弱甲板的纵向强度,同时舱口盖的重量和成本均有提高。普通杂货船的舱口宽度为(0.4~0.6)B,如果选用定型的舱口盖,则要根据舱口盖宽度确定舱口宽度;散装货船,应结合顶边水舱压载水量的需要确定舱口宽度,舱口过宽,压载水量将不足,同时甲板增厚较多,增加焊接工作的困难;集装箱船及以集装箱为主的多用途货船,舱口宽度可达 0.8B,除了舷边舱之外,即为货舱口,敞开系数接近 1.0。为解决舱口盖过大过重的矛盾,视不同情况采用双列或三列货舱口,既有利于提高货舱的敞开系数,又有利于甲板纵向强度,可使舱口盖的重量不致增加过多。

(2)舱口长度 从装卸上考虑应尽量长,但要留出起货机平台、楼屋以及堆放舱口盖所需的地位。各舱口的长度,最好结合舱盖的片数来确定。两端有起货设备的舱口,为避免起货作业的相互干扰,长度一般不小于12m。装载特大件的货舱,其舱口长度应根据承运的货种来确定,如我国"大理"型大舱口货船的舱口长度达24m。

3. 起货设备的布置

采用吊杆装置作为起货设备时要特别注意起货设备的布置。对于起货吊杆,应考虑作业范围、舷外跨距及吊钩吊高等因素。一般规定,在水平偏角45°~60°和仰角30°~45°时,轻型吊杆的吊钩能跨出舷外3~5m,重型吊杆为5.5~6m,吊钩至少能达到舱口长的2/3范围,吊钩能升到距甲板6~7m以上的高度。

起货机平台的布置 起货吊杆、起货绞车及起货机操纵室均布置在起货机平台上,平台下的围蔽空间称为桅屋。为增加面积,并为保证在操纵室能观看货舱内的情况,平台常伸出桅屋的围壁。平台高度应保证收存货舱盖和人员通行方便,视船的大小可取为2.25~3.5m。桅屋内布置有起货机控制室、货舱通风机、CO_2钢瓶室和其他储藏室,并开有通货舱的梯口。

8.6.3 其他设备

其他主要舾装设备尚有救生设备和航行信号设备,《国内航行海船法定检验技术规则》第四篇对救生设备和航行信号设备的配备和布置作了具体规定,在船舶舾装设计时应予遵守。

1. 救生设备

救生设备包括救生艇、救生筏、救助艇和个人救生设备(救生圈、救生衣、保温救生服等)。救生艇有多种构造与形式,如全封闭救生艇、部分封闭救生艇、耐火救生艇等,其降落方式有吊放式和自由降落式。救生筏的构造有气胀式和刚性两种,救生筏的降落方式有抛投式和吊放式。一般船舶多数使用的是玻璃钢结构的全封闭救生艇和气胀式救生筏。

救助艇是海上救助的指挥艇,也是值勤救生艇,要有良好的快速性、机动性和操纵性。救助艇可随时营救落水人员,海难时能集结和拖带满载乘员的救生筏。救助艇的配置要求是:货船和500总吨以下的客船应至少配备一艘救助艇;500总吨及以上的客船,每舷至少配备一艘救助艇。若救生艇符合救助艇要求,则可兼作救助艇。

救生设备的配备 救生设备的配置,按照船舶类型(分客船、货船)、航区(远洋、沿海或内河)、吨位、人数等因素根据现行法规的规定来确定。

救生设备的布置 根据法规要求和使用经验,其布置一般应注意以下几点:

(1)救生艇、救生筏应布置在尽可能靠近起居和服务处所的地方;乘员集合和登乘的地方应有足够的场地,每人的甲板面积至少为$0.35m^2$;通往登乘站的通道、梯道和出口应有足够的宽度。

(2)顺船舷吊放降落的救生艇,沿B方向应不突出于舷外;沿L方向,距首端至少$L/3$以免影响驾驶和系泊作业;靠近船尾布置的救生艇应尽可能远离推进器,船长为80~120m的货船,救生艇尾端在推进器之前的距离至少为1倍艇长;船长大于120m的货船和大于80m的客船,该距离至少为1.5倍艇长,以免艇入水后被螺旋桨水流吸入。

(3)机舱的舷外排水孔应尽可能避开艇的降落位置,否则应设有盖罩,以防排水进入救生艇内。

（4）在安全可行的情况下，救生艇、筏应尽可能存放在靠近水面处。但在满载情况下船舶在不利纵倾至 10°并向任何一舷横倾达 20°或横倾到露天甲板边缘入水角（取其中小者）时，在登乘位置上的救生艇、筏应离水面不小于 2m。

（5）所有救生艇、筏应从存放处直接登乘并降落；船舷降落的救生艇、筏的每处登乘站均应设置 1 具经认可的登乘梯，以供船上人员登入降落到水面上的救生艇、筏，登乘梯长度在船舶纵倾至 10°和任何一舷横倾至 20°的情况下可从甲板延伸至最轻载航行水线。

（6）救助艇应位于靠近驾驶室、便于降落和回收的处所。

（7）救生圈应存放在船舶两舷且易于随时取用；配有自亮浮灯的救生圈应均匀分布在两舷，其中同时带有自发烟雾信号的救生圈、每舷至少 1 只，应存放在驾驶室两旁。

2. 航行信号设备

航行信号设备是船舶用以观察识别、通信联络和导航的设备的总称，包括航行设备与信号设备两大类。

航行设备，除桨、舵装置以外，还有航海仪器（磁罗经、电罗经、航迹记录仪、计程仪）、船位测定装置（雷达、双曲线无线电测位仪、航海卫星定位系统）以及航海资料（海图、航路指南、灯塔表、潮汐表）等。

信号设备包括号灯、闪光灯、号型、号旗及音响信号等。

船上的信号桅，用于布置信号灯和航行设备天线以及悬挂信号旗和其他信号设备。总长大于等于 50m 的船舶应设置前、后桅。前、后桅均应安装在船舶纵中剖面内，前桅距离船首不大于 1/4 船长，前、后桅的水平距离应不小于 1/2 船长，但也不必大于 100m；后桅通常设于尾部上层建筑的顶甲板上，该桅除安装各种信号灯以外，还用于安置雷达天线等，因此也称为雷达桅。

图 8-25 表示了海船信号灯布置的一般要求，可概括如下：

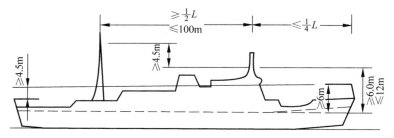

图 8-25　海船信号灯布置

（1）桅灯　总长大于等于 50m 的海船，应装置前、后桅灯。前桅灯应装在中线面上，其在船体以上高度应不小于 6m；如船宽大于 6m，则灯高应不小于船宽，但不必大于 12m。后桅灯也应装在中线面上，高度至少应高出前桅灯 4.5m。

（2）舷灯　舷灯应尽可能安装在两舷舷侧，左红右绿，一般安装在驾驶甲板两舷处。

（3）尾灯　应在船舶中线面上尽可能接近船尾，通常安装在尾楼甲板后壁或尾部甲板栏杆上。

（4）锚灯　长度大于 50m 的船舶设置 2 盏锚灯，前、后锚灯分别安装在船舶前部和船尾，前锚灯应装在船体以上高度不小于 6m 处，后尾锚灯比首锚灯至少低 4.5m。

从号灯布置要求可见，总布置设计中还必须结合信号设备的布置要求来规划前后桅及雷达、无线电天线的位置。

3. 通风设备

货舱按具体情况采用机械通风或自然通风。杂货船多采用机械通风。生活舱室和工作舱室可采用自然通风、机械通风或空调,通常按任务书的要求而定。因通风筒的位置、规格、通风管尺寸、路线影响船体结构、舱室有效高度和通风效果,设计时应注意其布置和规格的合理性。

复习思考题

1. 为什么说总布置设计是船舶设计中极为重要的一环?
2. 总布置设计应遵循哪些基本原则?
3. 总布置设计包括哪些主要内容? 其工作程序如何?
4. 如何确定水密横舱壁的数目和位置?
5. 货船采用尾机型布置有哪些优缺点?
6. 为什么许多船舶都设置了双层底? 确定双层底高要考虑哪些因素?
7. 顶边舱与舷边舱的作用如何? 通常在哪些船上采用?
8. 简述油、水舱的布置原则。
9. 何为船舶上层建筑? 它通常有哪几种形式? 各有何优缺点?
10. 确定上层建筑尺度应考虑哪些因素?
11. 简述典型运输船舶(散货船、集装箱船、多用途船、油船)的总布置特点。
12. 草图布置后为什么要进行纵倾计算与调整? 初始设计阶段如何估算船舶的浮态? 通常对船舶浮态有哪些要求? 为什么?
13. 货船纵倾调整的方法有哪些? 客船如何调整纵倾?
14. 简述船舶生活舱室、工作舱室及公共处所的布置原则。
15. 机舱棚的作用有哪些? 如何确定机舱棚的尺度和位置?
16. 简述船上梯道与通道的布置原则。
17. 一艘货船通常有哪些舾装设备? 怎样进行选型与布置?

参 考 文 献

[1] 方学智. 船舶设计原理[M]. 2 版. 北京：清华大学出版社,2014.

[2] 林杰人. 船舶设计原理(修订本)[M]. 北京：国防工业出版社,1989.

[3] 顾敏童. 船舶设计原理[M]. 上海：上海交通大学出版社,2001.

[4] 冯恩德,席龙飞. 船舶设计原理[M]. 大连：大连海运学院出版社,1990.

[5] 陈顺怀,汪敏,金雁. 船舶设计原理[M]. 武汉：武汉理工大学出版社,2020.

[6] 中国船舶工业总公司. 船舶设计实用手册(总体分册)[M]. 北京：国防工业出版社,1998.

[7] 长江船舶设计院. 内河船舶设计手册(船体分册)[M]. 北京：人民交通出版社,1977.

[8] 刘寅东. 船舶设计原理[M]. 2 版. 北京：国防工业出版社,2019.

[9] 中国船级社. 钢质海船入级规范(2021)[M]. 北京：人民交通出版社,2021.

[10] 中国船级社. 钢质内河船舶建造规范(2016)[M]. 北京：人民交通出版社,2016.

[11] 中国船级社. 绿色生态船舶规范[M]. 北京：人民交通出版社,2020.

[12] 中华人民共和国海事局. 船舶与海上设施法定检验规则：国际航行海船法定检验技术规则 2014[M]. 北京：人民交通出版社,2014.

[13] 中华人民共和国海事局. 船舶与海上设施法定检验规则：国内航行海船法定检验技术规则 2020[M]. 北京：人民交通出版社,2020.

[14] 中华人民共和国海事局. 船舶与海上设施法定检验规则：内河船舶法定检验技术规则 2019[M]. 北京：人民交通出版社,2019.

[15] 盛振邦,刘应中. 船舶原理[M]. 上海：上海交通大学出版社,2003.

[16] 程斌,潘伟文. 船舶设计教程[M]. 上海：上海交通大学出版社,1988.

[17] 杨櫆,张仁颐,仰书纲. 电子计算机辅助船舶设计[M]. 上海：上海交通大学出版社,1985.

[18] 陈宾康,董元胜. 计算机辅助船舶设计[M]. 北京：国防工业出版社,1994.

[19] 周超骏. 计算机辅助船体线型设计[M]. 上海：上海交通大学出版社,1992.

[20] 方学智. 船舶与海洋工程概论[M]. 2 版. 北京：清华大学出版社,2019.

[21] WATSON D G M,GILFILLAN A W. Some Ship design methods[J]. The Naval Architect,1977.

[22] 张德洪. 运输船舶船型技术经济论证方法[M]. 北京：人民交通出版社,1980.

[23] 张仁颐. 船舶技术经济论证方法[M]. 上海：上海交通大学出版社,1989.

[24] 方学智,申志和,王智发. 超浅吃水江海直达集装箱船船型论证[J]. 华中理工大学学报,1993(3)：138-144.

[25] 杨櫆,裴泳铭. 干货船的主要尺度分析[J]. 上海交通大学学报,1978(1)：1-28.

[26] 李树范,纪卓尚,诸乃明. 油船主尺度确定[J]. 中国造船,1986(1)：41-49.

[27] 薛安国. "海建号"的设计分析与多用途货船的回顾和展望[J]. 舰船科研与设计,1984(3)：22-25.

[28] 朱美琪,潘伟文,李树范. 运输船舶设计特点[M]. 大连：大连海运学院出版社,1992.

[29] 王世明. 绿色船舶的现状和发展前景[J]. 中国造船,2008(5)：48-57.

[30] TODD T H. Series 60 Mathodical Experiment With Model of Single-Screw Merchant Ship[R]. 1963.

[31] SABLT S A. An analysis of the series 60 results. Part Ⅰ analysis of forms and resistance results[J]. I. S. P,1972.

[32] 陈可越,等. 船舶设计实用手册——总体分册[M]. 北京：中国交通科技出版社,2007.

[33] 方学智. 350 客位内河客船重量重心计算书[Z]. 1992.

[34] 吴松泉. 沿海小型货船主尺度分析[J]. 船舶工程,1981(5)：16-20.

[35] 李干洛,罗淮龙,谭政生,等.节能船型设计[M].北京:国防工业出版社,1990.

[36] 薛中川.平头涡尾船型原理与设计[M].武汉:华中理工大学出版社,1985.

[37] 李世漠.双尾节能船型[J].中国造船,1988(1):69-75.

[38] 龙范宜,沈剑鸣.双尾船型的试验研究[J].中国造船,1983(4):17-22.

[39] 方学智,申志和,陶毕林.川南450t级机动驳船型设计[J].武汉造船,1999(4):1-3.

[40] 朱文蔚,王美娟.沿海双桨货轮低阻船型[J].中国造船,1984(5):54-63.

[41] 钱文豪.船舶型线设计[J].船舶,1998(1):47-60.

[42] 汪诚仪.双尾鳍线型节能效果的设计研究[J].船舶工程,1990(6):11-18.

[43] 卢长立,姜次平,等.肥大型单桨货船球尾线型试验研究[C]//中国造船工程学会船舶性能学组第一届学术讨论会论文集,1985:1-16.

[44] 姜次平.肥大船的后体线型[J].船舶工程,1986(5):14-17.

[45] 陈凤英.16000吨多用途货船球首设计研究[J].船舶工程,1994(3):8-12.

[46] 杨培漪.12000/15000吨级江海直达货船的设计研究[J].船舶设计通讯,1995(1):1-13.

[47] 周玮."生生"客滚船总体设计[J].船舶设计通讯,2014(1):5-8.

[48] 王冬,杨军,肖留勇.4 600 TEU集装箱船总体设计[J].船舶设计通讯,2014(2):1-4.

[49] 王小武.55000 DWT原油/成品油船总布置设计[J].广船科技,2010(3):15-19.